Spanische Grammatik für Dummies

Schummelseite

AF234601

Personalpronomen	Indirekte Objektpronomen	Direkte Objektpronomen	Reflexivpronomen	Unbetonte Possessivpronomen
yo (ich)	**me** (mir)	**me** (mich)	**me** (mich)	**mi(s)**
tú (du)	**te** (dir)	**te** (dich)	**te** (dich)	**tu(s)**
él (er)	**le (se)** (ihm)	**lo (le)** (ihn, es)	**se** (sich)	**su(s)**
ella (sie)	**le (se)** (ihr)	**la** (sie, es)	**se** (sich)	**su(s)**
usted (Sie)	**le (se)** (Ihnen)	**lo/la** (Sie)	**se** (sich)	**su(s)**
nosotros (wir, männlich)	**nos** (uns)	**nos** (uns)	**nos** (uns)	**nuestro(s)**
nosotras (wir, weiblich)	**nos** (uns)	**nos** (uns)	**nos** (uns)	**nuestra(s)**
vosotros (ihr, männlich)	**os** (euch)	**os** (euch)	**os** (euch)	**vuestro(s)**
vosotras (ihr, weiblich)	**os** (euch)	**os** (euch)	**os** (euch)	**vuestra(s)**
ellos (sie, männlich)	**les** (ihnen)	**los, les** (sie)	**se** (sich)	**su(s)**
ellas (sie, weiblich)	**les** (ihnen)	**las** (sie)	**se** (sich)	**su(s)**
ustedes (Sie)	**les** (Ihnen)	**los, las** (Sie)	**se** (sich)	**su(s)**

VERWENDUNG DES VERBS »SER« (SEIN)

- ✔ zur Angabe der Identität (Vor- und Nachname, Nationalität und Herkunft)
- ✔ zur Angabe des Berufs
- ✔ zur Information über Datum und Uhrzeit
- ✔ zur Beschreibung von unveränderlichen Eigenschaften einer Person
- ✔ zur Beschreibung von Material und Eigenschaften einer Sache
- ✔ zu Angaben über Eigentum

Schummelseite

VERWENDUNG DES VERBS »ESTAR« (SEIN)

✔ zur Lagebeschreibung im Raum von Personen und Sachen

✔ zur Angabe des Familienstands als veränderlicher Zustand

✔ zur Information des persönlichen Befindens

✔ zur Beschreibung des Charakters einer Person (veränderbarer Zustand)

✔ zur Bildung der Gerundio-Formen

SPANISCHE PRÄPOSITIONEN

Präposition	Übersetzung
a	in, zu, nach, an, bei, um, bis, mit, auf
ante	vor, neben
bajo	unter
cabe	Diese Präposition wird heute nicht mehr in der Alltagssprache verwendet = **junto a**.
con	mit
contra	gegen, entgegen
de	von, aus, als. **De** wird verwendet, um die Genitivformen zu bilden.
desde	seit, ab, von, seitdem
durante	Früher wurde **durante** (während) als Partizip vom Verb **durar** (dauern) benutzt. Heute wird **durante** für die Beschreibung zweier gleichzeitig auftretender Handlungen verwendet.
en	in, auf, an, bei
entre	zwischen, unter
hacia	nach, zu, in, gegen
hasta	bis
para	für, um … zu, nach, in, an, damit
por	an, aus, auf, für, durch, über, in, entlang, für, um, am, gegen, wegen, in, bei, von. Die Präposition **por** wird für die Bildung des Passivs benötigt.
según	gemäß, laut, nach, wie
sin	ohne
so	unter. Diese Präposition wird heute in der Alltagssprache nicht mehr verwendet.
sobre	über, auf, in, um, gegen, von
tras	nach, hinter

Schummelseite

Perfekt (Wirklichkeitsform)	Indefinido (Wirklichkeitsform)	Imperfekt (Wirklichkeitsform)
hoy (heute)	**de repente** (plötzlich)	**todos los días** (jeden Tag)
esta mañana/tarde/noche (heute Morgen/Nachmittag/ Abend/Nacht)	**ayer** (gestern)	**todas las mañanas** (jeden Morgen)
esta semana (diese Woche)	**anoche** (gestern Abend)	**todos los meses** (jeden Monat)
este mes/año (dieser Monat / dieses Jahr)	ein Wochentag und **pasado**, zum Beispiel **el lunes pasado** (vergangener/letzter Montag)	**cuando era niño/niña** (als ich klein war)
todavía no (noch nicht)	**hace unos días** (vor ein paar Tagen)	**de pequeña** (als Kind)
ya (schon)	**la semana pasada** (vergangene/letzte Woche)	**en 1998** (im Jahr 1998)
hasta ahora (bis jetzt)	ein Monat, zum Beispiel **en febrero** (im Februar)	eine Uhrzeit
eine Uhrzeit	**el mes pasado** (vergangener/ letzter Monat)	**antes** (früher)
hace (seit)	**el año pasado** (vergangenes/ letztes Jahr)	**en aquel entonces** (damals)
nunca (nie)	eine Jahreszahl, ein vergangener Tag/Monat	**en aquellos tiempos** (in dieser Zeit)

Konjunktionen können in mehreren Gruppen vorkommen.

Hier ein Überblick über koordinierende Konjunktionen:

Ordnende Konjunktionen (conjunciones copulativas)	Disjunktive Konjunktionen (conjunciones disyuntivas)	Adversative Konjunktionen (conjunciones adversativas)	Konklusive Konjunktionen (conjunciones conclusivas)
y (und)	**o** (oder / entweder oder)	**mas** (jedoch)	**pues** (denn, da, also)
ni... ni (weder ... noch)	**o... o bien** (entweder ... oder auch)	**pero** (aber)	**pues bien** (also gut)

Schummelseite

Ordnende Konjunktionen (conjunciones copulativas)	Disjunktive Konjunktionen (conjunciones disyuntivas)	Adversative Konjunktionen (conjunciones adversativas)	Konklusive Konjunktionen (conjunciones conclusivas)
que (dass)	bien... bien (entweder ... oder)	aunque (obwohl, auch wenn, aber)	ahora bien (nun gut, jedoch, allerdings)
	ya sea... ya sea (mal)	sino (sondern)	ahora pues (also)
	fuera de que (abgesehen davon, dass)	antes (sondern)	
	que (dass)	si bien (obwohl, wenn auch)	
	sea hoy, sea mañana (wie dem auch sei)	no obstante (trotzdem, nichtsdestotrotz)	
		sin embargo (trotzdem, dennoch, nichtsdestotrotz, allerdings)	
		siquiera (wenigstens, zumindest, nicht einmal)	
		bien que (obgleich)	
		aún cuando (sogar wenn)	
		a pesar de que (obwohl, trotz)	
		no solo sino también (nicht nur, sondern auch)	
		más bien (eher)	

Schummelseite

Unterordnende Konjunktionen vor Nebensätzen:

Modale Konjunktionen (conjunciones modales)	Konditionale Konjunktionen (conjunciones condicionales)	Konzessive Konjunktionen (conjunciones concesivas)	Kausale Konjunktionen (conjunciones causales)	Temporale Konjunktionen (conjunciones temporales)	Finale Konjunktionen (conjunciones finales)	Vergleichende Konjunktionen (conjunciones comparativas)
como (wie)	**si** (wenn)	**luego** (dann)	**porque** (weil)	**luego que** (dann)	**para que** (um … zu)	**que** (als)
conforme (in Übereinstimmung mit)	**cuando** (wenn, als, sobald)	**pues** (denn, da)	**es que** (da, weil)	**mientras** (während)	**a fin de que** (damit)	**como** (wie)
según (gemäß)	**dado que** (da, vorausgesetzt, dass)	**que** (dass)	**cuando** (wenn)	**apenas** (kaum)	**porque** (weil, da)	**tanto como** (so wie)
de modo que (sodass)	**con tal que** (wenn nur)	**aunque** (obwohl, trotzdem, selbst wenn)	**puesto que** (da)	**en cuanto** (sobald)	**con objeto/ motivo de que** (mit dem Zweck)	**así como** (so auch)
de manera que (sodass, also)	**con tal de que** (wenn nur)	**si bien** (wenn auch, alles in allem)	**supuesto que** (angenommen)	**cuando** (wenn)	**a menos que** (es sei denn)	
así como auch (so wie auch, genauso wie)	**a fin de que** (damit)	**por consiguiente** (folglich, demzufolge, somit)	**como** (da)	**no bien** (sobald)	**en vista de** (angesichts)	
sin que (ohne dass)	**como** (als, wenn, falls)	**por lo tanto** (also, daher)	**como quiera que** (wie auch immer, egal, wie)	**en cuanto** (sobald)		

Schummelseite

Modale Konjunktionen (conjunciones modales)	Konditionale Konjunktionen (conjunciones condicionales)	Konzessive Konjunktionen (conjunciones concesivas)	Kausale Konjunktionen (conjunciones causales)	Temporale Konjunktionen (conjunciones temporales)	Finale Konjunktionen (conjunciones finales)	Vergleichende Konjunktionen (conjunciones comparativas)
como si (als ob)	**siempre que** (wenn)	**conque** (also)	**una vez que** (sobald)	**luego que** (dann)		
	en el supuesto caso de que (für den Fall, dass, vorausgesetzt, dass)	**así que** (sodass)	**por lo tanto** (daher, folglich, somit)	**tan luego como** (sobald)		
		entonces (dann)	**a causa de que** (weshalb)	**siempre que** (vorausgesetzt, dass)		
			en razón de que (aufgrund)	**a medida de que** (im Rahmen des Möglichen)		
				de manera que (sodass, also)		

Spanische Grammatik für Dummies

Jimena Ruiz

Spanische Grammatik für dummies®

2. Auflage

WILEY-VCH GmbH

Spanische Grammatik für Dummies

Bibliografische Information der Deutschen Nationalbibliothek

Die Deutsche Nationalbibliothek verzeichnet diese Publikation
in der Deutschen Nationalbibliografie; detaillierte bibliografische
Daten sind im Internet über http://dnb.d-nb.de abrufbar.

2. Auflage 2025

© 2025 Wiley-VCH GmbH, Boschstraße 12, 69469 Weinheim, Germany

Coverillustration: © Tatiana - stock.adobe.com
Korrektur: Frauke Wilkens, München
Satz: Straive, Chennai, India
Druck und Bindung:
CPI Group (UK) Ltd, Croydon, CR0 4YY

Print ISBN: 978-3-527-72299-0
ePub ISBN: 978-3-527-85159-1

C9783527722990_101225

Bevollmächtigter Vertreter des Herstellers gemäß EU-Produktsicherheitsverordnung ist die Wiley-VCH
GmbH, Boschstr. 12, 69469 Weinheim, Deutschland, E-Mail: Product_Safety@wiley.com.

Über die Autorin

Mit großer Freude präsentiere ich Ihnen die neue, überarbeitete Auflage von *Spanische Grammatik für Dummies*. Zur spanischen Sprache habe ich ein besonderes Verhältnis. Meine Eltern legten sie mir vor vielen Jahren in Buenos Aires in die Wiege. Dafür danke ich ihnen sehr. Im Jahre 1988 bin ich mit meinen Eltern nach Deutschland gezogen. Nach meinem Studium der Betriebswirtschaft an der Dualen Hochschule Baden-Württemberg in Lörrach habe ich angefangen, Spanisch zu unterrichten. Die Arbeit mit Menschen macht mir großen Spaß. Die Motivation der Lernenden spornt mich an, sodass ich mit Freude unterrichte. Durch die Arbeit in und mit verschiedenen Lernplattformen beschäftige ich mich auch mit der Erstellung von leicht verständlichen Übungseinheiten. Dabei steht immer im Vordergrund, dass die Grammatik einfach erklärt wird und in Alltagssituationen angewendet werden kann.

Ich danke Frau Sabine Rock von Wiley-VCH dafür, dass sie mich jederzeit mit Rat und Tat unterstützt hat, sodass dieses Buch entstehen konnte. Ein besonderer Dank gilt meinem Partner Markus, meiner Familie und meinen Freunden, die immer für mich da sind. Alle tragen dazu bei, dass mein Leben nie langweilig wird. Last, but not least danke ich allen Menschen, die meine Sprachkurse besuchen. Durch ihre Fragen sind viele Themen für dieses Buch entstanden.

Dieses Buch widme ich meiner Großfamilie. Sprachen öffnen Türen.

Auf einen Blick

Inhaltsverzeichnis

Kapitel 3
Wie alles so ist – die spanischen Adjektive **51**

Kapitel 4
Immer gleich – die Adverbien **69**

Kapitel 6
Wie es damals war – die Vergangenheit in der
Wirklichkeitsform

Kapitel 7
Ein Blick in die Zukunft – Futur in der Wirklichkeitsform

Kapitel 8
Was wäre wenn – der Konditional

TEIL IV
DIE WICHTIGE VERBINDUNG: PRÄPOSITIONEN
UND KONJUNKTIONEN 265

Kapitel 16
Die richtige Beziehung: Präpositionen 267

Kapitel 17
Wichtige Verbindungen – Konjunktionen. 291

Kapitel 18
Gut verbunden – Konnektoren, die die
Sprache bereichern

Kapitel 19
Zehn Sprachfallen zwischen Deutsch und Spanisch 325

Einführung

Warum ausgerechnet Spanisch?

Spanisch ist die Muttersprache von über 430 Millionen Menschen, die in Argentinien, Äquatorialguinea, Bolivien, Chile, Costa Rica, der Dominikanischen Republik, Ecuador, El Salvador, Guatemala, Honduras, Kolumbien, Kuba, Mexiko, Nicaragua, Panama, Paraguay, Peru, Puerto Rico, Spanien, Uruguay, den USA, Venezuela und der Westsahara leben. Bis 1973 war Spanisch auch auf den Philippinen Amtssprache. Heute sprechen nur noch wenige Menschen dort Spanisch. Wenn Sie Spanisch sprechen können, können Sie sich in diesen Ländern verständigen. Allein in den USA gibt es über 42 Millionen Einwohner, die Spanisch als Muttersprache haben, genauso wie ich. Spanisch ist die zweithäufigste gesprochene Sprache der Welt und macht die größte Sprechergruppe der romanischen Sprachen aus.

Über dieses Buch

Interessieren Sie sich für spanischsprachige Länder und deren Kultur? Planen Sie eine Reise dorthin? Oder haben Sie vor langer Zeit Spanisch gelernt und wollen Ihre Kenntnisse auffrischen? Möchten Sie in einem spanischsprachigen Land arbeiten oder studieren? Dann ist dieses Buch genau das richtige für Sie.

In diesem Buch lernen Sie die spanische Grammatik kennen, die einfach und leicht verständlich erklärt wird. Am Ende eines jeden Kapitels gibt es Übungen, um das Gelernte zu festigen. Wenn Sie die Grammatik schon kennen, werden Sie viele praxisnahe Beispiele finden, mit denen Sie Ihre Kenntnisse auffrischen können.

Sie können dieses Buch Teil für Teil bearbeiten. Wenn Sie ein bestimmtes Thema suchen, können Sie die Kapitel auch einzeln lesen. Das Stichwortverzeichnis erleichtert Ihnen die Suche nach einem bestimmten Thema.

Konventionen in diesem Buch

Zwischen Spanisch und Deutsch kann man oft nicht eins zu eins übersetzen, deshalb finden Sie Aussagen, wie Sie sie auf Deutsch oder Spanisch formulieren würden. Die Erläuterungen der Grammatik beziehen sich auf die aktuell geltenden Regeln der Real Academia Española de Lenguas (RAE). In jedem Kapitel finden Sie zu jedem Thema Übungseinheiten, die Ihnen helfen, das Gelernte mit praxisnahen Inhalten anzuwenden.

Törichte Annahmen über die Leser

Als ich dieses Buch geschrieben habe, habe ich mir gedacht, dass

✔ Sie für die komplizierte Grammatik einfache Erklärungen suchen.

✔ Sie in einem spanischsprachigen Land waren und mehr über die Sprache und Kultur lernen wollen.

✔ Sie gerade einen Spanischkurs besuchen und ein Nachschlagewerk suchen, um Ihre Kenntnisse zu festigen.

✔ Sie in ein spanischsprachiges Land reisen oder ziehen wollen.

Finden Sie sich hier wieder? Dann ist dieses Buch genau das richtige für Sie.

Wie dieses Buch aufgebaut ist

Dieses Buch besteht aus fünf Teilen, mehreren Anhängen und dem Stichwortverzeichnis.

In Teil I geht es um Nomen, Begleiter und Adjektive. Hier lernen Sie etwas über spanische Wörter und Wortarten.

Teil II behandelt Modi, Zeiten und Verben. Hier finden Sie Informationen rund um die spanischen Modi, Verbarten und Anwendungsmöglichkeiten der verschiedenen Zeiten.

Die Pronomen stehen in Teil III im Mittelpunkt. Hier erkläre ich Ihnen, welche Pronomen es im Spanischen gibt und wann Sie sie anwenden können.

Um die wichtige Verbindung von Präpositionen und Konjunktionen geht es in Teil IV. Dieses Thema bereitet vielen Probleme, denn zwischen Deutsch und Spanisch kann man nicht immer genau übersetzen. In diesem Teil finden Sie für alle Präpositionen und Konjunktionen eine einfache Erklärung sowie viele Beispiele zur korrekten Anwendung.

Im Top-Ten-Teil finden Sie Informationen zu Sprachfallen.

Zum Schluss finden Sie in Anhang A die Lösungen der verschiedenen Übungen. In Anhang B helfen Ihnen die Konjugationsmodelle, Verbkonjugationen zu üben.

Symbole, die in diesem Buch verwendet werden

Damit Sie sich gut im Text zurechtfinden und besondere Informationen schnell wiederfinden können, benutze ich folgende Symbole in diesem Buch:

Wichtige Regeln sind mit diesem Symbol gekennzeichnet.

 Hier erhalten Sie Informationen über verschiedene Verwendungen eines Wortes oder einer Wortgruppe.

 Hier ist Vorsicht angesagt. Besonders schwierige grammatische Themen werden hier einfach erklärt.

 Neben diesem Symbol finden Sie Angaben über Sprachfallen oder regionale Unterschiede in der Sprache.

 Interessantes rund um die Kultur in den spanischsprachigen Ländern ist mit diesem Symbol gekennzeichnet.

 So klingt die spanische Sprache. Wenn Sie dieses Symbol sehen, können Sie Audioaufgaben aufrufen.

Der Link dazu lautet: `https://www.wiley-vch.de/ISBN9783527722990`

Wie es weitergeht

Ich wünsche Ihnen viel Spaß beim Spanischlernen und dass Ihnen die Grammatik nach der Lektüre des Buches nicht mehr spanisch vorkommt.

Als Bonusmaterial finden Sie unter `https://www.wiley-vch.de/ISBN9783527722990` eine Liste der wichtigsten Verben, die in *Spanische Grammatik für Dummies* vorkommen sowie Top-Ten-Kapiteln zum Lernen mit authentischem Material, den wichtigsten SMS-Wendungen, häufig benutzten Redewendungen und Stimmen aus der spanischen Tiersprache.

Teil I
Nomen, Begleiter und Adjektive

IN DIESEM TEIL ...

In diesem Teil lernen Sie etwas über spanische Wörter
mit den verschiedenen Artikeln und Wortarten. Sie
lernen, wie Sie Personen oder Sachen benennen und
beschreiben können. Zum Thema Adjektive dürfen
die Steigerungsformen nicht fehlen. Ich erkläre Ihnen,
welche Steigerungsformen es im Spanischen gibt
und wie Sie damit Personen oder Sachen vergleichen
können. In diesem Zusammenhang erkläre ich Ihnen,
wie Sie die spanischen Akzentregeln lernen und
anwenden können. **Español** wird mit **ñ** geschrieben,
daher zeige ich Ihnen ein paar Tricks, wie Sie Ihren
Computer, das Tablet oder Smartphone für die Eingabe
spanischer Buchstaben und Zeichen einrichten.

Kapitel 1
Die Dinge beim Namen nennen – die Nomen

In diesem Kapitel lernen Sie, was Nomen sind und welche Artikel diese tragen. Dazu gehört auch die Bildung der verschiedenen Pluralformen. Im Spanischen werden manche Wörter mit Akzent geschrieben. Die Akzentregeln werden in diesem Kapitel erklärt. Zu einem Satz gehören auch die Satzzeichen, deren Einsatz Sie in diesem Kapitel erlernen. Wenn Sie nicht nur handschriftliche Texte verfassen, sondern die neuen Technologien verwenden, brauchen Sie für spanische Texte Buchstaben und Zeichen, die auf der deutschen Tastatur nicht vorkommen. In diesem Kapitel finden Sie eine einfache Erklärung, wie Sie die spanischen Buchstaben und Zeichen finden und einrichten können.

Spanische Nomen

Nomen sind Wörter, mit denen Sie Personen oder Sachen beschreiben können. Im Spanischen sind sie männlich oder weiblich. Es gibt also keine neutralen Wörter. Die deutschen Wörter mit dem neutralen Artikel »das« sind im Spanischen entweder männlich oder weiblich. Nomen schreiben Sie klein – außer am Satzanfang, Eigennamen, Titel, Buchtitel und zwischen Frage- und Ausrufezeichen.

Nomen können im Spanischen nur männlich oder weiblich sein. Nomen mit der Endung **-o** sind meistens männlich. Ebenfalls männlich sind Nomen mit den Endungen **-or**, **-aje** und **-ismo**:

✔ **el libro** – das Buch

✔ **el calor** – die Hitze

✔ **el pasaje** – das Ticket, der Fahrschein

✔ **el ciclismo** – der Radsport

✔ **el edificio** – das Gebäude

Wörter mit der Endung -**a** sind meist weiblich. Aber auch Wörter mit den Endungen -**ad**, -**cíon**, -**síon**, -**tad** und -**tud** sind weiblich:

✔ **la ciudad** – die Stadt

✔ **la casa** – das Haus

✔ **la canción** – das Lied

✔ **la ilusión** – die Hoffnung, die Vorstellung, die Täuschung

✔ **la virtud** – die Tugend, die Fähigkeit

✔ **la amistad** – die Freundschaft

Auch die meisten Bezeichnungen für Familienmitglieder folgen dieser Regel. Die Eltern sind die Ausnahme: **el padre** (der Vater) und **la madre** (die Mutter), weil die Wörter die Endung -**e** haben. Wenn Sie über zwei Familienmitglieder verschiedenen Geschlechts sprechen, brauchen Sie die männliche Form dieser Nomen im Plural (siehe hierzu weiter hinten in diesem Kapitel im Abschnitt »Mehr davon – die Mehrzahl«).

männlich	weiblich
el padre (der Vater)	**la madre** (die Mutter)
el hijo (der Sohn)	**la hija** (die Tochter)
el abuelo (der Großvater)	**la abuela** (die Großmutter)
el nieto (der Enkelsohn)	**la nieta** (die Enkeltochter)
el bisabuelo (der Urgroßvater)	**la bisabucla** (dic Urgroßmutter)
el bisnieto (der Urenkel)	**la bisnieta** (die Urenkelin)
el tío (der Onkel)	**la tía** (die Tante)
el sobrino (der Neffe)	**la sobrina** (die Nichte)
el primo (der Cousin)	**la prima** (die Cousine)
el cuñado (der Schwager)	**la cuñada** (die Schwägerin)
el suegro (der Schwiegervater)	**la suegra** (die Schwiegermutter)
el yerno (der Schwiegersohn)	**la nuera** (die Schwiegertochter)
el padrino (der Taufpate)	**la madrina** (die Taufpatin)
el ahijado (der Patensohn)	**la ahijada** (die Patentochter)

Tabelle 1.1: Spanische Bezeichnungen für Familienmitglieder

Nomen mit der Endung -e sind entweder männlich oder weiblich. Am besten ist es, wenn Sie das Wort mit dem Artikel lernen, da es keine Regel dazu gibt.

Aber Sie wissen ja, es gibt keine Regel ohne Ausnahme, und Sie werden auch Wörter finden, die die Endung **-a** haben und trotzdem männlich sind, oder Wörter, die auf **-o** enden und trotzdem weiblich sind:

- ✔ **el día** – der Tag
- ✔ **el problema** – das Problem
- ✔ **el idioma** – die Sprache
- ✔ **la foto** – das Bild
- ✔ **la radio** – das Radio
- ✔ **la mano** – die Hand
- ✔ **el tema** – das Thema
- ✔ **el hambre** – der Hunger
- ✔ **el mapa** – die Landkarte, der Stadtplan
- ✔ **el clima** – das Klima
- ✔ **la moto** – das Motorrad

Es gibt auch Wörter mit den Endungen **-ista**, **-ante** und **-ente**. Die Nomen, die diese Endungen aufweisen, verändern sich nicht im Geschlecht. Die männliche und die weibliche Form des Nomens sind gleich.

- ✔ **el/la periodista** – der Journalist / die Journalistin
- ✔ **el/la estudiante** – der Student / die Studentin
- ✔ **el/la docente** – der Dozent / die Dozentin

 Bei der Wahl des Artikels können Sie die Wörter nicht direkt übersetzen. Es ist nicht immer so, dass weibliche Wörter im Deutschen auch im Spanischen weiblich sind und dass männliche Wörter im Deutschen auch im Spanischen männlich sind, zum Beispiel **el sol** (die Sonne) und **la luna** (der Mond). Neutrale Wörter mit dem Artikel »das« sind im Spanischen entweder männlich oder weiblich: das Buch – **el libro**, das Haus – **la casa**, das Telefon – **el teléfono**.

»lo« und Adjektiv

Wenn **lo** vor einem Adjektiv steht, wird das Adjektiv zu einem Nomen. Mehr über Adjektive erfahren Sie in Kapitel 3.

- ✔ **lo bueno** – das Gute
- ✔ **lo malo** – das Schlechte

✔ **lo importante** – das Wichtige

✔ **lo necesario** – das Nötige

Das Verb »ser« und die Nomen

Das Verb **ser** (sein) spielt in der spanischen Sprache eine sehr wichtige Rolle. Im Zusammenhang mit dem Thema Nomen brauchen Sie das Verb **ser**, wenn Sie

✔ Ihren Namen sagen: **Soy Pedro.** (Ich bin Pedro.)

✔ Ihren Beruf beschreiben: **Soy panadero.** (Ich bin Bäcker.)

✔ über Ihre Herkunft/Nationalität Auskunft geben: **Soy alemán. / Soy de Hamburgo.** (Ich bin Deutscher. / Ich bin aus Hamburg.)

✔ über Ihre Familie erzählen: **Soy el hermano de Juan.** (Ich bin der Bruder von Juan.)

✔ das Datum nennen: **Hoy es 6 de mayo.** (Heute ist der 6. Mai.)

✔ nach der Uhrzeit fragen: **¿Qué hora es?** (Wie spät ist es?)

✔ ein Objekt beschreiben: **El bolígrafo es azul.** (Der Kugelschreiber ist blau.)

✔ über das Material / die Bestandteile einer Sache reden: **La falda es de algodón.** (Der Rock ist aus Baumwolle.)

✔ über Ihr Eigentum erzählen: **Es mi libro.** (Das ist mein Buch.)

Manche Wörter haben den männlichen Artikel **el** (der), obwohl sie weiblich sind. Dies ist damit begründet, dass das Wort mit **a** beginnt und dieses **a** betont wird.

> ✔ **el agua** – das Wasser
>
> ✔ **el ama de casa** – die Hausfrau
>
> ✔ **el arte** – die Kunst

Die Pluralformen dieser Wörter sind weiblich: **las aguas** (die Gewässer), **las amas de casa** (die Hausfrauen), **las artes** (die Künste).

Falsche Freunde unter den Nomen

Es gibt auch Nomen, die zwei Artikel haben: **el** (der) und **la** (die). Diese Wörter haben je nach Artikel verschiedene Bedeutungen.

✔ **el capital** (das Kapital, das Geld), **la capital** (die Hauptstadt)

✔ **el coma** (das Koma), **la coma** (das Komma)

✔ **el papa** (der Papst), **la papa** (die Kartoffel)

✔ **el pendiente** (der Ohrring), **la pendiente** (das Gefälle)

✔ **el radio** (der Radius), **la radio** (der Hörfunk)

✔ **el cura** (der Geistliche), **la cura** (die Kur)

✔ **el frente** (die Front), **la frente** (die Stirn)

Mehr davon – die Mehrzahl

Die Bildung der Mehrzahl (Plural) ist einfach. Wenn ein Nomen auf -**a**, -**e** oder -**o** endet, bilden Sie die Pluralform, indem Sie ein -**s** hinzufügen. Wenn das Nomen auf -**i**, -**u** oder einen Konsonanten (außer z) endet, müssen Sie die Pluralform mit -**es** bilden.

✔ **la vaca** (die Kuh), **las vacas** (die Kühe)

✔ **el coche** (das Auto), **los coches** (die Autos)

✔ **el libro** (das Buch), **los libros** (die Bücher)

✔ **el colibrí** (der Kolibri), **los colibríes** (die Kolibris)

Bei Wörtern, die auf einen Konsonanten (außer z) enden, bilden Sie die Pluralform mit der Endung -**es**:

✔ **el español** (der Spanier), **los españoles** (die Spanier)

✔ **el color** (die Farbe), **los colores** (die Farben)

✔ **el camión** (der Lastwagen), **los camiones** (die Lastwagen)

Wenn Sie allgemein über bestimmte Familienmitglieder sprechen oder über mehrere Angehörige unterschiedlichen Geschlechts, brauchen Sie die Pluralformen der männlichen Nomen wie in Tabelle 1.2.

Plural
los padres (die Eltern)
los hijos (die Kinder)
los abuelos (die Großeltern)
los nietos (die Enkel)
los bisabuelos (die Urgroßeltern)
los bisnietos (die Urenkel)
los tíos (Onkel und Tante)
los sobrinos (Neffe und Nichte)
los primos (Cousin und Cousine)

Plural
los cuñados (Schwager und Schwägerin)
los suegros (die Schwiegereltern)
los padrinos (die Taufpaten)
los ahijados (die Patenkinder)

Tabelle 1.2: Pluralformen der Familienmitglieder

✔ **Mis abuelos viven lejos.** (Meine Großeltern wohnen weit weg.)

✔ **Mis hijos estudian en Barcelona.** (Meine Kinder studieren in Barcelona.)

Nomen mit der Endung **-z** im Singular haben eine andere Pluralform; **-z** wird durch die Endung **-ces** ersetzt:

✔ **el pez** (der Fisch), **los peces** (die Fische)

✔ **la actriz** (die Schauspielerin), **las actrices** (die Schauspielerinnen)

Wörter, die im Singular auf **-s** enden, bleiben im Plural unverändert:

✔ **el cumpleaños** (der Geburtstag)

✔ **el paraguas** (der Regenschirm)

✔ **el abrelatas** (der Dosenöffner)

✔ **el sacacorchos** (der Flaschenöffner)

✔ **el rompecabezas** (das Puzzle)

✔ **el sacapuntas** (der Spitzer)

✔ **el salvavidas** (der Rettungsring)

✔ **el trabalenguas** (der Zungenbrecher)

Manche Wörter im Plural verlieren den Akzent oder bekommen einen dazu (mehr darüber weiter hinten in diesem Kapitel im Abschnitt »Die Sache mit dem Strich – Akzentregeln«). Nomen mit den Endungen **-as**, **-es** und **-is**, die im Singular und im Plural gleich bleiben, sind:

✔ **el paraguas** (der Regenschirm) – **los paraguas** (die Regenschirme)

✔ **el lunes** (der Montag) – **los lunes** (die Montage / montags)

✔ **el martes** (der Dienstag) – **los martes** (die Dienstage / dienstags)

✔ **el miércoles** (der Mittwoch) – **los miércoles** (die Mittwoche / mittwochs)

✔ **el jueves** (der Donnerstag) – **los jueves** (die Donnerstage / donnerstags)

✔ **el viernes** (der Freitag) – **los viernes** (die Freitage / freitags)

✔ **las vacaciones** (die Ferien)

✔ **las gafas** (die Brille)

 Bei Nomen, die auf einen betonten Vokal enden, akzeptiert die RAE beide Pluralformen **-s** und **-es.**

  ✔ **el iglú** (der oder das Iglu), **los iglús, los iglúes** (die Iglus)

  ✔ **el ñandú** (der Strauß), **los ñandús, los ñandúes** (die Strauße)

  ✔ **el ají** (der Paprika oder die Paprika), **los ajís, los ajíes** (die Paprika(s))

Die Sache mit dem Strich – Akzentregeln

Die Sache mit dem »Strich« – wie ihn viele liebevoll nennen – hört sich kompliziert an. Die Regeln sind ja auch manchmal schwer zu verstehen. Das muss ich leider zugeben. Sie haben zwei Möglichkeiten, sich zu merken, ob ein Wort einen Akzent trägt oder nicht. Sie können sich das Wort als Wortbild mit dem Akzent merken oder Sie können nach einem einfachen Entscheidungsmodell vorgehen.

Wörter mit Betonung auf der letzten Silbe

Wird ein Wort auf der letzten Silbe betont, wird es mit Akzent geschrieben, wenn das Wort die Endung **-n** oder **-s** oder einen Vokal aufweist. Alle anderen Wörter, die auf der letzten Silbe betont werden und die aufgezählten Endungen (**-n**, **-s** oder Vokal) nicht haben, schreiben Sie ohne Akzent.

✔ **la canción** (das Lied): Das Wort wird auf der letzten Silbe betont und hat die Endung **-n**, deshalb trägt es einen Akzent auf dem **ó.**

✔ **veintidós** (22): Die Zahl 22 wird auf der letzten Silbe betont und hat die Endung **-s**, deshalb wird **veintidós** mit Akzent auf dem **ó** geschrieben.

✔ **habló** (er/sie sprach, Sie sprachen): Die Indefinido-Form der 3. Person Singular des Verbs **hablar** (sprechen) wird auf der letzten Silbe betont. Die Verbform trägt einen Akzent auf dem **ó.**

Das Wort **español** (Spanisch, spanisch, Spanier), das Wort **hospital** (Krankenhaus) und alle anderen Wörter, die auf der letzten Silbe betont werden, aber nicht auf **-n**, **-s** oder Vokal enden, tragen keinen Akzent.

Wörter mit Betonung auf der vorletzten Silbe

Viele Begriffe der spanischen Sprache werden auf der vorletzten Silbe betont. Wenn sie nicht auf **-n**, **-s** oder einen Vokal enden, tragen sie einen Akzent. Wörter, die auf der vorletzten Silbe betont werden und auf **-n**, **-s** oder Vokal enden, tragen keinen Akzent.

✔ **fácil** (einfach): Das Adjektiv **fácil** wird auf der vorletzten Silbe betont und endet auf einen Konsonanten, aber nicht **-n** und **-s**, deshalb trägt das Wort einen Akzent.

✔ **difícil** (schwer): Das Adjektiv **difícil** wird auf der vorletzten Silbe betont und endet auf einen Konsonanten, aber nicht **-n** und **-s**, deshalb trägt das Wort einen Akzent.

✔ **lápiz** (Bleistift): Das Nomen **lápiz** wird auf der vorletzten Silbe betont und endet auf einen Konsonanten, aber nicht **-n** und **-s**, deshalb trägt das Wort einen Akzent.

Die Begriffe **preparan** (sie/Sie bereiten vor), **lado** (Seite) und **casco** (Helm) sowie alle anderen Wörter, die auf der vorletzten Silbe betont werden und auf **-n**, **-s** oder Vokal enden, tragen keinen Akzent.

Wörter mit Betonung auf der drittletzten Silbe

Diese Regel können Sie sich einfach merken. Es gibt Wörter, die auf der drittletzten Silbe betont werden. Diese Wörter tragen immer einen Akzent auf der drittletzten Silbe.

✔ **el teléfono** (das Telefon)

✔ **el médico** (der Arzt)

✔ **¡Levántate!** (Steh auf!)

✔ **¡Dúchate!** (Dusch dich!)

Alle Wörter werden auf der drittletzten Silbe betont und tragen deshalb ohne Ausnahme einen Akzent.

Wörter mit Betonung auf der viertletzten Silbe

Genauso wie bei den Begriffen, die auf der drittletzten Silbe betont werden, tragen alle Wörter, die auf der viertletzten Silbe betont werden, ohne Ausnahme einen Akzent.

✔ **¡Repáramelo!** (Repariere es/ihn mir!)

✔ **¡Cómpremelo!** (Kaufen Sie es/ihn mir!)

✔ **¡Pregúntanoslo!** (Frage es uns!)

✔ **¡Lávatelas!** (Wasche sie dir!)

Alle Wörter ohne Ausnahme tragen einen Akzent auf der viertletzten Silbe, weil dort die Betonung des Wortes liegt. Bei den Beispielen handelt es sich um Formen des positiven Imperativs. Mehr darüber erfahren Sie in Kapitel 9.

Um die Betonung eines Wortes zu beschreiben, müssen Sie die Silben von hinten nach vorn zählen:

✔ **La ciud̲a̲d̲** wird auf der letzten Silbe betont.

✔ **La r̲a̲d̲i̲o̲** wird auf der zweitletzten Silbe betont.

✔ **El tel̲é̲fono** wird auf der drittletzten Silbe betont.

✔ **C̲ó̲mpramelo!** wird auf der viertletzten Silbe betont.

Wie Sie rausfinden können, ob ein Wort einen Akzent trägt oder nicht, erkläre ich Ihnen mit einem Beispiel: Sie wollen in Spanien Urlaub machen und reservieren per E-Mail ein Zimmer. Sie wissen noch, dass Zimmer **habitacion** heißt. Nun möchten Sie rausfinden, ob das Wort **habitacion** einen Akzent trägt. Das Wörterbuch haben Sie im Büro vergessen. Nehmen Sie die Regeln zur Hand: Das Wort **habitacion** hat vier Silben und die Endung -**n**. Da Sie das Wort bei Ihrer letzten Urlaubsreise gehört haben, wissen Sie schon, dass die Betonung des Wortes auf der letzten Silbe -**cion** liegt. Genau diese Angaben brauchen Sie, um die Lösung zu finden: Die Betonung des Wortes und die Endung. Nachdem Sie die Betonung des Wortes kennen, gehen Sie weiter und fragen nach der Endung: -**n**, -**s** oder Vokal. Bei **habitacion** trifft die Endung -**n** zu. Somit kommen Sie zu dem Ergebnis, dass das Wort **habitacion** einen Akzent auf dem **o** trägt: **habitación**.

 Manche Wörter tragen manchmal einen Akzent und manchmal nicht. Dies ist der Fall bei einsilbigen Wörtern wie:

✔ **él** (er), **el** (der)

✔ **tú** (du), **tu** (dein)

✔ **sí** (ja), **si** (wenn, ob)

✔ **té** (Tee), **te** (dir)

✔ **mí** (mich), **mi** (mein)

✔ **sé** (ich weiß), **se** (sich/man)

Fragewörter haben immer einen Akzent.

Zeichen geben – Zeichensetzung

Im Spanischen werden viele Satzzeichen verwendet. Einige davon gibt es nicht im Deutschen.

Haben Sie eine Frage? Im Spanischen hat ein Fragesatz zwei Fragezeichen. Ein Fragezeichen steht am Satzanfang und das zweite Fragezeichen steht am Satzende. (Weiter hinten in diesem Kapitel erfahren Sie, wie Sie ¿ mit dem Computer schreiben können.) Das Gleiche passiert mit dem Ausrufezeichen. Auch hier gibt es eines am Satzanfang und eines am Satzende: **¡Hola!**

Zeichen	Bezeichnung	Anwendung
/	**la barra** (der Schrägstrich)	Internetadressen, Datum
¿ ?	**los signos de interrogación** (die Fragezeichen)	Fragesätze beginnen und enden mit einem Fragezeichen. Wie Sie ¿ auf der Computertastatur erzeugen können, erfahren Sie weiter hinten in diesem Kapitel.
:	**los dos puntos** (der Doppelpunkt)	Steht vor Aufzählungen.
…	**los puntos suspensivos** (die Auslassungspunkte)	Hinweis, dass eine weitere Information folgen könnte
´	**el acento o la tilde** (der Akzent)	Der Akzent zeigt, auf welcher Silbe ein Wort betont wird.
;	**el punto y coma** (das Semikolon)	mehr als ein Komma, aber weniger als ein Punkt
.	**el punto final** (der Punkt)	Zeigt an, dass ein Satz zu Ende ist.
ñ	**la tilde** (die Schlangenlinie über dem ñ)	zur Unterscheidung von **n**
-	**el guión** (der Bindestrich)	Steht zwischen zusammengesetzten Wörtern.
_	**el guión bajo** (der Unterstrich)	Wird oft in E-Mail-Adressen verwendet.
m	**la minúscula** (der Kleinbuchstabe)	Im Spanischen schreiben Sie fast alles klein.
M	**la mayúscula** (der Großbuchstabe)	Mit einem Großbuchstaben beginnen Namen, Eigennamen und der Anfang eines Satzes.
( )	**los paréntesis** (die Klammern)	Damit erklären Sie etwas zu einer vorherigen Information.
,	**la coma** (das Komma)	Steht zwischen Haupt- und Nebensätzen, bei Aufzählungen und deutet Sprechpausen an.
¡ !	**los signos de exclamación** (die Ausrufezeichen)	In Ausrufesätzen setzen Sie Ausrufezeichen am Satzanfang und am Satzende.

Tabelle 1.3: Die spanische Zeichensetzung

Die kurze Pause – das Komma

Wie wichtig das Komma sein kann, zeigt dieses Beispiel: Maria fragt ihren Mann: **¿Pedro, me puedes recoger del trabajo?** (Pedro, kannst du mich bitte von der Arbeit abholen?) Pedro antwortet: **Sí quiero.** (Wenn mir danach ist.) Diese Antwort ist ohne Komma und ohne Sprechpause. Das kann missverstanden werden. Wenn Sie **Sí quiero** ohne eine Sprechpause hinter dem **sí** sagen, bedeutet das: Wenn mir danach ist, hole ich dich ab. Wenn Sie eine Sprechpause hinter dem **sí** machen und ein Komma nach dem **si** setzen, bedeutet der Satz: Natürlich hole ich dich ab. Sie sehen, wie ein Komma zu viel oder zu wenig die Bedeutung der Aussage deutlich verändern kann. Hier müssen Sie immer ein Komma setzen:

✔ Bei Aufzählungen: **Compro pan, mantequilla, huevos y leche.** (Ich kaufe Brot, Butter, Eier und Milch.)

✔ Zwischen Sätzen mit verschiedenen Subjekten: **Maria va a la piscina, y Julio va al gimnasio.** (Maria geht ins Schwimmbad und Pedro geht ins Fitnessstudio.)

✔ Zwischen Nebensätzen, die den Hauptsatz mit einer Erklärung ergänzen: **La bicicleta, la que compré el año pasado, es muy moderna.** (Das Fahrrad, das ich letztes Jahr gekauft habe, ist sehr modern.)

✔ Bei Bedingungssätzen: **Si tienes tiempo, puedes pasar por mi casa a eso de las cinco.** (Wenn du Zeit hast, kannst du gegen 17 Uhr bei mir vorbeikommen.)

✔ Um Sprechpausen deutlich zu machen: **¿Vamos al cine esta noche?** (Gehen wir heute Abend ins Kino?) **¡Sí, claro!** (Na klar!)

✔ Bei Datumsangaben hinter der Stadt: **Barcelona, a 12 de mayo de 2024** (Barcelona, 12. Mai 2024).

Die etwas längere Pause – das Semikolon

Mit einem Semikolon (**el punto y coma**) erzeugen Sie eine Pause, die in der Länge zwischen dem Komma und dem Punkt liegt: **Los invitados llegan a las tres; pero las bebidas se sirven a las tres y media.** (Die Gäste kommen um 15 Uhr, aber die Getränke werden erst um 15.30 Uhr serviert.)

Zum Schluss der Punkt

Der Punkt (**el punto**) hat im Spanischen die gleiche Funktion wie im Deutschen. Sie beenden eine Information mit einem Punkt. Nach dem Punkt müssen Sie großschreiben: **Primero hago las compras.** (Ich gehe zuerst einkaufen.) **Depués de las compras voy a tomar un café con una amiga.** (Danach gehe ich mit einer Freundin einen Kaffee trinken.)

Der Doppelpunkt

Der Doppelpunkt (**los dos puntos**) hat dieselbe Funktion wie in der deutschen Sprache. Sie verwenden den Doppelpunkt,

✔ wenn Sie eine Aufzählung einleiten.

✔ wenn Sie etwas erklären wollen, was eine dritte Person gesagt hat (indirekte Rede).

✔ wenn Sie die Anrede in einem Brief schreiben, egal ob der Brief förmlich oder formlos ist.

Der Computer kann auch Spanisch

Sind Sie gerade dabei, einen spanischen Text zu schreiben? Leben Sie im deutschsprachigen Raum und verwenden Sie eine deutsche Tastatur? Dann fehlen Ihnen für spanische Texte Buchstaben und Zeichen, die bei der deutschen Tastaturbelegung nicht vorkommen.

Sie möchten zum Beispiel jemandem ein frohes neues Jahr wünschen, haben eine deutsche Tastatur und schreiben: **¡Feliz Ano nuevo!** Der Empfänger dieser Grüße wird darüber lachen, denn mit diesem Satz wünschen Sie nicht ein frohes neues Jahr, sondern einen neuen After. Hätten Sie eine spanische Tastatur gehabt, hätten Sie schreiben können: **¡Feliz Año Nuevo!** (Frohes neues Jahr!)

Dieses Problem können Sie einfach lösen. Wenn Sie mit einem PC oder mit einem tragbaren Computer arbeiten, haben Sie zwei Möglichkeiten: Sie können sogenannte ASCII-Codes verwenden (linke ⎇Alt⎇-Taste plus eine Zahlenkombination) und damit die betreffenden Buchstaben und Zeichen in Ihren Text einfügen. Halten Sie die linke ⎇Alt⎇-Taste gedrückt, während Sie die Zahlenkombination eingeben. Sie brauchen diese Codes:

✔ **ñ** erzeugen Sie mit der Tastenkombination ⎇Alt⎇+⎇1⎇⎇6⎇⎇4⎇, denn: **Español se escribe con eñe.** (**Español** schreibt man mit **ñ**.)

✔ Mit der Tastenkombination ⎇Alt⎇+⎇1⎇⎇6⎇⎇5⎇ schreiben Sie **Ñ**.

✔ Für das Fragezeichen **¿** am Satzanfang brauchen Sie die Tastenkombination ⎇Alt⎇+⎇1⎇⎇6⎇⎇8⎇.

✔ Das Ausrufezeichen **¡** steht auch am Satzanfang. Sie erzeugen dieses Zeichen mit der Tastenkombination ⎇Alt⎇+⎇1⎇⎇7⎇⎇3⎇.

Wenn Sie viel auf Spanisch schreiben, empfehle ich Ihnen, eine weitere Tastatursprache zu definieren. Wenn Sie Spanisch als weitere Tastatursprache definiert haben, können Sie mit einer Tastenkombination, die Sie selbst festlegen können, zwischen den verschiedenen Sprachen wechseln. Unter Windows wird hierfür die ⊞-Taste plus die ⎇Leertaste⎇ verwendet.

Tastaturbelegung unter Windows 11 ändern

So definieren Sie die spanische Sprache für Tastatureingaben unter Windows 11:

1. Drücken Sie die ⊞-Taste und klicken Sie dann auf das Zahnrad EINSTELLUNGEN.

2. Klicken Sie im Menü auf der rechten Seite auf ZEIT UND SPRACHEN

3. Als Nächstes gehen Sie zu SPRACHE UND REGION.

4. Unter SPRACHE | BEVORZUGTE SPRACHE klicken Sie auf die Schaltfläche SPRACHE HINZUFÜGEN.

5. Es öffnet sich ein weiteres Fenster mit der Liste der möglichen Sprachen. Für Spanisch gibt es eine lange Liste. Wählen Sie SPANISCH - SPANIEN aus und klicken Sie auf WEITER.

6. Es öffnet sich eine weitere Liste. Dort wählen Sie die gewünschten Funktionen und bestätigen dies mit INSTALLIEREN. So kommen Sie zum ursprünglichen Fenster zurück, in dem nun ES für Spanisch erscheint.

7. Nachdem Windows die Installation abgeschlossen hat, finden Sie das Sprachkürzel ESP in der Taskleiste unten rechts und können so ganz bequem zwischen den installierten Sprachen umschalten.

 Denken Sie daran, dass bei der spanischen Tastatur Z und Y vertauscht sind.

Tastaturbelegung beim Smartphone ändern

Wenn Sie Spanisch schreiben, haben viele Tastaturen eine Schaltfläche für andere Sprachen. Sobald die digitale Tastatur auf Ihrem Bildschirm erscheint, können Sie die Sprache wählen. Nachdem Sie die Sprache aktiviert haben, erscheinen alle nötigen Buchstaben und Zeichen automatisch.

Tastaturbelegung beim Tablet ändern

Bei Tablets mit digitaler Bildschirmtastatur gibt es links unten eine Taste mit dem Symbol einer Erdkugel. Mit jedem Tastendruck ändert sich die Tastatursprache. In welcher Sprache Sie gerade schreiben, sehen Sie auf der Leertaste. Wenn Sie lieber eine herkömmliche Tastatur benutzen, um mit Ihrem Tablet zu schreiben – kein Problem. Beim Betriebssystem IOS klicken Sie auf den Apfel links im Menü und öffnen die Systemeinstellungen. Dort finden Sie die Landeseinstellungen. In diesem Menü können Sie die Reihenfolge in der Sprachenliste ändern oder mit der Funktion LISTE BEARBEITEN eine neue Sprache mit einem Häkchen aktivieren. Anschließend können Sie mit ⇧ und Alt zwischen den Sprachen wechseln. Vergessen Sie nicht, die gewünschte Sprache auch als Tastatursprache festzulegen. Bei Tablets, die mit dem Betriebssystem Android arbeiten, gehen Sie in die EINSTELLUNGEN, dann zu SPRACHE UND EINGABE und wählen dort Spanisch als Sprache aus.

 In WhatsApp ändern Sie die Tastatursprache unter EINSTELLUNGEN. Gehen Sie auf APP-SPRACHE und wählen Sie SPANISCH aus. Beachten Sie, dass nach dieser Änderung alle Funktionen der App auf Spanisch sind.

Übung zu Kapitel 1

Übung 1.1

Männlich oder weiblich? Verbinden Sie die Wörter mit den Artikeln **el** und **la**.

✔ **linterna** (die Taschenlampe)

✔ **plátano** (die Banane)

✔ **café** (der Kaffee)

✔ **correo** (die Post)

- ✔ **casa** (das Haus)
- ✔ **edificio** (das Gebäude)
- ✔ **fecha** (das Datum)
- ✔ **miércoles** (der Mittwoch)
- ✔ **abrelatas** (der Dosenöffner)
- ✔ **paraguas** (der Regenschirm)
- ✔ **padre** (der Vater)
- ✔ **tía** (die Tante)
- ✔ **gato** (der Kater)

Hören Sie die Wörter zur Kontrolle und markieren Sie die Wortbetonung:

https://www.wiley-vch.de/ISBN9783527722990

Kapitel 2
Jeder Topf hat einen Deckel: Über die Begleiter

n diesem Kapitel lernen Sie die unbestimmten und die bestimmten Artikel anzuwenden. Im Spanischen finden Sie nur zwei Artikel, den männlichen und den weiblichen. Wenn Sie darüber sprechen, was wem gehört, brauchen Sie Possessivpronomen.

Es ist etwas da – der unbestimmte Artikel

In diesem Abschnitt erkläre ich Ihnen, welche unbestimmten Artikel es gibt und wann Sie sie verwenden. Wenn Sie etwas zum ersten Mal nennen, machen Sie das mit dem unbestimmten Artikel. Bei Personen oder Dingen, deren Anzahl Sie nicht bestimmen können, verwenden Sie den unbestimmten Artikel auch.

Im Spanischen gibt es nur zwei unbestimmte Artikel: **un** (ein) für männliche und **una** (eine) für weibliche Nomen. Wenn Sie etwas zum ersten Mal nennen, müssen Sie den unbestimmten Artikel **un** beziehungsweise **una** verwenden. Der unbestimmte Artikel steht vor dem Nomen:

✔ **Necesito un bolígrafo.** (Ich brauche einen Kugelschreiber.) Hier ist es egal, um welchen Kugelschreiber es sich handelt.

✔ **Tengo que preparar una conferencia para mañana.** (Ich muss einen Vortrag für morgen vorbereiten.)

Die unbestimmten Artikel haben eine Pluralform: **Un** hat als Pluralform **unos** (einige). **Una** hat **unas** (einige) als Pluralform.

Die Pluralform kann je nach Zusammenhang eine andere Bedeutung haben: **Julia tiene unos 20 años.** (Julia ist ungefähr 20 Jahre alt.) **Voy a comprar unas flores para el jardín.** (Ich werde Blumen für den Garten kaufen.) Wenn Sie das sagen, wissen Sie nur, dass Sie Blumen kaufen möchten, aber noch nicht, welche es sein werden.

Er bestimmt – der bestimmte Artikel

Nun wird es noch genauer. Wenn Sie eine Sache bereits genannt haben oder wenn Sie schon wissen, worüber Sie sprechen, benötigen Sie den bestimmten Artikel. Der bestimmte Artikel steht vor dem Nomen.

 So können Sie sich diese Artikel merken:

Das Geschlecht bestimmen nur zwei:

el und **la**.

Schreibe es in deine Vokabelkartei,

dann sind diese Nomen bekannt,

denn sie wurden schon genannt.

»Das« gibt es nicht!

Die Wörter haben immer ein Gesicht.

Im Gegensatz zum unbestimmten Artikel benutzen Sie bestimmte Artikel, wenn Sie schon wissen, worüber Sie reden:

✔ bei Zeitangaben

✔ Wenn Sie über eine andere Person sprechen, müssen Sie den Artikel **el** (der) oder **la** (die) voranstellen: **el señor** (Herr), **la señora** (Frau) und **la señorita** (Fräulein). Zum Beispiel: **El señor González es de Bilbao.** (Herr González ist aus Bilbao.) Sie sprechen Herrn González nicht an, sondern sprechen über ihn.

✔ bei allgemeinen Aussagen: **La gente viaja mucho en tren.** (Die Leute reisen viel mit dem Zug.)

Ein Beispiel soll das verdeutlichen:

Miguel Pérez und Fernando Rodriguez arbeiten zusammen. Am Freitag gehen sie mit ihrem Geschäftspartner aus Venezuela, Francisco Pereira, essen. Die Ehefrauen sind auch dabei. Herr Pérez übernimmt die Vorstellungsrunde und sagt: **Señor Rodriguez, este es el señor Francisco Pereira de Venezuela, y esta es su esposa, la señora Marina Ferraro.** (Herr Rodriguez, das ist Francisco Pereira aus Venezuela und das ist seine Frau, Marina Ferraro.) Fernando Rodriguez antwortet: **Mucho gusto señora Ferraro, mucho gusto señor Pereira. Esta es la señora, Antonia Gonzalez, mi esposa.** (Freut mich, Sie kennenzulernen. Das ist Frau Antonia Gonzalez, meine Frau.) Marina Ferraro reagiert auf die Vorstellungsrunde: **Encantada** (Freut mich.) Francisco Pereira fügt hinzu: **Mucho gusto. Estamos muy contentos de estar con ustedes.** (Wir freuen uns sehr, hier zu sein.)

In diesem Dialog sind zwei Formen wichtig: Bei der direkten Ansprache einer Person wird **kein Artikel** verwendet. Aber wenn Sie Menschen einander vorstellen, wird der bestimmte Artikel dem Namen vorangestellt. In spanischsprachigen Ländern ist **señorita** (Fräulein) eine viel gebrauchte Form.

 Nach den Präpositionen **a** und **de** wird der männliche bestimmte Artikel an die Präposition angehängt. Sie können nicht sagen: **Voy a el cine.** (Ich gehe ins Kino.), sondern es muss heißen: **Voy al cine.** (Ich gehe ins Kino.) Mit der Präposition **de** ist es genauso: **No encuentro el manual de el televisor.** (Ich kann die Bedienungsanleitung des Fernsehers nicht finden.) wird zu: **No encuentro el manual del televisor.** (Ich kann die Bedienungsanleitung des Fernsehers nicht finden.) Diese Regel gilt nicht, wenn der Artikel **el** Teil des Nomens ist, zum Beispiel **El País** (spanische Zeitung), **El Cairo** (eine Stadt in Ägypten).

Eine Form für alle Fälle – die Possessivpronomen

Hier lernen Sie die Possessivpronomen kennen. Die Possessivbegleiter – auch Possessivpronomen genannt – drücken Besitz aus. Sie richten sich im Geschlecht nach dem Besitzgegenstand. Im Spanischen verwenden Sie diese Pronomen für alle Fälle gleich. Sie unterscheiden nur die Ein- und Mehrzahl.

Unbetonte Possessivpronomen

Unbetonte Possessivpronomen stehen immer vor dem Nomen. Eine Form für alle Fälle, das können Sie wörtlich nehmen. Während im Deutschen die Formen der Possessivpronomen je nach Fall anders sind, brauchen Sie in der spanischen Sprache nur eine Form:

Unbetonte Possessivpronomen	Übersetzung
mi	mein, meine, mein, meinen, meine, mein, meinem, meiner, meinem, meines, meiner, meines
tu	dein, deine, dein, deinen, deine, dein, deinem, deiner, deinem, deines, deiner, deines
su	sein, seine, sein, seinen, seine, sein, seinem, seiner, seinem, seines, seiner, seines, ihr, Ihr, ihre, Ihre, ihr, Ihr, ihren, Ihren, ihre, Ihre, ihre, Ihre, ihrem, Ihrem, ihrer, Ihrer, ihrer, Ihrer, ihres, Ihres, ihrer, Ihrer, ihres, Ihres
nuestro nuestra	unser, unsere, unsere, unseren, unsere, unser, unserem, unserer, unserem, unseres, unserer, unseres

Unbetonte Possessivpronomen	Übersetzung
vuestro vuestra	euer, eure, euer, euren, eure, euer, eurem, eurer, eurem, eures, eurer, eures
su	ihr, Ihr, ihre, Ihre, ihr, Ihr, ihren, Ihren, ihre, Ihre, ihre, Ihre, ihrem, Ihrem, ihrer, Ihrer, ihrer, Ihrer, ihres, Ihres, ihrer, Ihrer, ihres, Ihre

Tabelle 2.1: Possessivpronomen im Singular

Possessivpronomen haben eine Pluralform. Auch hier gilt: Eine Form für alle Fälle, und Sie fügen der Singularform ein **-s** hinzu, um die Pluralformen zu bilden (siehe Tabelle 2.2).

Unbetonte Possessivpronomen	Übersetzung
mis	meine, meine, meinen, meiner
tus	deine, deine, deinen, deiner
sus	seine, seine, seinen, seiner, ihre, ihre, ihren, ihrer
nuestros nuestras	unsere, unsere, unseren, unserer
vuestros vuestras	eure, eure, euren, euerer
sus	ihre, ihre, ihren, ihrer, Ihre, Ihre, Ihren, Ihrer

Tabelle 2.2: Possessivpronomen im Plural

Mi (mein), **tu** (dein) und **su** (sein/ihr) sind die Singularformen der Possessivpronomen. Diese Formen werden ohne Akzent geschrieben, sonst würden die Wörter ihre Bedeutung ändern: **mí** (dich) und **tú** (du).

Betonte Possessivpronomen

Wenn eine Information bekannt ist, brauchen Sie diese im weiteren Verlauf des Gesprächs nicht noch einmal zu wiederholen. Dazu gibt es die betonten Possessivpronomen, die die Nomen ersetzen und hinter dem bestimmten Artikel stehen.

✔ **¿Dónde está su oficina?** (Wo ist Ihr Büro?) **La mía está en el primer piso.** (Meines ist im ersten Stock.)

✔ **¿Quiénes son vuestros hijos?** (Wer sind eure Kinder?) **Los nuestros son José y Marisa.** (Unsere sind José und Marisa.)

✔ **¿Este es tu abrigo?** (Ist das deine Jacke?) **No, el mío está en el coche.** (Nein, meine liegt im Auto.)

Um eine Information zu betonen, können Sie die betonten Possessivpronomen verwenden, die hinter dem Nomen oder einem Verb stehen. Diese Formen müssen Sie wie Adjektive behandeln und entsprechend nach Geschlecht und Anzahl deklinieren. Sie drücken damit aus, dass etwas ein Teil eines Ganzen ist.

✔ **Una amiga tuya me prestó la bicicleta.** (Eine Freundin von dir hat mir ihr Fahrrad ausgeliehen.)

✔ **¿El señor Pérez, no es un colega suyo?** (Ist Herr Pérez nicht ein Kollege von Ihnen?)

✔ **Hoy no hay clases. Los alumnos nuestros están en la piscina.** (Heute ist unterrichtsfrei. Unsere Schüler sind im Schwimmbad.)

Wenn Sie eine Frage mit **¿De quién es...?** (Wem gehört ...?) stellen, können Sie mit einem betonten Possessivpronomen antworten.

✔ **¿De quién es el perro marrón?** (Wem gehört der braune Hund?) **Es nuestro.** (Es ist unserer.)

✔ **¿De quién es la mochila verde?** (Wem gehört der grüne Rucksack?) **Es mía.** (Das ist meiner.)

✔ **¿De quién son las gafas de sol?** (Wem gehört die Sonnenbrille?) **Creo que son de Jorge, sí son suyas.** (Ich glaube, dass sie Jorge gehört. Ja, das ist seine.)

Übung zu Kapitel 2

Übung 2.1

Nachdem Sie die Reiseplanung für den Urlaub abgeschlossen haben, geht es endlich ans Kofferpacken. Nachdem Sie damit fertig sind, überprüfen Sie, ob Sie alles dabeihaben. Setzen Sie die passenden Possessivpronomen ein.

(a) _____ **jabón está en el neceser.** (Meine Seife ist im Kulturbeutel.) (b) _____ **hijo usa champú »Lavaelpelo«.** (c) _____ **champú está en** (d) _____ **neceser.** (Mein Sohn benutzt das Shampoo »Lavaelpelo«. Es ist in seinem Kulturbeutel.) (e) _____ **cepillos de dientes son nuevos.** (Unsere Zahnbürsten sind neu.) **Mario, ¿has puesto** (f) _____ **medicamentos en la maleta?** (Mario, hast du deine Medikamente in den Koffer gepackt?) Mario: **Sí, también he puesto** (g) _____ **jarabe de la tos.** (Ja, und ich habe auch deinen Hustensaft eingepackt.) **Diego y Juliana, ¿habéis puesto en** (h) _____ **mochila** (i) _____ **ropa interior,** (j) _____ **camisetas,** (k) _____ **calcetines,** (l) _____ **sandalias,** (m) _____ **abrigo y un paraguas para cada uno?** (Diego und Juliana: Habt ihr eure Unterwäsche, eure T-Shirts, eure Socken, eure Sandalen, eure Jacken und einen Regenschirm für jeden in den Rucksack gepackt?) Diego und Juliana antworten: **¡Sí, claro! También llevamos** (n) _____ **juego de cartas y** (o) _____ **libro.** (Ja und wir haben auch unser Kartenspiel und mein Buch eingepackt.)

Kapitel 3
Wie alles so ist – die spanischen Adjektive

I n diesem Kapitel lernen Sie alles über die spanischen Adjektive, was Adjektive sind und wie Sie diese bilden. Die Adjektivdeklinationen sind sehr einfach zu bilden. Wie Sie Adjektive deklinieren, lernen Sie in diesem Kapitel auch. Vergleichen ist gut, manchmal sogar besser. Die verschiedenen Steigerungsformen der spanischen Adjektive finden Sie hier sehr einfach erklärt, sodass Sie Personen und Sachen miteinander vergleichen können.

Die Bildung von Adjektiven

In diesem Kapitel erkläre ich Ihnen, was Adjektive sind, wie sie gebildet werden und warum Sie diese brauchen. Ein spanisches Adjektiv benötigen Sie, wenn Sie eine Person oder eine Sache (Nomen) beschreiben wollen. Spanische Adjektive können entweder männlich oder weiblich sein.

 Die spanischen Adjektive begleiten ein Nomen, das entweder männlich oder weiblich ist. Das Nomen benennt eine einzelne Sache oder Person sowie die Mehrzahl davon. Danach richtet sich die Form des Adjektivs.

Adjektive stehen hinter dem Nomen und werden immer kleingeschrieben. Sie orientieren sich an Geschlecht und Anzahl des Nomens.

Die Grundform der Adjektive mit der Endung »-o«

Die Grundform der meisten Adjektive ist die männliche Form im Singular, die in den meisten Fällen die Endung **-o** hat (siehe Tabelle 3.1).

Adjektiv	Grundform, männlich Singular
bonito (hübsch/schön)	**bonito**
guapo (hübsch/schön)	**guapo**
lindo (hübsch/schön)	**lindo**
feo (hässlich/verdorben/schlecht)	**feo**
pequeño (klein/jung)	**pequeño**
gordo (dick)	**gordo**
delgado (dünn)	**delgado**
bajo (klein für Körpergröße / niedrig / leise)	**bajo**
alto (groß für Körpergröße / hoch / laut)	**alto**
frío (kalt)	**frío**
fresco (frisch für Lebensmittel und Temperatur)	**fresco**
tranquilo (ruhig)	**tranquilo**
nervioso (nervös)	**nervioso**
fantástico (wunderbar/toll)	**fantástico**
caro (teuer)	**caro**
barato (billig/günstig)	**barato**
nuevo (neu)	**nuevo**
antiguo (alt für Sachen)	**antiguo**
viejo (alt für Sachen)	**viejo**
largo (lang)	**largo**
corto (kurz)	**corto**
pesado (schwer)	**pesado**
liviano (leicht für Gewicht)	**liviano**

Tabelle 3.1: Die Grundform der spanischen Adjektive

Manche Adjektive können, je nach Kontext, verschiedene Bedeutungen haben, zum Beispiel das Adjektiv **alto**. Sie können das Adjektiv **alto** verwenden, wenn Sie die Eigenschaften hoch, groß oder laut beschreiben wollen.

✔ **El niño es alto.** (Das Kind ist groß.) Das Adjektiv **alto** beschreibt die Körpergröße des Kindes.

✔ **El edificio es alto.** (Das Hochhaus ist hoch.) **Alto** bezieht sich auf die Höhe des Gebäudes.

✔ **La música está muy alta.** (Die Musik ist sehr laut.) Das Adjektiv **alto** beschreibt in diesem Beispiel die Lautstärke der Musik.

 Es gibt Adjektive, deren Grundform nicht die Endung **-o** hat. Die weibliche Form dieser Adjektive hat ein **-a** am Wortende und **-s** in der Pluralform.

Die Grundform der Adjektive mit der Endung Konsonant

Adjektive, die von der Grundregel abweichen und nicht auf **-o** in der Grundform enden, können einen Konsonanten oder **-an**, **-ín**, **-ón** oder **-or** als Endung haben.

Beispiele für Adjektive, die von der Grundform mit der Endung **-o** abweichen, sind:

✔ **español** (spanisch) – **española**

✔ **alemán** (deutsch) – **alemana**

✔ **haragán** (faul) – **haragana**

✔ **gritón** (Schreihals) – **gritona**

✔ **agotador** (erschöpfend) – **agotadora**

Die Pluralform dieser Adjektive wird mit der Endung **-es** gebildet.

Ausnahmen bei der Grundform mit der Endung auf Konsonant

Bei den Adjektiven, die in der Grundform einen Konsonanten als Ende haben, gibt es Ausnahmen. Diese Adjektive bleiben im Geschlecht unverändert und können für männliche und für weibliche Nomen verwendet werden. Die Pluralform dieser Adjektive endet auf **-es**.

✔ **fácil** (einfach) – **fáciles**

✔ **difícil** (schwer, nicht für Gewichtsangaben) – **difíciles**

✔ **genial** (genial) – **geniales**

✔ **joven** (jung) – **jóvenes**

✔ **feliz** (glücklich) – **felices**

 Die Pluralform der Adjektive **joven** und **feliz** haben außer der Endung **-es** andere Besonderheiten. Die Pluralform von **joven** hat eine Silbe mehr und wird mit Akzent geschrieben: **jóvenes**. Die Endung **-z** des Adjektivs **feliz** wird in der Pluralform zu **-ces**: **felices**.

El ejercicio es muy fácil. (Die Übung ist sehr einfach.) Das Wort **ejercicio** ist männlich und wird mit dem Adjektiv **fácil** ergänzt. **La paella es fácil de hacer.** (Die Paella ist einfach zu machen.) Das Wort **paella** ist weiblich und wird auch vom Adjektiv **fácil** begleitet.

Die Grundform der Adjektive mit der Endung »-e«

Adjektive, deren Grundform auf **-e** endet, bleiben im Geschlecht unverändert. Sie können mit diesem Adjektiv sowohl männliche als auch weibliche Nomen begleiten. Diese Adjektive haben eine Pluralform mit der Endung **-s**.

✔ **grande** (groß, für eine Altersangabe, Masse oder Körpergröße) – **grandes**

✔ **caliente** (warm) – **calientes**

✔ **interesante** (interessant) – **interesantes**

El café está caliente. (Der Kaffee ist warm.) Das Nomen **café** ist männlich und wird mit dem Adjektiv **caliente** ergänzt. Diese Form verwenden Sie auch für weibliche Nomen: **La leche está caliente.** (Die Milch ist warm.) **Las bebidas están calientes.** (Die Getränke sind warm.)

 Die Adjektive stehen hinter dem Nomen. Manchmal können Adjektive auch vor dem Nomen stehen. In diesem Fall verlieren die Adjektive **bueno** (gut), **malo** (schlecht) und **grande** (groß) ihre Endung und werden zu **buen**, **mal** und **gran**, wenn sie vor männlichen Nomen stehen. Bei diesen Adjektiven hängt die Bedeutung des Satzes davon ab, wo das Adjektiv steht.

✔ **Es un gran libro.** (Das Buch ist großartig.) Dieser Satz sagt aus, dass das Buch qualitativ sehr gut ist. Das Adjektiv **grande** wird zu **gran**, weil es vor dem Nomen **libro** steht.

✔ **Es un libro grande.** (Es ist ein großes Buch.) Das ist eine Information über das Format. Das Adjektiv **grande** steht hinter dem Nomen und wird nicht verändert.

✔ **El tiempo está tan malo que no puedo trabajar en el jardín.** (Das Wetter ist so schlecht, dass ich nicht im Garten arbeiten kann.) Das Adjektiv **malo** steht hinter dem männlichen Nomen **tiempo** und wird in der Grundform verwendet.

✔ **A mal tiempo, buena cara.** (Bei schlechtem Wetter gute Laune.) Die Spanisch-sprechenden verwenden diesen Ausdruck, wenn sie positiv denken wollen, aber die Umstände nicht günstig sind. Das Adjektiv **malo** verliert die Endung **-o**, weil es vor dem Nomen steht. Das ist bei weiblichen Adjektiven nicht der Fall.

Die Welt ist bunt – Farbadjektive

Die Farben sind in der spanischen Sprache männlich. Farbadjektive werden genauso gebildet wie die anderen Adjektive. Wenn die männliche Form die Endung **-o** hat, hat die weibliche Form die Endung **-a**. Die Pluralformen enden auf **-s**. Farbadjektive mit der Endung **-e** sind unveränderlich im Geschlecht und haben in der Pluralform die Endung **-s**. Die Farben, die mit einem Konsonanten enden, bleiben auch im Geschlecht unverändert. Diese haben **-es** als Endung der Pluralform.

color – Farbe	männlich Singular	weiblich Singular	männlich Plural	weiblich Plural
rojo (rot)	rojo	roja	rojos	rojas
amarillo (gelb)	amarillo	amarilla	amarillos	amarillas
negro (schwarz)	negro	negra	negros	negras
blanco (weiß)	blanco	blanca	blancos	blancas
marrón (braun)	marrón	marrón	marrones	marrones
azul (blau)	azul	azul	azules	azules
celeste (hellblau)	celeste	celeste	celestes	celestes
verde (grün)	verde	verde	verdes	verdes
gris (grau)	gris	gris	grises	grises

Tabelle 3.2: Spanische Farbadjektive

Manche Farbadjektive werden nach Blumen oder Früchten genannt. Für diese Farben gibt es nur eine Form für die Ergänzung von männlichen und weiblichen Nomen. Die Plural-form hat die Endung **-s**.

✔ Das Adjektiv **rosa** wird aus der Blume **rosa** (die Rose) gebildet.

✔ Das Adjektiv **lila** wird nach der Blume **lila** (die Lilie) genannt.

✔ Das Adjektiv **naranja** wird von der Zitrusfrucht **naranja** (die Orange) abgeleitet.

✔ Das Adjektiv **violeta** wird nach der Blume **violeta** (Veilchen) genannt.

 Das Farbadjektiv **marrón** (braun) verliert in der Pluralform den Akzent. Das Adjektiv hat eine Silbe mehr und wird nicht mehr auf der letzten Silbe betont, sondern auf der vorletzten.

Im Spanischen sind die Farben – **los colores** – männlich. Mit **claro** (hell) und **oscuro** (dunkel) können Sie Farbabstufungen bilden. Sie haben zwei Möglichkeiten, Farbabstufun-gen zum Ausdruck zu bringen:

✔ **Los zapatos son marrón claro.** (Die Schuhe sind hellbraun.) Die Farbe **marrón claro** (hellbraun) ist in diesem Satz eine unveränderliche Eigenschaft der Schuhe. Die Form **marrón claro** bezieht sich auf die Farbe selbst, die im Spanischen männlich ist.

✔ **Los zapatos son marrones claros.** (Die Schuhe sind hellbraun.) In diesem Satz ergänzt das Farbadjektiv **marrones claros** (hellbraun) das Nomen **zapatos**, das männlich ist und im Plural benötigt wird. Beide Sätze haben dieselbe Bedeutung.

 Sie können diese Formen für die Farbabstufungen nicht mischen. Es ist nicht korrekt zu sagen: **Los zapatos son marrón claros** oder **Los zapatos son marrones claro.** Diese Regel gilt für alle Farben.

Ein Fall für alle Fälle – die Adjektivdeklinationen

Die Bildung der Adjektivdeklinationen ist im Spanischen unabhängig vom Fall (Kasus). Das bedeutet, dass das Adjektiv seine Form nicht verändert, außer mit dem Geschlecht und der Anzahl.

Die männliche Adjektivdeklination

Die Anpassung an männliche Nomen ist einfach. Die männliche Adjektivdeklination ist die Grundform des Adjektivs.

✔ **Un libro nuevo.** (Ein neues Buch.)

✔ **El libro nuevo.** (Das neue Buch.)

✔ **Mi libro nuevo.** (Mein neues Buch.)

✔ **No es un libro nuevo.** (Kein neues Buch.)

 Die männliche Adjektivendung ist unabhängig von dem Begleiter. Die Anpassung an das Nomen ist unabhängig davon, ob das Nomen nach einem unbestimmten Artikel, einem bestimmten Artikel oder einem Possessivbegleiter steht oder Teil einer Verneinung ist.

✔ **Tengo un libro nuevo.** (Ich habe ein neues Buch.)

✔ **Te ayudo a estudiar con mi libro nuevo.** (Ich helfe dir lernen mit meinem neuen Buch.)

✔ **Las fotos del libro nuevo son muy bonitas.** (Die Bilder des neuen Buches sind sehr schön.)

Wie Sie den Beispielen entnehmen können, sind die spanischen Adjektivdeklinationen auch unabhängig vom Kasus.

✔ **El melón está fresco.** (Die Melone ist frisch.) Nominativ: Das Adjektiv **fresco** passt sich dem männlichen Nomen **melón** in Geschlecht und Anzahl an.

✔ **Yo compro un melón fresco.** (Ich kaufe eine frische Melone.) Das Adjektiv **fresco** verändert sich nicht, wenn es im Akkusativobjekt steht.

✔ **Yo preparo un postre con el melón fresco.** (Ich mache einen Nachtisch mit der frischen Melone.) Nach der deutschen Präposition mit verändert sich die Form des Adjektivs, während das Adjektiv des spanischen Satzes unverändert bleibt: **fresco**.

✔ **El precio del melón fresco es muy bueno.** (Der Preis der frischen Melone ist sehr gut.) Das Adjektiv bleibt unverändert, wenn das Genitivobjekt zum Einsatz kommt.

Die weibliche Adjektivdeklination

Die Deklination der Adjektive, die weibliche Nomen begleiten, wird gebildet, indem Sie die Endung **-o** der Grundform durch die Endung **-a** ersetzen.

Adjektiv	Grundform, männlich Singular	weibliche Form des Adjektivs
bonito (hübsch/schön)	**bonito**	**bonita**
guapo (hübsch/schön)	**guapo**	**guapa**
lindo (hübsch/schön)	**lindo**	**linda**
feo (hässlich/verdorben/schlecht)	**feo**	**fea**
pequeño (klein/jung)	**pequeño**	**pequeña**
gordo (dick)	**gordo**	**gorda**
delgado (dünn)	**delgado**	**delgada**
bajo (klein für Körpergröße / niedrig / leise)	**bajo**	**baja**
alto (groß für Körpergröße / hoch / laut)	**alto**	**alta**
frío (kalt)	**frío**	**fría**
fresco (frisch für Lebensmittel und Temperatur)	**fresco**	**fresca**
tranquilo (ruhig)	**tranquilo**	**tranquila**
nervioso (nervös)	**nervioso**	**nerviosa**
fantástico (wunderbar/toll)	**fantástico**	**fantástica**
caro (teuer)	**caro**	**cara**
barato (billig/günstig)	**barato**	**barata**
nuevo (neu)	**nuevo**	**nueva**
antiguo (alt für Sachen)	**antiguo**	**antigua**
viejo (alt für Sachen)	**viejo**	**vieja**
largo (lang)	**largo**	**larga**
corto (kurz)	**corto**	**corta**
pesado (schwer)	**pesado**	**pesada**
liviano (leicht für Gewicht)	**liviano**	**liviana**

Tabelle 3.3: Weibliche Adjektive

✔ **Una casa nueva.** (Ein neues Haus.)

✔ **La casa nueva.** (Das neue Haus.)

✔ **Mi casa nueva.** (Mein neues Haus.)

✔ **Tengo una casa nueva.** (Ich habe ein neues Haus.)

✔ **Las puertas de mi casa nueva son blancas.** (Die Türen meines neuen Hauses sind weiß.)

✔ **No es una casa nueva.** (Das ist kein neues Haus.)

Die Grundform des Adjektivs ist **nuevo**. Das Nomen **casa** ist im Spanischen weiblich. Um die weibliche Deklination des Adjektivs **nuevo** zu bilden, ersetzen Sie die Endung **-o** der Grundform durch die Endung **-a**.

Die weibliche Adjektivendung ist unabhängig von dem Begleiter. Die Anpassung an das Nomen ist unabhängig davon, ob das Nomen nach einem unbestimmten Artikel, einem bestimmten Artikel oder einem Possessivbegleiter steht oder Teil einer Verneinung ist.

Die weibliche Form der spanischen Adjektivdeklination ist auch unabhängig vom Kasus.

✔ **Es una piscina limpia.** (Das ist ein sauberes Schwimmbad.)

✔ **La piscina está limpia.** (Das Schwimmbad ist sauber.)

✔ **El agua de la piscina limpia está muy fría.** (Das Wasser des sauberen Schwimmbads ist sehr kalt.)

Das Adjektiv **limpia** (sauber) ergänzt das Nomen **piscina** und verändert sich nicht mit dem Kasus.

Farbadjektive, die aus Lebensmitteln oder Edelsteinen gebildet werden, sind im Geschlecht unveränderlich:

✔ **La blusa es verde esmeralda.** (Die Bluse ist smaragdgrün.)

✔ **La falda es marrón café.** (Der Rock ist kaffeebraun.)

Die Pluralformen der Adjektivdeklination

Die Pluralformen der Adjektivdeklination sind sehr einfach. Um die Pluralformen zu bilden, fügen Sie die Endung **-s** oder **-es** zu den Singularformen hinzu.

Adjektiv	männlich Plural	weiblich Plural
bonito (hübsch/schön)	bonitos	bonitas
guapo (hübsch/schön)	guapos	guapas
lindo (hübsch/schön)	lindos	lindas
feo (hässlich/verdorben/schlecht)	feos	feas
pequeño (klein/jung)	pequeños	pequeñas
gordo (dick)	gordos	gordas
delgado (dünn)	delgados	delgadas
bajo (klein für Körpergröße / niedrig / leise)	bajos	bajas

Adjektiv	männlich Plural	weiblich Plural
alto (groß für Körpergröße / hoch / laut)	**altos**	**altas**
frío (kalt)	**fríos**	**frías**
fresco (frisch für Lebensmittel und Temperatur)	**frescos**	**frescas**
tranquilo (ruhig)	**tranquilos**	**tranquilas**
nervioso (nervös)	**nerviosos**	**nerviosas**
fantástico (wunderbar/toll)	**fantásticos**	**fantásticas**
caro (teuer)	**caros**	**caras**
barato (billig/günstig)	**baratos**	**baratas**
nuevo (neu)	**nuevos**	**nuevas**
antiguo (alt für Sachen)	**antiguos**	**antiguas**
viejo (alt für Sachen)	**viejos**	**viejas**
largo (lang)	**largos**	**largas**
corto (kurz)	**cortos**	**cortas**
pesado (schwer)	**pesados**	**pesadas**
liviano (leicht für Gewicht)	**livianos**	**livianas**

Tabelle 3.4: Die Pluralformen der Adjektive

Genauso wie bei den Singularformen werden die Pluralformen unabhängig vom Begleiter und vom Kasus gebildet.

✔ **Unos coches están sucios.** (Ein paar Autos sind schmutzig.)

✔ **Los coches están sucios.** (Die Autos sind schmutzig.)

✔ **Mis coches están sucios.** (Meine Autos sind schmutzig.)

✔ **No son coches sucios.** (Das sind keine schmutzigen Autos.)

✔ **Tengo dos coches sucios.** (Ich habe zwei schmutzige Autos.)

✔ **El color de los coches sucios es rojo.** (Die Farbe der schmutzigen Autos ist Rot.)

Aus der Grundform des Adjektivs **sucio** (schmutzig) wird die Pluralform gebildet, indem ein **-s** hinzugefügt wird. Für die Pluralformen der weiblichen Deklinationen verfahren Sie genauso wie bei den männlichen Formen.

✔ **Unas impresoras son modernas y otras no.** (Einige Drucker sind modern und andere nicht.)

✔ **Las impresoras son modernas.** (Die Drucker sind modern.)

✔ **Mi impresora moderna es marca Imprimelotodo.** (Mein moderner Drucker ist von der Marke Imprimelotodo.)

✔ **No son impresoras modernas.** (Das sind keine modernen Drucker.)

✔ **Tengo una impresora moderna.** (Ich habe einen modernen Drucker.)

✔ **¿Dónde está el manual de la impresora moderna?** (Wo ist das Handbuch des modernen Druckers?)

 Für die Pluralform von Farbadjektiven, die aus Lebensmitteln oder Edelsteinen gebildet werden, nutzen Sie die Formen im Singular.

> ✔ **Las paredes son amarillo mostaza.** (Die Wände sind senfgelb.)

> ✔ **Los Cojines son azul zafiro.** (Die Kissen sind saphirblau.)

Die Stellung von Adjektiven im Satz

Wenn Sie die Eigenschaften oder den Zustand von Personen oder Sachen beschreiben wollen, brauchen Sie nicht nur Adjektive, sondern auch andere Satzglieder. Ein Satz besteht aus einem Subjekt, einem Verb und einem Objekt. Dabei stehen die Adjektive hinter dem Nomen. Sie passen sich dem Nomen in Geschlecht und Anzahl an. Für die Beschreibung der Eigenschaften von Personen oder Sachen benötigen Sie das Verb **ser** (sein). Für die Beschreibung eines Zustands von Personen oder Sachen verwenden Sie das Verb **estar** (sein). Das ist kein Druckfehler. Beide Verben **ser** und **estar** bedeuten sein. Mehr über die Verben **ser** und **estar** erfahren Sie in Kapitel 5.

Verwendung von »ser« in Verbindung mit Adjektiven

Unveränderliche Eigenschaften beschreiben Sie mit dem Verb **ser**. Der Vor- und Nachname sind unveränderliche Eigenschaften: **Soy Jorge Rodriguez.** (Ich bin Jorge Rodriguez.) Wenn Sie über Fakten sprechen, verwenden Sie das Verb **ser** in Verbindung mit einem Adjektiv in der entsprechenden Form, die zum Nomen passt.

✔ **El vestido es horrible.** (Das Kleid ist furchtbar.)

✔ **El análisis es necesario.** (Die Untersuchung ist notwendig.)

✔ **Los documentos son importantes.** (Die Dokumente sind wichtig.)

✔ **Es obligatorio.** (Es ist Pflicht.)

Wenn Sie über den momentanen Zustand von einer Person oder einer Sache sprechen, brauchen Sie das Verb **estar** und ein Adjektiv in der entsprechenden Form.

Verwendung von »estar« in Verbindung mit Adjektiven

Der Gemütszustand ist ein vorübergehender Zustand. Sie können gute Laune oder schlechte Laune haben. Für die Information über den Familienstand einer Person wird auch das Verb **estar** verwendet, weil sich dieser Zustand ändern kann.

✔ **Estoy** (Es geht mir) **muy bien** (sehr gut), **bien** (gut), **genial** (super gut).

✔ **Estoy** (Mir geht es) **regular** (so lala), **mal** (schlecht), **muy mal** (sehr schlecht), **fatal** (fatal).

✔ **Estoy** (Ich bin) **soltera** (ledig), **enamorada** (verliebt), **comprometida** (verlobt), **casada** (verheiratet), **separada** (getrennt lebend), **divorciada** (geschieden).

Manche Adjektive können Sie sowohl mit **ser** als auch mit **estar** verwenden. Das hängt davon ab, ob das Adjektiv eine Eigenschaft oder einen Zustand beschreibt. Wenn Sie über Ihre eigene Empfindung sprechen, bilden Sie den Satz mit **estar**. Jemand anderes kann eine andere Meinung haben, sodass die Information keine Eigenschaft ist, sondern einen Zustand darstellt.

 Das Verb **ser** (sein) beschreibt eine unveränderliche Eigenschaft des Nomens. Das Verb **estar** (sein) beschreibt einen veränderlichen Zustand des Nomens. Für die Verwendung von Adjektiven bedeutet diese Tatsache, dass abhängig vom Verb die Bedeutung des Satzes unterschiedlich sein kann. **Mi hijo es listo.** (Mein Sohn ist intelligent.) **Mi hijo está listo para salir.** (Mein Sohn ist abfahrbereit.) Die Adjektive **bien** (gut) und **mal** (schlecht) können Sie nur mit dem Verb **estar** verwenden.

✔ **El melón es fresco.** (Die Melone ist frisch.) Das Verb **ser** beschreibt eine Eigenschaft der Melone, die sich nicht ändert. Dieses Produkt ist immer frisch.

✔ **El melón está fresco.** (Die Melone ist frisch.) Das Verb **estar** beschreibt den aktuellen Zustand der Melone. Wird die Melone nicht bald gegessen, wird der Zustand **fresco** nicht mehr zutreffen.

✔ **El pan es/está duro.** (Das Brot ist hart.) Je nach Verb beschreibt das Adjektiv **duro** eine Eigenschaft oder einen Zustand des Brotes.

✔ **El piso es caro.** (Die Wohnung ist teuer.) Der Preis dieser Wohnung ist immer so hoch. Aber: **El piso está caro.** (Die Wohnung ist teuer.) Die Wohnung ist momentan teuer, weil die Preise auf dem Immobilienmarkt hoch sind. Sie können wieder sinken.

✔ **Soy enfermo.** (Ich bin krank.) Die Krankheit, die Sie beschreiben, ist nicht heilbar oder angeboren. Somit ist sie eine Eigenschaft. **Estoy enfermo.** (Ich bin krank.) Eine Krankheit, die nach ein paar Tagen heilt, ist als vorübergehender Zustand zu definieren.

✔ **La comida es fría.** (Das Essen ist kalt.) Dieses Essen wird immer kalt gegessen, womit das Adjektiv **fría** eine Eigenschaft des Essens beschreibt. **La comida está fría** (Das Essen ist kalt.) hingegen beschreibt den momentanen Zustand des Essens, das warm war und inzwischen kalt geworden ist.

✔ **La manzana es verde.** (Der Apfel ist grün.) Die Farbe dieser Apfelsorte ist Grün. **La banana está verde.** (Die Banane ist grün.) Die Banane ist nicht reif. Normalerweise ist die Banane gelb.

Adjektive vor dem Nomen

Normalerweise steht das Adjektiv hinter dem Nomen, das es ergänzt. Die Wörter **otro** (anderer), **tanto** (so viel) sowie die Ordnungszahlen müssen immer vor dem Nomen stehen.

✔ **No hay otro autobús antes de las tres de la tarde.** (Es gibt keinen anderen Bus vor 3 Uhr am Nachmittag.)

✔ **No tengo tomates para el gazpacho. Voy a preparar otra comida.** (Ich habe keine Tomaten für den Gazpacho. Ich werde etwas anderes kochen.)

✔ **Es la segunda vez que viajamos a Madrid.** (Wir reisen zum zweiten Mal nach Madrid.)

Viel hilft viel – »mucho« als Adjektiv

In Kapitel 4 erfahren Sie, wie Sie **mucho** (viel) als Adverb anwenden können. Als Adjektiv steht **mucho** immer vor dem Nomen. Da Adjektive an Geschlecht und Zahl angepasst werden müssen, finden Sie auch die Formen **mucho/muchos** für männliche Nomen und **mucha/muchas** für weibliche Nomen. Genauso funktioniert es auch mit **poco** (wenig) und **tan** (genauso / so viel), wenn diese Wörter als Adjektiv benutzt werden.

✔ **Tengo pocas ganas de salir.** (Ich habe wenig Lust auszugehen.) Das Nomen **ganas** ist weiblich und wird immer in der Pluralform verwendet.

✔ **Tengo tantas ganas de comer un helado.** (Ich habe so viel Lust auf ein Eis.)

✔ **Tengo mucho trabajo.** (Ich habe viel Arbeit.) Das Nomen **trabajo** ist männlich und Einzahl, deshalb brauchen Sie **mucho**, um diesen Satz zu bilden.

Hambre (Hunger) ist ein weibliches Nomen, das den männlichen Artikel trägt: **el hambre**. Wenn Sie aber Hunger haben und sich auf ein gutes Essen freuen, sagen Sie: **¡Tengo mucha hambre!** (Ich habe viel Hunger!) Aber warum hat das Nomen **hambre** einen männlichen Artikel, obwohl es weiblich ist? Das hat eine ganz einfache Erklärung: Das Nomen **hambre** wird auf der vorletzten Silbe <u>ham</u> betont. Deshalb klingt **la <u>ham</u>bre** nicht gut und es wird der männliche Artikel vorangestellt: **el hambre**.

Mit dem Wort **hambre** gibt es viele Redewendungen, zum Beispiel **El hambre es el mejor cocinero** (Der Hunger ist der beste Koch.) oder **Nunca engaña el bostezo: o es de hambre, o es de sueño.** (Das Gähnen täuscht nie: Es ist entweder Hunger oder Müdigkeit.)

Die Steigerungsformen von Adjektiven

Mit Adjektiven können Sie nicht nur Eigenschaften oder einen Zustand beschreiben. Sie können damit auch Personen oder Sachen miteinander vergleichen. Es gibt vier mögliche Vergleichsformen: die Gleichheit, den Komparativ, den Superlativ und den absoluten Superlativ.

Wenn etwas gleich ist

Wenn Sie sagen wollen, dass zwei Personen oder zwei Sachen die gleiche Eigenschaft oder den gleichen Zustand haben, bilden Sie einen Satz mit **tan... como** (genauso ... wie).

✔ **Las rosas son tan bonitas como los tulipanes.** (Die Rosen sind genauso schön wie die Tulpen.)

✔ **La lámpara »Dameluz« es tan cara como la lámpara »Sol«.** (Die Lampe »Dameluz« ist genauso teuer wie die Lampe »Sol«.)

✔ **La mermelada de fresas es tan rica como la mermelada de frambuesas.** (Die Erdbeermarmelade ist genauso lecker wie die Himbeermarmelade.)

✔ **El tiempo en Francia está tan feo como el tiempo en Alemania.** (Das Wetter in Frankreich ist genauso schlecht wie das Wetter in Deutschland.)

Beide Blumen, beide Lampen, beide Marmeladensorten besitzen die gleiche Eigenschaft. Mit **tan... como** beschreiben Sie den gleichen Zustand einer Person oder Sache, zum Beispiel das Wetter, das in beiden Ländern gleich schlecht ist.

Vergleichen ist gut – der Komparativ

Zum Glück ist nicht immer alles gleich. Diese Tatsache erlaubt Ihnen, Personen oder Sachen miteinander zu vergleichen. Für diesen Zweck benötigen Sie den Komparativ. Dieser Vergleich ist sehr einfach zu bilden. Sie nehmen die Grundform des Adjektivs und bilden die Steigerungsform davon, indem Sie **más** (mehr) oder **menos** (weniger) dem Adjektiv voranstellen und die Konjunktion **que** nach dem Adjektiv hinzufügen.

✔ **El sofá »Relájate« es más cómodo que el sofá »Descansa«.** (Das Sofa »Relájate« ist bequemer als das Sofa »Descansa«.)

✔ **El sofá »Descansa« es menos caro que el sofá »Relájate«.** (Das Sofa »Descansa« ist preiswerter als das Sofa »Relájate«.)

✔ **La casa roja es más alta que la casa amarilla.** (Das rote Haus ist höher als das gelbe Haus.) Das Adjektiv **alto** bezieht sich auf die Bauhöhe des Hauses.

Mit dem Komparativ bewerten Sie Personen oder Sachen und bringen zum Ausdruck, welche Eigenschaft oder welchen Zustand Sie bevorzugen. Diese Information hängt von der eigenen Meinung ab.

 Die Adjektive **bueno** (gut), **malo** (schlecht), **pequeño** (klein) und **grande** (groß) haben eine unregelmäßige Form für die Bildung des Komparativs. **La comida en el restaurante »El asador« es buena.** (Das Essen im Restaurant »El asador« ist gut.) **La comida en el restaurante »Comerápido« es mejor/peor que la del restaurante »El asador«.** (Das Essen im Restaurant »Comerápido« ist besser/ schlechter als das im Restaurant »El asador«.)

Mit den Adjektiven **pequeño** und **grande** können Sie auch regelmäßige Formen des Komparativs mit **más** bilden.

✔ **La camiseta azul es más grande que la camiseta negra.** (Der blaue Pulli ist größer als der schwarze Pulli.) Mit **más grande que** wird die Größe der Kleidungsstücke verglichen.

✔ **La casa amarilla es más pequeña que la casa roja.** (Das gelbe Haus ist kleiner als das rote Haus.) Das gelbe Haus hat weniger Fläche/Zimmer als das rote Haus.

✔ **La ventana de la sala es más grande que la ventana de la cocina.** (Das Fenster im Wohnzimmer ist größer als das Fenster in der Küche.)

Tabelle 3.5 gibt Ihnen einen Überblick über die unregelmäßigen Steigerungsformen. Wobei die Adjektive **bueno**, **grande** und **pequeño** auch eine regelmäßige Steigerungsform haben.

Adjektiv	+ más (mehr)	- menos (weniger)
bueno (gut)	**mejor** (**más + bueno**) (besser)	
malo (schlecht)		**peor** (**menos + mal**) (schlechter)
grande (alt/groß)	**mayor** (**más + grande**) (älter/größer)	
pequeño (klein/jung)		**menor** (**menos + pequeño**) (kleiner/jünger)

Tabelle 3.5: Unregelmäßige Steigerungsformen

✔ **La tapa de carne es mejor que la tapa de pescado.** (Die Tapa mit Fleisch ist besser als die Tapa mit Fisch.)

✔ **El programa del canal »Nohayquever« es peor que el programa del canal »Todocultura«.** (Das Programm des Senders »Nohayquever« ist schlechter als das Programm des Senders »Todocultura«.)

✔ **Pedro es mayor que Juan.** (Pedro ist älter als Juan.)

✔ **Marina es menor que Paula.** (Marina ist jünger als Paula.)

Wenn Sie die Adjektive **grande** (groß) und **pequeño** (klein) mit **más... que** oder **menos... que** verwenden, hat der Satz eine andere Bedeutung als bei der Verwendung der unregelmäßigen Formen.

 Der Satz **Pedro es mayor que Juan** bedeutet, dass Pedro älter ist als Juan. Wenn Sie sagen: **Pedro es más grande que Juan**, beziehen Sie sich auf die Körpergröße von Pedro und Juan. Das Gleiche gilt für die Komparativformen des Adjektivs **pequeño**: **Marina es menor que Paula.** (Marina ist jünger als Paula.) Diese Information bezieht sich auf das Alter von Marina und Paula. Aber **Marina es más pequeña que Paula** bedeutet, dass die Körpergröße von Marina kleiner ist als die Körpergröße von Paula.

Wenn Sie Personen oder Sachen miteinander vergleichen und die Eigenschaften von jemandem oder etwas nicht zu übertreffen sind, benötigen Sie die nächste Steigerungsstufe, um diese Information zum Ausdruck zu bringen.

Das Beste vom Vergleich – der Superlativ

Sie brauchen einen Mantel und probieren in verschiedenen Geschäften einige an. Unter den verschiedenen Mänteln ist einer, der am schönsten ist und Ihnen am besten passt. Das sagen Sie im Spanischen so:

✔ **El abrigo negro es el más bonito.** (Der schwarze Mantel ist am schönsten.)

✔ **El abrigo negro es el que mejor me queda.** (Der schwarze Mantel passt mir am besten.)

✔ **El abrigo negro es el más elegante.** (Der schwarze Mantel ist am elegantesten.)

Es ist sehr einfach, den Superlativ zu bilden: Sie stellen den bestimmten Artikel dem Nomen voran. Diese Struktur wird von **más** oder **menos** gefolgt. Der Satz endet mit dem Adjektiv in der Grundform. **El abrigo negro es el abrigo más bonito.** (Der schwarze Mantel ist der schönste Mantel.) Wenn alle Gesprächspartner wissen, dass Sie über einen schwarzen Mantel sprechen, können Sie diese Information weglassen und durch den bestimmten Artikel ersetzen. Sie sagen: **El abrigo negro es el más bonito.**

✔ **El hotel »Mirasol« es el más bonito de la ciudad.** (Das Hotel Mirasol ist das schönste der Stadt.)

✔ **El hotel »Mirasol« es el más pequeño de la ciudad.** (Das Hotel Mirasol ist das kleinste Hotel der Stadt.)

✔ **El hotel »Mirasol« es el mejor de la ciudad.** (Das Hotel Mirasol ist das beste Hotel der Stadt.)

✔ **La playa »Muchosol« es la más limpia que he visto.** (Der Strand Muchosol ist der sauberste, den ich gesehen habe.)

Denken Sie daran, dass Sie Artikel nicht immer eins zu eins übersetzen können: **La playa** ist im Spanischen ein weibliches Nomen und in der deutschen Sprache ist das Wort männlich. Bei der Bildung des Superlativs müssen Sie auch die unregelmäßigen Steigerungsformen und die Anpassung an Geschlecht und Anzahl beachten.

Grundform	männlich Singular	weiblich Singular	männlich Plural	weiblich Plural
bueno (gut)	**el mejor** (der Beste)	**la mejor** (die Beste)	**los mejores** (die Besten)	**las mejores** (die Besten)
malo (schlecht)	**el peor** (der Schlechteste)	**la peor** (die Schlechteste)	**los peores** (die Schlechtesten)	**las peores** (die Schlechtesten)
grande (alt/groß)	**el mayor** (der Älteste/Größte)	**la mayor** (die Älteste/Größte)	**los mayores** (die Ältesten/Größten)	**las mayores** (die Ältesten/Größten)
pequeño (jung/klein)	**el menor** (der Jüngste/Kleinste)	**la menor** (die Jüngste/Kleinste)	**los menores** (die Jüngsten/Kleinsten)	**las menores** (die Jüngsten/Kleinsten)

Tabelle 3.6: Unregelmäßige Formen des Superlativs

Nicht zu übertreffen – der absolute Superlativ

Finden Sie manchmal, dass etwas unvergleichbar ist? Dann verwenden Sie den absoluten Superlativ. Sie bilden die Formen des absoluten Superlativs, indem Sie der Grundform die Endung **-ísimo** für die Ergänzung von männlichen Nomen und die Endung **-ísima** für die Ergänzung von weiblichen Nomen hinzufügen. Für die Pluralformen ergänzen Sie die Superlativendungen mit einem **-s**.

✔ **El coche nuevo es más bonito que el coche viejo pero es carísimo.** (Das neue Auto ist schöner als das alte Auto, aber das neue Auto ist sündhaft teuer.) Die Endung **-o** der Grundform **caro** wird durch die Endung **-isimo** ersetzt, da das Nomen **auto** männlich ist.

✔ **La comida en mi restaurante preferido es buenísima.** (Das Essen in meinem Lieblingsrestaurant ist fantastisch.) **La comida** ist ein weibliches Nomen, deshalb ersetzen Sie die Endung **-a** des Adjektivs **buena** durch die Endung **-ísima**.

✔ **Los vaqueros me quedan cortísimos.** (Die Jeans ist mir viel zu kurz.) Die Pluralendung **-os** wird ersetzt durch die Endung **-ísimos**, da das Nomen **vaqueros** Plural ist.

Wenn Sie zum Essen eingeladen sind, können Sie mit dem Satz **La comida está buenísima** (Das Essen ist sehr lecker.) punkten. Dazu verwenden Sie das Verb **estar**, denn Sie bringen Ihre Meinung zu dem Essen zum Ausdruck. Vielleicht ist ein anderer Gast einer anderen Meinung und kommentiert die Qualität des Essens mit: **La comida está malísima.** (Das Essen ist miserabel.)

Unregelmäßige Formen des absoluten Superlativs

Die Adjektive, deren Grundform die Endung **-go** oder **-co** hat, haben eine unregelmäßige Form für die Bildung des absoluten Superlativs. Das hängt damit zusammen, dass das Adjektiv sonst nicht richtig klingen würde. Manche Adjektive haben keine Form für den absoluten Superlativ.

✔ **El asado está riquísimo.** (Das gegrillte Fleisch ist super gut.) Die Grundform des Adjektivs ist **rico**. Die Buchstabenkombination **co** klingt wie **k**. Um diesen Laut beim absoluten Superlativ zu bekommen, muss das Wort mit **q** geschrieben werden, sodass es wie **k** klingt.

✔ **La cola en la caja del supermercado es laguísima.** (Die Schlange an der Supermarktkasse ist extrem lang.) Die Buchstabenkombination **-go** klingt wie **g**. Um diesen Laut bei dem absoluten Superlativ zu erhalten, schreiben Sie das Adjektiv mit **gui**, sodass es wie **g** klingt.

✔ **La verdura está fresquísima.** (Das Gemüse ist sehr, sehr frisch.) Sie kaufen Ihr Gemüse auf dem Wochenmarkt und der Verkäufer versichert Ihnen, dass die Produkte sehr frisch sind. Da die Frische ein Zustand ist, verwenden Sie für den Satz das Verb **estar**. Die Endung **-ca** wird durch die Superlativendung **-quísima** ersetzt.

Wenn Argentinier **asado** essen, kann es schon mal einen ganzen Tag dauern. **Asado** wird nicht nur gegessen, sondern gelebt. Allein die Zubereitung des Grillguts ist eine Zeremonie für sich. Jeder Anlass ist gut für ein **asado riquísimo** mit Familie und Freunden.

Übung zu Kapitel 3

Übung 3.1

Ergänzen Sie den Text mit den verschiedenen Vergleichsformen. Sie erzählen von Ihrem Stadtbummel am Samstag und vergleichen dabei die Produkte, die Sie gesehen oder gekauft haben. Die Adjektive in Klammern sind immer in der Grundform. Denken Sie daran, diese anzupassen. (1) **La tienda de ropa es** (Das Bekleidungsgeschäft ist) _____ (= / **interesante** / interessant) _____ **la zapatería** (das Schuhgeschäft). (2) **La zapatería »Buencalzado« es** (Das Schuhgeschäft »Buencalzado« ist) _____ (+ **grande** / groß) _____ **la zapatería »Mis Zapatos«** (das Schuhgeschäft »Mis Zapatos«). (3) **Los precios en la zapatería »Buencalzado« son** (Die Preise im Schuhgeschäft »Buencalzado« sind) _____ (+ / Komparativ / **bueno** / gut) _____ **los precios en la zapatería »Mis Calzados«** (als die Preise des Schuhgeschäfts »Mis Calzados«). (4) **La chaqueta azul es** (Die blaue Jacke ist) _____ (- **bonita** / schön) _____ **la chaqueta negra** (als die schwarze Jacke). (5) **Los vaqueros marrones son** (Die braunen Jeans sind) _____ (+ / **barato** / billig) _____ **los vaqueros azules** (als die blauen Jeans). (6) **El libro nuevo de Gonzalez el libro** (Das Buch von Gonzalez ist das interessanteste Buch) _____ (+ / Superlativ / **interesante** / interessant) **que he leído** (das ich je gelesen habe). (7) **El bolso de la marca »Entratodo« es** (Die Tasche der Marke »Entratodo« ist) _____ (+ / Superlativ / **caro** / teuer).

Kapitel 4
Immer gleich – die Adverbien

n diesem Kapitel erwartet Sie das Thema Adverbien: was Adverbien sind, welche Gruppen es gibt und wofür Sie sie anwenden können. Adverbien sind Umstandswörter, mit denen Sie beschreiben können, auf welche Art und Weise Sie etwas tun. Wie die Adverbien gebildet werden und welche Arten es gibt, erkläre ich Ihnen in diesem Kapitel. Es gibt Adverbien der Menge, des Ortes, der Zeit, der Art und Weise, der Zustimmung und der Verneinung sowie der Möglichkeit. Die Sprachfallen sind Wörter oder Wortkombinationen, die nicht korrekt angewendet werden. Manche Wortkombinationen sind sehr ähnlich, sodass die Sprachfalle zuschnappt. Welche Sprachfallen es bei den Adverbien gibt, erfahren Sie ebenfalls in diesem Kapitel. Zum Schluss finden Sie Übungen, um das Gelernte anzuwenden.

Bildung der Adverbien

Wissen Sie, was Adverbien sind? Das sind Wörter, die ein Verb, ein Adjektiv, eine Präposition oder ein anderes Adverb begleiten. In Kapitel 3 erfahren Sie, dass Adjektive Personen oder Sachen begleiten. Die Adverbien haben ein Merkmal, das sie von Adjektiven unterscheidet: Sie sind unveränderlich. Das bedeutet, dass das Adverb immer gleich bleibt und nicht nach Geschlecht oder Anzahl angepasst wird.

✔ Das Adverb begleitet ein Verb: **Si vives bien, no morirás mal.** (Lebst du gut, stirbst du nicht schlecht.) Diese Redewendung lädt Sie ein, ein gesundes Leben zu führen, um lange zu leben.

✔ Das Adverb begleitet ein Adjektiv: **Eres muy inteligente.** (Du bist sehr intelligent.) **Inteligente** ist ein Adjektiv.

✔ Das Adverb begleitet eine Präposition: **Llegamos a Madrid casi sin combustible.** (Wir sind mit dem letzten Tropfen Benzin in Madrid angekommen.) Das Adverb **casi** steht vor der Präposition **sin**.

✔ Das Adverb begleitet ein anderes Adverb: **El tiempo pasa demasiado rápido.** (Die Zeit vergeht viel zu schnell.) **Demasiado** und **pronto** sind Adverbien.

Adverbien mit der Endung »-mente«

Die Adverbien, die von einem Adjektiv gebildet werden, tragen die Endung -**mente**. Sie sind unveränderlich. Aus den Adjektiven mit der Endung -**o** bilden Sie die Adverbien, indem Sie -**o** durch die Endung -**amente** ersetzen. Bei den Adjektiven mit der Endung auf Konsonant hängen Sie -**mente** an das Adjektiv.

Adjektiv	Adverb
actual (aktuell)	**actualmente** (zurzeit/derzeit)
antiguo (alt)	**antiguamente** (früher)
habitual (gewöhnlich)	**habitualmente** (in der Regel)
diario (täglich)	**diariamente** (täglich)
semanal (wöchentlich)	**semanalmente** (wöchentlich)
mensual (monatlich)	**mensualmente** (monatlich)
anual (jährlich)	**anualmente** (jährlich)
tranquilo (ruhig)	**tranquilamente** (in Ruhe)
rápido (schnell)	**rápidamente** (schnell)
seguro (sicher)	**seguramente** (sicherlich / mit Sicherheit)

Tabelle 4.1: Adverbien mit der Endung »-mente«

Das hat Klasse – Gruppen von Adverbien

Adverbien sind Wörter, die ein Verb, ein Adjektiv, eine Präposition oder ein anderes Adverb begleiten. Die Adverbien werden in Gruppen eingeteilt, je nachdem, wie sie verwendet werden.

So viel – Adverbien der Menge

In diesem Abschnitt stehen die Adverbien der Menge im Mittelpunkt. Sie benötigen Adverbien der Menge, wenn Sie beschreiben, in welchem Umfang Sie etwas tun. Adverbien der Menge begleiten ein Verb, ein Adjektiv oder ein anderes Adverb. Wie Sie Sätze mit Adverbien der Menge bilden können, erfahren Sie bei den einzelnen Adverbien.

Alles geben – »todo«

Todo (alles) als Adverb begleitet das Verb. Sie verwenden **todo**, um die Gesamtheit einer Menge zu beschreiben. In Kapitel 2 packen Sie für die Reise. Wenn Sie damit fertig sind, können Sie fragen: **¿Tenemos todo?** (Haben wir alles?)

 Todo ist ein Adverb der Menge. Sie können es auch als Adjektiv benutzen. Dann muss es nach den Deklinationsregeln dekliniert werden: Männliche Adjektive haben die Endung **-o** im Singular und **-os** im Plural. Weibliche Adjektive enden auf **-a** im Singular und auf **-as** im Plural. Adjektive mit der Endung **-e** in der Grundform sind im Geschlecht unveränderlich und haben die Endung **-s** in der Pluralform.

✔ **Ya tengo toda la ropa en la maleta.** (Ich habe schon alles im Koffer.)

✔ **Ya están todas las maletas en el coche.** (Alle Koffer sind schon im Auto.)

✔ **Estoy ahorrando todo mi dinero para comprar un coche.** (Ich spare mein ganzes Geld, um eine neues Auto zu kaufen.)

✔ **Llevo todos los libros que aún no he leído.** (Ich nehme alle Bücher mit, die ich noch nicht gelesen habe.)

Mehr über die spanischen Adjektive erfahren Sie in Kapitel 3.

Zu ist nicht gut – »demasiado«

Demasiado (zu) ist ein Adverb der Menge und wird immer zusammen mit einem Adjektiv oder einem Adverb verwendet. Es bewirkt, dass etwas verstärkt und abgeschwächt wird. Wenn **demasiado** ein Verb begleitet, steht es nach dem Verb. Wenn es ein Adjektiv oder ein anderes Adverb begleitet, steht es immer zuerst.

✔ **Hace demasiado frío.** (Es ist zu kalt.)

✔ **Hace demasiado calor.** (Es ist zu warm.)

✔ **¡Esto es demasiado!** (Das ist zu viel!)

Genauso – »tan« und »tanto«

In Kapitel 3 erfahren Sie etwas über die Verwendung der Adverbien der Menge **tan** (so / so sehr) und **tanto** (so / so sehr) in der Steigerungsform.

✔ **El café está tan caliente que no lo puedo beber.** (Der Kaffee ist so heiß, dass ich ihn nicht trinken kann.)

✔ **El Aparcamiento está tan lleno que es difícil encontrar un lugar libre.** (Das Parkhaus ist so voll, dass es schwer ist, einen Parkplatz zu finden.)

✔ **El tren sale tan temprano que tengo que madrugar.** (Der Zug fährt so früh ab, dass ich sehr früh am Morgen aufstehen muss.)

Tan (so / so sehr) begleitet ein Adjektiv oder ein anderes Adverb. **Tan** steht immer vor dem Adjektiv oder vor dem Adverb: **La temperatura bajó tan rápido que hace mucho frío.** (Die Temperatur sank so schnell, dass es sehr kalt ist.)

Bitte mehr – »más«

In Kapitel 3 erkläre ich die Funktion von **más** (mehr) im Komparativ. **Más** ist ein Adverb der Menge. Sie verwenden es, wenn Sie sagen wollen, dass Sie mehr von etwas wollen.

✔ Sie sind im Restaurant und haben einen Salat bestellt. Dazu gibt es Brot, das bald aus ist. Sie bestellen mehr und sagen: **¿Me trae más pan por favor?** (Bringen Sie mir bitte mehr Brot.)

✔ **También necesito más aceite de Oliva para la ensalada, por favor.** (Ich brauche bitte auch mehr Olivenöl für den Salat.)

✔ **Se acabó la mantequilla. Necesitamos más.** (Die Butter ist aus. Wir brauchen mehr.)

Más kann ein Verb, ein Nomen, ein Adjektiv oder ein anderes Adverb begleiten. Wenn es ein Verb begleitet, steht es nach dem Verb: **Tengo que cocinar más, vienen visitas.** (Ich muss mehr kochen. Wir bekommen Besuch.) Wenn es ein Nomen begleitet, steht es vor dem Nomen: **Queremos más helado por favor.** (Wir möchten bitte mehr Eis.) Begleitet es ein Adjektiv, steht es vor dem Adjektiv: **Mi café está más caliente.** (Mein Kaffee ist heißer.) Wird **más** mit einem Adverb verwendet, steht es nach dem Adverb: **No he visto a Pedro nunca más.** (Ich habe Pedro nie wieder gesehen.)

Nur fast – »casi«

Casi (fast) drückt aus, dass etwas noch nicht vollständig erledigt ist. Es begleitet das Verb allein oder wird mit einem anderen Adverb kombiniert.

✔ **Me tropecé y casi me caigo.** (Ich bin gestolpert und wäre fast gestürzt.)

✔ **El camión frenó de repente y casi chocamos.** (Der Lastwagen bremste plötzlich und es hätte fast gekracht.)

✔ **Tengo casi toda la ropa en la maleta.** (Ich habe fast alle Kleider im Koffer.)

✔ **Hoy trabajo casi todo el día.** (Heute arbeite ich fast den ganzen Tag.)

Wenn **casi** ein Verb ergänzt, steht es vor dem Verb. Bilden Sie einen Satz mit **casi** und einem weiteren Adverb, steht es an erster Stelle.

Ziemlich gut – »bastante«

Das Adverb der Menge **bastante** (genügend/ausreichend/ziemlich) begleitet ein Verb, ein Adjektiv oder ein anderes Adverb.

✔ **La tienda nueva vende bastante.** (Das neue Geschäft verkauft ausreichend.)

✔ **Nevó bastante, podemos ir a esquiar.** (Es hat genug geschneit. Wir können Ski laufen.)

✔ **La película estuvo bastante bien.** (Der Film war ziemlich gut.)

✔ **El té está bastante caliente.** (Der Tee ist ziemlich warm.)

Wenn Sie **bastante** mit einem Verb verwenden, steht es nach dem Verb. Wenn es aber ein Adjektiv oder ein anderes Adverb begleitet, steht es nach dem Adjektiv beziehungsweise nach dem Adverb.

Weniger ist mehr – »menos«

In Kapitel 3 erfahren Sie etwas über die Funktion der Adverbien der Menge, um den Komparativ zu bilden. **Menos** (wenig) ist ein Adverb der Menge. Sie verwenden es, wenn Sie sagen wollen, dass Sie wenig von etwas wollen.

✔ **Vamos al museo porque hay menos gente.** (Wir gehen ins Museum, weil es dort wenige Menschen gibt.)

✔ **Los niños se aburren menos en el parque porque siempre encuentran a alguien para jugar.** (Die Kinder langweilen sich wenig auf dem Spielplatz, weil sie dort immer jemanden zum Spielen finden.)

✔ **¡Fuma menos y estarás más sano!** (Rauche wenig/weniger und du wirst gesünder sein.)

✔ **El tren local es menos rápido que el tren regional.** (Der Nahverkehrszug ist weniger schnell als der Regionalzug.)

Menos ergänzt ein Verb, ein Nomen oder ein Adjektiv. Wenn es ein Verb begleitet, steht es nach dem Verb. Wenn es ein Nomen oder ein Adjektiv ergänzt, steht es vor dem Nomen beziehungsweise vor dem Adjektiv.

Es darf noch etwas sein – »algo«

Mit **algo** (etwas) bezeichnen Sie etwas Unbestimmtes. **Algo** begleitet ein Verb oder ein anderes Adverb und steht entweder nach dem Verb oder vor dem zweiten Adverb.

✔ **Quiero comer algo rico.** (Ich möchte etwas Leckeres essen.)

✔ Sie sind auf dem Wochenmarkt und kaufen Obst ein. Die Verkäuferin fragt: **¿Algo más?** (Darf es noch etwas sein?)

✔ Sie treffen eine Nachbarin und fragen: **¿Has oído algo de María? Hace mucho que no la veo.** (Hast du etwas von María gehört? Ich habe sie schon lange nicht mehr gesehen.)

Nur ein wenig – »poco«

Poco (wenig/selten) drückt aus, dass etwas nicht so oft passiert. Es begleitet ein Verb, ein Nomen oder ein anderes Adverb und steht nach dem Verb oder vor dem Nomen beziehungsweise vor dem Adverb.

- ✔ **He dormido poco.** (Ich habe wenig geschlafen.)

- ✔ **Veo muy poco a mis hijos porque viven lejos.** (Ich sehe meine Kinder sehr wenig, weil sie weit weg wohnen.)

- ✔ **La cabeza me duele poco, pero tengo mucho dolor de garganta.** (Ich habe wenig Kopfweh, aber sehr starkes Halsweh.)

- ✔ **¿Me trae un poco más de pan, por favor?** (Können Sie mir bitte etwas mehr Brot bringen?)

Macht nichts – »nada«

Nada (nichts) ist ein Adverb der Menge und drückt aus, dass etwas nicht vorhanden ist. Es wird auch in der doppelten Verneinung verwendet. (Über die doppelte Verneinung finden Sie mehr in Kapitel 11.) Es kann ein Verb oder ein anderes Adverb ergänzen und steht nach dem Verb oder vor dem zweiten Adverb.

- ✔ **Tengo visitas y no tengo nada en la heladera. Tengo que hacer compras.** (Ich habe Besuch und nichts im Kühlschrank. Ich muss einkaufen.)

- ✔ Meine Kinder sagen immer diesen Satz; das endet meistens vor dem Computer oder vor der Spielkonsole: **No tengo nada que hacer.** (Ich habe nichts zu tun.)

- ✔ **Hoy no hay nada interesante en la tele.** (Heute läuft nichts Interessantes im Fernsehen.)

- ✔ Im Geschäft werden Sie gefragt, ob es noch etwas sein darf: **¿Algo más?** (Darf es noch etwas sein?) Wenn Sie nichts mehr möchten, reagieren Sie auf diese Frage mit: **Nada más, gracias.** (Danke, nichts mehr.)

Bitte hier entlang – die Adverbien des Ortes

In diesem Abschnitt erfahren Sie etwas über die Adverbien des Ortes. Mit diesen Adverbien erklären Sie, wo etwas liegt oder wo sich jemand oder etwas befindet.

Hier oder dort? – »aquí« und »allí«

Mit **aquí** (hier), **ahí** (dort) und **allí** (dort) beschreiben Sie die Position von jemandem oder etwas in Bezug auf die Person, die spricht. **Aquí** brauchen Sie, wenn jemand oder etwas sich in der unmittelbaren Nähe des Sprechers befindet. Wenn Sie **allí** sagen, befindet sich jemand oder etwas weit weg vom Sprecher, aber noch in Sichtweite. Dazwischen liegt **ahí** in mittlerer Entfernung. In einigen lateinamerikanischen Ländern verwenden die Leute **aca** (hier) für **aquí** und **allá** (dort) für **allí**.

✔ **¿Dónde están las llaves?** (Wo sind die Schlüssel?) **Aquí están.** (Hier sind sie.) **Aca están.** (Hier sind sie.)

✔ **¿Dónde está el periódico de ayer?** (Wo ist die Zeitung von gestern?) **Está ahí, sobre la mesa.** (Sie liegt dort auf dem Tisch.)

✔ **¿Dónde está la botella de agua mineral?** (Wo ist das Mineralwasser?) **Está allí, en la cocina.** (Es ist dort in der Küche.) **Está allá, en la cocina.** (Es ist dort in der Küche.)

Es ist nicht mehr weit – »lejos« und »cerca«

Lejos (weit) und **cerca** (nah) sagen etwas aus über die Entfernung von jemandem oder etwas in Bezug auf den Sprecher.

✔ Sie sind in der Stadt und fragen nach dem Weg: **¿La estación central, está lejos?** (Ist der Bahnhof weit von hier?) **No, la estación central está muy cerca. Está allí, a unos 500 metros.** (Nein, der Bahnhof ist nicht weit von hier. Er ist dort, ungefähr 500 Meter von hier.)

✔ **Mis tíos viven lejos de aquí, por eso hace mucho que no los veo.** (Meine Tante und mein Onkel wohnen weit weg von hier, deshalb ist es sehr lange her, dass ich sie gesehen habe.)

✔ **Cerca de mi casa hay un supermercado, dos farmacias y un restaurante.** (In der Nähe meines Hauses gibt es einen Supermarkt, zwei Apotheken und ein Restaurant.)

Die gute Lage – »dentro« und »fuera«

Das Adverb **dentro** (drinnen) hat auch eine Form, die mit der Präposition **a** ergänzt wird: **adentro** (im Inneren, innerhalb). Das Adverb **fuera** (draußen) hat auch eine Form, die mit der Präposition **a** ergänzt wird: Aus **fuera** wird **afuera** (außerhalb). **Dentro** und **fuera** brauchen Sie, um eine Position zu beschreiben.

✔ Sie haben sich in der Einkaufspassage verabredet. Sie rufen die Person an und fragen, wo sie ist: **¿Dónde estás?** (Wo bist du?) **Estoy dentro de la galería en la zapatería.** (Ich bin in der Einkaufspassage im Schuhgeschäft.)

✔ Wenn Sie eine Dienstreise machen, können Sie sagen: **Voy a estar dos semanas fuera de la oficina.** (Ich werde zwei Wochen abwesend sein.)

Adentro und **afuera** werden mit Verben der Bewegung benutzt.

✔ Der Sommer ist endlich da. Sie wollen im Garten essen und sagen: **¿Vamos a comer afuera?** (Essen wir draußen?)

✔ Sie sitzen gemütlich im Garten, als es anfängt zu regnen. Es bleibt Ihnen nichts anderes übrig, als wieder reinzugehen: **¡Vamos adentro! Está lloviendo.** (Gehen wir rein. Es regnet gerade.)

Suchen und finden – »arriba« und »abajo«

Mit **arriba** (oben) und **abajo** (unten) beschreiben Sie eine Position im Raum. **Arriba** und **abajo** brauchen Sie in Verbindung mit Verben der Bewegung. Um eine Position zu definieren, verwenden Sie die Formen **encima** (oben drauf) und **debajo** (unten drunter).

✔ Sie wollen den Tisch decken und fragen: **¿Dónde están los platos de sopa?** (Wo sind die Suppenteller?) **Los platos de sopa están en el armario encima de los platos grandes.** (Die Suppenteller sind im Schrank auf den Speisetellern.)

✔ **¿Dónde están los vasos?** (Wo sind die Gläser?) **Los vasos están en el armario debajo de los platos.** (Die Gläser sind im Schrank unter den Tellern.)

✔ Sie sind wieder in der Einkaufspassage und überlegen, wohin Sie gehen: **Primero voy abajo a la tienda de ropa y después voy arriba a tomar un café.** (Zuerst gehe ich nach unten ins Modegeschäft und danach gehe ich nach oben einen Kaffee trinken.)

Wer zuerst kommt – »delante« und »detrás«

Mit **delante** (vor) und **detrás** (hinter) sagen Sie, wo sich jemand oder etwas befindet im Vergleich zu einem anderen oder etwas anderem.

Delante und **detrás** haben auch eine Form, die mit der Präposition **a** (vorne/hinter) in Verbindung mit **delante** und **detrás** ergänzt wird: **adelante** (vorne) und **atrás** (hinter), die Sie für die Verben der Bewegung benötigen.

✔ **La parada de la línea 3 está delante de la farmacia. La parada de la línea 6 está delante del supermercado.** (Die Haltestelle der Linie 3 befindet sich vor der Apotheke. Die Haltestelle der Linie 6 befindet sich vor dem Supermarkt.)

✔ **El cajero automático está detrás de la information.** (Der Geldautomat befindet sich hinter der Information.)

✔ Im Bus stauen sich die Menschen im Gang. Der Busfahrer sagt: **¡Pasen para atrás, por favor!** (Gehen Sie bitte weiter nach hinten!)

✔ Wenn Sie jemanden ermutigen, nach vorn zu schauen, sagen Sie: **¡Tienes que seguir adelante!** (Du musst nach vorn schauen!)

Zeitangaben – die Adverbien der Zeit

In diesem Abschnitt erfahren Sie, wie Sie die Adverbien der Zeit verwenden können. Adverbien der Zeit definieren den Zeitpunkt, wann etwas geschieht. Spanischsprechende haben ein Zeitgefühl, das von der deutschen Vorstellung über Pünktlichkeit abweichen kann.

Morgen ist ein neuer Tag – »ayer«, »hoy« und »mañana«

Antes (vorher/früher), **ayer** (gestern), **hoy** (heute) und **mañana** (morgen) antworten auf die Frage, wann etwas war oder sein wird. Sie erzählen über Ihre Aktivitäten in den letzten Tagen:

✔ **Antes de ayer fue sábado. Trabajé en el jardín.** (Vorgestern war Samstag. Ich habe im Garten gearbeitet.)

✔ **Ayer fue domingo. Salí con amigos.** (Gestern war Sonntag. Ich habe mich mit Freunden getroffen.)

✔ **Hoy es lunes. Trabajo hasta las 3 de lal tarde.** (Heute ist Montag. Ich arbeite bis 15 Uhr.)

✔ **Mañana es martes. Tengo una cita con el dentista.** (Morgen ist Dienstag. Ich habe einen Termin beim Zahnarzt.)

✔ **Pasado mañana es miércoles. Trabajo hasta las 7 de la tarde.** (Übermorgen ist Mittwoch. Ich arbeite bis 19 Uhr.)

Die Häufigkeitsangabe – »siempre« und »nunca«

Die Adverbien **siempre** (immer), **nunca** (nie) und **jamás** (niemals) beantworten die Frage, wie oft etwas passiert. Die Adverbien können am Satzanfang oder nach dem Verb stehen. Es kommt darauf an, welche Information wichtiger ist.

✔ **Siempre trabajo hasta las 6 de la tarde.** (Ich arbeite immer bis 18 Uhr.)

✔ **Trabajo siempre hasta las 6 de la tarde.** (Ich arbeite immer bis 18 Uhr.)

✔ **Nunca llego a casa antes de las 7 porque hay mucho tráfico.** (Ich bin nie vor 19 Uhr zu Hause, weil es viel Verkehr gibt.)

Pünktlichkeit ist alles – »tarde« und »temprano«

Tarde (spät) und **temprano** (früh) sind Adverbien der Zeit. Sie beantworten die Frage, wann etwas passiert.

✔ **Hoy me desperté muy temprano.** (Ich bin sehr früh aufgewacht.)

✔ **Perdí el tren y llegué tarde al trabajo.** (Ich habe den Zug verpasst, deshalb bin ich zu spät zur Arbeit gekommen.)

✔ **La película termina tarde.** (Der Film endet spät.)

 Tarde kann auch ein Nomen sein: **Esta tarde juego al fútbol.** (Heute Nachmittag spiele ich Fußball.) In diesem Satz ist **tarde** (der Nachmittag) ein Nomen. **Llegué tarde al entrenamiento de fútbol.** (Ich bin zu spät zum Fußballtraining gekommen.) In diesem Satz ist **tarde** ein Adverb.

Bitte der Reihenfolge nach – »primero«, »luego«, »entonces« und »después«

Sie wollen eine Geschichte erzählen? Kein Problem. Mit **primero** (zuerst), **luego** (später), **entonces** (dann) und **después** (danach) geben Sie Ihrer Geschichte eine Struktur.

Erzählen Sie über Ihren Alltag: **Me levanto a las siete.** (Ich stehe um 7 Uhr auf.) **Primero desayuno un café y una tostada con mantequilla y mermelada.** (Zuerst trinke ich einen Kaffee und esse einen Toast mit Butter und Marmelade.) **Luego me ducho, me visto y voy a trabajar.** (Später dusche ich mich, ziehe mich an und gehe zur Arbeit.) **Trabajo hasta las 5 de la tarde.** (Ich arbeite bis 5 Uhr am Nachmittag.) **Llego a casa media hora más tarde y entonces hago un poco de deporte.** (Ich komme eine halbe Stunde später nach Hause und dann mache ich etwas Sport.) **Después preparo una cena ligera.** (Danach bereite ich ein leichtes Abendessen vor.) **Después de la cena veo, la tele o leo un libro.** (Nach dem Abendessen sehe ich fern oder lese ein Buch.) **Me acuesto temprano.** (Ich gehe früh ins Bett.)

Multitasking für alle – »mientras«

Mientras (während) ist ein Adverb der Zeit, mit dem Sie berichten können, was Sie alles gleichzeitig machen.

✔ **Mientras plancho, escucho un audiolibro, hablo por teléfono con mi amiga y le ayudo a mi hija con la tarea. Así termino pronto con todo y tengo tiempo para dar un paseo.** (Während ich bügele, höre ich ein Hörbuch, telefoniere mit meiner Freundin und helfe meiner Tochter bei den Hausaufgaben. So bin ich bald fertig und habe Zeit, um spazieren zu gehen.)

✔ **Voy a hacer las compras mientras el coche está en el taller.** (Ich gehe einkaufen, während das Auto in der Werkstatt ist.)

 Der Satz mit **mientras** (während) beschreibt Handlungen, die zur gleichen Zeit passieren und nicht an einen bestimmten Zeitraum gebunden sind. Wenn zwei Handlungen an eine Zeitspanne gebunden sind, wird der Satz mit **durante** (während) gebildet und mit einem Genitivobjekt übersetzt: **Durante el desfile la calle estará cerrada.** (Während des Festumzugs wird die Straße gesperrt sein.)

Es ist noch nicht so weit

Mit **aún** (noch / immer noch) und **todavía** (noch) können Sie beschreiben, ob Sie etwas schon gemacht haben oder nicht. Das ist die Standardfrage in vielen Familien, die schulpflichtige Kinder haben: **¿Ya has hecho los deberes?** (Hast du die Hausaufgaben schon gemacht?) Meistens wird diese Frage mit einem beleidigten **Todavía no** (Noch nicht.) quittiert. Als Alternative könnten Sie hören: **Enseguida la hago.** (Ich mache sie gleich.) oder: **La hago ahora.** (Ich mache sie jetzt.) Dabei ist die Definition der Zeitspanne von **enseguida** und **ahora** sehr dehnbar. Zwischen sofort, gleich und gar nicht ist alles möglich.

Wie alles funktioniert – Adverbien der Art und Weise

Mit Adverbien der Art und Weise beschreiben Sie, wie Sie etwas tun. Sie sagen etwas aus über Qualität oder die Menge. Adverbien der Art und Weise ergänzen ein Verb, ein Nomen, ein anderes Adverb oder können auch allein stehen.

Genau so geht es – »así« und »tal«

Así (so / auf diese Weise) können Sie benutzen, wenn Sie sichergehen wollen, dass etwas auf eine bestimmte Weise gemacht wird.

Sie stehen beispielsweise an der Hotelrezeption und geben beim Einchecken Ihre persönlichen Daten an. Der Rezeptionist fragt: **Su nombre, por favor.** (Ihr Name bitte.) Sie sagen: **Bernd Müller.** Der Rezeptionist hat den Nachnamen nicht verstanden und fragt: **¿Puede deletrear su apellido, por favor?** (Können Sie bitte Ihren Nachnamen buchstabieren?) Sie sagen: **eMe – u con diéresis – ele – ele- e- erre.** (M – u mit zwei Punkten – l – l – e- r.) Der Rezeptionist fragt nach, ob er den Namen nun korrekt geschrieben hat: **¿Así?** (So?) Sie bestätigen die korrekte Schreibweise mit: **Sí, correcto.** (Ja, korrekt.) **¡Gracias!** (Danke!)

Das Adverb **tal** können Sie nicht direkt übersetzen. Je nach Zusammenhang ändert das Wort **tal** seine Bedeutung: **Tengo que ir al centro. En tal caso, paso también por el banco.** (Ich muss in die Stadt. Wenn das der Fall ist, gehe ich auch zur Bank.) Wenn jemand etwas erzählt, was Sie nicht gesagt haben, reagieren Sie mit: **Nunca he dicho tal cosa.** (Das habe ich nie gesagt.) Wollen Sie jemanden nach dem Befinden fragen, können Sie eine Frage mit **tal** (so) bilden: **¿Qué tal?** (Wie geht's?)

Lob und Kritik – »bien mal«, »mejor y peor«

Bien (gut) und **mal** (schlecht) sind Adverbien der Art und Weise. Als Adverbien sind sie unveränderlich. **Bien** und **mal** werden oft mit den Adjektiven **bueno** (gut) und **malo** (schlecht) verwechselt. Mehr über **bien**, **mal**, **mejor** (besser) und **peor** (schlechter) erfahren Sie weiter hinten in diesem Kapitel im Abschnitt »Sprachfallen bei den Adverbien«.

Laufen die Dinge besser als gedacht, verwenden Sie nicht **bien**, sondern **mejor**. Und wenn ein Zustand sich zum Schlechten wendet, brauchen Sie nicht **mal**, sondern **peor**.

 ¿Qué tal? (Wie geht's?) **Bien, bien.** (Gut, gut.) **¿Qué tal?** (Wie geht's?) **Muy mal.** (Sehr schlecht.) **¿Qué tal?** wird auch in förmlichen Zusammenhängen verwendet.

✔ **El trabajo está bien hecho.** (Die Arbeit ist gut gemacht.)

✔ **Mi amiga está muy mal. Tiene muchos problemas.** (Meiner Freundin geht es sehr schlecht. Sie hat viele Sorgen.)

✔ **Los platos están sucios. Hay que fregarlos mejor.** (Die Teller sind schmutzig. Man muss sie besser spülen.)

✔ **El tiempo está peor. Hace frío.** (Das Wetter ist schlechter. Es ist kalt.)

Gerade so geschafft – »apenas« und »recién«

Apenas (kaum/erst/knapp) und **recién** (eben) verwenden Sie, wenn Sie über kleine Mengen oder kurze Zeiträume berichten.

✔ **¿Estás en casa?** (Bist du zu Hause?) **Recien llegué.** (Ich bin eben angekommen.)

✔ **Mi abuela ve muy mal y apenas puede leer el periódico.** (Meine Oma sieht sehr schlecht. Sie kann kaum noch die Zeitung lesen.)

✔ **Apenas hace seis meses que vivo en España.** (Ich lebe erst seit sechs Monaten in Spanien.)

✔ **Recién ajusté la cadena de la bicicleta, pero se volvió a soltar. Estará rota.**
(Ich habe eben die Fahrradkette festgemacht, aber sie sprang gleich wieder raus. Sie wird kaputt sein.)

Es kommt auf die Schnelligkeit an – »despacio« und »rápido«

Despacio (langsam) und **rápido** (schnell) sind Adverbien der Art und Weise und geben Auskunft darüber, wie hoch die Geschwindigkeit ist, in der etwas passiert.

✔ **Caminamos despacio, tenemos mucho tiempo.** (Wir laufen langsam. Wir haben sehr viel Zeit.)

✔ **Conduce despacio, está nevando.** (Fahre langsam, es schneit gerade.)

✔ **Las cosas de palacio, van despacio.** (Die Dinge auf dem Hof laufen langsam.) Diese Redewendung können Sie benutzen, wenn ein Vorgang extrem langsam erledigt wird: **Mi pasaporte va a estar listo en tres meses. Las cosas de Palacio van despacio.** (Mein Pass ist erst in drei Monaten fertig. Die Mühlen mahlen langsam.)

✔ **¡Hable despacio por favor! No entiendo mucho español.** (Sprechen Sie bitte langsam! Ich verstehe nicht sehr viel Spanisch.)

Sie können das Adverb **despacio** (leise) auch verwenden, wenn Sie über die Lautstärke von etwas oder jemandem sprechen:

✔ **¡Habla despacio por favor! El niño ya duerme.** (Sprich bitte leiser, das Kind schläft schon.)

✔ **¡Chicos, poned la música más despacio por favor! Me duele la cabeza.** (Jungs, macht bitte die Musik leiser! Ich habe Kopfweh.)

✔ **El problema se soluciona rápido.** (Das Problem kann schnell gelöst werden.)

✔ **La niña es muy lista, suma muy rápido.** (Das Mädchen ist sehr intelligent, sie rechnet sehr schnell.)

✔ **El tiempo cambió muy rápido. Llovió toda la mañana y ahora salió el sol.** (Das Wetter hat sich schnell verändert. Es hat den ganzen Morgen geregnet und jetzt scheint die Sonne.)

✔ **Los tiempos cambiaron muy rápido.** (Die Zeiten haben sich schnell geändert.)

✔ **El hockey sobre patín en línea es un deporte muy rápido.** (Inlinehockey ist eine sehr schnelle Sportart.)

Die Entscheidung – Adverbien der Zustimmung und der Verneinung

Wenn Sie Fragen stellen, die nicht mit einem Fragepronomen beginnen, sondern mit einem Verb, werden Sie mit einem Adverb der Zustimmung, zum Beispiel **sí** (ja), oder mit einem Adverb der Verneinung, zum Beispiel **no** (nein), darauf antworten. Um eine Information positiv oder negativ zu bestätigen, verwenden Sie diese Adverbien auch, zum Beispiel **seguro** (sicher) für eine positive Aussage oder **tampoco** (auch nicht) für negative Aussagen.

Das stimmt – »verdaderamente« und »cierto«

Wenn Sie den Wahrheitsgehalt einer Aussage bestätigen oder betonen wollen, verwenden Sie die Adverbien der Zustimmung **verdaderamente** (wirklich), **efectivamente** (tatsächlich/wirklich) und **cierto** (tatsächlich).

✔ **Barcelona es una ciudad verdaderamente bonita.** (Barcelona ist eine wirklich schöne Stadt.)

✔ **Estoy verdaderamente sorprendida.** (Ich bin wirklich überrascht.)

✔ **El tren tuvo media hora de retraso pero efectivamente llegué a tiempo al trabajo.** (Der Zug hatte eine halbe Stunde Verspätung. Ich bin tatsächlich pünktlich zur Arbeit gekommen.)

✔ **Efectivamente necesito un coche nuevo. Este consume mucho.** (Ich brauche tatsächlich ein neues Auto. Dieses verbraucht sehr viel.)

✔ **Hoy tenemos una cita con el dentista. ¡Cierto! Casi me olvido.** (Wir haben heute einen Zahnarzttermin. Stimmt! Hätte ich fast vergessen.)

✔ **¿Es cierto que te vas a vivir a Colombia?** (Stimmt es, dass du nach Kolumbien ziehst?)

 Sie werden Ausdrücke mit dem Adverb **cierto** (tatsächlich) finden, die von der Präposition **por** (wegen) begleitet werden. **Por cierto** (übrigens) verwenden Sie, um zusätzliche Informationen zu geben.

✔ **Por cierto ¿has llamado a tu madre? Es su cumpleaños.** (Übrigens, hast du deine Mutter angerufen? Sie hat heute Geburtstag.)

✔ **Por cierto, hoy voy a llegar más tarde.** (Übrigens, heute komme ich später nach Hause.)

✔ **Por cierto, todavía no he reservado la mesa en el restaurante.** (Übrigens, ich habe den Tisch im Restaurant noch nicht reserviert.)

Sicher ist sicher – »seguro«

Wenn Sie sicher sind, dass eine Information wahr ist oder in jedem Fall eintrifft, verwenden Sie im Spanischen **seguro** (sicher), **seguramente** (sicherlich / mit Sicherheit) und **claro** (klar).

✔ **En dos semanas empiezan seguro las vacaciones.** (In zwei Wochen beginnen sicher die Ferien.)

✔ **¿Vamos al cine?** (Gehen wir ins Kino?) **¡Sí, claro!** (Ja, klar!)

✔ **Son las seis de la tarde. Seguramente el banco ya está cerrado.** (Es ist 18 Uhr. Die Bank wird sicherlich schon zuhaben.)

✔ **Hoy fui a la peluquería pero la peluquera no encontraba mi cita. Seguramente la apuntó mal en su agenda.** (Ich bin heute zum Friseur gegangen, aber die Friseurin konnte meinen Termin in ihrem Kalender nicht finden. Sie hat ihn sicherlich falsch eingetragen.)

Es gibt viele Möglichkeiten – »también«

Mit **también** (auch) bejahen Sie eine Information, die schon jemand anders positiv bewertet hat. **Pues** (also / doch / also gut / halt) hat viele Anwendungsmöglichkeiten. Wenn jemand sagt: **A mí me gustan las tapas**, können Sie mit **A mí también** (Mir auch) ausdrücken, dass Ihnen die Tapas auch schmecken.

✔ **Yo también trabajo en Francfort.** (Ich arbeite auch in Frankfurt.)

✔ **También voy a llevar una ensalada a la fiesta.** (Ich nehme auch einen Salat mit zum Fest.)

✔ **Mi hermana también corre los sábados por la mañana.** (Meine Schwester rennt/joggt auch samstags morgens.)

Das kommt nicht infrage – »no« und »tampoco«

No (nein/nicht) und **tampoco** (auch nicht) sind Adverbien der Verneinung. Mehr darüber erfahren Sie in Kapitel 11. **No** verneint einen Satz und steht immer vor dem Verb. Bei reflexiven Verben steht **no** vor dem Reflexivpronomen. Mit **tampoco** bestätigen Sie eine negative Aussage, die jemand anders bereits gesagt hat.

✔ **Hoy no llueve.** (Heute regnet es nicht.)

✔ **El Domingo no voy a montar a caballo.** (Am Sonntag reite ich nicht.)

✔ **La palmera nueva no crece.** (Die neue Palme wächst/gedeiht nicht.)

✔ **A mí tampoco me gusta el pescado.** (Mir schmeckt Fisch auch nicht.)

✔ **Pedro no va al museo.** (Pedro geht nicht ins Museum.) **No le interesa el arte.** (Kunst interessiert ihn nicht.) **A sus hermanos tampoco.** (Seine Geschwister auch nicht.)

Die Ausrede – Adverbien der Möglichkeit

Spanischsprechende sagen nie direkt Nein, deshalb ist **no** (nein) immer mit einer zusätzlichen Erklärung oder einer Ausrede verbunden. Um eine Aussage zu machen, die nicht verbindlich ist, benutzen Sie **quizá** (vielleicht), **quizás** (vielleicht), **acaso** (vielleicht), **igual** (egal), **probablemente** (wahrscheinlich/vermutlich) oder **posiblemente** (möglicherweise/vielleicht).

✔ **¿Vamos a tomar algo?** (Gehen wir etwas trinken?) **Quizá el viernes después del trabajo.** (Vielleicht am Freitag nach der Arbeit.)

✔ **¿Descolgamos la decoración de Navidad?** (Hängen wir die Weihnachtsdekoration ab?) **Quizá mañana. Hoy no tengo ganas.** (Vielleicht morgen. Heute habe ich keine Lust dazu.)

✔ **¿Cruzamos la calle aquí?** (Gehen wir hier über die Straße?) **Es igual.** (Es ist egal.)

✔ **¿Cuándo se jubila tu padre?** (Wann geht dein Vater in Rente?) **Probablemente en dos años.** (Vielleicht in zwei Jahren.)

✔ **¿Cocinamos pulpo mañana?** (Kochen wir morgen Tintenfisch?) **Posiblemente. No sé si tendré tiempo de ir al mercado a comprarlo.** (Vielleicht. Ich weiß nicht, ob ich Zeit habe, auf den Markt zu gehen, um den Tintenfisch zu kaufen.)

Sprachfallen bei den Adverbien

Sprachfallen sorgen in jeder Sprache dafür, dass der Gesprächspartner lacht. Wenn nicht gelacht wird, sind Sie in ein Fettnäpfchen getreten. Sprachfallen sind Wörter, die gleich oder ähnlich klingen. Dadurch werden sie nicht korrekt angewendet. Das passiert bei Adverbien auch. In diesem Abschnitt erfahren Sie, welche Sprachfallen bei den Adverbien zu Missverständnissen führen.

»Bien« und »mal« – »bueno« und »malo«

Bien (gut) und **mal** (schlecht) sind Adverbien der Art und Weise. **Bueno** (gut) und **malo** (schlecht) sind Adjektive und begleiten eine Person oder eine Sache. Sie stehen beim Nomen oder nach den Verben **ser** (sein) und **estar** (sein). Mehr über Adjektive erfahren Sie in Kapitel 3.

✔ **Es una buena idea.** (Das ist eine gute Idee.)

✔ **El vino es muy bueno.** (Der Wein ist sehr gut.)

✔ **Es un buen cocinero.** (Eine Person ist ein guter Koch / eine gute Köchin.)

✔ **Este trabajo es malo.** (Diese Arbeit ist schlecht.)

✔ **¡Qué mala cara tienes!** (Wie siehst du denn aus?)

Wenn sich jemand nach Ihrem Befinden erkundigt mit: **¿Qué tal?** (Wie geht's?), können Sie nicht mit **Bueno** antworten, sondern Sie sagen: **¡Muy bien!** (Sehr gut!)

✔ **La idea me parece bien.** (Die Idee finde ich gut.)

✔ **El perfume se vende muy bien.** (Das Parfüm verkauft sich sehr gut.)

✔ **Felipe cocina bien.** (Felipe kocht sehr gut.)

✔ **El jefe trabaja mal.** (Der Chef arbeitet schlecht.)

✔ **Mi amigo está muy mal.** (Meinem Freund geht es sehr schlecht.)

»Muy« und »mucho«

Muy (sehr) und **mucho** (viel) sind Adverbien der Menge. **Muy** und **mucho** werden oft verwechselt. Problematisch dabei ist, dass **muy** und **mucho** nicht immer gleich übersetzt werden können. Sie bilden Sätze mit **muy**, indem Sie es einem Adverb voranstellen. **Mucho** steht vor einem Adjektiv.

Adverb für das Verb

Mucho im Spiel

bedeutet viel.

Nach **mucho** kommt das Nomen,

da **mucho** Indefinitpronomen.

Mucho nach dem Verb

ist ja ein Adverb.

Als Adjektiv müssen Sie **mucho** an Geschlecht und Zahl des Nomens angleichen. Mehr über **mucho** als Adjektiv erfahren Sie in Kapitel 3.

✔ **En Madrid hay mucho tráfico.** (In Madrid gibt es viel Verkehr.)

✔ **Los amigos beben mucha cerveza.** (Die Freunde trinken viel Bier.)

✔ **Tengo muchos amigos.** (Ich habe viele Freunde.)

✔ **Mi padre tiene muchas gafas.** (Mein Vater hat viele Brillen.)

Als Adverb ist **mucho** unveränderlich und steht entweder beim Verb oder allein.

✔ **Me gusta mucho leer.** (Ich lese sehr gern.)

✔ **Teresa trabaja mucho.** (Teresa arbeitet viel.)

✔ **Elvira come mucho.** (Elvira isst viel.)

✔ **La empresa gasta mucho.** (Die Firma gibt viel aus.)

Muy ist ein Adverb und steht vor Adjektiven oder Adverbien. Mit dieser Eselsbrücke können Sie sich gut merken, mit welchen Wortarten Sie **muy** verwenden: »**Muy** heißt sehr. Adjektive nach Adverbien hierher.«

✔ **Tengo un jersey muy cómodo.** (Ich habe einen sehr bequemen Pulli.)

✔ **Mi madre vive muy lejos.** (Meine Mutter wohnt sehr weit weg.)

✔ **En España se come muy tarde.** (In Spanien isst man sehr spät.)

✔ **Mi libro costó muy poco.** (Mein Buch kostete sehr wenig.)

Die Stellung halten – Stellung der Adverbien im Satz

Adverbien begleiten ein Verb oder ein anderes Adverb, deshalb steht ein Adverb hinter dem Verb. Wenn Sie zwei Adverbien im Satz haben, stehen sie zusammen hinter dem Verb.

✔ **La gente protesta demasiado.** (Die Leute protestieren sehr viel.)

✔ **El perro obedece casi siempre.** (Der Hund gehorcht fast immer.)

✔ **El trabajo en el campo se paga mal.** (Die Arbeit auf dem Feld ist schlecht bezahlt.)

✔ **Este verano ha llovido muy poco.** (In diesem Sommer hat es sehr wenig geregnet.)

✔ **¿Llegaste bien a casa?** (Bist du gut zu Hause angekommen?)

Übungen zu Kapitel 4

Übung 4.1

Suchen, suchen, suchen: Wo sind die Sachen? Setzen Sie die Adverbien des Ortes ein:

¿Dónde están mis llaves? (Wo sind meine Schlüssel?) **Tus llaves están** _____ (hier). (Deine Schlüssel sind hier.) **¿Toledo está** _____ (weit) **de Madrid?** (Ist Toledo weit entfernt von Madrid?) **No. Toledo está** _____ (in der Nähe) **de la Ciudad Real.** (Nein. Toledo ist in der Nähe von Madrid.) _____ (im) **de la nevera está la carne para la cena.** (Im Kühlschrank ist das Fleisch für das Abendessen.) **¿Dónde está la cámara de fotos?** (Wo ist die Fotokamera?) **Está** _____ (vor) **del ordenador.** (Sie liegt vor dem PC.) **¿Dónde está la escoba?** (Wo ist der Besen?) **Está** _____ (hinter) **de la puerta de la cocina.** (Er ist hinter der Küchentür.)

Übung 4.2

Sie sind in Cádiz und fragen nach dem Weg zum Bahnhof. Eine Frau erklärt Ihnen den Weg dahin und sagt: **No está lejos. Sigue esta calle** _____ (geradeaus) **hasta el final.** (Es ist nicht weit. Folgen Sie dieser Straße geradeaus bis zum Ende der Straße.) **Alli toma la primera** _____ (rechts) **y en el semáforo gira** _____ (links). (Dort nehmen Sie die erste Straße nach rechts und an der Ampel biegen Sie links ab.) **Allí está la farmacia.** (Dort ist die Apotheke.) _____ (überqueren Sie) **el puente y sigue** _____ (geradeaus) **hasta la plaza de Andalucía.** (Gehen Sie über die Brücke und gehen Sie weiter geradeaus bis zur Plaza de Andalucía.) **La estacíon está** _____ (gegenüber) **la plaza.** (Der Bahnhof ist gegenüber von der Plaza de Andalucía.)

Teil II
Etwas zu tun – Modi, Zeiten und Verben

Aller guten Dinge sind drei. Auf Spanisch auch. So können Sie sich gut merken, dass es im Spanischen drei verschiedene Formen (Modi) gibt, um eine Information zu formulieren. In diesem Teil erfahren Sie, welche Modi es im Spanischen gibt. Im Indikativ (**modo indicativo**) finden Sie alle Zeiten der Wirklichkeitsform, mit denen Sie über die Vergangenheit, die Gegenwart und die Zukunft berichten können. Mit dem Imperativmodus (**modo imperativo**) können Sie Anweisungen geben und Befehle erteilen. Zum Schluss kommt der Subjunktivmodus (**modo subjuntivo**), der nur zum Teil mit dem deutschen Konjunktiv vergleichbar ist. Der Subjunktiv wird verwendet, um über Vermutungen oder Unbekanntes zu berichten. Innerhalb dieser drei Modi finden Sie die verschiedenen Zeiten.

Kapitel 5

Das ist die Wahrheit – die Wirklichkeitsform

Mit dem **modo indicativo**, der Indikativ- oder Wirklichkeitsform genannt wird, drücken Sie aus, dass die Information ein Fakt und keine Vermutung ist. Innerhalb der Modi gibt es Zeiten. In diesem Kapitel beschreibe ich die Zeiten der Gegenwart im Wirklichkeitsmodus. Zuerst finden Sie Informationen, wie Sie die verschiedenen Zeiten bilden und verwenden.

Jetzt ist der richtige Zeitpunkt – die Gegenwart

Mit der Gegenwart drücken Sie etwas aus, das aktuell oder gewöhnlich passiert.

✔ **(Yo) Hablo español.** (Ich spreche Spanisch.)

✔ **(Yo) Leo un libro.** (Ich lese ein Buch.)

✔ **(Yo) Vivo en Alemania.** (Ich lebe/wohne in Deutschland.)

✔ **Los lunes no trabajo.** (Montags arbeite ich nicht.)

Um Zeiten zu bilden, benötigen Sie Verben. Welche Verben es gibt und wie Sie sie konjugieren, erfahren Sie nun.

Alles normal – regelmäßige Verben

Im Spanischen gibt es drei Klassen von regelmäßigen Verben. Das erkennen Sie an der Verbendung: Verben mit den Infinitivendungen (Grundform) **-ar, -er** und **-ir** sind meistens regelmäßig. Alle Verben, die die Endung **-ar, -er** oder **-ir** haben und regelmäßig sind, können Sie nach dem Muster in Tabelle 5.1 konjugieren.

 Es gibt jedoch auch Verben mit der Endung **-ar, -er** oder **-ir,** die unregelmäßig sind, zum Beispiel **estar** (sein), **hacer** (machen), **pedir** (bitten/bestellen). Über diese Verben erfahren Sie mehr in diesem Kapitel.

Personalpronomen	Verben mit der Endung -ar	Verben mit der Endung -er	Verben mit der Endung -ir
yo (ich)	-o	-o	-o
tú (du)	-as	-es	-es
él/ella/usted (er/sie/Sie)	-a	-e	-e
nosotros/nosotras (wir)	-amos	-emos	-imos
vosotros/vosotras (ihr)	-áis	-éis	-ís
ellos/ellas/ustedes (sie/Sie)	-an	-en	-en

Tabelle 5.1: Konjugation der regelmäßigen Verben mit den Endungen »-ar«, »-er« und »-ir«

✔ **Tú acabas de cocinar la cena.** (Du bist gerade mit dem Kochen für das Abendessen fertig geworden.) Das Verb **acabar** (aufhören mit) mit der Verbendung **-ar** ist regelmäßig.

✔ **Él/ella/usted aprende español.** (Er/sie lernt / Sie lernen Spanisch.) Das Verb **aprender** (lernen) ist regelmäßig und hat die Endung **-er**.

✔ **Yo abro la ventana.** (Ich öffne das Fenster.) Das Verb **abrir** (öffnen) ist im Präsens regelmäßig und hat die Endung **-ir**.

✔ **Nosotros aderezamos la ensalada.** (Wir machen den Salat an.) Das Verb **aderezar** (Salat anmachen / essen / würzen) ist regelmäßig mit der Endung **-ar**.

✔ **Vosotros tejéis una bufanda.** (Ihr strickt einen Schal.) **Tejer** (stricken) ist ein regelmäßiges Verb.

✔ **Ellas/ellos/ustedes reciben una carta.** (Sie bekommen einen Brief.) Das Verb **recibir** (bekommen) ist regelmäßig.

Im Anhang finden Sie die Konjugationsmuster sowie eine Liste der Verben, die in diesem Buch genannt werden.

Diese gibt es auch noch – unregelmäßige Verben

Nicht alle Verben sind regelmäßig. Es gibt im Spanischen verschiedene Gruppen von unregelmäßigen Verben mit eigenem Konjugationsmuster. Am besten ist es, wenn Sie die Grundformen mit der entsprechenden Unregelmäßigkeit lernen.

Alle unregelmäßigen Verben haben zwei regelmäßige Formen: die erste und die zweite Form im Plural, zum Beispiel **yo quiero** (ich möchte). Das Verb **querer** (wollen/mögen) ist unregelmäßig: Das **e** wird zu **i,** aber bei der 1. und 2. Person im Plural **nosotros queremos** (wir wollen) und **vosotros queréis** (ihr wollt) bleibt das **e** wie bei der regelmäßigen Konjugation.

»e« in der Grundform wird zu »ie«

Die unregelmäßigen Verben dieser Gruppe haben in der Grundform (Infinitiv) ein **e** im Verbstamm. Dieses **e** wird zu **ie** (siehe Tabelle 5.2). Die Formen der 1., 2. und 3. Person Singular verändern sich, genauso wie die 3. Person Plural. Alle Formen verlieren das **e** im Stamm und haben **ie** in der Konjugation. Die 1. und die 2. Person Plural werden regelmäßig konjugiert.

Personalpronomen	entender (verstehen)
yo (ich)	**entiendo** (ich verstehe)
tú (du)	**entiendes** (du verstehst)
él/ella/usted (er/sie/Sie)	**entiende** (er/sie versteht / Sie verstehen)
nosotros/nosotras (wir)	**entendemos** (wir verstehen)
vosotros/vosotras (ihr)	**entendéis** (ihr versteht)
ellos/ellas/ustedes (sie/Sie)	**entienden** (sie/Sie verstehen)

Tabelle 5.2: Unregelmäßigkeit »e« wird zu »ie«

Andere Beispiele für diese Unregelmäßigkeit:

✔ **pensar** (denken)

✔ **querer** (wollen)

✔ **preferir** (bevorzugen)

»e« in der Grundform wird zu »i«

In dieser Gruppe der unregelmäßigen Verben verändert sich das Verb auch. Es hat in der Grundform (Infinitiv) ein **e** im Verbstamm. Dieses **e** wird in der 1., 2. und 3. Person Singular sowie in der 3. Person Plural zu **i** (siehe Tabelle 5.3).

Personalpronomen	pedir (bitten/bestellen)
yo (ich)	**pido** (ich bitte/bestelle)
tú (du)	**pides** (du bittest/bestellst)
él/ella/usted (er/sie/Sie)	**pide** (er/sie bittet/bestellt / Sie bitten/bestellen)
nosotros/nosotras (wir)	**pedimos** (wir bitten/bestellen)
vosotros/vosotras (ihr)	**pedís** (ihr bittet/bestellt)
ellos/ellas/ustedes (sie/Sie)	**piden** (sie/Sie bitten/bestellen)

Tabelle 5.3: Unregelmäßigkeit »e« wird zu »i«

Andere Beispiele für diese Unregelmäßigkeit:

✔ **repetir** (wiederholen)

✔ **seguir** (weitermachen/folgen)

✔ **servir** (servieren/nützen)

»o« in der Grundform wird zu »ue«

Das ist eine weitere Gruppe von unregelmäßigen Verben. Das Verb hat in der Grundform (Infinitiv) ein **o** im Verbstamm. Dieses **o** wird zu **ue** in der 1., 2. und 3. Person Singular sowie in der 3. Person Plural (siehe Tabelle 5.4).

Personalpronomen	dormir (schlafen)
yo (ich)	**duermo** (ich schlafe)
tú (du)	**duermes** (du schläfst)
él/ella/usted (er/sie/Sie)	**duerme** (er/sie schläft / Sie schlafen)
nosotros/nosotras (wir)	**dormimos** (wir schlafen)
vosotros/vosotras (ihr)	**dormís** (ihr schlaft)
ellos/ellas/ustedes (sie/Sie)	**duermen** (sie/Sie schlafen)

Tabelle 5.4: Unregelmäßigkeit »o« wird zu »ue«

Andere Beispiele für diese Unregelmäßigkeit sind:

✔ **encontrar** (finden)

✔ **volar** (fliegen)

✔ **poder** (können)

✔ **volver** (zurückkommen)

»u« in der Grundform wird zu »ue«

Das Verb **jugar** (spielen) ist das einzige unregelmäßige Verb, das in der Grundform (Infinitiv) ein **u** im Verbstamm hat und zu **ue** wird (siehe Tabelle 5.5). In dieser Gruppe finden Sie keine weiteren Verben.

Personalpronomen	jugar (spielen)
yo (ich)	**juego** (ich spiele)
tú (du)	**juegas** (du spielst)
él/ella/usted (er/sie/Sie)	**juega** (er/sie spielt / Sie spielen)
nosotros/nosotras (wir)	**jugamos** (wir spielen)
vosotros/vosotras (ihr)	**jugáis** (ihr spielt)
ellos/ellas/ustedes (sie/Sie)	**juegan** (sie/Sie spielen)

Tabelle 5.5: Unregelmäßigkeit »u« wird zu» ue«

Das Verb **jugar** finden Sie in vielen Redewendungen, zum Beispiel **jugar con el fuego** (mit dem Feuer spielen), **poner algo en juego** (etwas aufs Spiel setzen) oder **jugar y perder bien puede ser** (spielen und verlieren, es kann gut sein).

 Im Deutschen können Sie das Verb spielen (**jugar**) für zwei verschiedene Informationen verwenden: Ich spiele Handball (**juego al balonmano**) und ich spiele Klavier. Im Spanischen können Sie mit dem Verb **jugar** nicht ausdrücken, welches Musikinstrument Sie spielen. Dafür benötigen Sie das regelmäßige Verb **tocar** (ein Instrument spielen): **Toco el piano.** (Ich spiele Klavier.)

Verben mit unregelmäßiger 1. Person Singular

Die Verben in dieser Gruppe haben eine 1. Person Singular, die aus der Reihe fällt. Die Verbform für die 1. Person Singular (ich) hat die Endung **-go**. Ansonsten konjugieren Sie diese Verben genauso wie die jeweiligen regelmäßigen oder unregelmäßigen Verben (siehe Tabelle 5.6).

Personalpronomen	hacer (machen)
yo (ich)	**hago** (ich mache)
tú (du)	**haces** (du machst)
él/ella/usted (er/sie/Sie)	**hace** (er/sie macht / Sie machen)
nosotros/nosotras (wir)	**hacemos** (wir machen)
vosotros/vosotras (ihr)	**hacéis** (ihr macht)
ellos/ellas/ustedes (sie/Sie)	**hacen** (sie/Sie machen)

Tabelle 5.6: Verben mit unregelmäßiger 1. Person Singular

Andere Beispiele für diese Unregelmäßigkeit sind:

- ✔ **salir** (herausgehen/ausgehen)
- ✔ **poner** (stellen/legen/werden)
- ✔ **traer** (bringen)

Verben mit den Endungen »-ecer«, »-ocer« und »-ucir« in der Grundform

Die Verben mit den Infinitivendungen **-ecer**, **-ocer** und **-ucir** haben auch eine unregelmäßige 1. Person im Singular. Das **c** wird in der 1. Person zu **zc**. Alle anderen Formen konjugieren Sie regelmäßig (siehe Tabelle 5.7).

Personalpronomen	conocer (kennen)
yo (ich)	**conozco** (ich kenne)
tú (du)	**conoces** (du kennst)
él/ella/usted (er/sie/Sie)	**conoce** (er/sie kennt / Sie kennen)
nosotros/nosotras (wir)	**conocemos** (wir kennen)
vosotros/vosotras (ihr)	**conocéis** (ihr kennt)
ellos/ellas/ustedes (sie/Sie)	**conocen** (sie/Sie kennen)

Tabelle 5.7: Unregelmäßige 1. Person Singular mit »zc«

Andere Beispiele für diese Unregelmäßigkeit sind:

- ✔ **agradecer** (danken)
- ✔ **ofrecer** (anbieten)
- ✔ **traducir** (übersetzen)
- ✔ **parecer** (aussehen/scheinen/wirken)

Verben mit den Endungen »-ger« und »-gir«

Bei Verben, die auf **-ger** oder **-gir** enden, ersetzen Sie die Endung durch **j** in der 1. Person Singular (siehe Tabelle 5.8).

Personalpronomen	coger (nehmen)
yo (ich)	**cojo** (ich nehme)
tú (du)	**coges** (du nimmst)
él/ella/usted (er/sie/Sie)	**coge** (er/sie nimmt / Sie nehmen)

Personalpronomen	coger (nehmen)
nosotros/nosotras (wir)	**cogemos** (wir nehmen)
vosotros/vosotras (ihr)	**cogéis** (ihr nehmt)
ellos/ellas/ustedes (sie/Sie)	**cogen** (sie/Sie nehmen)

Tabelle 5.8: Verben auf »-ger« oder »-gir« haben »j« in der 1. Person Singular.

Andere Beispiele für diese Unregelmäßigkeit sind:

✔ **encoger** (eingehen bei Kleidung)

✔ **proteger** (beschützen)

✔ **recoger** (abholen/aufräumen)

✔ **elegir** (auswählen)

✔ **corregir** (korrigieren)

 Das Verb **coger** (nehmen) wird in Spanien sehr viel benutzt, zum Beispiel um einen Weg zu beschreiben. In einigen lateinamerikanischen Ländern ist dieses Verb ein Schimpfwort. Stattdessen wird in diesen Ländern das Verb **tomar** (nehmen) verwendet.

Verben mit der Endung »-uir« in der Grundform

Bei unregelmäßigen Verben mit **-uir** im Infinitiv ersetzen Sie die Infinitivendung **-uir** in der 1., 2. und 3. Person Singular sowie in der 3. Person Plural durch **y** und konjugieren weiter nach dem Muster für die Verben mit der Endung **-ir**. Genauso wie bei den anderen unregelmäßigen Verben sind die 1. und die 2. Person Plural regelmäßig (siehe Tabelle 5.9).

Personalpronomen	construir (bauen)
yo (ich)	**construyo** (ich baue)
tú (du)	**construyes** (du baust)
él/ella/usted (er/sie/Sie)	**construye** (er/sie baut / Sie bauen)
nosotros/nosotras (wir)	**construimos** (wir bauen)
vosotros/vosotras (ihr)	**construís** (ihr baut)
ellos/ellas/ustedes (sie/Sie)	**construyen** (sie/Sie bauen)

Tabelle 5.9: Verbendung »-uir« wird durch »y« ersetzt.

Andere Beispiele für diese Unregelmäßigkeit sind:

✔ **huir** (flüchten)

✔ **contribuir** (beitragen)

✔ **distribuir** (vertreiben/verteilen)

✔ **retribuir** (vergüten / sich erkenntlich zeigen)

✔ **sustituir** (ersetzen/austauschen/vertreten)

Verben mit zwei Unregelmäßigkeiten

Manche unregelmäßige Verben haben zwei verschiedene Unregelmäßigkeiten. Die 1. Person ist unregelmäßig und hat die Endung **-go**. Die anderen Formen folgen einem anderen unregelmäßigen Muster, wobei die 1. und die 2. Person Plural immer regelmäßig konjugiert werden (siehe Tabelle 5.10).

Personalpronomen	tener (haben) 1. Person Singular -go und e wird zu -ie
yo (ich)	**tengo** (ich habe)
tú (du)	**tienes** (du hast)
él/ella/usted (er/sie/Sie)	**tiene** (er/sie hat / Sie haben)
nosotros/nosotras (wir)	**tenemos** (wir haben)
vosotros/vosotras (ihr)	**tenéis** (ihr habt)
ellos/ellas/ustedes (sie/Sie)	**tienen** (sie/Sie haben)

Tabelle 5.10: Ein unregelmäßiges Verb mit zwei Unregelmäßigkeiten

✔ Das Verb **venir** (kommen) wird benutzt, wenn sich etwas oder jemand in Richtung des Sprechers bewegt. Die 1. Person Singular hat die Endung **-go**: **yo vengo** (ich komme). Die 2. und 3. Person Singular und die 3. Person Plural haben **ie** als Unregelmäßigkeit: **tú vienes** (du kommst), **usted viene** (Sie kommen).

✔ Das Verb **decir** (sagen) gehört auch dieser Gruppe an. Die Form der 1. Person Singular **yo digo** (ich sage) hat **-go** als Endung. Die anderen unregelmäßigen Formen wechseln vom **e** im Stamm zu **i**: **ella dic**e (sie – eine weibliche Person – sagt), **usted dice** (Sie sagen). **Usted** (Sie) ist die Höflichkeitsform, die Sie verwenden müssen, wenn Sie nicht duzen.

✔ **Oir** (hören) ist ebenfalls ein unregelmäßiges Verb mit zwei Unregelmäßigkeiten. Die 1. Person Singular hat die Endung **-go**: **yo oigo** (ich höre) und die anderen unregelmäßigen Formen haben ein **y**: **Tú oyes** (du hörst), **ellos oyen** (sie hören, männlich).

Helfer gefunden – die Hilfsverben

Hilfsverben sind die fleißigen Helfer in der spanischen Sprache. Sie werden Ihnen helfen, zusammengesetzte Zeiten zu bilden. Das sind

✔ in der Wirklichkeitsform (**modo indicativo**):

- Gerundium (**gerundio**)

- Perfekt (**pretérito perfecto**)

- Plusquamperfekt (**pluscuamperfecto**)

- Futur II (**futuro compuesto**)

- Konditional II (**condicional perfecto**)

- Passiv (**pasivo**)

✔ im **subjuntivo** (ähnlich wie Konjunktiv)

- Perfekt (**perfecto de subjuntivo**)

- Plusquamperfekt (**pluscuamperfecto de subjuntivo**)

- Futur (**futuro de subjuntivo**)

Die Beschreibung der Eigenschaften mit »ser«

Mit dem Verb **ser** (sein) können Sie nicht zusammengesetzte Zeiten bilden, so wie in der deutschen Sprache Perfekt, Plusquamperfekt und Zustandspassiv gebildet werden. Das Hilfsverb **ser** ist ein unregelmäßiges Verb (siehe Tabelle 5.11). **Ser** brauchen Sie, um Eigenschaften zu beschreiben und Informationen, die unveränderlich sind, zum Beispiel der Vorname, die Nationalität oder die Beschaffenheit eines Gegenstands. Mehr über die Verwendung von **ser** erfahren Sie in Kapitel 3 und weiter hinten in diesem Kapitel im Abschnitt »Sprachfallen bei den Verben«.

Personalpronomen	ser (sein)
yo (ich)	**soy** (ich bin)
tú (du)	**eres** (du bist)
él/ella/usted (er/sie/Sie)	**es** (er/sie ist / Sie sind)
nosotros/nosotras (wir)	**somos** (wir sind)
vosotros/vosotras (ihr)	**sois** (ihr seid)
ellos/ellas/ustedes (sie/Sie)	**son** (sie/Sie sind)

Tabelle 5.11: Konjugation des Verbs »ser«

Das ist ein Zustand – das Verb »estar«

Das Hilfsverb **estar** (sein) ist unregelmäßig (siehe Tabelle 5.12). Die 1. Person Singular hat die Endung **-y**. Mit **estar** bilden Sie das **gerundio** (Gerundium oder Verlaufsform) und Passivformen. Mit dem **gerundio** beschreiben Sie etwas, das Sie gerade in diesem Moment tun.

Estar in Verbindung mit dem Passiv verwenden Sie, wenn Sie sagen wollen, dass etwas schon erledigt ist, zum Beispiel: **La comida está hecha** (Das Essen ist gemacht.) oder **La tienda está abierta.** (Das Geschäft ist offen.) Mehr dazu erfahren Sie in Kapitel 12.

Personalpronomen	estar (sein)
yo (ich)	**estoy** (ich bin)
tú (du)	**estás** (du bist)
él/ella/usted (er/sie/Sie)	**está** (er/sie ist / Sie sind)
nosotros/nosotras (wir)	**estamos** (wir sind)
vosotros/vosotras (ihr)	**estáis** (ihr seid)
ellos/ellas/ustedes (sie/Sie)	**están** (sie/Sie sind)

Tabelle 5.12: Konjugation des Verbs »estar«

Das Universalverb »haber«

Das Verb **haber** (haben / sein / es gibt) ist auch ein Hilfsverb (siehe Tabelle 5.13). Dieses Verb hat neben der normalen Konjugation auch die unpersönliche Form **hay** (es gibt).

Personalpronomen	haber (haben)
yo (ich)	**he** (ich habe/bin)
tú (du)	**has** (du hast/bist)
él/ella/usted (er/sie/Sie)	**ha** (er/sie hat/ist / Sie haben/sind)
nosotros/nosotras (wir)	**habemos** (wir haben/sind)
vosotros/vosotras (ihr)	**habéis** (ihr habt/seid)
ellos/ellas/ustedes (sie/Sie)	**han** (sie/Sie haben/sind)

Tabelle 5.13: Konjugation des Verbs »haber«

Haber brauchen Sie für die Zeiten

✔ in der Wirklichkeitsform (**modo indicativo**):

- Perfekt (**pretérito perfecto**): **He comentado un artículo.** (Ich habe einen Artikel kommentiert.) **Ha fallecido mi tío.** (Mein Onkel ist gestorben.) Mehr über die Perfektformen finden Sie in Kapitel 6.

- Plusquamperfekt (**pluscuamperfecto**): **Había guardado las fotos viejas en el desván.** (Er hatte die alten Bilder auf den Speicher gestellt.) **El tren había llegado puntualmente.** (Der Zug war pünktlich angekommen.) Mehr über Plusquamperfektformen erfahren Sie in Kapitel 6.

- Futur II (**futuro compuesto**): **Habrá nadado 1000 metros.** (Sie wird 1000 Meter geschwommen sein.) Mehr über Formen des Futurs II erfahren Sie in Kapitel 7.

- Konditional II (**condicional perfecto**): **Habría sido mejor llamar al médico.** (Es wäre besser gewesen, den Arzt zu rufen.) Mehr über den Konditional II erfahren Sie in Kapitel 8.

✔ im Subjunktiv:

- Perfekt (**perfecto de subjuntivo**): **No creo que haya estado permitido fumar aquí.** (Ich glaube nicht, dass es erlaubt gewesen wäre, hier zu rauchen.) Wie Sie die Zeiten im **subjuntivo** anwenden, erfahren Sie in Kapitel 10.

- Plusquamperfekt (**pluscuamperfecto de subjuntivo**): **No hubiera perdido las llaves.** (Ich hätte nicht die Schlüssel verloren.)

- Futur (**futuro de subjuntivo**): Diese Zeit wird in der Alltagssprache nicht verwendet.

 Das Verb **haber** hat auch andere Bedeutungen, zum Beispiel hat es auch eine unpersönliche Form **hay** (es gibt), **hubo** (es gab), **ha habido** (es hat gegeben).

Die Momentaufnahme – »el gerundio«

Mit dem Gerundium, das es in der deutschen Sprache in dieser Form nicht gibt, beschreiben Sie, was Sie gerade machen. Diese Form wird mit dem Hilfsverb **estar** (sein) und der Gerundio-Form des Verbs gebildet (siehe Tabelle 5.14).

Verb	Gerundio-Form	Beispiel
Verben mit der Endung -**ar**	-**ando**	**actuar** (handeln) > **actuando**
Verben mit der Endung -**er**	-**iendo**	**barrer** (kehren) > **barriendo**
Verben mit der Endung -**ir**	-**iendo**	**vivir** (wohnen/leben > **viviendo**
Verben mit **e** im Stamm	-**iendo**	**decir** (sagen) > **diciendo**
Verben mit **o** im Stamm	-**iendo**	**dormir** (schlafen) > **durmiendo**
andere unregelmäßige Gerundio-Formen	-**yendo**	**leer** (lesen) > **leyendo** **traer** (bringen) > **trayendo** **oir** (hören) > **oyendo**

Tabelle 5.14: Die Bildung des Gerundiums

Das Gerundium können Sie auch als Adverb verwenden. In Kapitel 4 erfahren Sie mehr darüber.

✔ **Estoy remando.** (Ich rudere gerade.)

✔ **Estamos en el jardín regando las plantas.** (Wir sind im Garten und gießen gerade die Blumen.)

✔ **María está escribiendo una carta.** (María schreibt gerade einen Brief.)

Reflexive Verben

Reflexive Verben erkennen Sie an -se hinter der Infinitivform. Manche Verben, die im Spanischen reflexiv sind, haben im Deutschen keine reflexiven Formen und umgekehrt (siehe Tabelle 5.15). Wenn das Verb konjugiert wird, steht das Reflexivpronomen vor dem Verb (mehr zu Reflexivpronomen erfahren Sie in Kapitel 14).

Personalpronomen	llamarse (heißen)
yo (ich)	**me llamo** (ich heiße)
tú (du)	**te llamas** (du heißt)
él/ella/usted (er/sie/Sie)	**se llama** (er/sie heißt / Sie heißen)
nosotros/nosotras (wir)	**nos llamamos** (wir heißen)
vosotros/vosotras (ihr)	**os llamáis** (ihr heißt)
ellos/ellas/ustedes (sie/Sie)	**se llaman** (sie/Sie heißen)

Tabelle 5.15: Ein reflexives Verb im Spanischen, das im Deutschen nicht reflexiv ist

Andere Beispiele für Verben, die im Spanischen reflexiv sind, im Deutschen jedoch nicht sind:

✔ **callarse** (schweigen)

✔ **enfermarse** (krank werden)

✔ **despertarse** (aufwachen)

✔ **levantarse** (aufstehen)

✔ **acostarse** (ins Bett gehen)

Im Spanischen kann sich die Bedeutung eines Verbs ändern, je nachdem, ob das Verb reflexiv ist oder nicht. Hier ein paar Beispiele:

✔ **lavar** (etwas waschen) – **lavarse** (sich waschen)

✔ **caer** (fallen/einfallen) – **caerse** (stürzen/hinfallen)

✔ **quedar** (sich verabreden) – **quedarse** (bleiben)

✔ **ir** (gehen) – **irse** (gehen, aber die Tatsache, dass Sie gehen wollen, steht im Vordergrund)

✔ **llamar** (jemanden rufen) – **llamarse** (heißen)

✔ **levantar** (heben) – **levantarse** (aufstehen)

✔ **acostar a** (jemanden hinlegen) – **acostarse** (sich hinlegen / ins Bett gehen)

✔ **poner** (stellen/legen/setzen) – **ponerse** (sich anziehen)

✔ **venir** (kommen) – **venirse** (mitkommen / auch ungeplant; auch hier steht die Entscheidung im Vordergrund)

✔ **bañar** (baden/eintauchen/fließen/überziehen) – **bañarse** (sich baden)

✔ **sentar** (gut/schlecht stehen oder bekommen) – **sentarse** (sich setzen)

✔ **sentir** (fühlen) – **sentirse** (sich fühlen)

✔ **romper** (etwas kaputt machen) – **romperse (kaputtgehen)**

Die Pflicht ruft – Modalverben

Mit den Modalverben **querer** (wollen/möchten), **poder** (dürfen/können/wissen), **deber** (müssen/sollen), **tener que** (müssen/sollen) und der unpersönlichen Form **hay que** (müssen/sollen) drücken Sie aus, wie Sie etwas tun, tun lassen oder unterlassen. Ein Satz mit einem Modalverb wird immer gleich gebildet. Das Modalverb wird konjugiert und das nächste Verb bleibt im Infinitiv.

Alles freiwillig – »querer«

Mit dem Modalverb **querer** (wollen/möchten) drücken Sie einen Wunsch oder eine freiwillige Handlung aus. **Querer** ist ein unregelmäßiges Verb der Gruppe »**e** zu **ie**«. Die 1., 2. und 3. Person im Singular bekommen ein **ie** in der Konjugation; im Plural ist die 3. Person ebenfalls unregelmäßig (siehe Tabelle 5.16). Mehr über diese Verbgruppe erfahren Sie weiter vorn in diesem Kapitel im Abschnitt zu unregelmäßigen Verben.

Personalpronomen	querer (wollen/möchten)
yo (ich)	**quiero** (ich will/möchte)
tú (du)	**quieres** (du willst/möchtest)
él/ella/usted (er/sie/Sie)	**quiere** (er/sie will/möchte / Sie wollen/möchten)
nosotros, nosotras (wir)	**queremos** (wir wollen/möchten)
vosotros, vosotras (ihr)	**queréis** (ihr wollt/möchtet)
ellos/ellas/ustedes (sie/Sie)	**quieren** (sie/Sie wollen/möchten)

Tabelle 5.16: Das Modalverb »querer«

✔ **Mañana quiero ir al Museo de Historia.** (Morgen möchte ich ins Historische Museum gehen.)

✔ **¿Quieres un vaso de agua?** (Möchtest du ein Glas Wasser?)

✔ **Ella quiere invertir en un piso.** (Sie möchte in eine Wohnung investieren.)

✔ **La clase 12 quiere ganar el premio de geografía.** (Die Klasse 12 möchte den Erdkundepreis gewinnen.)

✔ **Mis amigos no quieren colaborar con mi proyecto.** (Meine Freunde wollen nichts zu meinem Projekt beitragen.)

Um Erlaubnis bitten – »poder«

Das Modalverb **poder** (dürfen/können) können Sie nicht direkt ins Deutsche übersetzen. Wenn Sie damit um Erlaubnis fragen, ist **poder** dem deutschen Modalverb dürfen gleichgestellt. Wenn Sie in der Lage sind, etwas zu tun oder zu lassen, benutzen Sie auch **poder**. Wenn Sie über gelernte Fähigkeiten sprechen, können Sie **poder** nicht verwenden. Dazu benötigen Sie das Verb **saber** (wissen/können). Mehr über **saber** erfahren Sie weiter hinten in diesem Kapitel im Abschnitt »Sprachfallen bei den Verben«.

Das Modalverb **poder** ist unregelmäßig und gehört zu der Verbgruppe »**u** zu **ue**«. In der 1., 2. und 3. Person Singular sowie in der 3. Person Plural ersetzen Sie **o** durch **ue** (siehe Tabelle 5.17). Mehr über diese unregelmäßige Verbgruppe finden Sie weiter vorn in diesem Kapitel bei den unregelmäßigen Verben.

Personalpronomen	poder (dürfen/können)
yo (ich)	**puedo** (ich kann/darf)
tú (du)	**puedes** (du kannst/darfst)
él/ella/usted (er/sie/Sie)	**puede** (er/sie kann/darf / Sie können/dürfen)
nosotros, nosotras (wir)	**podemos** (wir können/dürfen)
vosotros, vosotras (ihr)	**podéis** (ihr könnt/dürft)
ellos/ellas/ustedes (sie/Sie)	**pueden** (sie/Sie können/dürfen)

Tabelle 5.17: Das Modalverb »poder«

✔ **¿Puedes venir? Necesito ayuda.** (Kannst du bitte kommen? Ich brauche Hilfe.)

✔ **Hoy no podéis cruzar el puente. Está cerrado por construcción.** (Ihr könnt heute nicht über die Brücke gehen. Sie ist wegen Bauarbeiten geschlossen.)

✔ **Lo siento mucho, no puede reenviar el correo electrónico porque en este momento no hay internet.** (Es tut mir sehr leid, aber Sie können im Moment keine Mails weiterleiten, weil die Leitung ausgefallen ist.)

✔ **¿Puedo pasar?** (Darf ich reinkommen?)

✔ **¿Podemos fumar aquí?** (Dürfen wir hier rauchen?)

✔ **No puedes estacionar aquí. Es un aparcamiento para discapacitados.** (Du darfst hier nicht parken. Es ist ein Behindertenparkplatz.)

Die moralische Pflicht – »deber«

Das Modalverb **deber** (müssen/sollen) brauchen Sie, wenn Sie über moralische Pflichten sprechen. Im Gegensatz zu den anderen Modalverben ist das Verb **deber** regelmäßig (siehe Tabelle 5.18).

Personalpronomen	deber (müssen/sollen)
yo (ich)	**debo** (ich muss/soll)
tú (du)	**debes** (du musst/sollst)
él/ella/usted (er/sie/Sie)	**debe** (er/sie muss/soll / Sie müssen/sollen)
nosotros, nosotras (wir)	**debemos** (wir müssen/sollen)
vosotros, vosotras (ihr)	**debéis** (ihr müsst/sollt)
ellos/ellas/ustedes (sie/Sie)	**deben** (sie/Sie müssen/sollen)

Tabelle 5.18: Das Modalverb »deber«

✔ **El médico dice que debo beber mucha agua.** (Der Arzt sagte, ich solle viel trinken.)

✔ **El médido me recomienda que debo dejar de fumar.** (Der Arzt empfiehlt mir, dass ich mit dem Rauchen aufhören soll.)

✔ **Debemos llamar a nuestros padres. Es su aniversario de casados.** (Wir müssen unsere Eltern anrufen. Sie haben Hochzeitstag.)

✔ **Debo pagar las facturas dentro del plazo de pago.** (Ich muss die Rechnungen innerhalb der Zahlungsfrist bezahlen.)

Pflicht und Zwang – »tener que«

Manchmal führt kein Weg daran vorbei, etwas zu tun. Das drücken Sie im Spanischen mit der Konstruktion **tener que** (müssen) aus (siehe Tabelle 5.19). Das Verb **tener** (haben, hier: müssen) hat zwei Unregelmäßigkeiten: Die 1. Person Singular ist unregelmäßig mit der Endung **-go** und das **e** im Stamm wird zu **ie**. Mehr über Verben mit zwei Unregelmäßigkeiten erfahren Sie weiter vorn in diesem Kapitel bei den unregelmäßigen Verben. Das Verb **tener que** wird konjugiert und das Verb nach **tener que** bleibt im Infinitiv. Bei **tener que** ist es klar, wer etwas tun muss, denn durch die konjugierte Form wissen Sie immer, um welches Subjektpronomen (ich, du, er, sie, Sie, wir, ihr, sie und Sie) es sich handelt.

Personalpronomen	tener que (müssen)
yo (ich)	**tengo que** (ich muss)
tú (du)	**tienes que** (du musst)
él/ella/usted (er/sie/Sie)	**tiene que** (er/sie muss / Sie müssen)
nosotros, nosotras (wir)	**tenemos que** (wir müssen)
vosotros, vosotras (ihr)	**tenéis que** (ihr müsst)
ellos/ellas/ustedes (sie/Sie)	**tienen que** (sie/Sie müssen)

Tabelle 5.19: Das Modalverb »tener que«

✔ **Tengo que avisar en el trabajo que estoy enfermo.** (Ich muss meinem Arbeitgeber Bescheid sagen, dass ich krank bin.)

✔ **Tienes que chequear tus mails antes de salir.** (Du musst deine Mails checken, bevor du losfährst.)

✔ **Tiene que traducir los textos antes del martes.** (Sie müssen die Texte vor Dienstag übersetzen.)

✔ **Tenéis que salir puntualmente o perderáis el tren.** (Ihr müsst pünktlich gehen oder ihr werdet den Zug verpassen.)

✔ **¿Tu hija también tiene que practicar matemáticas?** (Muss deine Tochter auch Mathe üben?)

Wer etwas machen muss – »hay que«

Hay que (müssen) hat dieselbe Funktion wie das Modalverb **tener que** (müssen), aber es gibt doch einen wesentlichen Unterschied: Beim Modalverb **hay que** handelt es sich um eine unpersönliche Form. Es drückt ebenfalls eine Pflicht oder einen Zwang aus, aber nicht in Verbindung mit einer Person. **Hay que** wird nicht konjugiert. Nach **hay que** müssen Sie ein weiteres Verb im Infinitiv verwenden.

Es geht um verschiedene Pflichten im Haushalt:

✔ **Hay que sacar la basura.** (Der Müll muss rausgestellt werden.)

✔ **Hay que cocinar.** (Es muss gekocht werden.)

✔ **Hay que pasar la aspiradora.** (Es muss gestaubsaugt werden.)

✔ **Hay que congelar la carne.** (Das Fleisch muss eingefroren werden.)

✔ **Hay que ventilar todos los días.** (Es muss jeden Tag gelüftet werden.)

✔ **Los sábados hay que barrer la calle.** (Samstags muss die Straße gekehrt werden.)

Nicht persönlich nehmen – unpersönliche Verben

In diesem Zusammenhang geht es um ein sehr wichtiges Thema, das beim Small Talk nicht fehlen darf: das Wetter. Das Wetter können Sie mit Verben beschreiben, die kein Nomen brauchen. Deshalb werden diese Verben als unpersönliche Verben bezeichnet und haben nur eine Verbform in der 3. Person Singular. Das Wetter ist ein Zustand; das bedeutet, es ist nicht immer gleich. So können Sie auch das Verb **estar** (sein) verwenden. Mit folgenden Verben können Sie über das Wetter sprechen:

✔ **amanecer** (dämmern / hell werden): **En verano amanece muy temprano.** (Im Sommer wird es sehr früh hell.)

✔ **anochecer** (dämmern / dunkel werden): **En verano anochece muy tarde.** (Im Sommer wird es sehr spät dunkel.)

✔ **oscurecer** (dunkel werden): **En invierno oscurece muy temprano.** (Im Winter wird es sehr früh dunkel.)

✔ **llover** (regnen): **No llueve más.** (Es regnet nicht mehr.)

✔ **lloviznar** (nieseln): **Está lloviznando.** (Es nieselt gerade.)

✔ **nevar** (schneien): **Este invierno no nevó.** (Im letzten Winter schneite es nicht.)

✔ **granizar** (hageln): **Está granizando.** (Es hagelt gerade.)

✔ **relampaguear** (blitzen), **tronar** (donnern): **Hay una tormenta muy fuerte. Relampaguea y truena constantemente.** (Das Gewitter ist sehr stark. Es blitzt und donnert ununterbrochen.) Die Gerundio-Form von **tronar** ist **tronando** (es donnert gerade).

✔ **Está nublado.** (Es ist bewölkt/bedeckt.)

✔ **Está todo congelado.** (Es ist alles gefroren.)

✔ **Está goteando.** (Es fängt gerade an zu regnen.)

Die Sätze »Es ist kalt«, »Es ist warm«, »Es ist windig« können Sie nicht wörtlich übersetzen. Im Spanischen verwenden Sie dafür das Verb **hacer** (machen): **hacer** (machen) plus ein Nomen.

    ✔ **Hace calor.** (Es ist warm.)

    ✔ **Hace frío.** (Es ist kalt.)

    ✔ **Hace viento.** (Es ist windig.)

Aber: Wie sprechen Sie über Ihr eigenes Empfinden? Ganz einfach. Im Spanischen verwenden Sie das Verb **tener** (haben): **Tengo frío** (Mir ist kalt.) **Tengo calor.** (Mir ist warm.)

Verben mit Präpositionalobjekt

Es gibt Verben, die eine Präposition benötigen. Die Präposition gehört immer zum Verb. Je nach Präposition ändert sich die Bedeutung des Verbs. In der deutschen Übersetzung dieser Verben ist nicht immer ein Präpositionalobjekt vorhanden.

Verben mit der Präposition »a«

Einige Verben haben die Präposition **a** (in/zu/nach/an/am/um/bis/mit) als Präpositionalobjekt. Wenn Sie diese Verben verwenden, müssen Sie die Präposition **a** hinzufügen (siehe Tabelle 5.20).

Verben mit Präpositionalobjekt mit der Präposition a (in/zu/nach/an/am/um/bis/mit)	Beispiele
aprender (lernen)	**Aprendo a tocar el piano.** (Ich lerne Klavier spielen.)
acostumbrarse (sich an etwas gewöhnen)	**No estamos acostumbrados al clima tropical.** (Wir sind nicht an das tropische Klima gewöhnt.)
ayudar (helfen)	**¿Me podéis ayudar a correr los muebles?** (Könnt ihr mir helfen, die Möbel zu rücken?)
comenzar (beginnen)	**Comenzamos a trabajar a las ocho.** (Wir fangen um 8 Uhr an zu arbeiten.)
enseñar (lehren)	**El profesor les enseña a los alumnos a hablar español.** (Der Lehrer bringt den Schülern Spanisch bei.)
invitar (einladen)	**Mi amiga me invitó a su casa.** (Meine Freundin hat mich zu sich eingeladen.)
llamar (anrufen)	**Tengo que llamar a mi abuela.** (Ich muss meine Oma anrufen.)
negarse (sich weigern)	**La empresa se niega a aceptar la reclamación.** (Die Firma weigert sich, die Reklamation zu akzeptieren.)
renunciar (verzichten auf)	**Por la construcción de la casa renuncio a las vacaciones.** (Für den Hausbau verzichte ich auf den Urlaub.)

Tabelle 5.20: Präpositionalobjekt mit der Präposition »a«

Verben mit der Präposition »de«

Die Präposition **de** (von/aus/mit/vor/als) ist Teil von Verben mit Präpositionalobjekt (siehe Tabelle 5.21).

Verben mit Präpositionalobjekt mit der Präposition de (an/von/aus/mit/vor/als)	Beispiele
abstenerse (sich enthalten)	**Debe abstenerse de fumar.** (Sie müssen auf das Rauchen verzichten.)
acordarse (sich erinnern)	**¿Te acuerdas de mi compañero de trabajo? Se fue de la empresa.** (Erinnerst du dich an meinen Arbeitskollegen? Er hat die Firma verlassen.)
alegrarse (sich freuen)	**Nos alegramos mucho de verte.** (Wir freuen uns sehr, dich zu sehen.)
cansarse (ermüden / es leid sein)	**Estoy cansada de las horas extras.** (Ich bin die Überstunden leid.)

Verben mit Präpositionalobjekt mit der Präposition de (an/von/aus/mit/vor/als)	Beispiele
cuidarse (sich hüten / sich schonen)	**Se tiene que cuidar del sol. ¡Hace mucho calor!** (Er muss sich vor der Sonne schützen. Es ist sehr heiß!)
dejar (aufhören)	**¡Dejad de hacer ruido! Ya es tarde.** (Hört auf, laut zu sein. Es ist schon spät.)
disfrutar (genießen)	**Hemos disfrutado del fin de semana largo.** (Wir haben das lange Wochenende genossen.)
encargarse (zuständig/verantwortlich sein)	**La señora Juarez se encarga de las reservas para el viaje.** (Frau Juarez ist für die Reservierungen für die Reise zuständig.)
olvidarse (vergessen)	**No debo olvidarme de comprar leche.** (Ich darf nicht vergessen, Milch zu kaufen.)

Tabelle 5.21: Präpositionalobjekt mit der Präposition »de«

Verben mit der Präposition »en«

Es gibt auch Verben, die die Präposition **en** (in/auf/an) als Präpositionalobjekt haben. In Tabelle 5.22 finden Sie Verben mit dem Präpositionalobjekt **en**. Mit diesen Verben können Sie Ihre Meinung kundtun.

Verben mit Präpositionalobjekt mit der Präposition en (in/auf/an)	Beispiele
coincidir (übereinstimmen)	**En la última reunnión coincidimos en que hay que comprar una fotocopiadora nueva.** (In der letzten Sitzung wurden wir uns darüber einig, dass ein neuer Kopierer gekauft werden muss.)
hacer bien/mal (gut/schlecht tun)	**Hacéis bien en hacer un poco de deporte.** (Es ist gut, dass ihr etwas Sport treibt.)
pensar (denken)	**Mi amigo está muy enfermo. Pienso mucho en él.** (Mein Freund ist sehr krank. Ich denke sehr oft an ihn.)
insistir (bestehen/drängen auf)	**La empresa insiste en que la factura es correcta.** (Die Firma besteht darauf, dass die Rechnung korrekt ist.)
tener interés (interessiert sein)	**Tengo interés en solucionar los problemas.** (Ich bin daran interessiert, die Probleme zu lösen.)

Tabelle 5.22: Präpositionalobjekt mit der Präposition »en«

Verben mit der Präposition »para«

Die Präposition **para** (für/zu/nach) kann das Präpositionalobjekt eines Verbs bilden (siehe Tabelle 5.23).

Verben mit Präpositionalobjekt mit der Präposition para (für/zu/nach)	Beispiele
tener tiempo (Zeit haben)	**No tengo tiempo para ir a la piscina.** (Ich habe keine Zeit, um ins Schwimmbad zu gehen.)
tener permiso (die Erlaubnis haben)	**Los niños no tienen permiso para ver la televisión.** (Die Kinder dürfen nicht fernsehen.)
ser para (einen Zweck erfüllen)	**El pastel es para la fiesta de mañana.** (Der Kuchen ist für das morgige Fest.)
servir para (zu etwas nützlich sein)	**La cafetera sirve para hacer café.** (Die Kaffeemaschine ist dazu da, Kaffee zu kochen.)

Tabelle 5.23: Präpositionalobjekt mit der Präposition »para«

Verben mit der Präposition »por«

Zum Schluss finden Sie in Tabelle 5.24 Verben mit dem Präpositionalobjekt **por** (durch/über/in/um/wegen).

Verben mit Präpositionalobjekt mit der Präposition por (durch/über/in/um/wegen)	Beispiele
esforzarse (sich Mühe geben / sich bemühen)	**Los alumnos se esfuerzan por tener buenas notas.** (Die Schüler bemühen sich um gute Noten.)
luchar (kämpfen)	**Rigoberta Menchú luchó por los derechos de su pueblo.** (Rigoberta Menchú kämpfte für die Rechte ihres Volkes.)
felicitar (beglückwünschen)	**¡Te felicito por haber aprobado el examen!** (Herzlichen Glückwunsch zur bestandenen Prüfung!)

Tabelle 5.24: Präpositionalobjekt mit der Präposition »por«

Die Welt, wie sie Ihnen gefällt – Gefallen und Missfallen ausdrücken

Im Spanischen ist es nicht schwer, eine Information positiv oder negativ zu bewerten. Dazu brauchen Sie die Verben **apetecer** (Lust haben auf), **gustar** (gefallen/mögen), **encantar** (sehr gefallen / erfreuen), **interesar** (interessieren), **molestar** (stören/belästigen/plagen), **aburrir** (langweilen), **importar** (von Bedeutung sein / wichtig sein), **doler** (wehtun), **salir** (gelingen), **dar miedo** (Angst haben). Die Person oder die Sache, die Sie bewerten, löst ein positives oder ein negatives Gefühl in Ihnen aus. Um einen Satz mit diesen Verben zu bilden, haben Sie zwei Verbformen zur Verfügung, eine im Singular und eine im Plural, sowie die Dativpronomen (**pronombres de complemento indirecto**). Wenn Sie eine Information zusätzlich betonen wollen, nehmen Sie die betonten indirekten Objektpronomen dazu. Mehr über diese Pronomen erfahren Sie in Kapitel 14.

✔ **¿Os apetece patinar a la heladería?** (Habt ihr Lust, zur Eisdiele zu skaten?)

✔ **A mi hija le gusta mucho pintar.** (Meine Tochter malt sehr gern.)

✔ **Me encanta caminar en el bosque.** (Ich mag sehr gern im Wald laufen.)

✔ **Me interesan las novelas históricas.** (Mich interessieren historische Romane.) Das Wort **novelas** (Romane) ist ein Nomen im Plural, deshalb bilden Sie diesen Satz mit der Pluralform des Verbs **interesan** (interessieren).

✔ **Me molestan mucho los mosquitos.** (Die Stechmücken stören mich sehr.)

✔ **La película me aburre.** (Der Film langweilt mich.) Das Wort **película** (Film) ist ein Nomen im Singular, deshalb nehmen Sie die Verbform im Singular **me aburre** (langweilt mich).

✔ **No me importa tener que comprar un coche usado.** (Es macht mir nichts aus, ein gebrauchtes Auto zu kaufen.)

✔ **Me duelen mucho las piernas.** (Die Beine tun mir sehr weh.)

✔ **La tortilla sale muy bien.** (Das spanische Omelett gelingt sehr gut.)

A muchos niños les da miedo la oscuridad. (Viele Kinder haben Angst vor der Dunkelheit.)

 Das Verb **encantar** (sehr gefallen) können Sie weder verneinen noch steigern: **¿Te gusta la película?** (Gefällt dir der Film?) **Sí, me encanta.** (Ja, er gefällt mir sehr.) **No, no me gusta (nada).** (Nein, er gefällt mir (überhaupt) nicht.) Sie können also nicht sagen: **me encanta mucho** (ich mag sehr) oder **no me encanta nada** (mir gefällt überhaupt nicht).

Sprachfallen bei den Verben

Bei Verben gibt es zwischen Deutsch und Spanisch einige Sprachfallen. Entweder gibt es für ein deutsches Verb zwei spanische Entsprechungen, zum Beispiel **ser** (sein) und **estar** (sein). Es kann aber auch für ein deutsches Verb zwei spanische Verben geben, die unterschiedlich verwendet werden, zum Beispiel **llevar** (bringen) und **traer** (bringen). Ein Beispiel aus dem alltäglichen Leben ist eine Einladung zum sommerlichen Grillfest. Sie fragen die Gastgeber: **¿Llevo algo?** (Soll ich etwas mitbringen?) Die Handlung entfernt sich von dem Sprecher (in dem Fall Sie). Die Gastgeber bedanken sich für Ihre Hilfsbereitschaft und sagen: **¿Puedes traer una ensalada?** (Kannst du einen Salat mitbringen?) Das Verb **traer** (bringen) sagt aus, dass die Handlung in Richtung des Sprechers passiert (hier sind es die Gastgeber).

Sein oder sein – über »ser« und »estar«

Für das Verb sein gibt es im Spanischen gleich zwei verschiedene Verben: **ser** (sein) und **estar** (sein). Aber wann benutzen Sie welches Verb? Für die Anwendung dieser Hilfsverben müssen Sie ein paar Regeln beachten. Grundsätzlich ist es so, dass Sie **ser** verwenden, wenn Sie über unveränderliche Dinge sprechen, zum Beispiel Name, Beruf oder Charaktereigenschaften. **Estar** brauchen Sie, wenn Sie über einen vorübergehenden Zustand berichten oder eine Position im Raum beschreiben, zum Beispiel: **Estoy enfermo** (Ich bin krank.) oder **Estoy en Madrid.** (Ich bin in Madrid.) Da beide Verben unregelmäßig sind, sollten Sie sich deren Konjugation merken. Beispiele für Informationen, für die Sie die Verben **ser** und **estar** verwenden, finden Sie in den Tabellen 5.25 und 5.26.

Verwendung	ser (sein)
Identität	**Soy Ramón Rodriguez.** (Ich bin Ramón Rodriguez.)
Eigenschaft	**La ciudad es bonita.** (Die Stadt ist schön.)
Material	**La camisa es de algodón.** (Das Hemd ist aus Baumwolle.)
Charakter	**Juana es agradable.** (Juana ist nett.)
Zeitangaben	**Son las siete.** (Es ist 7 Uhr.)
	Es tarde/temprano. (Es ist früh/spät.)
Preise/Rechnungsbeträge nennen	**Son 25 €.** (Es macht 25 €.)

Tabelle 5.25: Beispiele für die Verwendung des Verbs »ser«

Verwendung	estar (sein)
veränderlicher Zustand	**El café está frío.** (Der Kaffee ist kalt.)
persönliches Befinden	**Estoy bien/mal/fatal.** (Es geht mir gut/schlecht/fatal.)
Familienstand	**Estoy soltera/casada.** (Ich bin ledig/verheiratet.)
Beschreibung einer Lage	**Madrid está en España.** (Madrid liegt in Spanien.)
Position einer Person oder Sache	**Estoy en el restaurante.** (Ich bin im Restaurant.)
mit Passiv	**El banco está abierto/cerrado.** (Die Bank ist offen/geschlossen.)

Tabelle 5.26: Beispiele für die Verwendung des Verbs »estar«

Mehr über die Verwendung von **ser** und **estar** finden Sie in Kapitel 3.

Etwas bringen – »llevar« und »traer«

Für das deutsche Verb bringen gibt es im Spanischen zwei Verben: **llevar** (bringen) und **traer** (bringen). Welches Verb Sie benutzen, richtet sich nach dem Sprecher. Wenn die Person oder die Sache sich vom Sprecher weg in eine andere Richtung bewegt, bilden Sie den Satz mit **llevar**. Wenn die Person oder die Sache sich in Richtung des Sprechers bewegt, brauchen Sie das Verb **traer** (herbringen).

✔ **¿Os llevo a la estación?** (Soll ich euch zum Bahnhof bringen?) Die Personen, die zum Bahnhof gebracht werden, entfernen sich vom Sprecher.

✔ **¿Me trae un poco más de pan, por favor?** (Können Sie mir bitte etwas mehr Brot bringen?) Das Brot wird zum Tisch gebracht, in Richtung des Sprechers.

✔ **Llevo una ensalada a la fiesta de Paco.** (Ich bringe einen Salat mit zu Pacos Fest.)

✔ **Trae tu traje de baño, queremos ir a la piscina.** (Bringe deinen Badeanzug mit. Wir wollen ins Schwimmbad gehen.)

»ir« und »venir«

Die Verwendung der Verben **ir** (gehen) und **venir** (kommen) richtet sich auch nach der Position des Sprechers. **Ir** brauchen Sie, um eine Handlung zu beschreiben, die sich vom Sprecher entfernt: **Voy al supermercado.** (Ich gehe in den Supermarkt.) Sie gehen von zu Hause aus in den Supermarkt.

Das Verb **venir** sagt aus, dass sich eine Handlung in die Richtung des Sprechers nähert: **¿Vienes a clase mañana?** (Kommst du morgen in den Unterricht?) Sie waren heute nicht da und jemand fragt Sie, ob Sie morgen kommen.

✔ **El lunes tengo que ir al ayuntamiento.** (Am Montag muss ich zum Rathaus gehen.)

✔ **Después del trabajo vamos a casa.** (Nach der Arbeit gehen wir nach Hause.)

✔ **El señor Pérez va a la reunión.** (Herr Pérez geht in die Sitzung.)

✔ **¿Vienes a visitarme pasado mañana?** (Kommst du mich übermorgen besuchen?)

✔ **¿De dónde vienes? – Vengo del gimnasio.** (Woher kommst du? – Ich komme vom Fitnessstudio.)

✔ **No vengo de mi casa, vengo del aeropuerto.** (Ich komme nicht von zu Hause, sondern vom Flughafen.)

»saber« und »poder«

Für das deutsche Verb können haben Sie im Spanischen zwei Verben zur Verfügung: **saber** (wissen/können) und **poder** (können/dürfen). Wann Sie welches Verb benutzen, hängt davon ab, ob Sie über vorhandene Möglichkeiten oder über Gelerntes sprechen.

Saber brauchen Sie, wenn Sie über Fähigkeiten berichten.

✔ **¿Sabes hablar español?** (Kannst du Spanisch sprechen?) Die positive Antwort auf diese Frage setzt voraus, dass Sie Spanisch gelernt haben und in dieser Sprache kommunizieren können.

✔ **Mi abuela sabía tejer muy bien.** (Meine Oma konnte sehr gut stricken.) Meine Oma hatte stricken gelernt, deshalb konnte sie sehr gut stricken.

✔ **Sabemos por el periódico que hay huelga de controladores aéreos.** (Wir wissen aus der Zeitung, dass die Fluglotsen streiken.) Sie haben heute Morgen die Tageszeitung gelesen und haben dort vom Streik der Fluglotsen erfahren.

Poder benutzen Sie, wenn Sie über eine Erlaubnis sprechen.

✔ **¿Puedo apagar el ordenador?** (Darf ich den PC ausschalten?) Sie fragen um Erlaubnis, den PC auszuschalten.

✔ **¿Puede abrir la puerta, por favor?** (Können Sie bitte die Tür öffnen?) Sie haben eine Hand frei und sind in der Lage, die Tür zu öffnen.

✔ **Podemos ir al bosque o al centro a tomar un café.** (Wir können in den Wald oder in die Innenstadt etwas trinken gehen.) Sie haben Zeit und sind in der Lage, zwischen verschiedenen Möglichkeiten eine Entscheidung zu treffen.

✔ **Para ir al segundo piso podéis usar el ascensor o las escaleras.** (Um in den zweiten Stock zu kommen, könnt ihr den Aufzug oder die Treppe nehmen.) Auch hier geht es um eine Entscheidung zwischen zwei Möglichkeiten.

✔ Sie befinden sich in einer Gruppe von Menschen, die in verschiedenen Sprachen sprechen und fragen: **¿Podemos hablar español?** (Können wir Spanisch sprechen?) Damit einigen Sie sich auf eine gemeinsame Sprache.

Übungen zu Kapitel 5

Übung 5.1

Unregelmäßige Verben: Vervollständigen Sie die Sätze mit dem Verb in der passenden Form.

(1) **¿A qué hora** _____ **(comenzar / ie) el concierto?** (Wann beginnt das Konzert?) (2) **El recepcionista** _____ **(repetir / i) mis datos.** (Der Rezeptionist wiederholt meine Angaben.) (3) **El desayuno se** _____ **(servir / i) a partir de las 7 de la mañana.** (Das Frühstück wird ab 7 Uhr serviert.) (4) _____ **(ofrecer / yo / zc) servicios de jardinería.** (Ich biete Gartenarbeiten an.) (5) **¿Cuándo** _____ **(jugar, -ue) Alemania contra Francia?** (Wann spielt Deutschland gegen Frankreich?) (6) **El niño** _____ **(construir / y) una torre y después la** _____ **(destruir / -y).** (Das Kind baut einen Turm und später macht es ihn wieder kaputt.)

Übung 5.2

Gerundio: ¿qué está haciendo? Bilden Sie Sätze mit der richtigen Gerundio-Form. Denken Sie daran, dass Sie die Personalpronomen weglassen können.

1)   **Yo – hervir (i) – agua para el té.**

_____ (Ich koche gerade Wasser für den Tee.)

2)   **Tú – hornear – el pastel.**

_____ (Du backst gerade den Kuchen.)

3)   **Él – poner la mesa.**

_____ (Er deckt gerade den Tisch.)

4)   **Ella – encender una vela.**

_____ (Sie zündet gerade eine Kerze an.)

5)   **Nosotros – saludar a los invitados.**

_____ (Wir begrüßen gerade die Gäste.)

6)   **Ellos – disfrutar de la tarde.**

_____ (Sie genießen gerade den Nachmittag.)

Übung 5.3

Erzählen Sie über Ihren Alltag und üben Sie dabei die Verwendung von reflexiven Verben. Und so könnte Ihr Bericht aussehen:

(1)_____ (**yo / levantarse** / aufstehen) **a las cinco y media.** (Ich stehe um 5.30 Uhr auf.) **Mis hijos** _____ **(2) (levantarse** / aufstehen) **media hora más tarde.** (Meine Kinder stehen eine halbe Stunde später auf.) **Antes del desayuno (3)** _____ (**yo / ducharse** / duschen). (Vor dem Frühstück dusche ich mich.) **(4)** _____ (**vestirse** / sich anziehen) **para ir al trabajo.** (Ich ziehe mich für die Arbeit an.) **Los niños** _____ **(5) (ponerse** / anziehen) **el chandal porque tienen deporte en la primera hora.** (Die Kinder ziehen Sportkleidung an, weil sie in der ersten Stunde Sport haben.) **Al mediodía mi hijo trae a su amigo. (6)** _____ (**llamarse** / heißen) **Juan.** (Nach der Schule bringt mein Sohn einen Freund mit nach Hause. Er heißt Juan.) **Comen, (7)** _____ (**lavarse** / sich waschen) **las manos y hacen la tarea.** (Sie essen, waschen sich die Hände und machen ihre Hausaufgaben.) **(8)** _____ (**apurarse** / sich beeilen) **para salir, porque tienen clases de música. Después de música (9)** _____ **despedirse / nostros** / sich verabschieden) **de Juan y volvemos a casa.** (Nach dem Musikunterricht verabschieden wir uns von Juan und fahren nach Hause zurück.) **Cenamos y (10)** _____ (**acostarse** / **ue** / ins Bett gehen) **temprano.** (Wir essen zu Abend und gehen früh ins Bett.)

Übung 5.4

Ergänzen Sie die folgende Geschichte mit den Verben **ser**, **estar** und **hay**:

El Valle de la Perla (Das Tal La Perla):

El Valle de la Perla (1)_____ **un lugar muy bonito.** (Das Tal La Perla ist ein sehr schöner Ort.) **(2)** _____ **muy tranquilo.** (Das Tal ist sehr ruhig.) **(3)** _____ **lejos de la ciudad.** (Es liegt weit weg von der Stadt.) **Allí (4)** _____ **un castillo que (5)** _____ **muy antiguo.** (Dort gibt es ein Schloss, das sehr alt ist.) **Los jardines del castillo (6)** _____ **muy gran-des.** (Die Gartenanlage des Schlosses ist sehr groß.) **(7)** _____ **muchas plantas y muchas flores.** (Es gibt viele Pflanzen und viele Blumen.)

 Hören Sie danach die Lösung:

`https://www.wiley-vch.de/ISBN9783527722990`

Kapitel 6

Wie es damals war – die Vergangenheit in der Wirklichkeitsform

In diesem Kapitel lernen Sie, welche Vergangenheitsformen der Wirklichkeitsform es gibt und wann Sie diese anwenden können. Die Wirklichkeitsform umfasst die einfachen Zeiten **indefinido** und **imperfecto**, die den deutschen Präteritumformen entsprechen. Für die zusammengesetzten Zeiten Perfekt – **pretérito perfecto** – und Plusquamperfekt – **pluscuamperfecto** – brauchen Sie ein Hilfsverb, um diese Zeiten zu bilden. Am Ende des Kapitels erwarten Sie ein paar Übungen.

Das Perfekt – »el pretérito perfecto«

Mit der Zeit **pretérito perfecto** (Perfekt) der Wirklichkeitsform (**modo indicativo**) verdeutlichen Sie, was Sie schon erledigt haben und was eine Verbindung mit der Gegenwart hat. Wenn Sie über Vergangenes sprechen und dieser Vorgang noch nicht abgeschlossen ist, benötigen Sie die Perfektformen auch. Perfekt ist eine zusammengesetzte Zeit, weil Sie ein Hilfsverb brauchen, um sie zu bilden.

Bildung des Perfekts

Perfekt ist eine zusammengesetzte Zeit. Außer dem Hilfsverb **haber** (sein/haben) brauchen Sie die Partizipform eines anderen Verbs. Die Verben mit der Infinitivendung **-ar** haben **-ado** als Partizipendung. Die Verben mit den Endungen **-er** und **-ir** haben die Endung **-ido** in der Partizipform (siehe Tabelle 6.1).

Im Spanischen brauchen Sie nicht zwischen den Hilfsverben sein und haben zu unterscheiden, weil alle Formen des Perfekts mit dem Hilfsverb **haber** (sein/haben) gebildet werden, zum Beispiel: **Me he levantado temprano.** (Ich bin früh aufgestanden.) Die Perfektform von **levantarse** (aufstehen) ist: **Me he levantado.** (Ich bin aufgestanden.)

Da Sie im Perfekt nur das Hilfsverb **haber** brauchen, werden diese Formen entweder mit sein oder mit haben übersetzt.

Personalpronomen	haber (sein/haben)
yo (ich)	**he** (habe/bin)
tú (du)	**has** (hast/bist)
él (er)	**ha** (hat/ist)
ella (sie)	**ha** (hat/ist)
usted (Sie)	**ha** (haben/sind)
nosotros (wir, männlich)	**hemos** (haben/sind)
nosotras (wir, weiblich)	**hemos** (haben/sind)
vosotros (ihr, männlich)	**habéis** (habt/seid)
vosotras (ihr, weiblich)	**habéis** (habt/seid)
ellos (sie, männlich)	**han** (haben/sind)
ellas (sie, weiblich)	**han** (haben/sind)
ustedes (Sie, Plural von **usted**)	**han** (haben/sind)

Tabelle 6.1: Das Hilfsverb »haber«

In Kapitel 14 erfahren Sie, dass Sie die Personalpronomen weglassen können, weil die Person sich aus der Verbform ergibt. Im Perfekt der Wirklichkeitsform können Sie die Personalpronomen auch weglassen.

✔ **Hoy yo he trabajado.** (Ich habe heute gearbeitet.) **Hoy he trabajado.** (Ich habe heute gearbeitet.)

✔ **Todavía yo no he comido.** (Ich habe noch nicht gegessen.) **Todavía no he comido.** (Ich habe noch nicht gegessen.)

✔ **Esta semana él/ella ha recibido dos cartas.** (Diese Woche hat er/sie schon zwei Briefe bekommen.) **Esta semana ha recibido dos cartas.** (Diese Woche hat er/sie schon zwei Briefe bekommen.)

✔ **Nosotros hemos hablado con Mariel esta mañana.** (Wir haben heute Morgen mit Mariel gesprochen.) **Hemos hablado con Mariel.** (Wir haben heute Morgen mit Mariel gesprochen.)

✔ **Esta tarde ellas han bebido un café juntas.** (Sie haben heute Nachmittag zusammen einen Kaffee getrunken.) **Han bebido un café juntas.** (Sie haben heute Nachmittag zusammen einen Kaffee getrunken.)

✔ **Este fin de semana nosotros nos hemos levantado tarde.** (Dieses Wochenende sind wir spät aufgestanden.) **Este fin de semana nos hemos levantado tarde.** (Dieses Wochenende sind wir spät aufgestanden.)

Unregelmäßige Partizipformen

Unregelmäßige Partizipendungen haben *nicht* **-ado** für die Verbgruppe mit der Infinitivendung **-ar** und **-ido** für die Verbgruppen mit den Endungen **-er** und **-ir**, sondern **-o** oder **-to**.

 Beim Perfekt der Wirklichkeitsform gilt: Keine Regel ohne Ausnahme. Sie werden jede Menge Verben finden, die eine unregelmäßige Partizipform haben. Für diese Formen gibt es keine Regel, wie sie gebildet werden.

Diese unregelmäßigen Formen sollten Sie lernen, denn sie befolgen keine bestimmte Regel wie bei anderen Verbformen. Folgende Verben haben eine unregelmäßige Partizipform:

✔ **abrir** (öffnen), **abierto** (offen): **He abierto la ventana.** (Ich habe das Fenster geöffnet.)

✔ **escribir** (schreiben), **escrito** (geschrieben): **¿Has escrito la carta para Miguel?** (Hast du den Brief für Miguel geschrieben?)

✔ **romper** (kaputt machen / zerbrechen), **roto** (kaputt gemacht / zerbrochen): **Esta mañana el perro ha roto un zapato.** (Heute Morgen hat der Hund einen Schuh kaputt gemacht.)

✔ **ver** (sehen), **visto** (gesehen): **Susana ha visto a Alicia.** (Susana hat Alicia gesehen.)

✔ **poner** (stellen/setzen), **puesto** (gestellt/gesetzt): **Hemos puesto la bicicleta en el garage.** (Wir haben das Fahrrad in die Garage gestellt.)

✔ **volver** (zurückkommen), **vuelto** (zurückgekommen): **¿Habéis vuelto tarde anoche?** (Seid ihr gestern Abend spät zurückgekommen?)

✔ **hacer** (machen), **hecho** (gemacht): **María y Raquel han hecho las comprar.** (Maria und Raquel haben den Einkauf gemacht.)

✔ **morir** (sterben), **muerto** (gestorben): **Este mes ha muerto mi primo.** (Mein Cousin ist in diesem Monat gestorben.)

✔ **decir** (sagen), **dicho** (gesagt): **Manuel ha dicho que Miguel llega a las cuatro.** (Manuel hat gesagt, dass Miguel um 4 Uhr komme.)

Verben mit zwei Partizipformen

Manche Verben haben zwei Partizipformen. Die regelmäßige Form brauchen Sie, um zusammen mit dem Verb **haber** (sein/haben) Sätze im Perfekt zu bilden. Die zweite und unregelmäßige Form verwenden Sie als Adjektiv (siehe dazu Kapitel 3).

✔ **confundir** (verwechseln/durcheinanderbringen), **confundido** (verwechselt/durcheinandergebracht), **confuso** (durcheinander): **Me he confundido de libro.** (Ich habe das Buch verwechselt.) **La situación es confusa.** (Die Situation ist unübersichtlich.)

✔ **fijar** (festlegen), **fijado** (festgelegt), **fijo** (fest): **Hemos fijado la fecha para la boda.** (Wir haben den Hochzeitstermin festgelegt.) **La fecha para la boda ya está fija.** (Der Hochzeitstermin steht schon fest.)

✔ **despertar** (aufwachen), **despertado** (aufgewacht), **despierto** (wach): **Hoy me he despertado tarde.** (Ich bin heute spät aufgewacht.) **Estoy despierta desde las cinco de la mañana.** (Ich bin seit 5 Uhr wach.)

Bei den Verben mit zwei Partizipformen können Sie die Formen nicht beliebig austauschen. Sie können nicht sagen: **Han frito las patatas** (Sie haben die Kartoffeln frittiert.), sondern müssen sagen: **Han freído las patatas.** (Sie haben die Kartoffeln frittiert.) Die Partizipform **frito** (frittiert) wird als Adjektiv benutzt. Sie können auch nicht sagen: **He impreso los documentos** (Ich habe die Dokumente ausgedruckt.); es muss heißen: **He imprimido los documentos.** (Ich habe die Dokumente ausgedruckt.) Die Partizipform **impreso** (gedruckt) benutzen Sie nur als Adjektiv.

Signalwörter des Perfekts

Signalwörter deuten auf die Verwendung einer bestimmten Zeit hin. Diese Signalwörter sind wichtig für die Perfektbildung:

✔ **hoy** (heute)

✔ **esta mañana** (heute Morgen)

✔ **esta tarde** (heute Nachmittag)

✔ **esta noche** (heute Abend/Nacht)

✔ **esta semana** (diese Woche)

✔ **este mes** (dieser Monat)

✔ **este año** (dieses Jahr)

✔ **todavía no** (noch nicht)

✔ **ya** (schon)

✔ **hasta ahora** (bis jetzt)

✔ eine Uhrzeit

✔ **hace** (seit)

✔ **nunca** (nie)

Alle Signalwörter, mit denen Sie das Perfekt bilden, drücken aus, dass eine Handlung eine Verbindung mit der Gegenwart hat. Wenn Sie **esta mañana** (heute Morgen) sagen, ist der Tag noch nicht vorbei, was eine Verbindung zur Gegenwart heute hat.

Schon vorbei – »indefinido«

Sie wollen darüber sprechen, was Sie letztes Jahr gemacht haben. Auf Deutsch würden Sie dazu Perfektformen verwenden. Im Spanischen gibt es die Form **indefinido** (Präteritum). Die Handlung, die Sie mit dieser Zeit beschreiben, ist abgeschlossen oder einmalig. Wenn Sie über ein Ereignis berichten wollen, das Sie erlebt haben, brauchen Sie **indefinido** auch. **Indefinido** kann sowohl mit dem deutschen Perfekt als auch mit der Vergangenheitsform übersetzt werden.

Bildung des »indefinido«

Die Zeit **indefinido** hat bestimmte Endungen, die je nach Grundform unterschiedlich sind. Die Verbgruppen mit den Endungen **-er** und **-ir** haben dieselben Endungen im **indefinido** (siehe Tabelle 6.2).

Personalpronomen	Endung -ar	Endung -er	Endung -ir
Verb	**llenar** (füllen)	**beber** (trinken)	**repartir** (teilen)
yo (ich)	**llené** (füllte)	**bebí** (trank)	**repartí** (teilte)
tú (du)	**llenaste** (fülltest)	**bebiste** (trankst)	**repartiste** (teiltest)
él (er)	**llenó** (füllte)	**bebió** (trank)	**repartió** (teilte)
ella (sie)	**llenó** (füllte)	**bebió** (trank)	**repartió** (teilte)
usted (Sie)	**llenó** (füllten)	**bebió** (tranken)	**repartió** (teilten)
nosotros (wir, männlich)	**llenamos** (füllten)	**bebimos** (tranken)	**repartimos** (teilten)
nosotras (wir, weiblich)	**llenamos** (füllten)	**bebimos** (tranken)	**repartimos** (teilten)
vosotros (ihr, männlich)	**llenasteis** (fülltet)	**bebisteis** (trankt)	**repartisteis** (teiltet)
vosotras (ihr, weiblich)	**llenasteis** (fülltet)	**bebisteis** (trankt)	**repartisteis** (teiltet)
ellos (sie, männlich)	**llenaron** (füllten)	**bebieron** (tranken)	**repartieron** (teilten)
ellas (sie, weiblich)	**llenaron** (füllten)	**bebieron** (tranken)	**repartieron** (teilten)
ustedes (Sie, Plural von **usted**)	**llenaron** (füllten)	**bebieron** (tranken)	**repartieron** (teilten)

Tabelle 6.2: Vergangenheitsformen im »indefinido« (Präteritum)

 Bei regelmäßigen Verben mit den Endungen **-ar** und **-ir** sind die Indefinido-Formen (Präteritum) in der 1. Person Plural **nosotros** (wir) und die Präsensformen gleich. Sie erkennen am Zusammenhang, ob es sich um eine Präsens- oder eine Vergangenheitsform handelt: **Ahora nos maquillamos para salir.** (Wir schminken uns jetzt.) Das Signalwort **ahora** (jetzt) gibt Ihnen den Hinweis, dass es sich bei dem Satz um Präsens handelt. **Ayer nos maquillamos.** (Gestern schminkten wir uns. / Gestern haben wir uns geschminkt.) Das Signalwort **ayer** (gestern) deutet darauf hin, dass der Satz in der Vergangenheitsform **indefinido** gebildet wurde.

Bei diesen Beispielen ist die Handlung abgeschlossen und hat keine Verbindung mit der Gegenwart. Der gestrige Tag ist abgeschlossen, der Montag ist vorbei und Handlungen, die vor ein paar Tagen geschehen sind, haben ebenfalls keine Verbindung zur Gegenwart.

✔ **Ayer preparé la comida.** (Gestern bereitete ich das Essen vor.)

✔ **El lunes los niños actuaron en la fiesta de verano.** (Am Montag traten die Kinder beim Sommerfest auf.)

✔ **Hace unos días charlé con Manuel.** (Vor ein paar Tagen habe ich mit Manuel gesprochen.)

Unregelmäßige Indefinido-Formen

Im **indefinido** gibt es auch unregelmäßige Verbformen. Diese Unregelmäßigkeiten sind nicht dieselben wie in anderen Zeiten. Ein Verb kann im Präsens regelmäßig sein und im **indefinido** unregelmäßig oder umgekehrt.

Indefinido-Formen der Hilfsverben

Die Hilfsverben **ser** (sein), **estar** (sein) und **haber** (haben/sein) haben im **indefinido** unregelmäßige Formen (siehe Tabelle 6.3).

Personalpronomen	ser (sein)	estar (sein)	haber (haben/sein)
yo (ich)	**fui** (war)	**estuve** (war)	**hube** (hatte/war)
tú (du)	**fuiste** (warst)	**estuviste** (warst)	**hubiste** (hattest/warst)
él (er)	**fue** (war)	**estuvo** (war)	**hubo** (hatte/war)
ella (sie)	**fue** (war)	**estuvo** (war)	**hubo** (hatte/war)
usted (Sie)	**fue** (waren)	**estuvo** (waren)	**hubo** (hatten/waren)
nosotros (wir, männlich)	**fuimos** (waren)	**estuvimos** (waren)	**hubimos** (hatten/waren)
nosotras (wir, weiblich)	**fuimos** (waren)	**estuvimos** (waren)	**hubimos** (hatten/waren)
vosotros (ihr, männlich)	**fuisteis** (wart)	**estuvisteis** (wart)	**hubisteis** (hattet/wart)
vosotras (ihr, weiblich)	**fuisteis** (wart)	**estuvisteis** (wart)	**hubisteis** (hattet/wart)
ellos (sie, männlich)	**fueron** (waren)	**estuvieron** (waren)	**hubieron** (hatten/waren)
ellas (sie, weiblich)	**fueron** (waren)	**estuvieron** (waren)	**hubieron** (hatten/waren)
ustedes (Sie, Plural von **usted**)	**fueron** (waren)	**estuvieron** (waren)	**hubieron** (hatten/waren)

Tabelle 6.3: Indefinido Formen der Hilfsverben

Mit den Indefinido-Formen der Hilfsverben bilden Sie Sätze im Passiv (Verben **ser** und **estar**) oder nutzen das Verb **estar** zusammen mit dem **gerundio**. Die Indefinido-Form **hubo** vom Verb **haber** benötigen Sie für Informationen über das Wetter oder als Übersetzung von »es gab«. Darüber hinaus können Sie die Indefinido-Formen vom Verb **haber** und die Partizipform eines anderen Verbs für die Zeit **antepretérito** oder **pretérito anterior** (Vorvergangenheit) verwenden. Diese Zeit wird in der heutigen Alltagssprache nicht mehr gebraucht. In der Literatur kommt diese Form in alten Werken in Verbindung mit Ausdrücken wie **tan pronto como** (sobald), **ni bien** (sobald) oder **así que** (sobald) vor. Heute sagt niemand mehr: **Tan pronto hube cenado, me acosté.** (Ich bin ins Bett gegangen, sobald ich gegessen habe.)

✔ **Ayer fui al cine.** (Ich war gestern im Kino.)

✔ **El fin de semana pasado estuvimos trabajando en el jardín.** (Letztes Wochenende haben wir im Garten gearbeitet.)

✔ **La semana pasada hubo mucha nieve en la montaña.** (Letzte Woche gab es viel Schnee auf dem Berg.)

 Die Verben **ser** (sein) und **ir** (gehen) haben im **indefinido** die gleiche Konjugation. Sie erkennen am Inhalt der Information, ob es sich bei dem Verb um **ser** oder um **ir** handelt. **El sábado pasado fue un día muy bonito.** (Letzten Samstag hatte ich einen sehr schönen Tag.) **Martin fue al supermercado a comprar verdura.** (Martin ist in den Supermarkt gegangen, um Gemüse zu kaufen.)

Verben mit der Endung »-gar«

Verben mit der Infinitivendung -**gar** haben im **indefinido** eine unregelmäßige 1. Person Singular mit der Endung -**gue** (siehe Tabelle 6.4).

Personalpronomen	llegar (ankommen)
yo (ich)	**llegué** (kam an)
tú (du)	**llegaste** (kamst an)
él (er)	**llegó** (kam an)
ella (sie)	**llegó** (kam an)
usted (Sie)	**llegó** (kamen an)
nosotros (wir, männlich)	**llegamos** (kamen an)
nosotras (wir, weiblich)	**llegamos** (kamen an)
vosotros (ihr, männlich)	**llegasteis** (kamt an)
vosotras (ihr, weiblich)	**llegasteis** (kamt an)
ellos (sie, männlich)	**llegaron** (kamen an)
ellas (sie, weiblich)	**llegaron** (kamen an)
ustedes (Sie, Plural von **usted**)	**llegaron** (kamen an)

Tabelle 6.4: Konjugationsmuster der Verben mit unregelmäßiger 1. Person im »indefinido«

Wie **llegar** werden auch die Indefinido-Formen der Verben **entregar** (geben/vergeben), **regar** (gießen), **colgar** (aufhängen), **desabrigar** (Kleidung ausziehen), **cabalgar** (reiten), **conjugar** (konjugieren), **navegar** (navigieren), **pegar** (schlagen/kleben), **interrogar** (befragen) und **plegar** (zusammenfalten) konjugiert.

✔ **La semana pasada llegué tarde al trabajo porque perdí el autobús.** (Letzte Woche bin ich zu spät zur Arbeit gekommen, weil ich den Bus verpasst habe.)

✔ **Hace dos días colgué un cuadro en la sala.** (Vor zwei Tagen habe ich ein Bild im Wohnzimmer aufgehängt.)

✔ **El sábado pasado cabalgué en el bosque.** (Letzten Samstag bin ich im Wald geritten.)

✔ **Ayer regué las plantas porque no llovió.** (Gestern habe ich die Pflanzen gegossen, weil es nicht geregnet hat.)

Verben mit der Endung »-car«

Verben mit der Infinitivendung **-car** haben im **indefinido** auch eine unregelmäßige Form in der 1. Person Singular. Die Endung **-car** wird durch die Endung **-qué** ersetzt. Alle anderen Formen werden mit den regelmäßigen Indefinido-Endungen konjugiert (siehe Tabelle 6.5).

Personalpronomen	tocar (spielen)
yo (ich)	**toqué** (spielte)
tú (du)	**tocaste** (spieltest)
él (er)	**tocó** (spielte)
ella (sie)	**tocó** (spielte)
usted (Sie)	**tocó** (spielten)
nosotros (wir, männlich)	**tocamos** (spielten)
nosotras (wir, weiblich)	**tocamos** (spielten)
vosotros (ihr, männlich)	**tocasteis** (spieltet)
vosotras (ihr, weiblich)	**tocasteis** (spieltet)
ellos (sie, männlich)	**tocaron** (spielten)
ellas (sie, weiblich)	**tocaron** (spielten)
ustedes (Sie, Plural von **usted**)	**tocaron** (spielten)

Tabelle 6.5: Verben mit der Endung »-car«

Außer **tocar** (spielen) werden auch **buscar** (suchen), **aparcar** (parken), **colocar** (stellen), **provocar** (provozieren), **marcar** (markieren) und **medicar** (Medikamente verabreichen) nach diesem Muster konjugiert.

✔ **El sábado toqué el piano en el concierto.** (Am Samstag habe ich auf dem Konzert Klavier gespielt.)

✔ **El lunes busqué las gafas de sol por todos lados.** (Am Montag habe ich die Sonnenbrille überall gesucht.)

✔ **La semana pasada aparqué el coche en el aparcamiento de la estación.** (Letzte Woche habe ich das Auto im Parkhaus am Bahnhof geparkt.)

✔ **Marqué los anuncios que me interesan.** (Ich habe die Stellenanzeigen, die mich interessieren, markiert.)

Verben mit der Endung »-zar«

Verben mit der Infinitivendung **-zar** haben im **indefinido** eine 1. unregelmäßige Person Singular: **z** wird zu **c**. Alle anderen Formen werden nach dem regelmäßigen Konjugationsmuster des **indefinido** konjugiert (siehe Tabelle 6.6).

Personalpronomen	comenzar (beginnen)
yo (ich)	**comencé** (begann)
tú (du)	**comenzaste** (begannst)
él (er)	**comenzó** (begann)
ella (sie)	**comenzó** (begann)
usted (Sie)	**comenzó** (begannen)
nosotros (wir, männlich)	**comenzamos** (begannen)
nosotras (wir, weiblich)	**comenzamos** (begannen)
vosotros (ihr, männlich)	**comenzasteis** (begannt)
vosotras (ihr, weiblich)	**comenzasteis** (begannt)
ellos (sie, männlich)	**comenzaron** (begannen)
ellas (sie, weiblich)	**comenzaron** (begannen)
ustedes (Sie, Plural von **usted**)	**comenzaron** (begannen)

Tabelle 6.6: Konjugationsmuster für Verben mit der Endung »-zar«

Andere Beispiele für die Verbgruppe mit der Endung **-zar** sind **garantizar** (garantieren), **aderezar** (Salat anmachen), **digitalizar** (digitalisieren), **aterrizar** (landen), **calzar** (passen, Schuhgröße haben) und **abrazar** (umarmen).

✔ **Aderecé la ensalada con aceite y vinagre.** (Ich habe den Salat mit Öl und Essig angemacht.)

✔ **Ayer digitalicé unos papeles.** (Gestern habe ich ein paar Dokumente digitalisiert.)

✔ **Aterricé en Málaga a las cuatro de la tarde.** (Ich bin um 4 Uhr in Málaga gelandet.)

Verben mit der Endung »-ir«

In der Verbgruppe mit der Infinitivendung **-ir** sind die 3. Person Singular und die 3. Person Plural unregelmäßig mit einer Vokaländerung (siehe Tabelle 6.7).

Personalpronomen	preferir (bevorzugen)
yo (ich)	**preferí** (bevorzugte)
tú (du)	**preferiste** (bevorzugtest)
él (er)	**prefirió** (bevorzugte)
ella (sie)	**prefirió** (bevorzugte)
usted (Sie)	**prefirió** (bevorzugten)
nosotros (wir, männlich)	**preferimos** (bevorzugten)
nosotras (wir, weiblich)	**preferimos** (bevorzugten)
vosotros (ihr, männlich)	**preferisteis** (bevorzugtet)
vosotras (ihr, weiblich)	**preferisteis** (bevorzugtet)
ellos (sie, männlich)	**prefirieron** (bevorzugten)
ellas (sie, weiblich)	**prefirieron** (bevorzugten)
ustedes (Sie, Plural von **usted**)	**prefirieron** (bevorzugten)

Tabelle 6.7: Verben mit unregelmäßiger 3. Person Singular

Nach diesem Muster konjugieren Sie auch andere Verben mit der Endung **-ir**: **seguir** (folgen), **repetir** (wiederholen), **sentir** (fühlen), **servir** (nützen/servieren), **vestirse** (sich anziehen), **morir** (sterben), **venir** (kommen) und **dormir** (schlafen).

✔ **Siguió las instrucciones del manual al pie de la letra.** (Er/sie hat die Anweisungen der Bedienungsanleitung genau befolgt.)

✔ **Siguieron todo recto hasta el final de la calle y llegaron al museo.** (Sie folgten der Straße bis zum Ende und sind im Museum angekommen.)

✔ **Ayer repitió el vocabulario.** (Gestern hat sie Vokabeln wiederholt.)

✔ **El camarero sirvió el almuerzo en la terraza.** (Der Kellner servierte das Mittagessen auf der Terrasse.)

✔ **En el accidente murieron tres personas.** (Bei dem Unfall starben drei Menschen.)

Nicht alle Verben mit der Endung **-ir** haben die gleiche Vokaländerung. Bei **morir** (sterben) und **dormir** (schlafen) ändert sich **o** vom Stamm zu **u**.

Verben mit der Endung »-ucir«

Verben mit der Infinitivendung **-ucir** sind im **indefinido** auch unregelmäßig, weil sie ein **j** vor der Indefinido-Endung haben (siehe Tabelle 6.8).

Personalpronomen	conducir (ein Fahrzeug führen)
yo (ich)	**conduje** (führte)
tú (du)	**condujiste** (führtest)
él (er)	**condujo** (führte)
ella (sie)	**condujo** (führte)
usted (Sie)	**condujo** (führten)
nosotros (wir, männlich)	**condujimos** (führten)
nosotras (wir, weiblich)	**condujimos** (führten)
vosotros (ihr, männlich)	**condujisteis** (führtet)
vosotras (ihr, weiblich)	**condujisteis** (führtet)
ellos (sie, männlich)	**condujieron** (führten)
ellas (sie, weiblich)	**condujieron** (führten)
ustedes (Sie, Plural von **usted**)	**condujieron** (führten)

Tabelle 6.8: Verben mit der Endung »-ucir«

Nach diesem Muster konjugieren Sie auch die Verben **producir** (produzieren, herstellen), **reducir** (reduzieren) und **traducir** (übersetzen).

✔ **Conduje yo hasta Nürnberg y allí cambiamos.** (Ich bin bis Nürnberg gefahren und dort haben wir einen Fahrerwechsel gemacht.)

✔ **El año pasado la empresa redujo los costos de personal.** (Die Firma hat letztes Jahr die Personalkosten gesenkt.)

✔ **¿Ya tradujiste el texto?** (Hast du schon den Text übersetzt?)

Vergangenheitsformen der Modalverben

Mit Modalverben beschreiben Sie die Art und Weise, wie Sie etwas tun. Außer dem Verb **deber** (müssen, für moralische Pflichten) sind alle Modalverben unregelmäßig (siehe Tabelle 6.9).

Personalpronomen	deber (sollen)	tener que (müssen)	querer (wollen)	poder (können/dürfen)
yo (ich)	**debí** (sollte)	**tuve que** (musste)	**quise** (wollte)	**pude** (konnte)
tú (du)	**debiste** (solltest)	**tuviste que** (musstest)	**quisiste** (wolltest)	**pudiste** (konntest)
él (er)	**debió** (sollte)	**tuvo que** (musste)	**quiso** (wollte)	**pudo** (konnte)
ella (sie)	**debió** (sollte)	**tuvo que** (musste)	**quiso** (wollte)	**pudo** (konnte)
usted (Sie)	**debió** (sollten)	**tuvo que** (mussten)	**quiso** (wollten)	**pudo** (konnten)
nosotros (wir, männlich)	**debimos** (sollten)	**tuvimos que** (mussten)	**quisimos** (wollten)	**pudimos** (konnten)

Personalpronomen	deber (sollen)	tener que (müssen)	querer (wollen)	poder (können/dürfen)
nosotras (wir, weiblich)	**debimos** (sollten)	**tuvimos que** (mussten)	**quisimos** (wollten)	**pudimos** (konnten)
vosotros (ihr, männlich)	**debisteis** (solltet)	**tuvisteis que** (musstet)	**quisisteis** (wolltet)	**pudisteis** (konntet)
vosotras (ihr, weiblich)	**debisteis** (solltet)	**tuvisteis que** (musstet)	**quisisteis** (wolltet)	**pudisteis** (konntet)
ellos (sie, männlich)	**debieron** (sollten)	**tuvieron que** (mussten)	**quisieron** (wollten)	**pudieron** (konnten)
ellas (sie, weiblich)	**debieron** (sollten)	**tuvieron que** (mussten)	**quisieron** (wollten)	**pudieron** (konnten)
ustedes (Sie, Plural von **usted**)	**debieron** (sollten)	**tuvieron que** (mussten)	**quisieron** (wollten)	**pudieron** (konnten)

Tabelle 6.9: Vergangenheitsformen der Modalverben

✔ **La semana pasada tuve que trabajar.** (Letzte Woche musste ich arbeiten.)

✔ **Ayer quise quedar con mis amigos pero ellos no tuvieron tiempo.** (Gestern wollte ich mich mit Freunden verabreden, aber sie hatten keine Zeit.)

✔ **No pudieron tomar el tren de las cinco de la tarde.** (Sie konnten den Zug um 5 Uhr nicht nehmen.)

✔ **El niño no quiso comer.** (Das Kind wollte nicht essen.)

Signalwörter des »indefinido«

Die Signalwörter des **indefinido** deuten darauf hin, dass das Ereignis, das Sie beschreiben, schon abgeschlossen ist und keine Verbindung zu der Gegenwart hat. Signalwörter des **indefinido** sind:

✔ **de repente** (plötzlich)

✔ **ayer** (gestern)

✔ **anoche** (gestern Abend)

✔ ein Wochentag plus **pasado**, zum Beispiel **el lunes pasado** (vergangener/letzter Montag)

✔ **hace unos días** (vor ein paar Tagen)

✔ **la semana pasada** (vergangene/letzte Woche)

✔ ein Monat, zum Beispiel **en febrero** (im Februar)

✔ **el mes pasado** (vergangener/letzter Monat)

✔ **el año pasado** (vergangenes/letztes Jahr)

✔ eine Jahreszahl, ein vergangener Tag/Monat

Das Signalwort und der Bezug zur Gegenwart entscheiden, ob Sie den **indefinido** oder das Imperfekt verwenden müssen.

Die Zeit für eine Geschichte – »imperfecto«

Mit **imperfecto** beschreiben Sie den Rahmen oder »die Kulisse« einer Handlung in der Vergangenheit. Etwas war schon da, während etwas anderes eintrifft. Wenn Sie eine Geschichte aus Ihrer Kindheit erzählen, müssen Sie dafür auch **imperfecto** (Präteritum) verwenden. Sie erzählen dabei über Gewohnheiten oder regelmäßige Aktivitäten. Diese Sätze können Sie sowohl mit dem deutschen Perfekt als auch mit Präteritum übersetzen. Im Vergleich zum **indefinido** ist **imperfecto** eine statische Zeit, eine Zeit, die nicht fortschreitet, während etwas anderes passiert. Stellen Sie sich eine Zeitlinie vor. Wenn Sie **imperfecto** verwenden, bleibt die Zeit stehen.

Bildung des »imperfecto«

Imperfecto (Imperfekt) ist einfach zu bilden. Es gibt nur zwei Konjugationsmuster. Ein Muster für die Verben mit der Endung **-ar** und ein Muster für die Verbgruppen **-er** und **-ir** (siehe Tabelle 6.10).

Personalpronomen	Imperfecto (Präteritum) für die Verben der Gruppe -ar	Imperfecto (Präteritum) für die Verben der Gruppen -er und -ir
yo (ich)	**-aba**	**-ía**
tú (du)	**-abas**	**-ías**
él (er)	**-aba**	**-ía**
ella (sie)	**-aba**	**-ía**
usted (Sie)	**-aba**	**-ía**
nosotros (wir, männlich)	**-ábamos**	**-íamos**
nosotras (wir, weiblich)	**-ábamos**	**-íamos**
vosotros (ihr, männlich)	**-abais**	**-íais**
vosotras (ihr, weiblich)	**-abais**	**-íais**
ellos (sie, männlich)	**-aban**	**-ían**
ellas (sie, weiblich)	**-aban**	**-ían**
ustedes (Sie, Plural von **usted**)	**-aban**	**-ían**

Tabelle 6.10: Imperfecto-Formen der Verben mit den Endungen »-ar«, »-er« und »-ir«

In den folgenden Beispielen werden regelmäßige Handlungen beschrieben, die in der Vergangenheit geschehen sind und in der Vergangenheit abgeschlossen sind.

✔ **Cuando vivía en Madrid, trabajaba en una tienda de ropa.** (Als ich in Madrid wohnte, habe ich bei einem Modegeschäft gearbeitet.)

✔ **Mis colegas y yo salíamos del trabajo a las nueve de la noche.** (Meine Kollegen und ich hatten um 21 Uhr Feierabend.)

✔ **Después del trabajo pasábamos por el bar y comíamos unas tapas juntos.** (Nach der Arbeit gingen wir in die Bar und haben zusammen Tapas gegessen.)

✔ **Casi siempre volvía a casa a pie.** (Ich ging fast immer zu Fuß nach Hause.)

 Es gibt Verben, die je nach Verwendung von **indefinido** oder **imperfecto** ihre Bedeutung ändern, etwa **conocer** (kennen). **Cuando llegué al congreso no conocía a nadie.** (Als ich zum Kongress kam, kannte ich niemanden.) Die Tatsache, dass Ihnen niemand bekannt war, dauerte an. **Conocí a Laura en un congreso.** (Ich lernte Laura bei einem Kongress kennen.) Das Kennenlernen ist in der Vergangenheit abgeschlossen. **Tuvo una hija cuando tenía treinta años.** (Sie bekam eine Tochter, als sie 30 Jahre alt war.) **No sabía que Pedro vive en Madrid. Lo supe por Manuela.** (Ich wusste nicht, dass Pedro in Madrid wohnt. Ich habe es von Manuela erfahren.) Die Information von Manuela über den Wohnort von Pedro ist abgeschlossen, während Pedro immer noch in Madrid wohnt.

Unregelmäßige Imperfektformen

Im Gegensatz zum **indefinido** gibt es im **imperfecto** nur drei unregelmäßige Verben: **ser** (sein), **ir** (gehen) und **ver** (sehen) (siehe Tabelle 6.11).

Personalpronomen	ser (sein)	ir (gehen)	ver (sehen)
yo (ich)	**era** (war)	**iba** (ging)	**veía** (sah)
tú (du)	**eras** (warst)	**ibas** (gingst)	**veías** (sahst)
él (er)	**era** (war)	**iba** (ging)	**veía** (sah)
ella (sie)	**era** (war)	**iba** (ging)	**veía** (sah)
usted (Sie)	**era** (waren)	**iba** (gingen)	**veía** (sahen)
nosotros (wir, männlich)	**éramos** (waren)	**íbamos** (gingen)	**veíamos** (sahen)
nosotras (wir, weiblich)	**éramos** (waren)	**íbamos** (gingen)	**veíamos** (sahen)
vosotros (ihr, männlich)	**erais** (wart)	**ibais** (gingt)	**veíais** (saht)
vosotras (ihr, weiblich)	**erais** (wart)	**ibais** (gingt)	**veíais** (saht)
ellos (sie, männlich)	**eran** (waren)	**iban** (gingen)	**veían** (sahen)
ellas (sie, weiblich)	**eran** (waren)	**iban** (gingen)	**veían** (sahen)
ustedes (Sie, Plural von **usted**)	**eran** (waren)	**iban** (gingen)	**veían** (sahen)

Tabelle 6.11: Unregelmäßige Verben im »imperfecto«

Die Kindheit ist ein abgeschlossener Zeitraum. Innerhalb dieser Zeit beschreiben Sie mit **imperfecto** Handlungen, die regelmäßig stattgefunden haben.

✔ **Cuando yo era niña me gustaba mucho jugar con mis amigos.** (Als ich ein Kind war, mochte ich mit meinen Freunden spielen.)

✔ **En verano me gustaba mucho ir a la piscina.** (Im Sommer ging ich sehr gern ins Schwimmbad.)

✔ **En Navidad siempre comíamos con la familia.** (Weihnachten aßen wir immer mit der Familie.)

✔ **Cuando hacía mucho calor me quedaba en casa y veía una serie.** (Immer wenn es warm war, blieb ich zu Hause und schaute mir eine Serie an.)

Signalwörter des »imperfecto«

Wichtige Signalwörter sind alle Zeitangaben, mit denen Sie Regelmäßigkeit ausdrücken können, zum Beispiel **todos los días** (jeden Tag), **todas las mañanas** (jeden Morgen) und **todos los meses** (jeden Monat). Ausdrücke wie **cuando era niño/niña** (als ich klein war), **de pequeña** (als Kind), **en** plus Jahreszahl, eine Uhrzeit, **antes** (früher), **en aquel entonces** (damals), **en aquellos tiempos** (in dieser Zeit) sowie Zeitangaben in Verbindung mit **todo** (alle) sind ein Hinweis für die Verwendung vom **imperfecto**.

✔ **Todos los meses tenía un fin de semana libre.** (Ich hatte jeden Monat ein freies Wochenende.)

✔ **Todos los años escribía tarjetas de Navidad.** (Ich schrieb jedes Jahr Weihnachtskarten.)

✔ **En 1998 nació mi hijo.** (Mein Sohn kam 1998 zur Welt.)

✔ **En aquel entonces la vida era más tranquila.** (Früher war das Leben ruhiger.)

✔ **Antes todo era mejor.** (Früher war alles besser.)

Die Vorvergangenheit – »pluscuamperfecto«

Plusquamperfekt – **pluscuamperfecto** –, auch Vorvergangenheit genannt, brauchen Sie, wenn Sie über Handlungen sprechen, die zeitlich vor anderen Handlungen in der Vergangenheit geschehen sind. Plusquamperfekt ist eine zusammengesetzte Zeit, denn um diese Zeit zu bilden, brauchen Sie das Verb **haber** (haben/sein).

✔ **Me había acostado temprano pero sonó el teléfono y tuve que atender la llamada.** (Ich war früh ins Bett gegangen, aber das Telefon hat geklingelt und ich musste das Gespräch annehmen.)

✔ **Había anotado tu número de teléfono pero perdí el papel.** (Ich hatte deine Telefonnummer notiert, aber ich habe den Zettel verloren.)

✔ **¿Todavía tienes el libro que te había dado?** (Hast du noch das Buch, das ich dir gegeben hatte?)

✔ **Después de terminar la salsa noté que le había echado azúcar en vez de sal.** (Erst nachdem ich die Soße fertig gekocht hatte, habe ich gemerkt, dass ich Zucker statt Salz hinzugefügt hatte.)

Bildung des Plusquamperfekts

Das Plusquamperfekt ist eine zusammengesetzte Zeit. Es wird mit dem Hilfsverb **haber** (haben/sein) gebildet, das im **imperfecto** stehen muss (siehe Tabelle 6.12). Außer dem Hilfsverb brauchen Sie die Partizipform eines anderen Verbs.

Personalpronomen	haber (haben/sein)
yo (ich)	**había** (hatte/war)
tú (du)	**habías** (hattest/warst)
él (er)	**había** (hatte/war)
ella (sie)	**había** (hatte/war)
usted (Sie)	**había** (hatten/waren)
nosotros (wir, männlich)	**habíamos** (hatten/waren)
nosotras (wir, weiblich)	**habíamos** (hatten/waren)
vosotros (ihr, männlich)	**habíais** (hattet/wart)
vosotras (ihr, weiblich)	**habíais** (hattet/wart)
ellos (sie, männlich)	**habían** (hatten/waren)
ellas (sie, weiblich)	**habían** (hatten/waren)
ustedes (Sie, Plural von **usted**)	**habían** (hatten/waren)

Tabelle 6.12: Vergangenheitsformen des Verbs »haber«

Wie Sie die Partizipform eines Verbs bilden, erfahren Sie weiter vorn in diesem Kapitel im Abschnitt »Bildung des Perfekts«.

✔ **Había descuidado el jardín.** (Er/sie hatte den Garten vernachlässigt.)

✔ **Habían evacuado la ciudad.** (Sie hatten die Stadt evakuiert.)

✔ **Habíamos propuesto ir de tapas.** (Wir hatten vorgeschlagen, Tapas zu essen.)

✔ **El vuelo se había retrasado tres horas.** (Der Flug hatte sich drei Stunden verspätet.)

✔ **¿Habías visto a Julio?** (Hattet ihr Julio gesehen?)

Übungen zu Kapitel 6

Übung 6.1

Erzählen Sie, was Sie heute gemacht haben. Verwenden Sie folgende Verben und die Signalwörter für das Perfekt: **levantarse** (aufstehen), **desayunar** (frühstücken), **trabajar** (arbeiten), **comer** (essen), **beber** (trinken), **salir** (ausgehen), **hacer deporte** (Sport machen), **leer un libro** (ein Buch lesen).

Übung 6.2

Erzählen Sie Ihre Lebensgeschichte. Dazu brauchen Sie den **indefinido**.

nacer (geboren werden)

_____

ir a la escuela (zur Schule gehen)

_____

terminar la escuela (die Schule beenden)

_____

hacer el bachillerato (das Abitur machen)

_____

hacer una formación profesional (einen Beruf erlernen)

_____

estudiar en la universidad (studieren)

_____

empezar a trabajar (beginnen zu arbeiten)

_____

aprender un idioma (eine Sprache lernen)

_____

Übung 6.3

Was haben Sie gemacht, als Sie klein waren? Bilden Sie Sätze im **imperfecto**. Denken Sie an die Signalwörter **todos los días** (jeden Tag), **todas las mañanas** (jeden Morgen), **todos los meses** (jeden Monat), **cuando era niño/niña** (als ich klein war), **de pequeña** (als Kind), **en** plus Jahreszahl, eine Uhrzeit, **antes** (früher), **en aquel entonces** (damals), **en aquellos tiempos** (in dieser Zeit) und Zeitangaben in Verbindung mit **todo** (alle).

Übung 6.4

Welche Zeit ist korrekt? **En mis últimas vacaciones mi coche (1)____ (tener) una avería.** (In meinem letzten Urlaub hatte mein Auto eine Panne.) **(2) ____ (tener) un pinchazo y problemas con la batería.** (Es hatte eine Reifenpanne und Probleme mit der Batterie.) **Tampoco (3)____ (funcionar) las luces.** (Das Licht ging auch nicht.) **Además una piedra (4) ____ (romper) el parabrisas.** (Außerdem hatte die Windschutzscheibe einen Steinschlag.) **Como el coche también (5) ____ (perder) aceite (6) ____ (llamar) a la grúa.** (Da der Wagen auch Öl verlor, rief ich den Abschleppdienst an.) **¡Qué mala suerte!** (Was für ein Pech!)

Kapitel 7

Ein Blick in die Zukunft – Futur in der Wirklichkeitsform

Pläne machen gehört zu den wichtigen Dingen im Leben. Für diesen Zweck lernen Sie in diesem Kapitel, wie das Futur gebildet und angewendet wird. Manchmal wissen Sie nicht genau, ob etwas so klappt, wie Sie es sich vorgestellt haben. In solchen Fällen verwenden Sie im Spanischen auch Futurformen.

Die nahe Zukunft

Sie wollen jemandem erzählen, was Sie später machen wollen? Kein Problem. Verwenden Sie eine Form im Präsens des Verbs **ir** (gehen) und ein Verb im Infinitiv. Diese Zeit, nahe Zukunft – **futuro próximo** – genannt, wird der Wirklichkeitsform zugeordnet und wird insbesondere in der gesprochenen Sprache verwendet. Sie brauchen die nahe Zukunft, wenn Sie über Handlungen sprechen, die zeitlich in der Zukunft liegen und zeitnah geschehen werden.

Bildung der nahen Zukunft

Um die nahe Zukunft zu bilden, brauchen Sie drei Elemente: das Verb **ir** (gehen), die Präposition **a** und ein Verb in der Infinitivform (siehe Tabelle 7.1).

Personalpronomen	Präsens des Verbs ir (gehen)
yo (ich)	**voy** (gehe)
tú (du)	**vas** (gehst)
él (er)	**va** (geht)
ella (sie)	**va** (geht)
usted (Sie)	**va** (gehen)

Personalpronomen	Präsens des Verbs ir (gehen)
nosotros (wir, männlich)	**vamos** (gehen)
nosotras (wir, weiblich)	**vamos** (gehen)
vosotros (ihr, männlich)	**vais** (geht)
vosotras (ihr, weiblich)	**vais** (geht)
ellos (sie, männlich)	**van** (gehen)
ellas (sie, weiblich)	**van** (gehen)
ustedes (Sie, Plural)	**van** (gehen)

Tabelle 7.1: Das Verb »ir«

Die Handlungen, die Sie mit der nahen Zukunft zum Ausdruck bringen, werden zeitnah geschehen. Wenn Sie ein Reflexivverb benutzen, steht das Reflexivpronomen vor dem Verb **ir**. Bei der Verneinung steht **no** vor dem Verb **ir**; bei Sätzen mit Reflexivverben steht **no** vor dem Reflexivpronomen.

✔ **Mañana me voy a bañar en el mar.** (Morgen bade ich im Meer.)

✔ **En una hora va a empezar a cocinar.** (In einer Stunde fängt sie an zu kochen.)

✔ **¿Te vas a afeitar má tarde?** (Rasiere ich dich später?)

✔ **Vamos a medir la habitación así compramos el material.** (Wir messen das Zimmer aus, damit wir Material kaufen können.)

✔ **No voy a necesitar el coche el lunes.** (Ich brauche das Auto am Montag nicht.)

 Nach **no** darf kein Komma stehen, sonst verändert sich die Bedeutung des Satzes: **No voy a necesitar el coche el lunes.** (Ich brauche das Auto am Montag nicht.) **No, voy a necesitar el coche el lunes.** (Nein, ich brauche das Auto am Montag.)

Wenn Sie etwas vorhaben, das bereits beschlossene Sache ist, nehmen Sie die nahe Zukunft, um darüber zu berichten.

Signalwörter der nahen Zukunft

Die nahe Zukunft wird aus der Präsensform des Verbs **ir** (gehen) gebildet. Um die Zukunftsformen vom Präsens zu unterscheiden, gibt es Signalwörter, die auf die nahe Zukunft hindeuten.

✔ **mañana** (morgen)

✔ die Präposition **en** plus eine Zeitangabe in Minuten oder Stunden

✔ **la semana próxima** (nächste Woche)

✔ **en... días** (in ... Tagen)

✔ **más tarde** (später)

Sie können auch ein Signalwort verwenden, das etwas weiter entfernt in der Zukunft liegt, zum Beispiel **el año que viene** (nächstes Jahr) oder **en... meses** (in ... Monaten).

Pläne machen mit dem Futur I – »futuro simple«

Im vorangegangenen Abschnitt haben Sie etwas über die nahe Zukunft erfahren. Anstelle dieser Form können Sie Ihre Handlung auch mit dem Futur I ausdrücken, zum Beispiel wenn Sie etwas planen, das nicht bald, sondern erst in einiger Zeit passieren wird. Im Gegensatz zum Präsens wissen Sie beim Futur I noch nicht genau, wie die Handlung ausgehen wird. Damit können Sie Vermutungen äußern und Voraussagen machen. Wollen Sie über die Konsequenzen sprechen, die eine Handlung nach sich zieht, tun Sie dies ebenfalls mit dem Futur I.

Bildung von Futurformen

Das Futur I ist einfach zu bilden, denn hier haben alle regelmäßigen Verben die gleiche Endung (siehe Tabelle 7.2).

Personalpronomen	Endungen des Futurs I
yo (ich)	-é
tú (du)	-ás
él (er)	-á
ella (sie)	-á
usted (Sie)	-á
nosotros (wir, männlich)	-emos
nosotras (wir, weiblich)	-emos
vosotros (ihr, männlich)	-éis
vosotras (ihr, weiblich)	-éis
ellos (sie, männlich)	-án
ellas (sie, weiblich)	-án
ustedes (Sie, Plural)	-án

Tabelle 7.2: Endungen des Futurs I

Hier ein paar Beispiele für Handlungen, die noch nicht passiert sind und sicher passieren werden:

✔ **Mañana necesitaré la bicicleta.** (Morgen werde ich das Fahrrad brauchen.) Es ist sicher, dass Sie das Fahrrad benötigen werden.

✔ **En dos días será viernes.** (In zwei Tagen wird es Freitag sein.) Es ist sicher, dass es in zwei Tagen Freitag ist.

✔ **El sábado nos reuniremos en mi casa.** (Am Samstag treffen wir uns bei mir.) Es ist sicher, dass wir uns bei mir treffen.

Planen Sie Ihren Urlaub in einem spanischsprachigen Land:

✔ **Primero iremos a Burgos.** (Zuerst werden wir nach Burgos fahren.) Sie haben vor, nach Burgos zu fahren, und dies wird höchstwahrscheinlich eintreffen. Dafür brauchen Sie die Zeit Futur I.

✔ **Dos días más tarde llegaremos a Madrid.** (Zwei Tage später werden wir in Madrid ankommen.) Es ist Ihr Plan, zwei Tage später in Madrid anzukommen.

✔ **Una semana más tarde viajaremos de Madrid a Cuenca.** (Eine Woche später werden wir von Madrid nach Cuenca fahren.)

Wenn Sie nicht sicher sind, ob etwas passieren wird:

✔ **¿Cancelarán el vuelo del domingo?** (Ob der Flug am Sonntag gecancelt wird?) Es könnte sein, dass dieser Flug abgesagt wird. Sie wissen es nicht genau.

✔ **¿Abrirá el mercadillo mañana?** (Ob der Flohmarkt morgen öffnet?) Sie möchten zum Flohmarkt gehen und sind nicht sicher, ob er morgen öffnet.

✔ **¿Estará listo el coche el viernes?** (Ob das Auto am Freitag fertig wird?) Das Auto ist in der Werkstatt und Sie können nicht sagen, ob es am Freitag repariert sein wird.

Und nun die Wettervorhersage für die nächsten Tage:

✔ **El lunes la tempratura llegará a los 30 grados.** (Am Montag wird die Temperatur bis 30° C steigen.) Bei einer Vorhersage ist es nie zu 100 Prozent sicher, dass sie wahr ist.

✔ **El martes lloverá toda la tarde.** (Am Dienstag wird es den ganzen Nachmittag regnen.) Die Wettervorhersage sagt, es werde möglicherweise am Dienstag regnen.

✔ **El miércoles será el día más caluroso de la semana.** (Der Mittwoch wird der heißeste Tag der Woche.) Laut Wetterprognose wird es am Mittwoch wahrscheinlich sehr heiß.

Machen Sie auf die Folgen eines bestimmten Verhaltens aufmerksam:

✔ **Si te pones ropa nueva para trabajar en el jardín la ensuciarás.** (Wenn du neue Kleidung für die Gartenarbeit anziehst, wird sie schmutzig werden.)

✔ **Sie pierdes el tren llegarás tarde al trabajo.** (Wenn du den Zug verpasst, wirst du zu spät zur Arbeit kommen.)

✔ **Si come menos grasa adelgazará.** (Wenn Sie fettarm essen, werden Sie abnehmen.)

Diese Beispiele machen darauf aufmerksam, welche Folge bei einer bestimmten Handlung eintreffen wird.

Sie können sich die Futurendungen ganz einfach merken. Wenn Sie die Endungen des Hilfsverbs **haber** (haben/sein) nehmen und einen Akzent hinzufügen, haben Sie die Futurformen. Die 1. Person Plural hat keinen Akzent.

Das Futur I unterscheidet sich vom Präsens wegen der Wahrscheinlichkeit, dass etwas eintritt: **María está muy ocupada.** (María ist sehr beschäftigt.) Wenn Sie das sagen, wissen Sie genau, dass María sehr beschäftigt ist. Wenn Sie aber sagen: **María estará ocupada** (María wird wahrscheinlich sehr beschäftigt sein.), vermuten Sie nur, dass María sehr beschäftigt ist, wissen es aber eigentlich nicht. **Ahora llueve.** (Es regnet gerade.) Sie schauen aus dem Fenster und können den Regen sehen. **No sé si lloverá mañana.** (Ich weiß nicht, ob es morgen regnen wird.) Sie planen einen Ausflug und wissen nicht, ob es morgen regnet.

Im Futur I gibt es nur wenige unregelmäßige Verben. Dabei ist der Stamm des Verbs unregelmäßig und die Verbendungen sind regelmäßig (siehe Tabelle 7.2). Ein paar Beispiele für unregelmäßige Verben im Futur I sind die Verben in Tabelle 7.3.

Infinitiv	Unregelmäßiger Stamm im Futur I
decir (sagen)	**dir-** + Futurendungen
haber (haben/sein)	**habr-** + Futurendungen
hacer (machen)	**har-** + Futurendungen
poder (können/dürfen)	**podr-** + Futurendungen
querer (wollen)	**querr-** + Futurendungen
saber (wissen)	**sabr-** + Futurendungen
salir (ausgehen/herausgehen/abfahren)	**saldr-** + Futurendungen
tener (haben)	**tendr-** + Futurendungen
venir (kommen, in Richtung des Sprechers)	**vendr-** + Futurendungen

Tabelle 7.3: Unregelmäßige Verbformen des Futurs I

Wenn Sie überlegen, warum jemand nicht pünktlich ist, können Sie sagen: **Tendrá mucho que hacer.** (Er/sie wird sicher viel zu tun haben.) In Wirklichkeit wissen Sie es nicht, wer oder was für die Verspätung verantwortlich ist. **Julia saldrá mañana con Emilia.** (Julia wird morgen mit Emilia ausgehen.) **¿Manuel sabrá tocar la guitarra?** (Ob Manuel Gitarre spielen kann?)

Bei den unregelmäßigen Verben im Futur I ist der Stamm des Verbs unregelmäßig und nicht die Verbendung. Deshalb ist es wichtig, die Verben mit der entsprechenden Veränderung zu lernen.

In Tabelle 7.3 über die unregelmäßigen Formen des Futurs I stehen auch Modalverben. Ein Satz im Futur I mit Modalverben wird genauso gebildet wie in anderen Zeiten. Das Modalverb wird konjugiert und das darauf folgende Verb bleibt in der Grundform. **¿Querrás venir conmigo a la playa?** (Ob du mit mir zum Strand gehst?) **¿Podrás cortar el pasto mañana?** (Wirst du morgen Rasen mähen können?)

Signalwörter des Futurs I

Typische Signalwörter, die auf Futur I hindeuten können, sind:

- ✔ **mañana** (morgen)

- ✔ **el mes próximo / el mes que viene** (nächster Monat)

- ✔ **en año próximo / el año que viene** (nächstes Jahr)

- ✔ **pronto** (bald)

- ✔ **en… años** (in … Jahren)

- ✔ **probablemente** (vermutlich)

- ✔ **posiblemente** (möglicherweise)

- ✔ **quizá(s)** (vielleicht)

Diese Signalwörter können Sie auch mit anderen Zeiten verwenden. Es ergibt sich aus dem Zusammenhang, um welche Zeit es sich bei der Information handelt.

Wahrscheinlich ist es so – »futuro compuesto«

Futur II – **futuro compuesto** – wird der Wirklichkeitsform zugeordnet. Wenn Sie in dem Moment, in dem Sie etwas sagen, schon wissen, dass Sie bis zu einem bestimmten Zeitpunkt in der Zukunft etwas gemacht haben werden oder etwas passiert sein wird, bilden Sie Ihren Satz mit Futur II. Die Information ist die Vermutung einer vergangenen Handlung, die in der Zukunft passiert sein wird, wenn eine andere Handlung eintritt.

- ✔ **Después del curso de español habré alcanzado un nivel de conocimientos más alto.** (Nach dem Spanischkurs werde ich ein höheres Sprachniveau haben.) Das Kursende des noch laufenden Kurses ist eine bekannte Tatsache. Das Erreichen eines höheren Niveaus wird wahrscheinlich der Fall sein, wenn Sie regelmäßig im Kurs waren und geübt haben. Das ist eine Vermutung, für die Sie Futur II verwenden. Eine Tatsache wäre: **El curso de español terminó por eso tengo un nivel más alto de conocimientos.** (Der Spanischkurs ist zu Ende, deshalb habe ich ein höheres Sprachniveau.) Bei diesem Satz ist die Tatsache, die Sie vermuten haben, wahr.

✔ **Juan no se levantó puntualmente. Habrá desactivado el despertador.** (Juan ist nicht pünktlich aufgestanden. Er wird den Wecker ausgeschaltet haben.) Die Tatsache, dass Juan nicht pünktlich aufgestanden ist, ist Fakt, aber Sie wissen nicht, was passiert ist. Vielleicht hat er den Wecker ausgeschaltet oder er hatte ein anderes Problem, das ihn daran hinderte aufzustehen. Juan kann diese Vermutung bestätigen oder verneinen.

✔ **El sábado habré terminado con el informe.** (Spätestens am Samstag wird der Bericht fertig sein.) Sie arbeiten daran und vermuten, dass der Bericht spätestens am Samstag fertig sein wird. Am Samstag können Sie diese Prognose bestätigen oder korrigieren.

Bildung von Futur II

Futur II ist eine zusammengesetzte Zeit, denn sie besteht aus zwei Verben – dem Hilfsverb **haber** (haben/sein) und der Partizipform eines anderen Verbs. Das Hilfsverb **haber** muss im Futur I stehen. Die Partizipformen bleiben bei allen zusammengesetzten Zeiten unverändert.

 Das Verb **haber** (haben/sein) hat unregelmäßige Futurformen. Nicht die Verbendungen sind unregelmäßig, sondern der Verbstamm. Aus der Infinitivform **haber** wird der Stamm vom Verb **habr-**.

Das Verb **haber** (haben/sein) ist unregelmäßig. Sie brauchen dieses Verb, um Futur II zu bilden (siehe Tabelle 7.4).

Personalpronomen	haber (haben/sein)
yo (ich)	**habré**
tú (du)	**habrás**
él (er)	**habrá**
ella (sie)	**habrá**
usted (Sie)	**habrá**
nosotros (wir, männlich)	**habremos**
nosotras (wir, weiblich)	**habremos**
vosotros (ihr, männlich)	**habréis**
vosotras (ihr, weiblich)	**habréis**
ellos (sie, männlich)	**habrán**
ellas (sie, weiblich)	**habrán**
ustedes (Sie, Plural)	**habrán**

Tabelle 7.4: Futur II des Hilfsverbs »haber«

Zusätzlich zum Hilfsverb **haber** brauchen Sie für die Bildung des Futurs II ein Verb in der Partizipform. Das sind die Verbformen, die die Endungen -**ado** und -**ido** haben, sowie die unregelmäßigen Partizipformen (siehe Kapitel 6).

✔ **Después de la marea el agua habrá desaparecido.** (Nach der Flut wird das Wasser zurückgegangen sein.)

✔ **José se habrá comunicado con Francisco para quedar con él.** (José wird sich mit Francisco in Verbindung gesetzt haben, um sich mit ihm zu verabreden.)

✔ **Mario está planchando la camisa blanca. Se habrá arrugado.** (Mario bügelt gerade das weiße Hemd. Es wird verknittert sein.)

✔ **Julia y Esperanza no se hablan. Se habrán peleado.** (Julia und Esperanza reden nicht miteinander. Sie werden sich zerstritten haben.)

✔ **Manuel va a comprar un coche carísimo. ¿Lo habrá pensado bien?** (Manuel wird ein sehr teures Auto kaufen. Ob er es sich gut überlegt hat?)

✔ **A las diez de la noche habré visto la película.** (Um 10 Uhr werde ich den Film zu Ende geschaut haben.)

Dieselben Signalwörter, die mit Futur I verwendet werden, brauchen Sie auch im Futur II:

✔ **mañana** (morgen)

✔ **el mes próximo / el mes que viene** (nächster Monat)

✔ **en año próximo / el año que viene** (nächstes Jahr)

✔ **pronto** (bald)

✔ **en… años** (in … Jahren)

✔ **probablemente** (vermutlich)

✔ **posiblemente** (möglicherweise)

✔ **quizá(s)** (vielleicht)

Die Zeit Futur II, die aus dem Hilfsverb **haber** im Futur I und einer Partizipform gebildet wird, können Sie auch mit dem Gerundium verwenden. Zum Hilfsverb **haber** brauchen Sie die Partizipform vom Verb **estar** (sein) – **estado** (gewesen) – und ein Gerundium eines anderen Verbs. **¿Cómo habrá estado el tiempo en España?** (Wie wird das Wetter in Spanien gewesen sein?) Das ist eine Vermutung. Darauf können Sie mit **Habrá estado lloviendo toda la semana como aquí** (Es wird die ganze Woche geregnet haben, genauso wie hier.) reagieren. **El teléfono estuvo comunicando todo el tiempo. Mis hijos habrán estado hablando por teléfono con sus amigos.** (Das Telefon war die ganze Zeit besetzt. Meine Kinder werden mit ihren Freunden telefoniert haben.)

Übungen zu Kapitel 7

Übung 7.1

Erzählen Sie, was Sie morgen machen: **Mañana...**

Después / comprar / pan / yo _____
_____ (Später kaufe ich Brot.) **el fin de semana que viene / viajar / a / Mallorca / tú** _____
_____ (Nächstes Wochenende reist du nach Mal-
lorca.) **el jueves / María y Pedro / beber un café** _____
_____ (Am Donnerstag gehen María und Pedro Kaffee trinken.) **Nosotros / en
dos días / tener / el examen de español** (In zwei Tagen haben wir die Spanischprüfung.)
El avión a Lima / salir / en tres horas _____ (Der
Flug nach Lima geht in drei Stunden.) **El autobús de Bilbao / llegar / en cinco minutos** ___
_____ (Der Bus aus Bilbao kommt in fünf Minuten an.)

Übung 7.2

Es ist Montag. Erzählen Sie Ihrer Freundin / Ihrem Freund, was Sie bis zum Wochenende
gemacht haben werden.

limpiar la casa: _____ (Ich werde das Haus
geputzt haben.)

trabajar en el jardín: _____ (Ich werde im Garten
gearbeitet haben.)

hacer un pastel: _____ (Ich werde einen Kuchen
gebacken haben.)

terminar de leer la novela: _____ (Ich werde den Roman
zu Ende gelesen haben.)

salir con mi amigos: _____ (Ich werde mit Freunden
ausgegangen sein.)

hacer deporte: _____ (Ich werde Sport ge-
macht haben.)

ir de tiendas con Pepa: _____ (Ich werde mit Pepa
shoppen gegangen sein.)

lavar el coche: _____ (Ich werde das Auto
gewaschen haben.)

Übung 7.3

Lesen Sie die Geschichte über das Verschwinden von Larry, dem Hund der Gräfin von La Perla, und stellen Sie Vermutungen darüber an, was mit dem Hund passiert sein könnte. Ergänzen Sie den Text.

El guardia Tobias (1) _____ **(quedarse dormido) por beber el té que le trajo la cocinera.** (Der Wächter Tobias wird eingeschlafen sein, nachdem er den Tee, den ihm die Köchin gebracht hat, getrunken hat.) **El jefe de Tobías (2)** _____ **(llevarse al perro) porque necesita dinero para ampliar zu finca.** (Tobias' Chef wird den Hund mitgenommen haben, weil er Geld braucht, um seine Finca zu vergrößern.) **El mayordomo (3)** _____ **(dejar la puerta abierta) porque no le gusta salir con el perro. Le tiene miedo.** (Der Diener wird die Tür offen gelassen haben, weil er nicht gern mit dem Hund Gassi geht. Er hat Angst vor ihm.) **¿Alguien (4)** _____**(pedir) un rescate?** (Wird jemand Lösegeld gefordert haben?)

Hören Sie die Geschichte zur Kontrolle:

`https://www.wiley-vch.de/ISBN9783527722990`

Kapitel 8
Was wäre wenn – der Konditional

er Konditional war nicht immer eine Zeit. Zwischen 1931 und 1973 war der Konditional ein eigener Modus, der **modo potencial** genannt wurde. Damals gab es, zusammen mit der Wirklichkeitsform, dem Imperativ und dem Subjuntivo, insgesamt vier Modi. 1973 schaffte die Real Academia Española de Lenguas (RAE) den **modo potencial** ab und fügte Konditional als Zeit in die Wirklichkeitsform (**modo indicativo**) hinzu. Diese Zeit heißt seitdem Konditional und hat, genauso wie das Futur, eine einfache und eine zusammengesetzte Form. Der Konditional ist die Zeit der Wünsche und der Träume. Beim Einkaufen und Bestellen ist Höflichkeit oberstes Gebot. Mit dem Konditional formulieren Sie höfliche Bitten, was in jeder Lebenslage sehr hilfreich sein kann. Leider ist nicht immer alles möglich, wovon Sie träumen oder was Sie sich wünschen. Diese irreale Wirklichkeit wird im Spanischen mit dem Konditional II zum Ausdruck gebracht. Diese Zeit entspricht in etwa dem deutschen Konjunktiv II. In diesem Kapitel lernen Sie, warum Sie Konditionalformen brauchen und wie diese Zeit gebildet wird. Am Ende des Kapitels finden Sie Übungen zur Vertiefung.

Der »condicional simple«

Beim einfachen Konditional – dem Konditional I – geht es um Informationen, deren Genauigkeit Sie nicht kennen. Sie können vermuten, dass eine Handlung so abläuft, aber Sie wissen es nicht. Sie waren entweder nicht dabei oder haben keine genaue Kenntnis darüber. Die Handlung kann in der Gegenwart oder in der Vergangenheit geschehen. Der Konditional begegnet uns im alltäglichen Leben, wenn wir etwas haben wollen, das eine andere Person hat. Eine höfliche Bitte wird jeden erfreuen.

Wenn Sie über Wünsche berichten, die unrealistisch sind oder nicht erfüllt werden können, brauchen Sie den Konditional auch. Bei einem Problem ist es immer gut, eine zweite

Meinung zu hören. Um Ratschläge zu geben, ist der Konditional die richtige Zeit. So geben Sie zu erkennen, dass Sie sich in eine andere Person hineinversetzen können. Wollen Sie erzählen, was eine andere Person berichtet hat, benötigen Sie die indirekte Rede. Dieses Thema steht in Kapitel 13 im Mittelpunkt. Da für die indirekte Rede auch Konditional gebraucht wird, finden Sie in diesem Kapitel Beispiele, wie der Konditional eingesetzt werden kann.

Eine Vermutung äußern

Eine Vermutung bringen Sie zum Ausdruck, wenn Sie nicht sicher sind, ob der Inhalt einer Information korrekt ist. Sie denken, dass eine Handlung vielleicht eintritt, können sie aber nicht zu hundert Prozent bestätigen. Dafür verwenden Sie Konditional I:

✔ **La semana pasada conocí a una chica. Tendría 20 años.** (Letzte Woche habe ich eine junge Frau kennengelernt. Sie dürfte ungefähr zwanzig Jahre alt gewesen sein.) Fakt ist, dass Sie eine junge Frau kennengelernt haben. Die Altersangabe beruht auf Ihrer eigenen Einschätzung. Es könnte sein, dass diese Information nicht stimmt, denn Sie haben sie nicht nach ihrem Alter gefragt.

✔ **¿A qué hora llegó Francisco anoche? No sé, serían las once de la noche.** (Wann ist Francisco gestern Abend nach Hause gekommen? Ich weiß es nicht. Es dürfte gegen 23 Uhr gewesen sein.) Sie haben gesehen, dass Francisco nach Hause gekommen ist, haben aber nicht auf die Uhr geschaut. Es war schon dunkel, aber Sie waren noch nicht im Bett. Sie vermuten deshalb, dass es ungefähr 23 Uhr gewesen sein könnte.

✔ **Juana no pudo cargar las bolsas de compra sola. Pesarían mucho.** (Juana konnte die Einkaufstüten nicht allein tragen. Sie dürften vermutlich sehr schwer gewesen sein.) Sie haben Juana gesehen, als sie vom Einkaufen zurückgekommen ist. Jemand hilft ihr, die Einkaufstüten ins Haus zu tragen. Da Sie gesehen haben, dass Juana nicht alle Tüten trägt, vermuten Sie, dass diese zu schwer sind. Aber Sie wissen es nicht, weil sie nicht gefragt haben.

Bei allen Beispielen ist der Wahrheitsgehalt nicht immer gegeben, weil Sie einen Teil der Informationen nicht kennen.

Höflich um etwas bitten

In jeder Sprache sind höfliche Formen ein wichtiges Mittel in der Kommunikation. Wenn Sie etwas von anderen Personen haben wollen, können Sie dies mit einer höflichen Bitte zum Ausdruck bringen. Dazu verwenden Sie Konditional I:

✔ **¿Me podría ayudar, por favor?** (Könnten Sie mir bitte helfen?)

✔ **¿Me podría decir, con qué autobus llego al centro, por favor?** (Könnten Sie mir bitte sagen, mit welchem Bus ich in die Stadt komme?)

✔ **¿Me traerías las gafas, por favor?** (Würdest du mir bitte die Brille bringen?)

✔ **¿Me pasaría la botella de agua, por favor?** (Könnten Sie mir bitte das Mineralwasser geben?)

 Höfliche Bitten können ironisch gemeint sein. Das hört man am Ton, mit dem die Bitte ausgesprochen wird. **¿Serías tan amable de venir a la mesa?** (Wärst du bitte so nett, zum Tisch zu kommen?) Der Unterton dieser Bitte ist nicht mehr freundlich und es werden Konsequenzen folgen, wenn der Angesprochene nicht am Tisch erscheint.

¿Podría aparcar su auto sin bloquear mi entrada? (Könnten Sie bitte Ihren Wagen woanders parken, ohne meine Einfahrt zu blockieren?) Zwischen den Zeilen dieser Bitte können Sie lesen, dass Sie Probleme bekommen werden, wenn die Einfahrt des Nachbarn durch das Auto blockiert wird. Stellen Sie sich folgende Situation vor: Sie sitzen morgens um 7 Uhr im Wartezimmer der Kfz-Zulassungsstelle. Sie warten mit anderen Personen darauf, dass der Informationsschalter öffnet und Sie eine Nummer bekommen. Pünktlich um halb acht öffnet der Schalter. Alle Wartenden stellen sich in eine Reihe. Das Ganze geschieht still und leise. Immerhin wollen nicht alle Menschen schon so früh am Morgen mit anderen kommunizieren. Plötzlich geschieht das Unglaubliche. Eine Person kommt herein und stellt sich in der Schlange an. Das ist erst einmal in Ordnung. Aber leider steht die Person am falschen Ende, direkt vor dem Schalter. Diese Situation löst Empörung aus und die anderen Wartenden werden wütend, aber es hilft alles nichts. Die Person bleibt stur stehen und verlässt erst die Schlange, nachdem alles erledigt ist. Wenn man sich so früh am Morgen schon ärgern muss, ist die Frage vollkommen angebracht: **¿Sería tan amable de ponerse en la cola?** (Wären Sie so nett und würden sich bitte hinten in der Schlange anstellen?) Auch hier ist die höfliche Bitte ironisch gemeint, denn niemand freut sich darüber, dass sich jemand nicht an das Ende einer Schlange stellt.

Nicht alle Wünsche gehen in Erfüllung

Manchmal gehen nicht alle Wünsche in Erfüllung. Um berichten zu können, was Sie gemacht hätten, wenn andere Bedingungen geherrscht hätten, brauchen Sie den Konditional und beginnen den Satz mit **imperfecto de subjuntivo**. Mehr über den **subjuntivo** erfahren Sie in Kapitel 10. Sie berichten über eine Handlung, von der Sie wissen, dass sie nicht möglich ist:

✔ **Si tuviera tiempo, iría al cine.** (Wenn ich Zeit hätte, würde ich ins Kino gehen.) Fakt ist, dass Sie keine Zeit haben und nicht ins Kino gehen werden.

✔ **Si no me gustara esta ciudad, no viviría aquí.** (Ich würde nicht hier leben, wenn mir die Stadt nicht gefallen würde.) Tatsache ist, Ihnen gefällt diese Stadt sehr, deshalb leben Sie gerne dort.

✔ **Si trabajara 18 horas todos los días, estaría agotado.** (Wenn ich jeden Tag 18 Stunden arbeiten würde, wäre ich sehr erschöpft.) Tatsächlich ist es so, dass Sie normale Arbeitszeiten haben und nur ab und zu länger arbeiten müssen.

Bedingungssätze können Sie nicht mit dem Konditional bilden. Sie können nicht sagen: **Si tendría dinero compraría una casa más grande.** (Wenn ich Geld hätte, würde ich ein großes Haus kaufen.) Für diese Art von Sätzen beginnen Sie den Satz mit **imperfecto de subjuntivo** (siehe Kapitel 10). Korrekt wäre der Satz: **Si tuviera dinero compraría una casa más grande.** (Wenn ich Geld hätte, würde ich ein großes Haus kaufen.)

Diese Art von Informationen bezieht sich auf eine nicht realisierbare Handlung in der Gegenwart. Fakt ist, es ist momentan kein Geld da, mit dem der Hauskauf möglich wäre. Das schließt aber nicht aus, dass der Hauskauf in naher oder weiter Zukunft zustande kommt, wenn die Rahmenbedingungen erfüllt werden.

Ratschläge erteilen

Vor wichtigen Entscheidungen kann man sich bei anderen Ratschläge holen. Was eine andere Person an Ihrer Stelle machen würde, wird mittels Konditional I zum Ausdruck gebracht. Dabei beginnt diese Information immer mit einer dieser Formulierungen:

✔ **Yo en tu lugar**,... (Ich an deiner Stelle …)

✔ **Yo que tú**,... (Wenn ich du wäre, …)

✔ **Si yo fuera tú**,... (Wenn ich du wäre, …)

✔ **Yo en su lugar**,... (Ich an Ihrer Stelle …)

✔ **Yo que usted**,... (Wenn ich Sie wäre, …)

✔ **Si yo fuera usted**,... (Wenn ich Sie wäre, …)

So verdeutlichen Sie, was Sie machen würden, wenn Sie die andere Person wären. Anstelle von **tú** (du) und **usted** (Sie) kann auch **vosotros** (ihr) und **ustedes** (Sie, Plural) stehen, wenn Sie mehrere Personen ansprechen.

✔ **Yo en tu lugar, apoyaría el proyecto con una donación.** (Ich an deiner Stelle würde das Projekt mit einer Spende unterstützen.)

✔ **Yo que tú, tostaría el pan antes de comerlo. Es más rico caliente.** (Ich an deiner Stelle würde das Brot toasten. Es schmeckt warm viel besser.)

✔ **Si yo fuera tú, me trasladaría a una ciudad más grande.** (Wenn ich du wäre, würde ich in eine größere Stadt ziehen.)

✔ **Yo en su lugar, informaría a los clientes sobre los nuevos horarios de atención.** (Ich an Ihrer Stelle würde die Kunden über die neuen Öffnungszeiten informieren.)

Bei diesen Beispielen handelt es sich um Ideen, die eine andere Person vorschlägt. Das bedeutet nicht, dass diese Ideen umgesetzt werden, sodass der Konditional I nötig ist.

Wer hat was gesagt?

Die indirekte Rede steht in Kapitel 13 im Mittelpunkt. Hier finden Sie Informationen über die Nutzung des Konditionals in Verbindung mit der indirekten Rede. Bei der indirekten Rede geben Sie eine Information wieder, die eine andere Person gesagt hat. Wenn jemand eine Aussage im Futur macht, brauchen Sie Konditional I, um davon zu berichten.

✔ Pedro sagt: »**Compraré el periódico.**« (»Ich werde die Zeitung kaufen.«) Sie berichten: **Pedro ha dicho que compraría el periódico.** (Pedro hat gesagt, er würde die Zeitung kaufen.)

✔ María sagt zu Pedro beim Abschied: »**Te extrañaré mucho.**« (»Ich werde dich sehr vermissen.«) Sie berichten: **Maria ha dicho que lo extrañaría mucho.** (Maria sagte, sie werde ihn sehr vermissen.)

✔ Der Pilot sagt: »**Comenzaremos a descender en pocos minutos.**« (»Wir werden in wenigen Minuten mit dem Landeanflug beginnen.«) Sie berichten: **El piloto acaba de decir que comenzaríamos a descender en pocos minutos.** (Der Pilot hat gerade gesagt, wir würden in wenigen Minuten mit dem Landeanflug beginnen.)

Wenn der Hauptsatz in der direkten Rede im Futur steht, kommt der Konditional I zum Einsatz, wenn Sie diese Information an andere weitergeben.

Bildung des einfachen Konditionals

Die Bildung des Konditionals I ist einfach, denn Sie hängen die Konditionalendungen an die Infinitivformen an. Das gilt für alle Verben. Verben, die im Konditional unregelmäßig sind, haben einen unregelmäßigen Stamm, aber die Endung bleibt gleich.

Regelmäßige Formen des Konditionals I

Sie erinnern sich an die drei Gruppen der regelmäßigen Verben mit den Endungen **-ar**, **-er** und **-ir**. Für die Bildung des Konditionals der regelmäßigen Form haben alle Verben, unabhängig von dieser Infinitivendung, die gleichen Konditionalendungen (siehe Tabelle 8.1).

Personalpronomen	Konditionalendungen
yo (ich)	**-ía**
tú (du)	**-ías**
él (er)	**-ía**
ella (sie)	**-ía**
usted (Sie)	**-ía**
nosotros (wir, männlich)	**-íamos**
nosotras (wir, weiblich)	**-íamos**

Personalpronomen	Konditionalendungen
vosotros (ihr, männlich)	**-íais**
vosotras (ihr, weiblich)	**-íais**
ellos (sie, männlich)	**-ían**
ellas (sie, weiblich)	**-ían**
ustedes (Sie, Plural, Höflichkeitsform)	**-ían**

Tabelle 8.1: Endungen der Zeit Konditional

Alle Endungen des Konditionals tragen einen Akzent auf dem **í**. Darüber hinaus haben die 1. und die 3. Person Singular die gleiche Endung: **yo oiría** (ich würde hören), **él/ella oiría** (er/sie würde hören), **usted oiría** (Sie würden hören).

Unregelmäßige Formen des Konditionals I

Manche Verben sind im Konditional I unregelmäßig, weil sich ihr Stamm verändert. Die Verbendungen sind die gleichen wie die Endungen für die regelmäßigen Verben. In Tabelle 8.2 finden Sie unregelmäßige Formen, die Sie zum Beispiel für höfliche Bitten und Vermutungen brauchen.

Unregelmäßige Verben	2. Person Singular	3. Person Singular
decir (sagen)	**dirías** (würdest sagen)	**diría** (würde sagen / würden sagen)
haber (sein/haben)	**habrías** (wärest/hättest)	**habría** (wäre/hätte, wären/hätten)
hacer (machen)	**harías** (würdest machen)	**haría** (würde machen / würden machen)
poder (können)	**podrías** (könntest)	**podría** (könnte/könnten)
poner (stellen/legen/setzen)	**pondrías** (würdest stellen)	**pondría** (würde stellen / würden stellen)
querer (wollen/möchten)	**querrías** (wolltest)	**querría** (wollte/wollten)
saber (wissen)	**sabrías** (wusstest)	**sabría** (wüsste/wüssten)
salir (ausgehen/herausgehen)	**saldrías** (würdest ausgehen)	**saldría** (würde ausgehen / würden ausgehen)
tener (haben)	**tendrías** (hättest)	**tendría** (hätte/hätten)
venir (kommen)	**vendrías** (kämest / würdest kommen)	**vendría** (käme/kämen / würde kommen / würden kommen)

Tabelle 8.2: Unregelmäßige Verben im Konditional

Wenn Sie nach dem Weg fragen, können Sie diese Formen anwenden: **¿Me podría decir cómo llego a la estación, por favor?** (Könnten Sie mir bitte sagen, wie ich zum Bahnhof komme?)

Der »condicional compuesto«

Sie wollten schon immer etwas machen, aber aus irgendeinem Grund haben Sie es nicht gemacht. Eine Handlung wäre erst dann möglich, wenn andere Bedingungen zutreffen. Dafür brauchen Sie den **condicional compuesto** oder Konditional II. Sie wissen schon, dass Ihre Information etwas aussagt, das nicht oder nicht mehr eintreten wird. Wie mit dem Konditional I können Sie mit dem Konditional II Ratschläge erteilen, Ihre Meinung zu einem Thema äußern, eine Information einer anderen Person übermitteln oder über Versäumnisse sprechen.

Irreale Aussagen machen

Wenn eine Handlung zur Vergangenheit gehört und nicht mehr rückgängig gemacht werden kann, spricht man von der irrealen Wirklichkeit. Die Zeit können Sie nicht zurückdrehen. Sie können aber darüber spekulieren, was Sie gemacht hätten, wenn es anders gekommen wäre. Dazu dient der Konditional II.

✔ **Habría comprado la chaqueta roja, pero no la tenían en mi talla.** (Ich hätte gerne die rote Jacke gekauft, aber es gab sie nicht in meiner Größe.)

✔ **Te habría dado el nombre del libro, pero no lo encuentro.** (Ich hätte dir den Namen des Buches nennen können, aber ich finde es gerade nicht.)

✔ **Habría ido a la fiesta de Carlos, pero no tenía el coche.** (Ich wäre gerne zu Carlos' Fest gegangen, aber ich hatte kein Auto.)

 Wenn Sie Bedingungssätze bilden und den Konditional II im Hauptsatz verwenden, ist der Satz falsch. Sie können nicht sagen: **Si habría tenido dinero, habría comprado una casa más grande.** (Wenn ich Geld gehabt hätte, hätte ich ein großes Haus gekauft.) Für diese Art von Sätzen beginnen Sie den Satz mit **imperfecto de subjuntivo** (siehe Kapitel 10). Korrekt ist: **Si hubiera tenido dinero, habría comprado una casa más grande.** (Wenn ich Geld gehabt hätte, hätte ich ein großes Haus gekauft.)

Bei allen Beispielen ist es klar, dass andere Bedingungen nicht mehr eintreten können, weil die Handlung in der Vergangenheit abgeschlossen ist.

Der Ratschlag kommt zu spät

Beim Konditional I ging es darum, wie Sie Ratschläge erteilen können. Sie hatten die Möglichkeit, durch den Ratschlag Ihre Handlung positiv zu ändern. Wenn die Handlung, die erzählt wird, schon vergangen ist, können Sie keine Ratschläge mehr geben, sondern überlegen, was Sie anstelle der anderen Person gemacht hätten. Hier müssen Sie Konditional II einsetzen. Dabei beginnt diese Information, genauso wie beim Konditional I, immer mit einer dieser Formulierungen:

✔ **Yo en tu lugar**,... (Ich an deiner Stelle ...)   ✔ **Yo que tú**,... (Wenn ich du wäre, ...)

✔ **Si yo fuera tú,**… (Wenn ich du wäre, …)   ✔ **Yo que usted,**… (Wenn ich Sie wäre, …)

✔ **Yo en su lugar,**… (Ich an Ihrer Stelle …)   ✔ **Si yo fuera usted,**… (Wenn ich Sie wäre, …)

So berichten Sie, was Sie anstelle einer anderen Person in derselben Situation gemacht hätten. Sie können die bereits geschehene Handlung nicht mehr rückgängig machen. Anstelle von **tú** (du) und **usted** (Sie) kann auch **vosotros** (ihr) und **ustedes** (Sie, Plural) stehen, wenn Sie mehrere Personen ansprechen.

✔ **Yo en tu lugar, habría apoyado el proyecto con una donación.** (Ich an deiner Stelle hätte das Projekt mit einer Spende unterstützt.) Das Projekt ist inzwischen abgeschlossen.

✔ **Yo que tú, habría tostado el pan antes de comerlo. Es más rico caliente.** (Ich an deiner Stelle hätte das Brot getoastet. Es schmeckt warm viel besser.) Fakt ist, dass das Brot nicht getoastet wurde und kalt gegessen wurde.

✔ **Si yo fuera tú, me habría trasladado a una ciudad más grande.** (Wenn ich du wäre, wäre ich in eine größere Stadt gezogen.) Tatsache ist, dass die Person nicht in der Stadt lebt, sondern auf dem Land.

✔ **Yo en su lugar, habría informado a los clientes sobre los nuevos horarios de atención.** (Ich an Ihrer Stelle hätte die Kunden über die neuen Öffnungszeiten informiert.)

Eine Information weitergeben

Wenn Sie eine Information übermitteln, die nicht von Ihnen stammt, sondern von einer anderen Person gesagt wurde, ändern sich die Zeiten, in denen der Satz formuliert wird. Wenn der Satz in der direkten Rede im Futur II steht, geben Sie diese Information in der indirekten Rede mit Konditional II wieder.

✔ Manuel fragt: **¿Habrá hecho frío en España?** (Wird es in Spanien kalt gewesen sein?) Sie sagen: **Manuel preguntó si habría hecho frío en España.** (Manuel fragte, ob es in Spanien kalt gewesen wäre.)

✔ Roberto wollte wissen: **¿Habrán abierto ya la pista de esquí?** (Roberto fragte, ob die Piste schon geöffnet worden wäre.) Sie sagen: **Roberto preguntó si ya habrían abierto la pista de esquí.** (Roberto fragte, ob die Piste schon geöffnet worden sei.)

✔ Liliana sagt: **¿Habrán cerrado los negocios? Son casi las nueve de la noche.** (Werden die Geschäfte schon geschlossen haben, es ist fast 9 Uhr.) Sie sagen: **Liliana preguntó si habrían cerrado los negocios.** (Liliana fragte, ob die Geschäfte schon geschlossen hätten.)

Bei allen Informationen handelt es sich um Vermutungen über Handlungen, die in der Vergangenheit abgeschlossen wurden.

Über Versäumnisse berichten

Haben Sie viel zu tun, könnte es passieren, dass Sie etwas vergessen zu erledigen oder die Zeit einfach nicht reicht. Für diesen Zweck kommt der Konditional II zum Einsatz. Sie erklären damit, was Sie gemacht hätten, wenn Sie daran gedacht hätten.

✔ **Te lo habría dicho pero me olvidé.** (Ich hätte es dir gerne gesagt, aber ich habe es vergessen.)

✔ **Habría comprado el pan pero no tenía el monedero en el bolso.** (Ich hätte gerne Brot gekauft, aber ich hatte den Geldbeutel nicht in der Handtasche.)

✔ **Habría llegado puntualmente a trabajo pero el tren tenía demora.** (Ich wäre pünktlich zur Arbeit gekommen, wenn der Zug keine Verspätung gehabt hätte.)

In diesen Beispielen sprechen Sie auch über eine Realität, die nicht eingetreten ist, weil die Umstände es nicht erlaubt haben. Die Handlung ist schon passiert und kann nicht mehr rückgängig gemacht werden.

Bildung des Konditionals II

Der **condicional compuesto** oder Konditional II besteht aus zwei Teilen: einem Hilfsverb und einer Partizipform. Das Hilfsverb **haber** (haben/sein) kommt wieder zum Einsatz und bildet diese Zeit zusammen mit dem Partizip eines weiteren Verbs.

Regelmäßige Formen des Konditionals II

Das Hilfsverb **haber** (haben/sein) gehört zu den Verben, die im Konditional unregelmäßig sind. Dabei sind die Konditionalendungen regelmäßig, aber der Stamm ist unregelmäßig (siehe Tabelle 8.3).

Personalpronomen	Konditional von haber (haben/sein)
yo (ich)	**habría** (hätte/wäre)
tú (du)	**habrías** (hättest/wärest)
él (er)	**habría** (hätte/wäre)
ella (sie)	**habría** (hätte/wäre)
usted (Sie)	**habría** (hätten/wären)
nosotros (wir, männlich)	**habríamos** (hätten/wären)
nosotras (wir, weiblich)	**habríamos** (hätten/wären)
vosotros (ihr, männlich)	**habríais** (hättet/wäret)
vosotras (ihr, weiblich)	**habríais** (hättet/wäret)
ellos (sie, männlich)	**habrían** (hätten/wären)
ellas (sie, weiblich)	**habrían** (hätten/wären)
ustedes (Sie, Plural, Höflichkeitsform)	**habrían** (hätten/wären)

Tabelle 8.3: Konditional des Hilfsverbs »haber«

Zusätzlich zum Hilfsverb **haber** brauchen Sie die Partizipform eines anderen Verbs, um Konditional II zu bilden.

Unregelmäßige Formen des Konditionals II

Die unregelmäßigen Partizipformen, die Sie für das Perfekt und das Futur II verwendet haben, können Sie auch beim Konditional II einsetzen (siehe Tabelle 8.4).

Infinitiv	Partizipform
abrir (öffnen)	**abierto** (geöffnet)
decir (sagen)	**dicho** (gesagt)
descubrir (entdecken/aufdecken)	**descubierto** (entdeckt/aufgedeckt)
escribir (schreiben)	**escrito** (geschrieben)
hacer (machen)	**hecho** (gemacht)
ir (gehen)	**ido** (gegangen)
poner (stellen)	**puesto** (gestellt)
romper (kaputt machen)	**roto** (kaputt)
ser (sein)	**sido** (gewesen)
ver (sehen)	**visto** (gesehen)
volver (zurückkommen)	**vuelto** (zurückgekommen)

Tabelle 8.4: Unregelmäßige Partizipien

Mit diesen Formen und dem Hilfsverb **haber** (haben/sein) bilden Sie den Konditional II.

Übungen zu Kapitel 8

Übung 8.1

Schreiben Sie auf, was vermutlich passiert ist. María ist nicht zum Fest gekommen.

María no ha recibido la invitación. (María hat die Einladung nicht bekommen.) _____
_____ **No tenía tiempo.** (Sie hatte keine Zeit.) _____
_____ **Tuvo que trabajar.** (Sie musste arbeiten.) _____
_____ **No se sentía bien.** (Sie fühlte sich nicht gut.) _____
_____ **Perdió el tren.** (Sie hat den Zug verpasst.) _____
_____

Übung 8.2

Formulieren Sie höfliche Bitten. Sie können Ihre Bitte mit dem oder ohne das Modalverb **poder** (können) bilden.

Abrir la puerta (die Tür öffnen) / **tú** (du) _____

Cerrar la ventana (das Fenster schließen) / **usted** (Sie) _____

_____ **Llamar a Pedro** (Pedro anrufen) / **vosotros** (ihr) _____

_____ **Hablar más bajo** (leiser sprechen) / **tú** (du) _____

_____ **Ir al banco** (zur Bank gehen) / **usted** (Sie) _____

_____ **Ayudar a pintar el comedor** (das Esszimmer streichen helfen) / **tú** (du) _____

_____ **Llevar el coche al mecánico** (das Auto in die Werkstatt

bringen) / **vosotros** (ihr) _____ **Hacer las compras**

(den Einkauf erledigen) / **tú** (du) _____ **Llevar a Pa-**

blo a la estación (Pablo zum Bahnhof bringen) / **usted** (Sie) _____

_____ **Traer un poco más de pan** (etwas mehr Brot bringen) / **usted** (Sie) _____

_____

Übung 8.3

Sie sind im Hotel und überlegen, was Sie machen würden, wenn … Schreiben Sie irreale Sätze.

Si en mi habitación no funcionara el aire acondicionado _____

_____ (Wenn die Klimaanlage in meinem Zimmer nicht funktionieren würde, würde ich den Techniker anrufen.)

Si mi habitación estuviera sucia _____ (Wenn mein Zimmer schmutzig wäre, würde ich den Zimmerservice anrufen.)

Si el café estuviera frío _____ (Wenn der Kaffee kalt wäre, würde ich mich im Restaurant beschweren.)

Kapitel 9
Ihr Wunsch ist mir Befehl – der Imperativmodus

D er Modus Imperativ ist einer der drei spanischen Modi. Der Imperativmodus besteht aus zwei Zeiten, dem positiven Imperativ und dem negativen Imperativ, die genauso heißen wie der Modus. Diese Zeiten benötigen Sie, um Anweisungen zu geben oder einen Vorgang zu beschreiben, der von einer anderen Person ausgeführt werden soll. Diese Formen werden bei keinem Kochrezept fehlen, genauso werden Sie diese Formen bei allen Gebrauchsanweisungen von Haushaltsgeräten finden. Soll jemand etwas unterlassen, muss die Aufforderung mit dem negativen Imperativ zum Ausdruck gebracht werden. In diesem Kapitel lernen Sie, wie Sie die Formen des positiven und des negativen Imperativs benutzen sowie Anweisungen und Befehle formulieren. Am Ende des Kapitels können Sie anhand von Übungen das Gelernte umsetzen.

Der positive Imperativ

Der positive Imperativ trägt diesen Namen, weil Sie mit dieser Zeit das Verhalten oder das Tun einer Person positiv beeinflussen können. Es wird eine Handlung ausgeführt, die kein Verbot darstellt, sondern eine positive Auswirkung hat.

Gebrauch des positiven Imperativs

Wenn Sie wünschen, dass jemand etwas tut, können Sie diese Handlung mit dem positiven Imperativ zum Ausdruck bringen. In jeder Bedienungsanleitung finden Sie diese Formen, die Sie anwenden können, wenn Sie erklären wollen, wie etwas funktioniert. Darüber hinaus können Sie mit dem positiven Imperativ einen gut gemeinten Rat oder eine Erlaubnis erteilen. Sollten Sie in der Stadt nach dem Weg fragen, wird diese Beschreibung sicher viele Imperativformen enthalten. Manchmal ist es nötig, einen schärferen Ton anzuschlagen.

Wenn Sie Teenager im Haus haben, wissen Sie sicher, was ich meine. Und die Teenager unter den Lesern können sicher ein Lied davon singen. Diesen Generationenkonflikt hat es schon immer gegeben und wird es immer geben. Das ist eine gute Gelegenheit, die Imperativformen zu üben. In der Küche sind die Imperativformen immer präsent, denn sie kommen in jedem Rezept vor.

✔ Das ist eine Anweisung zur Beschreibung, wie etwas funktioniert: **Conecte el cable a una toma de corriente. Presione el botón »on« para encender el aparato.** (Verbinden Sie das Netzkabel mit einer Stromquelle. Drücken Sie den Knopf »on«, um das Gerät einzuschalten.) Wenn Sie diese Anweisung nicht befolgen, wird das Gerät nicht funktionieren.

✔ **Lava y pela las patatas.** (Wasche und schäle die Kartoffeln.)

✔ **¡Abre la puerta, por favor!** (Öffnen Sie bitte die Tür!) Die Anweisungen, die eine Handlung oder eine sofortige Verhaltensänderung einer anderen Person erfordern, werden zwischen Ausrufezeichen geschrieben. Im Spanischen brauchen Sie auch am Satzanfang ein Ausrufezeichen (wie Sie das Ausrufezeichen für den Satzanfang schreiben, erkläre ich Ihnen in Kapitel 1).

✔ **¡Haz los deberes!** (Mache die Hausaufgaben!)

✔ **Tome la primera calle a la derecha y siga todo recto hasta la Plaza de Mayo.** (Nehmen Sie die erste Straße nach rechts und gehen Sie weiter geradeaus bis zur Plaza de Mayo.)

Die Tatsache, dass Sie alle Imperativformen einer Wegbeschreibung verstehen können, ist natürlich keine Garantie, dass Sie den Weg auch finden. Zum Glück gibt es heute Navigationsgeräte, die uns die Suche ersparen.

Wenn Sie außerhalb eines spanischsprachigen Landes Wegbeschreibungen üben wollen, stellen Sie doch die Sprache Ihres Navigationsgeräts auf eine spanische Stimme um und verwenden Sie diese Einstellung für bekannte Strecken. So verfahren Sie sich nicht und üben Spanisch beim Autofahren.

Wenn jemand Sie um Erlaubnis fragt, etwas tun zu dürfen, reagieren Sie darauf mit dem positiven Imperativ. **¿Puedo pasar?** (Darf ich reinkommen?) **Sí, ¡pase!** (Ja, kommen Sie herein!) Der positive Imperativ ist Teil des Imperativmodus. Diese Zeit hat eigene Formen, die Sie aus Präsens- und Subjuntivo-Formen ableiten können. (Mehr über den Modus **subjuntivo** finden Sie in Kapitel 10.)

Bildung des positiven Imperativs

Sätze im Imperativ enthalten immer eine direkte Ansprache, deshalb gibt es keine Form für die 1. Person Singular und die 3. Person Plural.

Regelmäßige Imperativformen

Für die Bildung des regelmäßigen Imperativs brauchen Sie die drei Verbgruppen mit den regelmäßigen Endungen **-ar**, **-er** und **-ir**. Die Du-Form des Imperativs wird in allen Gruppen aus der 3. Person Singular Präsens gebildet. Somit sind die Formen nicht gleich für alle Gruppen.

Personalpronomen	Präsens Endung -ar	Imperativ Du-Form
él/ella/usted (er/sie/Sie)	**trabaja** (arbeitet/arbeiten)	**¡Trabaja!** (Arbeite!)

Tabelle 9.1: Imperativ der 2. Person Singular für »-ar«-Verben

✔ **¡Abrevia el texto!** (Kürze den Text!)

✔ **¡Apaga la televisión!** (Schalte den Fernseher aus!)

✔ **¡Dobla las camisas!** (Falte die Hemden zusammen!)

Diese Anweisungen sollten Sie mit dem Zauberwort **por favor** (bitte) ergänzen. Höflichkeit kommt immer gut an.

Personalpronomen	Präsens Endung -er	Imperativ Du-Form
él/ella/usted (er/sie/Sie)	**bebe** (trinkt/trinken)	**¡Bebe!** (Trinke!)

Tabelle 9.2: Imperativ der 2. Person Singular für »-er«-Verben

✔ **¡Bebe más agua!** (Trinke mehr Wasser!)

✔ **¡Corre!** (Renne!)

✔ **¡Come regularmente!** (Iss regelmäßig!)

✔ **¡Esconde los regalos!** (Verstecke die Geschenke!)

Personalpronomen	Präsens Endung -ir	Imperativ Du-Form
él/ella/usted (er/sie/Sie)	**recibe** (bekommt/bekommen)	**¡Recibe!** (Bekomme!)

Tabelle 9.3: Imperativ der 2. Person Singular für »-ir«-Verben

✔ **¡Cubre la ensalada!** (Decke den Salat ab!)

✔ **¡Escribe la carta!** (Schreibe den Brief!)

✔ **¡Define las palabras!** (Definiere die Wörter!)

 Die Du-Formen des positiven Imperativs für die Verben mit den Endungen **-er** und **-ir** haben die gleiche Endung. Zum Beispiel: **comer** (essen): aus **él/ella/ usted come** (er/sie isst / Sie essen) wird **¡Come!** (Iss!); **escribir**: aus **él/ella/usted escribe** (er/sie schreibt / Sie schreiben) wird **¡Escribe!** (Schreibe!).

Manchmal geben Sie eine Anweisung, die Sie selbst auch betrifft. Sie motivieren andere Menschen, zusammen mit Ihnen etwas zu tun. Dafür benötigen Sie die Imperativform für **nosotros** (wir). Diese Form bilden Sie aus dem Subjuntivo Präsens (siehe Tabelle 9.4).

Infinitiv	Personalpronomen	Subjuntivo Präsens	Positiver Imperativ
pintar (malen/ streichen)	**nosotros/nosotras** (wir)	**pintemos**	**¡pintemos!** (malen/streichen wir)
comer (essen)	**nosotros/nosotras** (wir)	**comamos**	**¡Comamos!** (Essen wir!)
compartir (teilen)	**nosotros/nosotras** (wir)	**compartamos**	**¡Compartamos!** (Teilen wir!)

Tabelle 9.4: Imperativ der 1. Person Plural

✔ **¡Peinemos a los niños!** (Kämmen wir die Kinder!)

✔ **¡Amasemos la pizza!** (Kneten wir die Pizza!)

✔ **¡Conservemos las tradiciones!** (Erhalten wir die Traditionen!)

✔ **¡Vivamos tranquilos!** (Leben wir in Ruhe!)

✔ **¡Bebamos un café!** (Trinken wir einen Kaffee!)

Die Verben der **-ar**-Gruppe haben die Endung **-emos**. Die Verben der Gruppen auf **-er** und **-ir** haben die Endung **-amos**. Sprechen Sie mehrere Personen an, die Sie duzen, brauchen Sie eine andere Imperativform. Diese Form ist sehr einfach zu bilden. Sie nehmen das Verb im Infinitiv und ersetzen **r** durch **d**. Das ist alles. Diese Regel gilt für alle Verbgruppen.

Verbendung	Infinitiv	Positiver Imperativ der 2. Person Plural vosotros (ihr)
-ar	**bailar** (tanzen)	**¡Bailad!** (Tanzt!)
-er	**comer** (essen)	**¡Comed!** (Esst!)
-ir	**vivir** (wohnen/leben)	**¡Vivid!** (Lebt!)

Tabelle 9.5: Imperativ der 2. Person Plural

✔ **¡Estableced las reglas!** (Legt die Regeln fest!)

✔ **¡Reenviad el correo electrónico!** (Leitet die E-Mail weiter!)

✔ **¡Hornead el pastel!** (Backt den Kuchen!)

✔ **¡Escribid una redacción!** (Schreibt einen Aufsatz!)

Da Sie nicht immer duzen können, brauchen Sie die Imperativformen für **usted** (Sie, Singular) und **ustedes** (Sie, Plural). Diese Formen werden aus dem Präsens des Subjuntivo-Modus abgeleitet (siehe Kapitel 10). Die Imperativformen sind die gleichen wie die Subjuntivo-Formen der 3. Person Singular und der 3. Person Plural (siehe Tabelle 9.6).

Infinitiv	Personalpronomen	Subjuntivo Präsens	Positiver Imperativ
ignorar (ignorieren / nicht wissen / nicht beachten)	**usted** (Sie)	**ignore**	**¡Ignore!** (Ignorieren Sie!)
ignorar (ignorieren / nicht wissen / nicht beachten)	**ustedes** (Sie, Plural)	**ignoren**	**¡Ignoren!** (Ignorieren Sie!)
desenvolver (auspacken)	**usted** (Sie)	**desenvuelva**	**¡ desenvuelva!** (Packen Sie aus!)
desenvolver (auspacken)	**ustedes** (Sie, Plural)	**desenvuelvan**	**¡desenvuelvan!** (Packen Sie aus!)
compartir (teilen)	**usted** (Sie)	**comparta**	**¡Comparta!** (Teilen Sie!)
compartir (teilen)	**ustedes** (Sie, Plural)	**compartan**	**¡Compartan!** (Teilen Sie!)

Tabelle 9.6: Imperativformen der 3. Person Singular und Plural

✔ **¡Hable más alto, por favor!** (Sprechen Sie bitte lauter!)

✔ **¡Hablen más alto, por favor!** (Sprechen Sie bitte lauter!)

✔ **¡Compre los libros!** (Kaufen Sie die Bücher!)

✔ **¡Compren los libros!** (Kaufen Sie die Bücher!)

✔ **¡Escriba con bolígrafo!** (Schreiben Sie mit Kugelschreiber!)

✔ **¡Escriban con bolígrafo!** (Schreiben Sie mit Kugelschreiber!)

Die Verben, die im Präsens unregelmäßig sind, behalten ihre unregelmäßige Form und haben Imperativformen, die regelmäßig sind.

✔ **¡Calienta la comida!** (Erwärme das Essen!) Das Verb **calentar** (erwärmen) ist ein unregelmäßiges Verb der Gruppe »**e** zu **ie**«. Diese Unregelmäßigkeit bleibt in der Imperativform bestehen.

✔ **¡Duerma más!** (Schlafen Sie mehr!) Das Verb **dormir** (schlafen) gehört zu der Gruppe der unregelmäßigen Verben »**o** zu **ue**«. Die Unregelmäßigkeit bleibt auch im Imperativ.

✔ **¡Defiende a tu hermano!** (Verteidige deinen Bruder!)

Das Verb **defender** (verteidigen) gehört zu der Gruppe der Verben, bei denen **e** zu **ie** wird. Diese Unregelmäßigkeit bleibt im Imperativ auch.

Unregelmäßige Formen

Beim positiven Imperativ gibt es keine Regel ohne Ausnahme. Die Gruppe der unregelmäßigen Formen des positiven Imperativs ist überschaubar und besteht aus nur acht Verben (siehe Tabelle 9.7).

Infinitiv	tú (du)	usted (Sie)	nosotros/nosotras (wir)	ustedes (Sie, Plural)
decir (sagen)	¡Di! (Sage!)	¡Diga! (Sagen Sie!)	¡Digamos! (Sagen wir!)	¡Digan! (Sagen Sie!)
hacer (machen)	¡Haz! (Mache!)	¡Haga! (Machen Sie!)	¡Hagamos! (Machen wir!)	¡Hagan! (Machen Sie!)
ir (gehen)	¡Ve! (Gehe!)	¡Vaya! (Gehen Sie!)	¡Vayamos! (Gehen wir!)	¡Vayan! (Gehen Sie!)
poner (stellen)	¡Pon! (Stelle!)	¡Ponga! (Stellen Sie!)	¡Pongamos! (Stellen wir!)	¡Pongan! (Stellen Sie!)
salir (ausgehen)	¡Sal! (Gehe raus!)	¡Salga! (Gehen Sie raus!)	¡Salgamos! (Gehen wir raus!)	¡Salgan! (Gehen Sie raus!)
ser (sein)	¡Sé! (Sei!)	¡Sea! (Seien Sie!)	¡Seamos! (Seien wir!)	¡Sean! (Seien Sie!)
tener (haben)	¡Ten! (Habe!)	¡Tenga! (Haben Sie!)	¡Tengamos! (Haben wir!)	¡Tengan! (Haben Sie!)
venir (kommen)	¡Ven! (Komm!)	¡Venga! (Kommen Sie!)	¡Vengamos! (Kommen wir!)	¡Vengan! (Kommen Sie!)

Tabelle 9.7: Unregelmäßige Imperativformen

✔ **¡Diga!** (Hallo am Telefon)

✔ **¡Haz los deberes!** (Mache die Hausaufgaben!)

✔ **¡Vaya a la panadería!** (Gehen Sie in die Bäckerei!)

✔ **¡Tengamos la fiesta en paz!** (Lass/lasst / lassen Sie uns keinen Streit anfangen.) Das ist eine feste Redewendung, die zum Ausdruck bringt, dass keine Konflikte erwünscht sind.

✔ **¡Vengan a las cuatro!** (Kommen Sie um 4 Uhr!)

 Die Formen der 2. Person Plural der unregelmäßigen Verben in Tabelle 9.7 sind regelmäßig: **¡Decid!** (Sagt!), **¡Haced!** (Macht!), **¡Id!** (Geht!), **¡Poned!** (Stellt!), **¡Salid!** (Geht raus!), **¡Sed!** (Seid!), **¡Tened!** (Habt!) und **¡Venid!** (Kommt!).

Alle zusammengesetzten Verben, die die Verben aus Tabelle 9.7 enthalten, haben auch unregelmäßige Imperativformen: **suponer** (vermuten), **deshacer** (auseinandermachen / rückgängig machen), **detener** (anhalten), **convenir** (vereinbaren / abmachen / angebracht sein), **contener** (beinhalten), **oponer** (einwenden/dagegenhalten), **predecir** (voraussagen), **disponer** (verfügen), **posponer** (verschieben), **retener** (zurückhalten/aufhalten/merken).

Sätze bilden mit dem positiven Imperativ

Beim positiven Imperativ haben Sie verschiedene Möglichkeiten, einen Satz zu bilden:

✔ **¡Diga!** (Sagen Sie!): Diese Form wird verwendet, wenn jemand ein Telefongespräch annimmt. Dieser Satz besteht aus nur einem Verb. Aus der Verbform können Sie erkennen, dass es sich bei dem Verb um die 3. Person Singular handelt.

✔ **¡Dígame!** (Sagen Sie mir!): Diese Form wird auch am Telefon verwendet. Das Wort **me** (mir) ist ein indirektes Objektpronomen. Das Pronomen wird ans Verb angehängt, sodass die Form eine Silbe mehr hat und einen Akzent auf der drittletzten Silbe trägt (siehe Kapitel 1).

✔ **¡Dígamelo ahora!** (Sagen Sie es mir jetzt!): Diese Form hat zwei Pronomen, das indirekte Objektpronomen **me** (mir) und das direkte Objektpronomen **lo**. **Lo** steht für die Information, die gesagt werden soll.

Wenn Sie bei Imperativformen sowohl das Akkusativ- als auch das Dativobjekt durch Objektpronomen ersetzen, müssen Sie eine bestimmte Reihenfolge beachten: Zuerst kommt das Verb **¡Diga!** (sagen Sie), danach folgt das Dativobjekt mit dem indirekten Objektpronomen **me** (mir) und zum Schluss setzen Sie das Akkusativobjekt mit dem direkten Objektpronomen **lo** (es) ein. **¡Dígamelo!** (Sagen Sie es mir!) Das indirekte Objektpronomen (Dativ) **me** ersetzt die Person, die die Information bekommt, und das direkte Objektpronomen **lo** (Akkusativ) steht für die gesagte Information.

Normalerweise brauchen Sie die Personalpronomen beim Imperativ nicht, aber wenn Sie die Information betonen wollen, können Sie die Personalpronomen zu diesem Zweck anwenden: **¡Dígamelo usted antes de que me lo diga otra persona!** (Sagen Sie es mir, bevor es jemand anders tut!)

Wenn Sie in spanischsprachigen Ländern telefonieren, werden Sie feststellen, dass Sie nicht wissen, mit wem Sie telefonieren, es sei denn, Sie fragen direkt danach. Das Telefongespräch wird mit **¡Diga!** (Sagen Sie!), **¡Dígame!** (Sagen Sie mir!), **¡Hola!** (Hallo!), **¡Alo!** (Hallo!) oder **¡Bueno!** angenommen.

Sie bitten Ihre Kinder, am Kiosk die Zeitung für die Oma zu kaufen, und sagen:

✔ **Id al quiosco y comprad el periódico para la abuela, por favor.** (Geht bitte zum Kiosk und kauft die Zeitung für die Oma.)

✔ **¡Id y compradlo, por favor!** (Geht hin und kauft sie bitte!) Die Zeitung ist im Spanischen männlich: **el periódico**; das direkte Objektpronomen **lo** ersetzt das Wort **periódico** und wird ans Verb angehängt.

✔ **¡Id y comprádselo, por favor!** (Geht hin und kauft sie ihr!) An das Verb **comprad** (kauft!) wird das indirekte Objektpronomen **se** und das direkte Objektpronomen **lo** angehängt. **Se** ersetzt das Dativobjekt Oma und **lo** ersetzt das Akkusativobjekt Zeitung. Die Reihenfolge ist Verb, Dativobjekt, Akkusativobjekt.

Wenn Sie beide Objekte in einem Satz durch Pronomen ersetzen, wird das indirekte Objektpronomen der 3. Person **le** zu **se**. Sie können nicht sagen: **¡Comprádlelo!**, sondern es muss **¡Comprádselo!** heißen (siehe Kapitel 14).

¡María, llévate las llaves, por favor! (María, nimm bitte die Schlüssel mit!) Wenn Sie **las llaves** durch ein Objektpronomen ersetzen, sagen Sie: **¡María, llévatelas, por favor!** (María, nimm sie bitte mit!) **Te** ist ein indirektes Objektpronomen und ersetzt María; **las** ist ein direktes Objektpronomen, das das Akkusativobjekt **las llaves** ersetzt.

Der negative Imperativ

Beim negativen Imperativ stehen Handlungen im Vordergrund, die jemand unterlassen soll. Dabei kann es sich um eine Aufforderung oder um einen Ratschlag handeln. Negativ heißt diese Form, weil sie mit **no** (nein) beginnt.

Verwendung des negativen Imperativs

Sie brauchen den negativen Imperativ, um eine Aufforderung oder einen Ratschlag zu formulieren. Bei einer Aufforderung mit dem negativen Imperativ muss jemand eine bestimmte Handlung unterlassen. Für Ratschläge, die jemand dazu bewegen, das Verhalten zu korrigieren, brauchen Sie diese Formen auch.

✔ **¡No abra la ventana, hace frío!** (Öffnen Sie bitte das Fenster nicht. Es ist kalt!) Wenn Sie trotzdem das Fenster öffnen, werden Ihre Mitmenschen sauer sein.

✔ **¡No aparque aquí! No está permitido.** (Parken Sie nicht hier. Es ist nicht erlaubt!) Sollten Sie trotzdem parken, riskieren Sie einen Strafzettel.

✔ **¡No fume tanto! Es malo para la salud.** (Rauchen Sie nicht so viel. Es ist schlecht für die Gesundheit!)

✔ **¡No hagas ruido después de las 22 horas!** (Mache keinen Krach nach 22 Uhr!) Wenn Sie trotzdem laut sind, werden sich die Nachbarn beschweren und die Ordnungshüter bei Ihnen klingeln.

Sätze, die mit dem negativen Imperativ gebildet werden, stehen zwischen Ausrufezeichen. Wie Sie das umgekehrte Ausrufezeichen für den Satzanfang über die Computertastatur eingeben können, erfahren Sie in Kapitel 1.

Bitte nicht – die Bildung des negativen Imperativs

Genauso wie beim positiven Imperativ gibt es beim negativen Imperativ sowohl regelmäßige als auch unregelmäßige Formen.

Regelmäßige Formen des negativen Imperativs

Die Formen des negativen Imperativs der Verben mit der Endung **-ar** werden aus der 1. Person Präsens vom **subjuntivo** gebildet. Diese Form hat die Endung **-e** (mehr über die Bildung vom **subjuntivo** erfahren Sie in Kapitel 10).

Personalpronomen	Negativer Imperativ von hablar (sprechen)
tú (du)	**¡No hables!** (Sprich nicht!)
usted (Sie)	**¡No hable!** (Sprechen Sie nicht!)
nosotros (wir, männlich)	**¡No hablemos!** (Sprechen wir nicht!)
nosotras (wir weiblich)	**¡No hablemos!** (Sprechen wir nicht!)
vosotros (ihr, männlich)	**¡No habléis!** (Sprecht nicht!)
vosotras (ihr, weiblich)	**¡No habléis!** (Sprecht nicht!)
ustedes (Sie, Plural)	**¡No hablen!** (Sprechen Sie nicht!)

Tabelle 9.8: Negativer Imperativ von Verben mit der Endung »-ar«

Die 1. Person im Subjuntivo Präsens vom Verb **hablar** (sprechen) ist **hable**. Die Imperativformen des negativen Imperativs haben die Endungen **-s** (Du-Form), **-e** (Sie), **-emos** (wir), **-éis** (ihr) und **-en** (Sie, Plural).

✔ **¡No te burles de Jorge!** (Mach dich nicht über Jorge lustig!) Das Verb **burlar** (sich lustig machen) benötigt im Spanischen ein Dativobjekt.

✔ **¡No malgastéis el dinero!** (Verschwendet nicht euer Geld!)

✔ **¡No llame a José! No está.** (Rufen Sie José nicht an. Er ist nicht zu Hause.)

✔ **¡No lleguemos tarde!** (Kommen wir nicht zu spät!) Das Verb **llegar** (ankommen) hat im Subjuntivo Präsens eine unregelmäßige Form für die 1. und die 3. Person Singular: **llegue**. Daraus wird im negativen Imperativ **lleguemos**.

Die regelmäßigen Verben mit den Endungen **-er** und **-ir** haben eine gemeinsame Endung für die Bildung des negativen Imperativs. Sie wird aus der 3. Person Singular des Subjuntivo Präsens gebildet (siehe Kapitel 10).

Personalpronomen	Negativer Imperativ von comer (essen)	Negativer Imperativ von escribir (schreiben)
tú (du)	**¡No comas!** (Iss nicht!)	**¡No escribas!** (Schreibe nicht!)
usted (Sie)	**¡No coma!** (Essen Sie nicht!)	**¡No escriba!** (Schreiben Sie nicht!)
nosotros (wir, männlich)	**¡No comamos!** (Essen wir nicht!)	**¡No escribamos!** (Schreiben wir nicht!)
nosotras (wir weiblich)	**¡No comamos!** (Essen wir nicht!)	**¡No escribamos!** (Schreiben wir nicht!)

Personalpronomen	Negativer Imperativ von comer (essen)	Negativer Imperativ von escribir (schreiben)
vosotros (ihr, männlich)	**¡No comáis!** (Esst nicht!)	**¡No escribáis!** (Schreibt nicht!)
vosotras (ihr, weiblich)	**¡No comáis!** (Esst nicht!)	**¡No escribáis!** (Schreibt nicht!)
ustedes (Sie, Plural)	**¡No coman!** (Essen Sie nicht!)	**¡No escriban!** (Schreiben Sie nicht!)

Tabelle 9.9: Negativer Imperativ von Verben mit den Endungen »-er« und »-ir«

Die 3. Person Singular im Subjuntivo Präsens vom Verb **comer** (essen) ist **coma**. Vom Verb **vivir** (leben) lautet die Form **viva**. Die Imperativformen des negativen Imperativs haben die Endungen **-s** (Du-Form), **-a** (Sie), **-amos** (wir), **-áis** (ihr) und **-an** (Sie, Plural).

✔ **¡No comáis dulces antes de almorzar!** (Esst keine Süßigkeiten vor dem Essen!) Dieses Problem ist international bekannt. Es ist überall das Gleiche.

✔ **¡No cruces la calle sin mirar!** (Gehe nicht über die Straße, ohne zu schauen!)

✔ **¡No se inscriban en el curso! Ya está lleno.** (Melden Sie sich nicht für den Kurs an! Alle Plätze sind schon belegt.)

✔ **¡No se preocupe!** (Machen Sie sich keine Sorgen!)

Unregelmäßige Formen des negativen Imperativs

Die unregelmäßigen Formen des negativen Imperativs werden immer aus der 3. Person Singular des **presente de subjuntivo** (Subjuntivo Präsens) gebildet. Wichtige Verben sind **pensar** (denken), **tener** (haben), **hacer** (machen), **poner** (stellen), **salir** (ausgehen/herausgehen). In Tabelle 9.10 finden Sie ein paar Beispiele von Subjuntivo-Präsens-Formen für die 3. Person Singular (mehr über **subjuntivo** erfahren Sie in Kapitel 10).

Infinitiv	3. Person Subjuntivo Präsens
pensar (denken)	**piense** (denkt)
tener (haben)	**tenga** (hat)
hacer (machen)	**haga** (macht)
poner (stellen)	**ponga** (stellt)
salir (ausgehen)	**salga** (ausgeht)

Tabelle 9.10: Subjuntivo-Formen der 3. Person Singular

Diese Formen sind die Grundlage, um davon ausgehend den negativen Imperativ zu bilden.

Personalpronomen	Negativer Imperativ von hacer (machen)	Negativer Imperativ von poner (stellen)
tú (du)	**¡No hagas!** (Mache nicht!)	**¡No pongas!** (Stelle nicht!)
usted (Sie)	**¡No haga!** (Machen Sie nicht!)	**¡No ponga!** (Stellen Sie nicht!)
nosotros (wir, männlich)	**¡No hagamos!** (Machen wir nicht!)	**¡No pongamos!** (Stellen wir nicht!)
nosotras (wir weiblich)	**¡No hagamos!** (Machen wir nicht!)	**¡No pongamos!** (Stellen wir nicht!)
vosotros (ihr, männlich)	**¡No hagáis!** (Macht nicht!)	**¡No pongáis!** (Stellt nicht!)
vosotras (ihr, weiblich)	**¡No hagáis!** (Macht nicht!)	**¡No pongáis!** (Stellt nicht!)
ustedes (Sie, Plural)	**¡No hagan!** (Machen Sie nicht!)	**¡No pongan!** (Stellen Sie nicht!)

Tabelle 9.11: Negativer Imperativ

Diese Formen haben immer die Endungen **-as** (Du-Form), **-a** (Sie-Form), **-amos** (Wir-Form), **-áis** (Ihr-Form) und **-an** (Sie-Form, Plural).

✔ **¡No salgas tarde! Vas perder el tren.** (Geh nicht zu spät aus dem Haus, sonst wirst du den Zug verpassen.) Das ist ein gut gemeinter Rat, es ist kein Verbot.

✔ **¡No toquéis nada en el museo, por favor!** (Fasst im Museum nichts an!) Das ist eine Aufforderung, etwas zu unterlassen. Die Schüler dürfen die Exponate im Museum nicht anfassen, sonst werden sie mit Konsequenzen rechnen müssen.

✔ **¡No pongas la música alta! Ya es tarde.** (Stelle die Musik nicht so laut! Es ist schon spät.) Das ist kein Verbot, denn Musik zu hören, ist nicht verboten, aber die Person wird dazu aufgefordert, die Musik so leise zu stellen, dass andere Personen dadurch nicht belästigt werden.

Die Beispiele verursachen eine Verhaltenskorrektur durch eine Empfehlung oder sind ein Hinweis, etwas nicht zu tun, weil man mit negativen Folgen rechnen muss.

Sätze bilden mit dem negativen Imperativ

Jeder Satz, der mit dem negativen Imperativ gebildet wird, beginnt mit **no** (nicht). Darauf folgt ein Verb, das aus einer Form des Subjuntivo Präsens gebildet wird, gefolgt von einem Objekt. Wenn die Objekte durch Objektpronomen ersetzt werden, stehen die Objektpronomen vor dem Verb.

✔ **¡No compres la falda roja! Te queda grande.** (Kaufe nicht den roten Rock. Er ist dir zu groß.)

✔ **¡No la compres!** (Kaufe ihn nicht!) Das Akkusativobjekt **la falda** (den Rock) wurde durch das direkte Objektpronomen ersetzt, das vor dem Verb steht.

✔ **¡No te la compres!** (Kaufe ihn dir nicht). **Te** (dir) ersetzt das Dativobjekt und steht an erster Stelle nach **no**. Das Akkusativobjekt **la falda** (den Rock) wurde durch das direkte Objektpronomen ersetzt. Beide Objektpronomen stehen vor dem Verb.

✔ **¡No use el ascensor! Está descompuesto.** (Benutzen Sie bitte nicht den Aufzug! Er ist kaputt.)

✔ **¡No lo use! Está descompuesto.** (Benutzen Sie ihn bitte nicht! Er ist kaputt.) Das Akkusativobjekt **el ascensor** (der Aufzug) wird durch das direkte Objektpronomen **lo** (ihn) ersetzt.

Beim positiven Imperativ haben Sie gelernt, dass die Objektpronomen an die Verbform angehängt werden können. Das ist beim negativen Imperativ anders. Die Objektpronomen werden nicht an das Verb angehängt, sondern vor das Verb gestellt. Ein Satz, der mit dem negativen Imperativ gebildet wird, besteht aus folgenden Satzteilen: **No** (nein), ein Verb **use** (verwenden Sie nicht) und ein Objekt **el ascensor!** (den Aufzug). **No use el ascensor!** (Benutzen Sie bitte nicht den Aufzug!) Wenn die Information schon bekannt ist, sagen Sie: **No lo use!** (Benutzen Sie ihn nicht!)

Ersetzen Sie zwei Objekte durch Objektpronomen, kommt das indirekte Objektpronomen zuerst (ersetzt das Dativobjekt) und wird vom direkten Objektpronomen (ersetzt das Akkusativobjekt) gefolgt. Am Schluss steht das Verb. Wenn Sie das Dativ- und das Akkusativobjekt durch Pronomen ersetzen, setzen Sie voraus, dass beide Gesprächspartner wissen, worum es geht. Sonst weiß der Gesprächspartner nicht, worüber Sie sprechen.

Übungen zu Kapitel 9

Übung 9.1

Verwöhnen Sie Ihre Lieben mit diesen leckeren Alfajores:

Ingredientes – Zutaten:

Masa clara – heller Teig: **500 g de harina** – 500 g Mehl, **100 g de fécula de maíz** – 100 g Maizena, **1 cucharadita de polvo de hornear** – 1 TL Backpulver, **½ cucharadita de bicarbonato de sodio** – ½ TL Natron, **2 huevos** – 2 Eier, **2 cucharadas de miel** – 2 EL Honig, **200 g de azúcar** – 200 g Zucker, **200 g mantequilla blanca** – 200 g weiche Butter, **Esencia de vainilla** – Vanillezucker

Masa oscura – dunkler Teig: **500 g de harina** – 500 g Mehl, **100 g de fécula de maíz** – 100 g Maizena, **1 cucharadita de polvo de hornear** – 1 TL Backpulver, **½ cucharadita de bicarbonato de sodio** – ½ TL Natron, **2 huevos** – 2 Eier, **2 cucharadas de miel** – 2 EL Honig, **200 g de azúcar** – 200 g Zucker, **200 g mantequilla blanca** – 200 g weiche Butter, **Escencia de vainilla** – Vanillezucker, **4 cucharadas de cacao en polvo** – 4 EL Backkakao

Relleno y covertura – Füllung und Überzug: **dulce de leche** – Milchmarmelade, **chocolate para derretir** – Schokoladenguss

Wie lauten die Anweisungen?

Preparación – Zubereitung: Bereite mit den Zutaten jeweils den hellen und den dunklen Teig vor. _____ Rolle den Teig aus, sodass er ½ cm dick ist. _____ _____ Steche runde oder eckige Alfajores aus. _____ _____ Backe sie bei 200° C circa 10 Minuten. _____ _____ Bestreiche jeweils zwei kalte Alfajores mit der Milchmarmelade und setze sie zusammen. _____ _____ Schmelze die Schokolade und überziehe die Alfajores damit. _____ _____

Übung 9.2

Erklären Sie jemandem, wie man Konzertkarten online kaufen kann.

_____ (Öffne die Internetseite.)
_____ (Wähle das Konzert, das Datum und die Anzahl Karten.) _____ _____ (Klicke auf »Kaufen«.) _____ _____ (Öffne deinen Warenkorb.) _____ _____ (Klicke auf »Bezahlen« und wähle die Zahlungsart.) _____ _____ (Drucke die Eintrittskarten aus.)

Kapitel 10
Ein Buch ohne Siegel – »el modo subjuntivo«

Neben der Wirklichkeitsform (**modo indicativo**) und dem Imperativmodus (**modo imperativo**) gibt es den Modus **subjuntivo**. Der **modo subjuntivo** hat, wie die Wirklichkeitsform, verschiedene Zeiten, die diverse kommunikative Aufgaben erfüllen. **Subjuntivo** wird viel in der gesprochenen Sprache verwendet. Die Tatsache, dass die Zeiten des **subjuntivo** nicht mit dem deutschen Konjunktiv II vergleichbar sind, erschwert das Lernen ein wenig.

In diesem Kapitel werden der Modus **subjuntivo** und seine Zeiten so einfach erklärt, dass Sie sie nicht wieder vergessen. Der Modus **subjuntivo** umfasst zwei einfache und zwei zusammengesetzte Zeiten. Die einfachen Zeiten sind das Präsens und das Imperfekt. Zusammengesetzte Zeiten sind das Perfekt und das Plusquamperfekt.

Der Subjuntivo Präsens

Mit dem Subjuntivo Präsens verlassen Sie die Objektivität, um Möglichkeiten, Wünsche oder eigene Empfindungen wiederzugeben. In der Wirklichkeitsform sprechen Sie über Fakten: **Hoy trabajo.** (Heute arbeite ich.) Sie haben den Arbeitsplan für heute und können mit Sicherheit sagen, dass Sie heute arbeiten werden. Der Plan für morgen steht noch nicht fest, deshalb sagen Sie: **No creo que trabaje mañana.** (Ich glaube nicht, dass ich morgen arbeite.) Bei dieser Aussage sind Änderungen noch möglich.

 Da der Subjuntivo-Modus nicht mit dem deutschen Konjunktiv übersetzt werden kann, gibt es für spanische Sätze im Subjuntivo keine Eins-zu-eins-Übersetzung ins Deutsche.

Verwendung des Präsens im Subjuntivo-Modus

Mit den Präsensformen des **subjuntivo** verlassen Sie die Objektivität und sprechen über Wahrscheinlichkeiten. Sie geben eine Information wieder, deren Wahrheitsgehalt Sie nicht genau kennen. Wenn es eher wahrscheinlich ist, dass eine Handlung eintritt, verwenden Sie die Wirklichkeitsform. Ist es fast sicher, dass eine Handlung nicht passieren wird, müssen Sie **subjuntivo** anwenden. Diese Zeit benutzen Sie auch, um über Möglichkeiten und Wünsche zu sprechen.

Über Möglichkeiten sprechen

Mit dem Subjuntivo Präsens bringen Sie zum Ausdruck, dass Ihre Entscheidung von mehreren Faktoren abhängig ist und Sie nicht wissen, welche eintreten werden. Eine Handlung kann nur unter bestimmten Umständen geschehen.

✔ **No creo que tenga tiempo el jueves por la tarde.** (Ich glaube nicht, dass ich am Donnerstagnachmittag Zeit habe.) Wenn Sie diese Aussage machen, kennen Sie Ihre Pläne für Donnerstag nicht. Vielleicht haben Sie Zeit, vielleicht auch nicht. Dazu verwenden Sie den Subjuntivo. In der Wirklichkeitsform würden Sie sagen: **Creo que no tengo tiempo el jueves por la tarde.** (Ich glaube, dass ich am Donnerstagnachmittag keine Zeit habe.), oder: **No tengo tiempo el jueves por la tarde.** (Ich habe am Donnerstagnachmittag keine Zeit.) Die Informationen in der Wirklichkeitsform sind Fakt. Sie sind sicher, dass die Information für den Donnerstag stimmt.

✔ **No creo que esté nevando.** (Ich glaube nicht, dass es schneit.) Sie waren noch nicht außer Haus, deshalb vermuten Sie, dass es nicht schneit. Das ist kein Fakt, sondern eine Möglichkeit. Dagegen ist der Satz **Está nevando** (Es schneit.) eine Tatsache, für die Sie die Wirklichkeitsform benutzen müssen.

✔ **Cuando llegue a casa prepararé la cena.** (Wenn ich zu Hause bin, werde ich das Abendessen vorbereiten.) Sie kennen den Zeitpunkt Ihrer Ankunft zu Hause nicht, deshalb sagen Sie, dass Sie das Abendessen vorbereiten, sobald Sie zu Hause angekommen sind. In der Wirklichkeitsform würden Sie sagen: **Cuando llego a casa preparo la cena.** (Wenn ich zu Hause bin, bereite ich das Essen vor.) Sie wissen ganz genau, wann Sie zu Hause sein werden und das Abendessen vorbereiten können.

✔ **No verás la tele hasta que no termines con los deberes.** (Du siehst nicht fern, bevor die Hausaufgaben nicht fertig sind.) Sie wissen nicht, wann die Hausaufgaben fertig sein werden. **Cuando terminas la tarea ves la tele.** (Wenn die Hausaufgabe fertig ist, siehst du fern.) Wenn Sie die Wirklichkeitsform anwenden, wissen Sie genau, wann die Hausaufgaben fertig sein werden.

 Subjuntivo-Formen stehen im Haupt- oder im Nebensatz beziehungsweise nur im Nebensatz. Dabei wird der Subjuntivo Präsens für den Ausdruck von Möglichkeiten verwendet. Im Gegensatz dazu stehen die Zeiten der Wirklichkeitsform (**modo indicativo**) für Fakten.

Glauben Sie nicht alles, was andere erzählen. Es stimmt nicht immer alles. Äußern Sie Ihre Zweifel. Dafür brauchen Sie im Spanischen den **subjuntivo**.

Eine Information anzweifeln

Wenn Sie nicht sicher sind, ob eine Information wahr ist, können Sie dies mit dem **subjuntivo** zum Ausdruck bringen.

✔ **Dudo que el aviso salga hoy en el periódico.** (Ich zweifele daran, dass die Anzeige heute in der Zeitung erscheint.) Sie erwarten, eine bestimmte Anzeige in der Zeitung zu finden, wissen aber nicht, wann sie erscheinen wird.

✔ **No creo que trabaje en el jardín.** (Ich glaube nicht, dass ich im Garten arbeite.) Die Arbeit im Garten hängt von verschiedenen Faktoren ab, die Sie nicht genau kennen, zum Beispiel ob Sie Zeit und Lust dazu haben. Diese Information muss im **subjuntivo** stehen.

✔ **No estoy seguro que termine de leer el libro hoy.** (Ich bin nicht sicher, ob ich heute das Buch fertig lese.) Sie können nicht absehen, ob Sie das Buch zu Ende lesen können, weil Sie noch nicht wissen, ob Sie die Zeit haben werden, wenn Sie diesen Satz sagen.

 Subjuntivo-Formen können sowohl im Hauptsatz als auch im Nebensatz stehen. Der **subjuntivo** ist auch die Zeit der Zweifel. Wenn Sie diese Formen verwenden, können Sie nicht sagen, wie hoch die Wahrscheinlichkeit ist, dass etwas zutrifft. Die Zeiten der Wirklichkeitsform werden für Fakten genutzt.

Subjuntivo ist die Zeit der Wünsche und der Träume. Das sind Informationen, von denen Sie nicht wissen, ob sie Wirklichkeit werden.

Wünsche äußern

Wenn Sie einen Wunsch zum Ausdruck bringen, wissen Sie nicht, ob dieser Wunsch in Erfüllung gehen wird. Dafür verwenden Sie die Subjuntivo-Formen im Präsens.

✔ **¡Os deseo que paséis unas buenas vacaciones en Chile!** (Ich wünsche euch einen schönen Urlaub in Chile!) Das ist die Äußerung eines Wunsches, die an eine andere Person gerichtet ist. Sie wissen nicht, ob der Urlaub Ihrer Freunde schön sein wird, weil der Urlaubsspaß von vielen Faktoren abhängt, die Sie nicht beeinflussen können.

✔ **Quiero que me enseñes a coser.** (Ich wünsche mir, dass du mir das Nähen beibringst.) Dieser Wunsch kann in Erfüllung gehen oder auch nicht. Der Ausgang der Handlung hängt von vielen Faktoren ab.

✔ **Prefiero que salgamos media hora más tarde.** (Mir ist lieber, wir könnten eine halbe Stunde später losfahren.) Sie wünschen sich, die Abfahrtszeit um eine halbe Stunde zu verschieben, aber Sie wissen nicht, ob es möglich sein wird, weil Ihre Mitfahrer einverstanden sein sollten.

✔ **Luciana me pidió que compre papel.** (Luciana hat mich gebeten, Papier zu kaufen.) Wenn Luciana Sie darum bittet, Papier zu kaufen, weiß sie nicht, ob Sie in die Stadt fahren werden.

Bei der Äußerung des Wunsches steht das Verb für die Gefühlsäußerung in der Wirklichkeitsform und das darauf folgende Verb im **subjuntivo**. Bringen Sie Ihre Wünsche und Gefühle zum Ausdruck. Wenn Ihnen etwas nicht gefällt, können Sie sich beschweren. Finden Sie etwas gut, sollten Sie das auch sagen. Der **subjuntivo** liefert die Formen dazu. Wenn Sie einer anderen Person etwas wünschen, müssen Sie den Wunsch im **subjuntivo** formulieren.

Gefühle äußern

Nach Verben, die Gefühlsäußerungen zum Ausdruck bringen, müssen Sie die Wirklichkeit verlassen und Subjuntivo Präsens anwenden. Dem Verb folgt **que** (dass) und eine Formulierung im Subjuntivo Präsens.

✔ **Odio que llegues tarde.** (Ich hasse es, wenn du zu spät kommst.)

✔ **Me encanta que vayamos al cine juntas.** (Ich mag es, mit dir zusammen ins Kino zu gehen.)

✔ **Me preocupa que paqui salga sola de noche.** (Ich mache mir Sorgen, wenn Paqui abends allein ausgeht.)

✔ **No me importa que Rebeca hable mal de mí.** (Es ist mir egal, dass Rebeca schlecht über mich redet.)

✔ **No me gusta que la gente fume en el restaurante.** (Ich mag es nicht, wenn die Leute im Restaurant rauchen.)

Wenn Sie Gefühle äußern, steht das Verb für die Gefühlsäußerung in der Wirklichkeitsform und das nächste Verb im **subjuntivo**. Wenn Sie eine bestimmte Eigenschaft von Personen oder Sachen beschreiben, verwenden Sie auch Subjuntivo Präsens.

Subjuntivo in Verbindung mit Beschreibungen

Eine Person oder eine Sache muss bestimmte Eigenschaften haben, um eine Aufgabe zu erledigen. Das Subjekt im Hauptsatz unterscheidet sich vom Subjekt im Nebensatz. Der Nebensatz ist ein Relativsatz mit **que** (dass).

✔ **Busco a alguien que hable chino.** (Ich suche jemanden, der Chinesisch sprechen kann.) Wenn Sie das sagen, wissen Sie nicht, wer diese Eigenschaft erfüllen wird, deshalb müssen Sie **subjuntivo** verwenden.

✔ **No conozco a nadie que tenga este número de teléfono.** (Ich kenne niemanden mit dieser Telefonnummer.) Sie haben im Display Ihres Telefons eine Telefonnummer gesehen, die Sie nicht kennen, und Sie wissen auch nicht, wem diese Nummer gehört.

✔ **No me gusta que prepares platos que lleven cilantro.** (Ich mag es nicht, wenn du Gerichte kochst, die mit Koriander gewürzt sind.) Alle Gerichte, die Koriander enthalten, kommen für Sie nicht infrage.

✔ **Necesito a alguien que repare autos.** (Ich brauche jemanden, der Autos reparieren kann.) Sie suchen eine Person, die Ihren Wagen repariert. Es muss keine bestimmte Person sein, aber eine, die das nötige Wissen dazu hat.

Bei Beschreibungen steht das Verb im Hauptsatz in der Wirklichkeitsform und das Verb im Nebensatz im **subjuntivo**. Das Subjekt im Hauptsatz unterscheidet sich vom Subjekt im Nebensatz. **Voy a llamar a alguien que sepa reparar el lavarropas.** (Ich rufe jemanden an, der die Waschmaschine reparieren kann.) Die Person, die Sie anrufen, muss die Eigenschaft erfüllen, sonst kann sie nicht die Waschmaschine reparieren.

Es gibt viele feste Ausdrücke und Redewendungen, die Sie im alltäglichen Leben oft verwenden. Bei einigen lässt der **subjuntivo** grüßen. Wenn Sie einer anderen Person etwas wünschen, müssen Sie den Wunsch im **subjuntivo** formulieren.

Wichtige Sätze im subjuntivo

Diese Sätze müssen Sie immer mit Subjuntivo-Formen bilden. Sie brauchen sie, um anderen Menschen etwas zu wünschen.

✔ **¡Que aproveche!** (Guten Appetit!)

✔ **¡Que le vaya bien!** (Lassen Sie es sich gut gehen!)

✔ **¡Que te mejores!** (Ich wünsche dir gute Besserung!)

✔ **¡Que se mejore!** (Ich wünsche Ihnen gute Besserung!)

✔ **¡Que tengas suerte!** (Ich wünsche dir viel Glück!)

✔ **¡Que te diviertas!** (Ich wünsche dir viel Spaß!)

Das Wort **¡Que!** trägt keinen Akzent, obwohl es nach einem Ausrufezeichen steht. Diese Sätze sind nur ein Teil der Information. Der vollständige Satz würde lauten: **Te deseo que tengas suerte.** (Ich wünsche dir viel Glück!) Wenn Sie **¡Buen provecho!** (Guten Appetit!) sagen, ist Ihre Information: Ich wünsche dir einen guten Appetit.

Die Information in diesen Ausdrücken ist nicht für den Sprecher bestimmt, sondern für andere Personen. Für allgemeingültige Verbote und Gebote müssen Sie Ihre Information im **subjuntivo** formulieren. Die Information ist an eine bestimmte Person oder eine Sache gerichtet. Diese Anweisung gilt für alle, die davon betroffen sind.

Was sein muss, muss sein

Diese Sätze werden von Verben eingeleitet, die eine Notwendigkeit, ein Verbot oder eine Erlaubnis zum Ausdruck bringen.

✔ **Es necesario que compres ruedas de invierno nuevas.** (Es ist notwendig, dass du neue Winterreifen kaufst.) Wenn Sie das sagen, wissen Sie nicht, ob die Person die Reifen tatsächlich kaufen wird. In der Wirklichkeitsform wäre diese Information eine allgemeine Aussage: **Es necesario comprar ruedas de invierno.** (Man muss Winterreifen kaufen.)

✔ **Es obligatorio que uses casco.** (Es ist Pflicht, dass du einen Helm benutzt.) Wenn Sie diese Regel nicht befolgen, werden Sie mit Konsequenzen rechnen müssen. **Es obligatorio usar casco.** (Es ist Pflicht, einen Helm zu benutzen.) Das ist eine allgemeine Aussage, die für alle Menschen gilt, die bestimmte Fahrzeuge benutzen.

✔ **Está prohibido que fumes en sitios públicos.** (Es ist verboten, dass du an öffentlichen Plätzen rauchst.) **Está prohibido fumar en sitios públicos.** (Es ist verboten, an öffentlichen Plätzen zu rauchen.) Auch hier steht die allgemeine Aussage in der Wirklichkeitsform.

Gebote und Verbote, die eine bestimmte Person befolgen muss, stehen im **subjuntivo**. Für allgemeine Aussagen setzen Sie die Wirklichkeitsform ein. Haben Haupt- und Nebensatz das gleiche Subjekt und Ihre Information ist fast sicher oder ein Tatsache, müssen Sie die Wirklichkeitsform anwenden. **Quiero hacer compras el sábado.** (Ich möchte am Samstag einkaufen.) **Subjuntivo** verwenden Sie, wenn das Subjekt im Haupt- und Nebensatz verschieden ist. **Quiero que mi marido haga las compras el sábado.** (Ich möchte, dass mein Mann am Samstag einkaufen fährt.) Sie haben den Wunsch, dass eine andere Person etwas für Sie tut. Ob diese Person gewillt ist, Ihnen zu helfen, können Sie nicht beeinflussen.

Bei der Bildung vom **subjuntivo** gibt es, wie bei anderen Zeiten auch, regelmäßige und unregelmäßige Formen.

Bildung der regelmäßigen Formen

Beim Subjuntivo Präsens haben die Verben, die auf **-ar** enden, die Endungen **-e**, **-es**, **-e**, **-emos**, **-éis**, **-en** (siehe Tabelle 10.1). Die Verben der Gruppen **-er** und **-ir** haben im Subjuntivo Präsens dieselbe Endungen **-a**, **-as**, **-a**, **-amos**, **-áis**, **-an**.

Personalpronomen	hablar (sprechen)	beber (trinken)	recibir (bekommen)
yo (ich)	hable	beba	reciba
tú (du)	hables	bebas	recibas
él (er)	hable	beba	reciba
ella (sie)	hable	beba	reciba
usted (Sie)	hable	beba	reciba

Personalpronomen	hablar (sprechen)	beber (trinken)	recibir (bekommen)
nosotros (wir, männlich)	**hablemos**	**bebamos**	**recibamos**
nosotras (wir, weiblich)	**hablemos**	**bebamos**	**recibamos**
vosotros (ihr, männlich)	**habléis**	**bebáis**	**recibáis**
vosotras (ihr, weiblich)	**habléis**	**bebáis**	**recibáis**
ellos (sie, männlich)	**hablen**	**beban**	**reciban**
ellas (sie, weiblich)	**hablen**	**beban**	**reciban**
ustedes (Sie, Plural)	**hablen**	**beban**	**reciban**

Tabelle 10.1: Der Subjuntivo Präsens – regelmäßige Formen

Merken Sie sich die Sie-Form des Imperativs. Davon ausgehend können Sie die Subjuntivo-Formen bilden. Das Verb **trabajar** (arbeiten) hat **¡Trabaje!** (Arbeiten Sie!) als Sie-Form. Von dieser Form ausgehend bilden Sie die Subjuntivo-Formen: **yo trabaje**. Das Gleiche passiert mit den Verben der Gruppen **-er** und **-ir**: **beber** (trinken). **¡Beba!** (Trinken Sie!): **yo beba**. **Vivir** (leben) hat **viva** als erste Subjuntivo-Form, denn die Sie-Form des Imperativs lautet **¡Viva!** (Leben Sie!).

Im Subjuntivo Präsens finden sich verschiedene Arten von unregelmäßigen Formen. Die Formen in der 1. und der 3. Person Singular sind gleich, daher verwenden Sie in der 3. Person die Personalpronomen **él**, **ella** oder **usted**, um die Sätze von der 1. Person zu unterscheiden.

Bildung der unregelmäßigen Formen

Die meisten Verben, die im Präsens der Wirklichkeitsform (**modo indicativo**) eine oder mehrere Unregelmäßigkeiten haben, haben im **subjuntivo** auch unregelmäßige Formen. Tabelle 10.2 zeigt die Verben, die eine Vokalveränderung aufweisen.

Personalpro-nomen	encontrar (finden) o zu ue	cerrar (schlie-ßen) e zu ie	servir (bedienen/servieren) e zu i	repetir (wieder-holen) e zu i
yo (ich)	**encuentre**	**cierre**	**sirva**	**repita**
tú (du)	**encuentres**	**cierres**	**sirvas**	**repitas**
él (er)	**encuentre**	**cierre**	**sirva**	**repita**
ella (sie)	**encuentre**	**cierre**	**sirva**	**repita**
usted (Sie)	**encuentre**	**cierre**	**sirva**	**repita**
nosotros (wir, männlich)	**encontremos**	**cerremos**	**sirvamos**	**repitamos**
nosotras (wir, weiblich)	**encontremos**	**cerremos**	**sirvamos**	**repitamos**

Personalpronomen	encontrar (finden) o zu ue	cerrar (schließen) e zu ie	servir (bedienen/ servieren) e zu i	repetir (wiederholen) e zu i
vosotros (ihr, männlich)	encontréis	cerréis	sirváis	repitáis
vosotras (ihr, weiblich)	encontréis	cerréis	sirváis	repitáis
ellos (sie, männlich)	encuentren	cierren	sirvan	repitan
ellas (sie, weiblich)	encuentren	cierren	sirvan	repitan
ustedes (Sie, Plural)	encuentren	cierren	sirvan	repitan

Tabelle 10.2: Der Subjuntivo Präsens – Verben mit Vokalveränderung

 Das Verb **servir** (bedienen/servieren) hat in allen Formen eine Vokalveränderung. **No creo que el hotel sirva el desayuno antes de las siete.** (Ich glaube nicht, dass das Hotel das Frühstück vor 7 Uhr serviert.) **Es necesario que sirváis la comida caliente.** (Es ist notwendig, das Essen warm zu servieren.) Bei der 1. und der 2. Person Plural bleibt die Vokalveränderung bestehen.

Es gibt Verben, die die Unregelmäßigkeiten der Wirklichkeitsform behalten und eine weitere unregelmäßige Form im **subjuntivo** haben (siehe Tabelle 10.3).

Personalpronomen	dormir (schlafen) o zu ue	sentir (fühlen) e zu ie
yo (ich)	duerma	sienta
tú (du)	duermas	sientas
él (er)	duerma	sienta
ella (sie)	duerma	sienta
usted (Sie)	duerma	sienta
nosotros (wir, männlich)	durmamos	sintamos
nosotras (wir, weiblich)	durmamos	sintamos
vosotros (ihr, männlich)	durmáis	sintáis
vosotras (ihr, weiblich)	durmáis	sintáis
ellos (sie, männlich)	duerman	sientan
ellas (sic, wciblich)	ducrman	sientan
ustedes (Sie, Plural)	duerman	sientan

Tabelle 10.3: Der Subjuntivo Präsens – unregelmäßige Veränderung in allen Formen

Bei diesen Verben sind, zusätzlich zu der üblichen Unregelmäßigkeit, die 1. und die 2. Person im Plural ebenfalls unregelmäßig. Bei einigen Verben verändern sich nicht die Vokale, sondern die Konsonanten, genauso wie in der Wirklichkeitsform (siehe Tabelle 10.4).

Personalpronomen	-car	-gar	-guar	-ger	-gir	-guir	-ucir	-uir	-zar
yo (ich)	-que	-gue	-güe	-ja	-ja	-ga	-zca	-ya	-ce
tú (du)	-ques	-gues	-gües	-jas	-jas	-gas	-zcas	-yas	-ces
él (er)	-que	-gue	-güe	-ja	-ja	-ga	-zca	-ya	-ce
ella (sie)	-que	-gue	-güe	-ja	-ja	-ga	-zca	-ya	-ce
usted (Sie)	-que	-gue	-güe	-ja	-ja	-ga	-zca	-ya	-ce
nosotros (wir, männlich)	-quemos	-guemos	-güemos	-jamos	-jamos	-gamos	-zcamos	-yamos	-cemos
nosotras (wir, weiblich)	-quemos	-guemos	-güemos	-jamos	-jamos	-gamos	-zcamos	-yamos	-cemos
vosotros (ihr, männlich)	-quéis	-guéis	-güéis	-jáis	-jáis	-gáis	-zcáis	-yáis	-céis
vosotras (ihr, weiblich)	-quéis	-guéis	-güéis	-jáis	-jáis	-gáis	-zcáis	-yáis	-céis
ellos (sie, männlich)	-quen	-guen	-güen	-jan	-jan	-gan	-zcan	-yan	-cen
ellas (sie, weiblich)	-quen	-guen	-güen	-jan	-jan	-gan	-zcan	-yan	-cen
ustedes (Sie, Plural)	-quen	-guen	-güen	-jan	-jan	-gan	-zcan	-yan	-cen

Tabelle 10.4: Verben mit orthografischer Veränderung

Anhand dieser Beispiele sehen Sie, wie die orthografische Veränderung der Verben die Schreibweise der Verbformen verändert.

✔ **No está permitido que aparques tu coche delante de la salida de emergencia.** (Es ist nicht erlaubt, dass du dein Auto vor dem Notausgang parkst.) Die allgemeine Aussage in der Wirklichkeitsform lautet: **No está permitido aparcar el coche delante de la salida de emergencia.** (Es ist nicht erlaubt, das Auto vor dem Notausgang zu parken.)

✔ **Es necesario que apague las luces para ahorrar energía.** (Es ist notwendig, dass Sie die Lichter ausschalten, um Energie zu sparen.) In der Wirklichkeitsform sagen Sie: **Es necesario apagar las luces para ahorrar energía.** (Es ist notwendig, die Lichter auszuschalten, um Energie zu sparen.) Diese Aussage ist allgemeingültig.

✔ **Es importante que los testigos atestigüen.** (Es ist wichtig, dass die Zeugen aussagen.) **Ü con diéresis** (u mit zwei Punkten) ist ein Hinweis dafür, dass u ausgesprochen werden muss.

✔ **Es necesario que protejas las plantas contra las heladas.** (Es ist notwendig, dass du die Pflanzen gegen den Frost schützt.) Die allgemeine Aussage lautet: **Es necesario proteger las plantas contra las heladas.** (Es ist notwendig, die Pflanzen gegen den Frost zu schützen.)

✔ **Es muy importante que corrija los errores de ortografía.** (Es ist sehr wichtig, dass Sie die Rechtschreibfehler korrigieren.) In der Wirklichkeitsform sagen Sie: **Es muy importante corregir los errores de ortografía.** (Es ist sehr wichtig, die Rechtschreibfehler zu korrigieren.)

✔ **Es posible que consigas el libro en Salamanca.** (Es ist möglich, dass du das Buch in Salamanca bekommst.) Die Information ist, dass es möglich wäre, das Buch in Salamanca zu bekommen, aber sicher ist diese Aussage nicht. **Es posible conseguir el libro en Salamanca.** (Es ist möglich, das Buch in Salamanca zu bekommen.) Das ist eine Tatsache. Wenn Sie nach Salamanca fahren, werden Sie das Buch bekommen. Für diese Aussage verwenden Sie die Wirklichkeitsform.

✔ **Os prohibo que conduzcáis después de beber alcohol.** (Ich verbiete euch, nach dem Alkoholkonsum Auto zu fahren.) Es ist nicht ausdrücklich verboten, Auto zu fahren, nachdem man Alkohol getrunken hat, wenn man die erlaubte Promillegrenze einhält. Es ist nicht zu empfehlen, deshalb steht dieser Satz im **subjuntivo**. **No está prohibido conducir después de beber alcohol, pero no es aconsejable.** (Es ist nicht verboten, nach Alkoholkonsum Auto zu fahren, aber es ist nicht empfehlenswert.)

✔ **No creo que José construya una casa porque compró un piso.** (Ich glaube nicht, dass José ein Haus baut, weil er eine Wohnung gekauft hat.)

✔ **Es posible que el domingo almorcemos en el restaurante español.** (Es ist möglich, dass wir am Sonntag im spanischen Restaurant zu Mittag essen.) Es besteht eine gewisse Wahrscheinlichkeit, dass Sie essen gehen, aber sicher ist es nicht. Wenn Sie diesen Satz in der Wirklichkeitsform bilden, ändert sich der Informationsgehalt: **Es posible comer en el restaurante español.** (Es ist möglich, im spanischen Restaurant zu essen.) Das bedeutet, dass es ein spanisches Restaurant gibt, dass es offen hat und Sie dorthin essen gehen können.

Für allgemeingültige Aussagen verwenden Sie die Wirklichkeitsform (**modo indicativo**). Das Verb im Nebensatz muss in der Infinitivform verwendet werden.

Die Verben, die in der Wirklichkeitsform eine unregelmäßige 1. Person haben, werden im **subjuntivo** aus dieser unregelmäßigen Form gebildet. **Tengo** (ich habe), **hago** (ich mache), **salgo** (ich gehe aus), **digo** (ich sage), **pongo** (ich stelle) und **traigo** (ich bringe) werden zu **tenga**, **haga**, **alga**, **diga ponga** und **traiga**. Diesen Formen werden die entsprechenden Subjuntivo-Endungen hinzugefügt (siehe Tabelle 10.5).

Personalpronomen	tener (haben)	hacer (machen)	salir (ausgehen)	decir (sagen)	poner (stellen)	traer (bringen)
yo (ich)	tenga	haga	salga	diga	ponga	traiga
tú (du)	tengas	hagas	salgas	digas	pongas	traigas
él (er)	tenga	haga	salga	diga	ponga	traiga
ella (sie)	tenga	haga	salga	diga	ponga	traiga
usted (Sie)	tenga	haga	salga	diga	ponga	traiga
nosotros (wir, männlich)	tengamos	hagamos	salgamos	digamos	pongamos	traigamos
nosotras (wir, weiblich)	tengamos	hagamos	salgamos	digamos	pongamos	traigamos
vosotros (ihr, männlich)	tengáis	hagáis	salgáis	digáis	pongáis	traigáis
vosotras (ihr, weiblich)	tengáis	hagáis	salgáis	digáis	pongáis	traigáis
ellos (sie, männlich)	tengan	hagan	salgan	digan	pongan	traigan
ellas (sie, weiblich)	tengan	hagan	salgan	digan	pongan	traigan
ustedes (Sie, Plural)	tengan	hagan	salgan	digan	pongan	traigan

Tabelle 10.5: Unregelmäßige Verben im Subjuntivo Präsens aus der ersten unregelmäßigen Präsensform der Wirklichkeitsform (»indicativo«)

✔ **No creo que hoy tenga ganas de salir.** (Ich glaube nicht, dass ich heute Lust habe auszugehen.)

✔ **Es mejor que hagas la comida temprano.** (Es ist besser, dass du das Essen früher machst.)

✔ **Es importante que usted no salga tarde porque necesita tiempo para pasar el control de seguridad.** (Es ist wichtig, dass Sie rechtzeitig aus dem Haus gehen, denn Sie brauchen Zeit, um durch die Sicherheitskontrollen zu gehen.)

✔ **No es necesario que pongamos la música tan fuerte.** (Es ist nicht notwendig, dass wir die Musik so laut stellen.)

✔ **Espero que traigan la comida rápido porque tengo prisa.** (Ich hoffe, dass das Essen bald kommt, denn ich habe es eilig.)

✔ **No estoy segura que Maria tenga tiempo el viernes.** (Ich bin nicht sicher, ob Maria am Freitag Zeit hat.)

Bei allen Sätzen ist das Subjekt im Hauptsatz ein anderes als im Nebensatz. Ein paar Verben sind im **subjuntivo** völlig unregelmäßig (siehe Tabelle 10.6). Diese Verben sind in der Alltagsprache wichtig und werden oft verwendet.

Personalprono-men	ser (sein)	estar (sein)	ver (sehen)	ir (gehen)	haber (haben/sein)	saber (wissen)
yo (ich)	sea	esté	vea	vaya	haya	sepa
tú (du)	seas	estés	veas	vayas	hayas	sepas
él (er)	sea	esté	vea	vaya	haya	sepa
ella (sie)	sea	esté	vea	vaya	haya	sepa
usted (Sie)	sea	esté	vea	vaya	haya	sepa
nosotros (wir, männlich)	seamos	estemos	veamos	vayamos	hayamos	sepamos
nosotras (wir, weiblich)	seamos	estemos	veamos	vayamos	hayamos	sepamos
vosotros (ihr, männlich)	seáis	estéis	veáis	vayáis	hayáis	sepáis
vosotras (ihr, weiblich)	seáis	estéis	veáis	vayáis	hayáis	sepáis
ellos (sie, männlich)	sean	estén	vean	vayan	hayan	sepan
ellas (sie, weiblich)	sean	estén	vean	vayan	hayan	sepan
ustedes (Sie, Plural)	sean	estén	vean	vayan	hayan	sepan

Tabelle 10.6: Unregelmäßige Verben im »subjuntivo«

Diese Beispiele zeigen, dass eine Übersetzung eins zu eins zwischen Deutsch und Spanisch nicht möglich ist.

✔ **No creo que sea una buena idea que salgamos sin paraguas.** (Ich glaube, dass es keine gute Idee ist, dass wir ohne Regenschirm aus dem Haus gehen.)

✔ **Dudo que el supermercado esté abierto los domingos.** (Ich zweifele daran, dass der Supermarkt sonntags offen hat.)

✔ **No queremos que los niños vean mucha televisión.** (Wir wollen nicht, dass die Kinder so lange fernsehen.)

✔ **Es importante que vayas al médico.** (Es ist wichtig, dass du zum Arzt gehst.)

✔ **No estoy segura que el señor sepa dónde está el museo. No es de aquí.** (Ich bin nicht sicher, ob der Herr weiß, wo das Museum ist. Er ist nicht von hier.)

 Vergessen Sie nicht den Akzent bei der 1. Person Singular des Verbs **estar** (sein), denn das Wort **este** (dieser) ohne Akzent ist kein Verb, sondern ein Demonstrativpronomen. Das Verb **dar** (geben) hat auch unregelmäßige Formen. Dabei müssen Sie darauf achten, dass die 1. und die 3. Person im Singular **dé** einen Akzent haben, um diese Verbformen nicht mit der Präposition **de** zu verwechseln: **dé**, **des**, **dé**, **demos**, **deis**, **den**. Die 2. Person Plural hat keinen Akzent.

Die Form **vaya** vom Verb **ir** (gehen), gefolgt von einem Nomen, wird in der Alltagssprache sehr oft verwendet. **¡Vaya!** (Na so was!) **¡Vaya tiempo!** (Was ein Wetter!) **¡Vaya película!** (Was für ein Film!)

Modalverben und Subjuntivo Präsens

Unter den Modalverben finden Sie sowohl regelmäßige als auch unregelmäßige Verben (siehe Tabelle 10.7).

Personalpronomen	deber (müssen)	poder (können/dürfen)	querer (wollen)	saber (wissen)	tener que (müssen)
yo (ich)	deba	pueda	quiera	sepa	tenga que
tú (du)	debas	puedas	quieras	sepas	tengas que
él (er)	deba	pueda	quiera	sepa	tenga que
ella (sie)	deba	pueda	quiera	sepa	tenga que
usted (Sie)	deba	pueda	quiera	sepa	tenga que
nosotros (wir, männlich)	debamos	podamos	queramos	sepamos	tengamos que
nosotras (wir, weiblich)	debamos	podamos	queramos	sepamos	tengamos que
vosotros (ihr, männlich)	debáis	podáis	queráis	sepáis	tengáis que
vosotras (ihr, weiblich)	debáis	podáis	queráis	sepáis	tengáis que
ellos (sie, männlich)	deban	puedan	quieran	sepan	tengan que
ellas (sie, weiblich)	deban	puedan	quieran	sepan	tengan que
ustedes (Sie, Plural)	deban	puedan	quieran	sepan	tengan que

Tabelle 10.7: Subjuntivo Präsens der Modalverben

Die Beispiele helfen Ihnen, die Modalverben in Verbindung mit Subjuntivo zu verwenden.

✔ **En caso de que debas hablar con la policía, necesitarás un abogado.** (Für den Fall, dass du mit der Polizei sprechen musst, brauchst du einen Anwalt.)

✔ **Es una pena que mi hermana no pueda venir a mi fiesta.** (Es ist sehr schade, dass meine Schwester nicht zu meinem Fest kommen kann.)

✔ **¿Vamos al cine esta noche? ¡Cómo tú quieras!** (Gehen wir heute Abend ins Kino? Wenn du Lust hast!)

✔ **No creo que tenga que ir al centro mañana.** (Ich glaube nicht, dass ich morgen in die Stadt fahren muss.)

 Achten Sie auf die Formen der 1. und 2. Person Plural der Verben **poder** (können/dürfen) und **querer** (wollen), die keine Vokalveränderung haben. **Poder**: **nosotros/nosotras podamos** und **vosotros/vosotras podáis. Querer**: **nsotros/nosotras queramos** und **vosotros/vosotras queráis.**

Hay que (man muss) ist eine unpersönliche Form des Modalverbs **haber** (haben/sein) und hat die Subjuntivo-Form **haya que. No creo que haya que ir al museo hoy.** (Ich glaube nicht, dass man heute ins Museum muss.) **No es necesario que haya que lavar el coche hoy.** (Es ist nicht notwendig, dass man heute das Auto waschen muss.)

Signalwörter für die Einleitung des »subjuntivo«

Es gibt bestimmte Signalwörter und -sätze, nach denen Sie den **subjuntivo** einsetzen müssen. Der Hauptsatz steht in der Wirklichkeitsform und der Nebensatz im **subjuntivo.** Die folgenden Beispiele zeigen Ihnen, welche Signalwörter für **subjuntivo** wichtig sind und wie Sie diese einsetzen können.

✔ **Querer que** (wollen, dass): **Quiero que tú llegues temprano a casa.** (Ich möchte, dass du früh nach Hause kommst.)

✔ **Necesitar que** (brauchen, dass): **¿Necesitas que te yo te lleve a la estación?** (Ist es nötig, dass ich dich zum Bahnhof fahre?)

✔ **Preferir que** (bevorzugen, dass): **David prefiere que Carlos lo acompañe al centro.** (David bevorzugt, mit Carlos in die Stadt zu gehen.)

✔ **Desear que** (wünschen): **Te deseo que tengas unas bonitas vacaciones.** (Ich wünsche dir schöne Ferien.)

✔ **Aconsejar que** (empfehlen, dass): **El médico le aconsejó a Victor que se vacune.** (Der Arzt hat Victor empfohlen, sich impfen zu lassen.)

✔ **Proponer que** (vorschlagen, dass): **Os propongo que juguemos un partido al Monopoly.** (Ich schlage euch vor, dass wir eine Runde Monopoly spielen.)

✔ **Rogar que** (darum bitten, dass): **Les rogamos que nos envíen el catálogo y la lista de precios.** (Wir bitten Sie darum, uns Ihren Katalog und Ihre Preisliste zu schicken.)

✔ **Prohibir que** (verbieten, dass): **Te prohibo que tú mires esa película.** (Ich verbiete dir, diesen Film anzuschauen.)

✔ **Permitir que** (erlauben, dass): **Te permito que tú abras el paquete.** (Ich erlaube dir, das Paket zu öffnen.)

✔ **Dudar que** (zweifeln, dass): **Dudo que Manuel hable con Victoria.** (Ich zweifele daran, dass Manuel mit Victoria spricht.)

✔ **Parece mentira que** (es ist unglaublich, dass): **Parece mentira que los niños ya sean tan grandes.** (Es ist unglaublich, dass die Kinder schon so groß sind.)

 Wenn etwas unterlassen werden soll oder nicht wichtig ist, steht **no** (nein/nicht) am Anfang des Einleitungssatzes in der Wirklichkeitsform. **No quiero que salgas sin abrigo porque hace mucho frío.** (Ich möchte nicht, dass du ohne Jacke aus dem Haus gehst, weil es sehr kalt ist.)

Negativsätze können eine Empfehlung, eine allgemeine Information oder die Angabe enthalten, dass eine Information nicht korrekt ist.

✔ **No querer que** (nicht wollen, dass): **José no quiere que Paula le compre un regalo.** (José möchte nicht, dass Paula ihm ein Geschenk kauft.)

✔ **No necesitar que** (nicht nötig sein, dass): **No necesito que tú me lleves a la estación.** (Es ist nicht nötig, dass du mich zum Bahnhof fährst.)

✔ **No aconsejar que** (nicht empfehlen, dass): **No te aconsejo que tú vayas al centro con el coche porque es difícil encontrar un aparcamiento.** (Ich rate dir, nicht mit dem Auto in die Stadt zu fahren, weil es schwer ist, einen Parkplatz zu finden.)

✔ **No ser importante que** (nicht wichtig sein, dass): **No es importante que Manuel escriba la carta hoy. Lo puede hacer mañana.** (Es ist nicht wichtig, dass Manuel den Brief heute schreibt. Er kann ihn morgen schreiben.)

✔ **No ser necesario que** (nicht nötig sein, dass): **No es necesario que me recojas del aeropuerto. Voy a volver en tren.** (Es ist nicht nötig, dass du mich vom Flughafen abholst. Ich fahre mit dem Zug.)

✔ **No ser obligatorio que** (nicht Pflicht sein, dass): **No es obligatorio que nosotros presentemos los documentos.** (Es ist nicht notwendig, die Dokumente vorzulegen.)

✔ **No creer que** (nicht glauben, dass): **No creo que Julia llegue antes de las cuatro de la tarde.** (Ich glaube nicht, dass Julia vor 4 Uhr am Nachmittag ankommt.)

✔ **No ser verdad que** (es ist nicht wahr, dass / es stimmt nicht, dass): **No es verdad que Jorge y Marisa se van a casar.** (Es ist nicht wahr / Es stimmt nicht, dass Jorge und Marisa heiraten.)

Signalsätze, die mit dem Verb **ser** (sein) und einem Adjektiv gebildet werden, benötigen den Einsatz des **subjuntivo**. **Es mentira que Juan compre una casa. Compró un piso.** (Es stimmt nicht / Es ist nicht wahr, dass Juan ein Haus kauft. Er hat eine Wohnung gekauft.)

✔ **Ser importante que** (wichtig sein, dass): **Es importante que tú uses un casco para esquiar.** (Es ist wichtig, dass du beim Skifahren einen Helm trägst.)

✔ **Ser necesario que** (nötig sein, dass): **Es necesario que los estudiantes compren el libro de matemáticas.** (Es ist notwendig, dass die Studenten das Mathematikbuch kaufen.)

✔ **Ser obligatorio que** (Pflicht sein, dass): **Es obligatorio que los autos tengan ruedas de invierno cuando nieva.** (Es ist Pflicht, dass die Autos Winterreifen haben, wenn es schneit.)

✔ **Ser mejor que** (besser sein, dass): **Es mejor que María vaya al médico.** (Es ist besser, dass María zum Arzt geht.)

Der **subjuntivo** kann auch im Hauptsatz stehen. Die Sätze werden mit verschiedenen Bindewörtern verbunden: **sin que** (ohne dass), **para que** (um … zu), **después de que** (nachdem), **antes de que** (bevor), **en caso que** (für den Fall, dass), **siempre que** (vorausgesetzt, dass).

✔ **No te pongas la ropa nueva sin que la laves antes.** (Ziehe nicht die neuen Kleider an, bevor du sie gewaschen hast.)

✔ **Te ayudo a cocinar para que termines más rápido.** (Ich helfe dir kochen, damit du schneller fertig bist.)

✔ **Después de que usted compre los billetes tiene que hacer la reserva de habitaciones.** (Nachdem Sie die Flugtickets gekauft haben, müssen Sie die Zimmerreservierungen machen.)

✔ **Antes de que empecéis a cocinar tenéis que leer bien la receta.** (Bevor ihr anfangt zu kochen, müsst ihr das Rezept genau lesen.)

✔ **En caso de que llegues tarde, no habrá más autobuses en servicio.** (Wenn du zu spät ankommst, werden keine Busse mehr fahren.)

Wenn das Subjekt im Haupt- und im Nebensatz gleich ist, muss beim Einsatz von Subjuntivo-Zeiten eine bestimmte Reihenfolge eingehalten werden.

✔ Der Hauptsatz im Präsens der Wirklichkeitsform (**presente de indicativo**) wird von einem Nebensatz im Subjuntivo Präsens (**presente de subjuntivo**) gefolgt: **Maria, por favor, llama a Pedro y dile que traiga un kilo de pan.** (Maria, rufe bitte Pedro an und bitte ihn, Brot mitzubringen.) Die Handlung geschieht in der Gegenwart:

Pedro ist unterwegs und kann Brot mitbringen, wenn ihn der Anruf erreicht. Das Subjekt im Hauptsatz (Maria) und das Subjekt im Nebensatz im **subjuntivo** (Pedro) sind unterschiedlich. Sie können im Nebensatz nicht Präsens der Wirklichkeitsform einsetzen, weil der Brotkauf keine Tatsache ist. Sie wissen nicht, ob Maria Pedro erreicht, um ihm zu sagen, dass er Brot mitbringen soll.

✔ Wenn der Hauptsatz im Perfekt der Wirklichkeitsform steht (**pretérito perfecto del modo indicativo**), steht der Nebensatz im Subjuntivo Perfekt (**perfecto de subjuntivo**): **Georg no ha venido al curso de español esta tarde. Es posible que tenga que trabajar hoy.** (Georg ist heute nicht zum Spanischkurs gekommen. Vielleicht muss er heute arbeiten.) Das Subjekt ist in beiden Sätzen gleich. Die Handlung ist gerade abgeschlossen und es besteht noch eine Verbindung zur Gegenwart: Sie wissen, dass Georg nicht im Kurs war. Der Grund seiner Abwesenheit ist für Sie kein Fakt, sondern eine Vermutung.

✔ Steht der Hauptsatz im Futur I (**futuro I / futuro simple del modo indicativo**) der Wirklichkeitsform, muss der Nebensatz im Subjuntivo Präsens (**presente de subjuntivo**) stehen: **Jorge tendrá que corregir el currículum antes de que lo envíe a la empresa.** (Jorge wird seinen Lebenslauf korrigieren müssen, bevor er ihn der Firma schickt.) Zwei Handlungen, die noch nicht angefangen haben, werden nacheinander geschehen, wobei das Subjekt in beiden Sätzen gleich ist. Zuerst muss Jorge seinen Lebenslauf korrigieren. Danach kann er ihn wegschicken.

✔ Steht der Hauptsatz im Imperativmodus, muss der Nebensatz im Subjuntivo Präsens stehen: **¡Préstame tu coche hasta que el mío esté reparado!** (Leihe mir bitte dein Auto aus, bis meins fertig ist.) Beide Handlungen haben noch nicht angefangen. Ihr Auto steht in der Werkstatt und Sie benötigen eins zum Fortfahren.

»Imperfecto de subjuntivo«

Die Zeit **imperfecto de subjuntivo** ist eine einfache Zeit des Subjuntivo-Modus. **Imperfecto de subjuntivo** entspricht manchmal dem deutschen Konjunktiv II der Irrealität.

Gebrauch des »imperfecto de subjuntivo«

Imperfecto de subjuntivo kommt im Nebensatz zum Einsatz, wenn der einleitende Hauptsatz im **indefinido**, **imperfecto**, Plusquamperfekt, Konditional I oder Konditional II der Wirklichkeitsform steht. Dabei ist das Subjekt im Hauptsatz ein anderes als das Subjekt im Nebensatz. **Imperfecto de subjuntivo** hat dieselben Anwendungsgebiete wie die Präsensformen des Subjuntivo-Modus. Darüber hinaus können Sie **imperfecto de subjuntivo** in Höflichkeitsformen anwenden.

✔ Über Möglichkeiten sprechen: **No creía que tuviera tiempo hoy.** (Ich glaubte nicht, dass ich heute Zeit haben würde.)

✔ Zweifel äußern: **Dudé un momento que el motor arrancara. Después de dos intentos arrancó.** (Ich zweifelte einen Moment daran, dass der Motor anspringen würde. Nach zwei Versuchen startete er.)

✔ Wünsche äußern: **Me habría gustado que probara el plato.** (Es hätte mir sehr gut gefallen, dass Sie das Gericht probierten.)

✔ Gefühle zum Ausdruck bringen: **Desearía que pasaras el examen final.** (Ich würde dir wünschen, dass du die Abschlussprüfung bestehst.)

✔ Handlungen beschreiben: **Necesitaba a un experto que supiera cocinar bien el pulpo.** (Ich hätte einen Experten gebraucht, der sehr gut Tintenfisch hätte kochen können.) **El supermercado estaba tan lleno de gente como si fuera a acabarse la mercancía.** (Der Supermarkt war so voller Leute, als würden die Waren ausgehen.)

✔ Feststehende Ausdrücke: **Le deseamos a Julia que pasara unas buenas vacaciones en Chile.** (Wir wünschten Julia, dass sie einen schönen Urlaub in Chile verbringen möge.)

✔ Über Bedingungen sprechen: **Si hiciera buen tiempo mañana, iría a esquiar.** (Wenn das Wetter schön wäre, ginge ich Ski fahren.) Mit **si** (wenn/ob) leiten Sie Bedingungssätze ein, die mit dem **imperfecto de subjuntivo** gebildet werden können.

✔ Über Verbote und Gebote sprechen: **Le habría dicho a Juan que frenara, pero ya había pasado el semáforo en rojo.** (Ich hätte Juan gesagt, dass er bremsen soll, aber er war schon bei Rot über die Ampel gefahren.)

Wenn Sie höflich sein wollen, ist Subjuntivo Imperfekt die richtige Zeit. Sie können Vergleiche mit **como si** (als ob) machen, wobei Sie wissen, dass Sie nicht über Fakten sprechen, sondern über Ihren persönlichen Eindruck. **Quería un vaso de agua, por favor.** (Ich hätte gern ein Glas Wasser bitte.)

Bildung der regelmäßigen »imperfecto de subjuntivo«-Formen

Die regelmäßigen Formen des **imperfecto de subjuntivo** sind einfach zu bilden (siehe Tabelle 10.8). Sie erinnern sich an den **indefinido** der Wirklichkeitsform? Die Endung für die 3. Person Plural im **indefinido** der Wirklichkeitsform ist die Basis für die Bildung des **imperfecto de subjuntivo**. **o** wird durch **a** ersetzt. Die Verben mit der Endung **-ar** haben im **imperfecto de subjuntivo** die Endungen **-ara**, **-aras**, **-ara**, **-áramos** (mit Akzent), **-arais**, **-aran**. Die Verben der Gruppen **-er** und **-ir** haben gemeinsame Endungen im **imperfecto de subjuntivo**: **-iera**, **-ieras**, **-iera**, **-iéramos** (mit Akzent), **-ierais**, **-ieran**.

Personalpronomen	viajar (reisen)	beber (trinken)	vivir (leben)
yo (ich)	viajara	bebiera	viviera
tú (du)	viajaras	bebieras	vivieras
él (er)	viajara	bebiera	viviera
ella (sie)	viajara	bebiera	viviera
usted (Sie)	viajara	bebiera	viviera
nosotros (wir, männlich)	viajáramos	bebiéramos	viviéramos
nosotras (wir, weiblich)	viajáramos	bebiéramos	viviéramos
vosotros (ihr, männlich)	viajarais	bebierais	vivierais
vosotras (ihr, weiblich)	viajarais	bebierais	vivierais
ellos (sie, männlich)	viajaran	bebieran	vivieran
ellas (sie, weiblich)	viajaran	bebieran	vivieran
ustedes (Sie, Plural)	viajaran	bebieran	vivieran

Tabelle 10.8: Regelmäßige Formen des »imperfecto de subjuntivo«

 Es gibt eine weitere Konjugationsform für den **imperfecto de subjuntivo**. Beide Formen sind gleichwertig. Die Endungen für die Verben mit der Endung **-ar** lauten: **-ase**, **-ases**, **-ase**, **-ásemos**, **-aseis** und **-asen**. Für die Verben der Gruppen **-er** und **-ir** gibt es die gemeinsamen Endungen **-iese**, **-ieses**, **-iese**, **iésemos**, **-ieseis** und **-iesen**. Diese Verbformen sind in Lateinamerika gebräuchlich.

Unregelmäßige Formen des »imperfecto de subjuntivo«

Die Unregelmäßigkeiten, die im **indefinido** der Wirklichkeitsform vorkommen, sind dieselben wie die unregelmäßigen Formen vom **imperfecto de subjuntivo**. Die Indefinido-Form vom Verb **ser** ist **fue**. Daraus bilden Sie die Formen für den **imperfecto de subjuntivo** (siehe Tabelle 10.9).

Personalpronomen	ir/ser	estar	haber	hacer	poner	tener
yo (ich)	fuera	estuviera	hubiera	hiciera	pusiera	tuviera
tú (du)	fueras	estuvieras	hubieras	hicieras	pusieras	tuvieras
él (er)	fuera	estuviera	hubiera	hiciera	pusiera	tuviera
ella (sie)	fuera	estuviera	hubiera	hiciera	pusiera	tuviera
usted (Sie)	fuera	estuviera	hubiera	hiciera	pusiera	tuviera
nosotros (wir, männlich)	fuéramos	estuviéramos	hubiéramos	hiciéramos	pusiéramos	tuviéramos
nosotras (wir, weiblich)	fuéramos	estuviéramos	hubiéramos	hiciéramos	pusiéramos	tuviéramos

Personalpronomen	ir/ser	estar	haber	hacer	poner	tener
vosotros (ihr, männlich)	fuerais	estuvierais	hubierais	hicierais	pusierais	tuvierais
vosotras (ihr, weiblich)	fuerais	estuvierais	hubierais	hicierais	pusierais	tuvierais
ellos (sie, männlich)	fueran	estuvieran	hubieran	hicieran	pusieran	tuvieran
ellas (sie, weiblich)	fueran	estuvieran	hubieran	hicieran	pusieran	tuvieran
ustedes (Sie, Plural)	fueran	estuvieran	hubieran	hicieran	pusieran	tuvieran

Tabelle 10.9: Unregelmäßige Formen des »imperfecto de subjuntivo«

Andere unregelmäßige Verben sind **decir** (sagen), **traer** (bringen), **pedir** (bestellen/bitten), **dormir** (schlafen) oder **leer** (lesen).

✔ **Las tiendas estarían cerradas, si fuera domingo.** (Die Geschäfte wären zu, wenn es Sonntag wäre.) Fakt ist, es ist nicht Sonntag, sondern ein Werktag, sodass die Geschäfte offen sind.

✔ **Hubo mucha gente en la playa como si hiciera buen tiempo.** (Es gab viele Leute am Strand, als wäre das Wetter schön gewesen.) Der Strand war voller Leute, obwohl das Wetter schlecht war.

✔ **Habíamos llevado tantas maletas a España como si nos quedáramos allí para siempre.** (Wir haben so viele Koffer nach Spanien mitgenommen, als würden wir für immer dort bleiben.) Sie haben gepackt, als würden Sie dort bleiben wollen. Aber in Wirklichkeit fahren Sie nach zwei Wochen wieder zurück.

✔ **Si Juana tuviera dinero compraría una casa más grande.** (Wenn Juana Geld hätte, würde sie ein größeres Haus kaufen.)

✔ Die Verben **poner** (stellen) und **tener** (haben) sind im **indefinido** der Wirklichkeitsform unregelmäßig. Daraus werden die Formen vom **imperfecto de subjuntivo** gebildet.

Signalwörter und Sätze des »subjuntivo imperfecto«

Typische Signalwörter, die auf den **imperfecto de subjuntivo** hindeuten, sind **si** (wenn/ob) und **como si** (als ob) oder **ojalá** (hoffentlich), die in Bedingungssätzen zum Einsatz kommen.

Modus und Zeit im Hauptsatz	Modus und Zeit im Nebensatz	Einordnung im Zeitstrahl
Konditional I	**imperfecto de subjuntivo** (Imperfekt des Subjuntivo-Modus)	
Visitaría a una amiga	**si tuviera libre.**	Die Handlung ist noch nicht passiert, und es wird wahrscheinlich auch nicht geschehen.
Ich würde eine Freundin besuchen,	wenn ich frei hätte.	Fakt ist, dass Sie nicht frei haben und Ihre Freundin nicht besuchen können.

Tabelle 10.10: Zeitenreihenfolge für die Verwendung von »imperfecto de subjuntivo«

Tabelle 10.10 zeigt, wie sich die Bedeutung des Satzes verändern kann, wenn Sie die Zeiten ändern.

»Perfecto de subjuntivo«

Der **perfecto de subjuntivo** ist eine zusammengesetzte Zeit, die mit einem Hilfsverb und der Partizipform eines anderen Verbs gebildet wird.

Gebrauch des Subjuntivo Perfekt

Die Perfektformen vom Subjuntivo-Modus werden im Nebensatz nach einem Hauptsatz im Subjuntivo Präsens oder nach Präsens, Perfekt, Futur oder Imperativ der Wirklichkeitsform verwendet. Damit bringen Sie Verbote, eine Meinung, Gefühle, Zweifel oder Vermutungen zum Ausdruck. Wenn Sie eine derartige Aussage machen, sprechen Sie nicht von Fakten. Entweder ist die Handlung in der Vergangenheit gerade abgeschlossen oder sie geschieht in der Zukunft und Sie können nicht absehen, wie die Handlung ausgehen wird. Nach einem Satz im Subjuntivo Präsens folgt ein Nebensatz im Perfekt des Subjuntivo-Modus. Die Information hat eine Verbindung zur Gegenwart. Wenn ein Bedingungssatz mit Konditional beginnt, folgt ein Satz im **imperfecto de subjuntivo**.

✔ **¡Qué bueno que hayas podido estar aquí!** (Schön, dass du da warst!)

✔ **¡Qué suerte que Marisa pasó el examen!** (Zum Glück hat Marisa die Prüfung bestanden!)

✔ **¡Qué pena que no hayas venido a la fiesta!** (Schade, dass du nicht zum Fest gekommen bist!)

Die Handlungen sind abgeschlossen, sodass Sie keinen Einfluss auf das Geschehen haben.

Bildung des Subjuntivo Perfekt

Die Perfektformen im Subjuntivo-Modus bestehen aus dem Hilfsverb **haber** (haben/sein) im Subjuntivo Präsens und der Partizipform eines weiteren Verbs. Die regelmäßigen Partizipien haben die Endung **-ado** für Verben der Gruppe **-ar** und **-ido** für die Verben der Gruppen **-er** und **-ir**. Die unregelmäßigen Partizipien werden genauso wie im Präsens Perfekt der Wirklichkeitsform angewendet.

Personalpronomen	Subjuntivo Präsens von haber (haben/sein)	Partizipform
yo (ich)	**haya**	
tú (du)	**hayas**	
él (er)	**haya**	
ella (sie)	**haya**	
usted (Sie)	**haya**	
nosotros (wir, männlich)	**hayamos**	Partizipform mit der Endung **-ado** oder **-ido**
nosotras (wir, weiblich)	**hayamos**	
vosotros (ihr, männlich)	**hayáis**	
vosotras (ihr, weiblich)	**hayáis**	
ellos (sie, männlich)	**hayan**	
ellas (sie, weiblich)	**hayan**	
ustedes (Sie, Plural)	**hayan**	

Tabelle 10.11: Der Subjuntivo Perfekt

✔ **¡Me parece muy bien que hayáis corregido los errores en el dictado!** (Ich finde es gut, dass ihr die Fehler im Diktat korrigiert habt.)

✔ **¡Qué suerte que Pedro se haya curado tan pronto!** (Was ein Glück, dass Pedro so schnell gesund geworden ist.)

✔ **¡Qué bien que le haya agradado la obra de teatro!** (Schön, dass Ihnen die Theatervorstellung gefallen hat!)

✔ **¡Qué pena que Marta se haya mareado durante el crucero!** (Schade, dass Marta während der Kreuzfahrt seekrank wurde.)

Alle Handlungen sind bereits abgeschlossen. Das Verb **haber** steht im Subjuntivo Präsens, gefolgt von der Partizipform eines anderen Verbs. Es gibt bestimmte Ausdrücke und Signalwörter, die auf **subjuntivo** hindeuten.

Signalwörter und Einleitungssätze

Wenn Sie Sätze mit dem Subjuntivo Perfekt bilden, müssen Sie auf die Reihenfolge der Zeiten achten.

Modus und Zeit im Hauptsatz		Modus und Zeit im Nebensatz	Einordnung im Zeitstrahl
presente de indicativo (Präsens der Wirklichkeitsform)	**+ que** (dass)	**perfecto de subjuntivo** (Perfekt des Subjuntivo-Modus)	
Es una pena	**que**	**no hayas venido a la fiesta.**	Das Ereignis ist abgeschlossen.
Es ist sehr schade,	dass	du nicht zum Fest gekommen bist.	Das Fest ist schon vorbei, sodass die Handlung nicht mehr zu beeinflussen ist.
pretérito perfecto de indicativo (Perfekt der Wirklichkeitsform)		**perfecto de subjuntivo** (Perfekt des Subjuntivo-Modus)	
Ha sido una suerte	**que**	**no hayamos tenido que esperar tanto en la estación.**	Die Wartezeit ist vorbei.
Es ist ein Glück gewesen,	dass	wir nicht lange am Bahnhof haben warten müssen.	
futuro de indicativo(Futur der Wirklichkeitsform)		**perfecto de subjuntivo** (Perfekt des Subjuntivo-Modus)	
¿Será posible	**que**	**haya llegado tan temprano?**	
Ist es möglich,	dass	ich so früh angekommen bin?	Die Ankunft selbst ist ein Fakt und ist abgeschlossen.

Tabelle 10.12: Zeitenreihenfolge für die Verwendung des Subjuntivo Perfekt

Tabelle 10.12 erklärt die Reihenfolge der Zeiten, wenn Sie Subjuntivo Perfekt einsetzen. Subjuntivo Perfekt steht immer im Nebensatz.

Plusquamperfekt im Subjuntivo-Modus

Das spanische Plusquamperfekt des Subjuntivo-Modus ist die Zeit der Irrealität. Damit berichten Sie über etwas, das nicht eingetreten ist, weil andere Faktoren zusammenkamen, oder über eine Handlung, die Sie nicht mehr rückgängig machen können. Mit Plusquamperfekt beantworten Sie die Frage »Was wäre gewesen, wenn …«.

Gebrauch des Subjuntivo Plusquamperfekt

Der Subjuntivo Plusquamperfekt wird gebraucht, wenn Sie berichten, was hätte passieren können, anstelle der Handlung, die bereits geschehen und abgeschlossen ist. Es gelten dieselben Regeln wie beim Subjuntivo Imperfekt. Die Handlung im Nebensatz ist schon abgeschlossen.

Stellen Sie sich vor, Sie parken Ihren Wagen im Parkhaus. Das Parkhaus hat viele Ebenen und die Parkplätze haben keine Nummerierung. Lediglich eine Tafel neben der Treppe lässt erahnen, wo Sie sich befinden. Sie merken sich diese Stelle und gehen. Einige Stunden später stehen Sie mit dem Ausfahrtticket in der Hand und laufen Richtung Auto. Aber wo ist das Auto? Sie sind sicher, dass Ihr Auto dort steht. Oder sind Sie doch nicht mehr so sicher? Sie fangen an, sämtliche Reihen durchzugehen, und es sind viele Reihen voll mit Autos. Nur Ihr Auto ist nicht dabei. Nachdem Sie ganz sicher sind, dass Sie im richtigen Parkhaus sind und immer noch nicht fündig geworden sind, gehen Sie eine Ebene höher. Und was steht da? Ihr Auto natürlich. Das ist eine wunderbare Geschichte, um **pluscuamperfecto de subjuntivo** zu üben:

- ✔ **No buscaba mi coche durante veinte minutos, si hubiera/hubiese mirado bien.** (Ich hätte nicht so lange mein Auto gesucht, wenn ich mir besser gemerkt hätte, wo es steht.)

- ✔ **Busqué el coche durante veinte minutos. No hubiera/hubiese pensado que estaba en otro piso.** (Ich suchte mein Auto 20 Minuten und hätte nicht gedacht, dass es auf einer anderen Ebene ist.)

- ✔ **No buscaría mi coche si hubiera/hubiese recordado dónde estacioné.** (Ich würde mein Auto nicht suchen, wenn ich mich hätte erinnern können, wo es steht.)

- ✔ **No habría buscado mi coche si hubiera/hubiese recordado en qué piso estaba.** (Ich hätte mein Auto nicht gesucht, wenn ich mich hätte erinnern können, wo es steht.)

- ✔ **Si no hubiera/hubiese tenido un ticket para todo el día, no hubiera/hubiese podido salir del aparcamiento.** (Wenn ich kein Tagesticket gehabt hätte, hätte ich nicht aus dem Parkhaus fahren können.)

Ich habe aus dieser Geschichte gelernt und werde in Zukunft den Parkplatz fotografieren.

Bildung des Subjuntivo Plusquamperfekt

Das Plusquamperfekt des Subjuntivo-Modus ist, wie das Perfekt, eine zusammengesetzte Zeit. Für die Bildung des Plusquamperfekts des Subjuntivo-Modus wird das Hilfsverb **haber** (haben/sein) benötigt. Das Hilfsverb **haber** muss im **imperfecto de subjuntivo** stehen. Darauf folgt die Partizipform eines anderen Verbs. Sie können dafür beide Konjugationsformen des **imperfecto de subjuntivo** benutzen, da beide Formen gleichwertig sind.

Personalpronomen	Subjuntivo Imperfekt von haber (haben/sein)		Partizipform eines Verbs
yo (ich)	**hubiera**	**hubiese**	
tú (du)	**hubieras**	**hubieses**	
él (er)	**hubiera**	**hubiese**	
ella (sie)	**hubiera**	**hubiese**	
usted (Sie)	**hubiera**	**hubiese**	
nosotros (wir, männlich)	**hubiéramos**	**hubiésemos**	Partizipform mit
nosotras (wir, weiblich)	**hubiéramos**	**hubiésemos**	der Endung -**ado**
vosotros (ihr, männlich)	**hubierais**	**hubieseis**	oder -**ido**
vosotras (ihr, weiblich)	**hubierais**	**hubieseis**	
ellos (sie, männlich)	**hubieran**	**hubiesen**	
ellas (sie, weiblich)	**hubieran**	**hubiesen**	
ustedes (Sie, Plural)	**hubieran**	**hubiesen**	

Tabelle 10.13: Plusquamperfekt des »subjuntivo«

Alle Partizipformen, die unregelmäßig sind, bleiben unverändert in allen zusammengesetzten Zeiten, zum Beispiel **he visto** (ich habe gesehen), **había visto** (ich hatte gesehen), **haya visto** (ich habe gesehen) oder **hubiera/hubiese visto** (hätte gesehen).

Signalwörter und Sätze

Ojalá (hoffentlich), **quizá, quizás** (vielleicht) oder **como si** (als ob) sind wichtige Signalwörter, um Sätze mit dem Subjuntivo Plusquamperfekt zu bilden.

✔ **Ojalá hubiera/hubiese tenido más tiempo.** (Hätte ich doch mehr Zeit gehabt.) Diese Aussage ist irreal, weil Sie in Wirklichkeit keine Zeit hatten.

✔ **Quizá(s) hubiera/hubiese sido mejor ir por otro camino.** (Vielleicht wäre es besser gewesen, einen anderen Weg zu nehmen.) Sie haben keinen anderen Weg genommen und stehen nun im Stau.

✔ **Pintamos la casa y quedó como si fuera nueva.** (Wir haben das Haus gestrichen und es sieht jetzt wie neu aus.)

Tabelle 10.14 gibt Ihnen einen Überblick, welche Reihenfolge der Zeiten Sie bei der Bildung von Sätzen im Subjuntivo Plusquamperfekt beachten müssen.

Modus und Zeit im Hauptsatz		Modus und Zeit im Nebensatz	Einordnung im Zeitstrahl
imperfecto de indicativo (Imperfekt der Wirklichkeitsform)	**+ que** (dass)	**pluscuamperfecto de subjuntivo** (Plusquamperfekt des Subjuntivo-Modus)	
No estaba segura	**que**	**hubiera cerrado la puerta.**	Die Handlung des Türschließens ist bereits abgeschlossen.
Ich war nicht sicher,	dass	ich die Tür zugeschlossen haben würde.	Die Handlung kann nicht mehr rückgängig gemacht werden.
indefinido (Vergangenheit der Wirklichkeitsform)		**pluscuamperfecto de subjuntivo** (Plusquamperfekt des Subjuntivo-Modus)	
No creí	**que**	**hubiera cerrado la puerta.**	Sie waren der Meinung, die Tür abgeschlossen zu haben, sind aber nicht sicher.
Ich glaubte nicht,		die Tür abgeschlossen zu haben.	Die Handlung kann nicht mehr rückgängig gemacht werden.
pluscuamperfecto de indicativo (Plusquamperfekt der Wirklichkeitsform)		**pluscuamperfecto de subjuntivo** (Plusquamperfekt des Subjuntivo-Modus)	
No había pensado	**que**	**hubiera cerrado la puerta.**	
Ich hätte nicht gedacht,	dass	ich die Tür abgeschlossen hatte.	Die Handlung kann nicht mehr rückgängig gemacht werden.
Konditional I		**pluscuamperfecto de subjuntivo** (Plusquamperfekt des Subjuntivo-Modus)	
Yo que tú no estaría segura	**que**	**hubieras cerrado la puerta.**	
Ich an deiner Stelle wäre nicht sicher,	dass	du die Tür zugemacht haben würdest.	Sie haben den Vorgang des Abschließens nicht gesehen, deshalb ist diese Handlung für Sie kein Fakt.
Konditional II		**pluscuamperfecto de subjuntivo** (Plusquamperfekt des Subjuntivo-Modus)	

Modus und Zeit im Hauptsatz		Modus und Zeit im Nebensatz	Einordnung im Zeitstrahl
No habría creído	**que**	**hubiera cerrado la puerta.**	Normalerweise schließen Sie immer die Tür ab, können aber jetzt nicht sagen, ob Sie es getan haben, weil Sie abgelenkt wurden, als Sie abschließen wollten.
Ich hätte nicht geglaubt,		die Tür abgeschlossen zu haben.	

Tabelle 10.14: Zeitenreihenfolge für die Verwendung des Subjuntivo Plusquamperfekt

Je nach Zeitkombination im Hauptsatz mit Subjuntivo Plusquamperfekt ändert sich im Nebensatz die Bedeutung der Sätze.

Übungen zu Kapitel 10

Übung 10.1

Markieren Sie, welche Sätze in der Wirklichkeitsform »I« (**indicativo**) und welche im Subjuntivo-Modus »S« gebildet wurden.

Mañana voy a ir al museo de arte. (I / S) (Morgen gehe ich ins Kunstmuseum.) **No creo que salga antes de las nueve** (I / S) **porque el museo abre a las diez.** (I / S) (Ich glaube nicht, dass ich vor 9 Uhr aus dem Haus gehe, weil das Museum erst um 10 Uhr öffnet.) **Espero que no tenga que hacer mucha cola para entrar.** (I / S) (Ich hoffe, dass die Schlange vor der Kasse nicht zu lang ist.) **El museo es enorme y seguramente necesito mucho tiempo para ver todo.** (I / S) (Das Museum ist riesig, sodass ich sicher viel Zeit brauchen werde, um alles zu sehen.) **Después de salir del museo quizás llame a mis amigos para quedar con ellos.** (I / S) (Nach dem Museum rufe ich meine Freunde an, um mich mit ihnen zu verabreden.) **Posiblemente tengan ganas de ir a tomar algo.** (I / S) (Vielleicht haben sie Lust, etwas trinken zu gehen.) **Espero que mis amigos estén en casa y tengan tiempo para ir al bar.** (I / S) (Ich hoffe, dass meine Freunde zu Hause sind und Lust haben, in die Bar zu gehen.) **Depués del bar voy a volver a casa en autobús** (I / S) **porque posiblemente no haya más trenes.** (I / S) (Nach der Bar fahre ich mit dem Bus nach Hause zurück, weil keine Züge mehr fahren werden.)

Übung 10.2

Was ist wichtig, notwendig, nicht nötig oder gut? Machen Sie eine Liste mit Aufgaben, die Sie tagsüber erledigen.

importante / hacer las compras / Diego (1) _____ necesario / Juana / salir con el perro (2) _____ No no ser necesario / cortar el pasto (3) _____ Es importante / llamar a la abuela / vosotros / preguntar cómo está _____

Übung 10.3

Was würden Sie machen, wenn Sie frei hätten? Bilden Sie Sätze mit dem **imperfecto de subjuntivo**.

ver una película (einen Film anschauen): _____ **ir de tiendas** (shoppen gehen): _____ **ir de tapas** (Tapas essen gehen): _____ **hacer un pastel** (einen Kuchen backen): _____ **hablar por teléfono con una amiga** (mit einer Freundin telefonieren): _____ **ir al cine** (ins Kino gehen): _____

Kapitel 11
Nein sagen

I n diesem Kapitel lernen Sie, wie Sie auf Spanisch Nein sagen können und wie eine verneinte Aussage von Spanischsprechenden interpretiert wird. Sie sagen äußerst ungern **no** (nein) und fühlen sich verpflichtet zu erklären, warum sie **no** sagen. Schließlich kann **no** immer noch ein **quizá** (vielleicht) bedeuten. **No** kommt also selten allein vor.

Die einfache Verneinung

Wenn Sie eine Aussage verneinen, brauchen Sie im Spanischen das Adverb der Verneinung **no** (nein, nicht und kein). In Kapitel 4 erfahren Sie mehr darüber.

No steht immer vor dem Verb:

✔ **Hoy no tengo tiempo. Es que tengo que trabajar.** (Heute habe ich keine Zeit. Ich muss arbeiten.) **No** steht vor dem Verb **tener** (haben).

✔ **Cadiz no está situada en el norte de España.** (Cadiz liegt nicht im Norden Spaniens.) **No** steht vor dem Verb **estar** (sein).

✔ **Este fin de semana no vaciamos la piscina porque todavía hace calor.** (Wir leeren das Schwimmbad dieses Wochenende nicht, weil es noch warm ist.) **No** steht vor dem Verb **vaciar** (leeren).

✔ **No me gusta el pescado.** (Ich mag keinen Fisch.) Bei dem Verb **gustar** (mögen) steht **no** vor dem unbetonten indirekten Objektpronomen **me** (mir). Mehr über unbetonte Objektpronomen erfahren Sie in Kapitel 14.

Wenn Sie reflexive Verben verneinen, steht **no** vor dem Reflexivpronomen:

✔ **No me ducho por la mañana, me ducho por la noche.** (Ich dusche nicht am Vormittag, sondern am Abend.) **No** steht vor dem Reflexivpronomen **me** (mich) aus **ducharse** (duschen).

✔ **Juan tiene barba por eso no se afeita.** (Juan trägt einen Bart, deshalb rasiert er sich nicht.) **No** steht vor dem Reflexivpronomen **se** (sich) aus **afeitarse** (sich rasieren).

✔ **No me acuesto temprano porque es sábado y mañana no trabajo.** (Ich gehe nicht früh ins Bett, weil morgen Samstag ist und ich nicht arbeite.) **No** steht vor dem Reflexivpronomen **me** (mich) aus **acostarse** (ins Bett gehen).

✔ **Paquita y Alberto no se casan por iglesia.** (Paquita und Alberto heiraten nicht kirchlich.) **No** steht vor dem Reflexivpronomen **se** (sich) aus **casarse** (heiraten).

Wenn Sie ein Objekt durch ein Pronomen ersetzen, steht **no** vor dem Pronomen:

✔ **El vendedor no atiende a los clientes porque está hablando por teléfono.** (Der Verkäufer bedient die Kunden nicht, weil er gerade am Telefon ist.) **El vendedor no los atiende.** (Der Verkäufer bedient sie nicht.) Mehr über Pronomen erfahren Sie in Kapitel 14.

✔ **El arquitecto no calcula los precios porque su ordenador no funciona. No los calcula esta semana.** (Der Architekt berechnet die Preise nicht, weil sein PC nicht funktioniert. Er berechnet sie diese Woche nicht.) Im ersten Satz steht **no** vor dem Verb **calcular** (berechnen) und im zweiten Satz steht **no** vor dem direkten Objektpronomen **los** (sie, steht für die Preise).

✔ **No compres el libro. No es interesante. No lo compres.** (Kaufe das Buch nicht. Es ist nicht interessant. Kaufe es nicht.)

Die doppelte Verneinung

In diesem Abschnitt erfahren Sie alles über die doppelte Verneinung. Diese Verneinung heißt doppelt, weil sie aus zwei Wörtern besteht: **no** plus entweder ein Indefinitpronomen, ein Adverb der Verneinung, eine Konjunktion oder eine Präposition.

Überhaupt nichts – »no« und »nada«

Mit **nada** (nichts), einem Indefinitpronomen, drücken Sie das Nichtvorhandensein von etwas aus. Diese Verneinung heißt doppelt, weil sie mit **no** und dem Indefinitpronomen **nada** gebildet wird. Das Verb steht zwischen **no** und **nada**.

✔ **El jueves no tengo nada que hacer. Podemos quedar.** (Am Donnerstag habe ich nichts zu tun. Wir können uns verabreden.)

✔ Im Kinderzimmer ist es plötzlich still. Sie fragen: **¿Qué estáis haciendo?** (Was macht ihr?) Aus dem Zimmer ruft es heraus: **No hacemos nada.** (Wir machen nichts.) Die Antwort **nada** (nichts) heißt meistens nichts Gutes.

✔ Wenn jemand sagt: **No tenemos nada en la nevera** (Wir haben nichts im Kühlschrank.), wird es Zeit für den Wocheneinkauf.

Noch niemand da – »no« und »nadie«

Nadie (niemand) ist ein Indefinitpronomen. Diese Verneinung heißt doppelt, weil sie mit **no** und dem Indefinitpronomen **nadie** gebildet wird. Das Verb steht zwischen **no** und **nadie**. **Nadie** kann auch vor dem Verb stehen. Wenn es vor dem Verb steht, lassen Sie **no** weg.

✔ **¿Quién fue a la fiesta del pueblo?** (Wer war auf dem Dorffest?) **No fue nadie.** (Niemand ging dorthin.) **Nadie fue.** (Niemand ging dorthin.)

✔ **¿No sale nadie con el perro?** (Geht niemand mit dem Hund raus?) **No sale nadie con el perro porque nadie tiene tiempo en este momento. Más tarde salgo yo.** (Niemand geht mit dem Hund raus, weil niemand Zeit hat. Später gehe ich mit ihm raus.)

✔ In meinem Haus ist **nadie** (niemand) sehr aktiv und besonders tückisch. Ich frage: **¿Quién se comió el chocolate?** (Wer hat die Schokolade gegessen?) Dreimal dürfen Sie raten, wie die Antwort lautet: **¡No se lo comió nadie!** (Niemand hat sie gegessen.), oder einfach nur: **¡Nadie!** (Niemand.) Ich werde nie rausfinden, wer es war.

Nichts da – »no« und »ninguno«

Ninguno (keiner/niemand/nirgends) ist ein Indefinitpronomen, mit dem Sie etwas verneinen, das Teil einer bestimmten Gruppe ist. Wenn **ninguno** vor männlichen Nomen steht, wird **es** zu **ningún**. Die doppelte Verneinung mit **ninguno** bilden Sie mit **no**, einem Verb, **ninguno** und einem Objekt.

✔ **¿Hay una gasolinera por aquí?** (Gibt es eine Tankstelle in der Nähe?) **Lo siento, no hay gasolinera cerca.** (Es tut mir leid, es gibt keine Tankstelle in der Nähe.) **Gasolinera** (Tankstelle) ist weiblich, deshalb verwenden Sie **ninguna** (keine).

✔ **¿Tiene un libro sobre las Islas Baleares?** (Haben Sie ein Buch über die Balearen?) **No, no tengo ningún libro sobre las Islas Baleares. No tengo ninguno.** (Ich habe kein Buch über die Balearen.) **Libro** (Buch) ist männlich, deshalb wird aus **ninguno** **ningún**, wenn das Indefinitpronomen vor dem männlichen Nomen steht.

✔ **¿Conoces un hotel bueno en Jerez?** (Kennst du ein gutes Hotel in Jerez?) **Lo siento, no conozco ningún hotel en Jerez. No conozco ninguno.** (Es tut mir leid, ich kenne kein Hotel in Jerez.)

✔ **Anoche no pude enviar ninguna carta porque el correo ya estaba cerrado.** (Gestern Abend konnte ich keine Briefe mehr wegschicken, weil die Post schon geschlossen war.)

Noch nie gemacht – »no« und »nunca«

Nunca (nie) ist ein Adverb der Verneinung. Diese Verneinung heißt doppelt, weil Sie sie mit **no**, einem Verb und **nunca** bilden. **Nunca** kann auch allein stehen. Mehr über Adverbien der Verneinung erfahren Sie in Kapitel 4.

✔ **Nunca tengo tiempo para mí. No tengo tiempo nunca.** (Ich habe nie Zeit für mich. Ich habe nie Zeit.)

✔ **Nunca cuelgo la ropa afuera. No la cuelgo nunca afuera. Uso el secador.** (Ich hänge die Wäsche nie draußen auf. Ich hänge sie nie draußen auf. Ich verwende den Trockner.)

✔ **No he ido nunca a esquiar. Nunca he ido a esquiar.** (Ich war noch nie Ski fahren.)

Auch nicht – die Verneinung mit »tampoco«

Sie verwenden **tampoco** (auch nicht), ein Adverb der Verneinung, wenn eine Information von einer anderen Person bereits verneint wurde. Die doppelte Verneinung mit **tampoco** steht vor einem Verb oder einem Objektpronomen.

✔ Person 1: **A mí no me gusta levantarme temprano.** (Ich mag nicht, früh aufzustehen.) Person 2: **A mí tampoco.** (Ich auch nicht.) Die Information **levantarse temprano** (früh aufstehen) ist beiden Gesprächspartnern bekannt, deshalb reicht die Antwort von der zweiten Person aus, um die Verneinung zu bestätigen. Beide Personen stehen nicht gern früh auf.

✔ **No me gusta dibujar y tampoco me gusta pintar.** (Zeichnen gefällt mir nicht und Malen auch nicht.)

✔ Person 1: **¿Ha recibido mi carta?** (Haben Sie meinen Brief erhalten?) Person 2: **No. Tampoco hemos recibido su fax.** (Nein. Und wir haben auch nicht Ihr Fax bekommen.)

Weder noch – »ni... ni«

Diese Verneinung heißt doppelt, weil **ni... ni** (weder ... noch) eine Konjunktion ist. Mehr über die Verwendung von Konjunktionen erfahren Sie in Kapitel 17. Mit **ni... ni** können Sie mehrere Satzteile gleichzeitig verneinen. **Ni** steht vor dem Element, das Sie verneinen wollen. Das kann ein Verb, ein Nomen oder ein Adjektiv sein.

✔ **Me siento muy bien. Ni me duele la cabeza ni la garganta.** (Ich fühle mich gut. Mir tut weder der Kopf noch der Hals weh.)

✔ **Ni estoy resfriada ni tengo fiebre.** (Ich habe weder Schnupfen noch Fieber.)

✔ **No tengo ganas de ir al cine ni de ir al concierto.** (Ich habe weder Lust ins Kino noch ins Konzert zu gehen.)

Nicht nur, sondern auch – »sino«

Die Verneinung mit **sino** (sondern), einer Konjunktion, verwenden Sie, um eine Aussage zu korrigieren. **Sino** steht immer nach einer Verneinung.

✔ **Mi primo no se queda dos días sino cuatro.** (Mein Cousin bleibt nicht zwei Tage, sondern vier.)

✔ **Sevilla no está cerca de San Sebastian sino muy lejos.** (Sevilla ist nicht in der Nähe von San Sebastian, sondern sehr weit entfernt.)

✔ **Hoy no voy a practicar gramática sino lectura.** (Ich übe heute nicht Grammatik, sondern Lesen.)

Nicht ohne Präposition – die Verneinung mit »sin«

Sie benutzen **sin** (ohne), wenn Sie das Fehlen oder Nichtvorhandensein von etwas oder jemand ausdrücken wollen. Mehr über die spanischen Präpositionen finden Sie in Kapitel 16.

✔ **Tomo el café sin leche y sin azúcar.** (Ich trinke den Kaffee ohne Milch und Zucker.)

✔ **Mi compañera de trabajo vino a trabajar sin dormir porque estuvo en una fiesta.** (Meine Kollegin kam ohne Schlaf zur Arbeit, weil sie auf einem Fest war.)

✔ **Siempre como la fruta sin cáscara.** (Ich esse immer das Obst ohne Schale.)

Übungen zu Kapitel 11

Übung 1.11

Verneinen Sie folgende Sätze:

(1) **Aparcamos el coche en el aparcamiento P5.** (Wir parken das Auto auf dem Parkplatz P5.) _____ (Wir parken das Auto nicht auf dem Parkplatz P5.) (2) **Busco el periódico del jueves.** (Ich suche die Zeitung von Donnerstag.) _____ (Ich suche nicht die Zeitung von Donnerstag.) (3) **Mi jefe canceló la reunión de mañana.** (Mein Chef sagte die morgige Sitzung ab.) _____ (Mein Chef hat nicht die morgige Sitzung abgesagt.) (4) **Mis amigos vienen en agosto.** (Meine Freunde kommen im August.) _____ (Meine Freunde kommen nicht im August.) (5) **Tengo tiempo a las 11.** (Ich habe um 11 Uhr Zeit.) _____ (Ich habe um 11 Uhr keine Zeit.) (6) **Ella instala programas.** (Sie installiert Programme.) _____ (Sie installiert keine Programme.) (7) **Anna compra muebles nuevos.** (Anna kauft neue Möbel.) _____ (Anna kauft

keine neuen Möbel.) (8) **El bebé nace en octubre.** (Das Baby wird im Oktober geboren.) ___
_____ (Das Baby wird nicht im Oktober geboren.) (9) **El chi-
co sabe nadar.** (Der Jugendliche kann schwimmen.) _____ (Der
Jugendliche kann nicht schwimmen.) (10) **Uso el ascensor para subir al cuarto piso.** (Ich
benutze den Aufzug, um in den vierten Stock zu kommen.) _____
_____ (Ich benutze keinen Aufzug, um in den vierten Stock zu kommen.)

Übung 11.2

Wo ist der Hund der Gräfin? Verneinen Sie die folgenden Sätze:

_____ (Der Hund ist nicht in seinem Zimmer.) _____
_____ (Der Hund ist auch nicht im Garten.) _____
_____ (Niemand hat den Hund gesehen.) _____
____ (Der Hund geht nie allein raus.) _____ (Weder der
Detektiv noch die Nachbarn haben den Hund gefunden.)

Hören Sie zur Kontrolle nach:

`https://www.wiley-vch.de/ISBN9783527722990`

Kapitel 12

Wer macht was – das Passiv

D as Passiv (**voz pasiva**) ist eine Form, die in der spanischen Alltagssprache wenig, in der schriftlichen Kommunikation jedoch öfter vorkommt. Wenn Sie einen Zeitungsartikel lesen, werden Sie Sätze im Passiv finden. In der gesprochenen Sprache verwenden Sie statt des Passivs unpersönliche Ausdrücke.

Es gibt zwei verschiedene Arten von Passiv: das Vorgangspassiv und das Zustandspassiv. Das Vorgangspassiv beschreibt eine Handlung, die von einer bestimmten Person oder Sache aus geschieht. Das Zustandspassiv, das, wie der Name schon sagt, einen Zustand nach einer Handlung beschreibt, drückt aus, was das Ergebnis einer Handlung ist. In diesem Kapitel erfahren Sie, welche Passivformen es gibt, wie Sie die Passivformen bilden und wie Sie sie anwenden können. Am Ende des Kapitels finden Sie Übungen zur Vertiefung.

Wer es war – das Vorgangspassiv

Das Vorgangspassiv wird wenig in der Alltagssprache eingesetzt und hauptsächlich in der schriftlichen Kommunikation angewendet. Es gibt Auskunft darüber, von wem oder von welchem Objekt eine Handlung ausgegangen ist. Diese Ursache kann auch unbekannt sein. Das Akkusativobjekt eines Satzes wird im Passivsatz zum Subjekt. Das Subjekt des Aktivsatzes ist die Ursache der Handlung und steht am Ende des Satzes nach der Präposition **por** (mehr über die spanischen Präpositionen und ihre Verwendung erfahren Sie in Kapitel 16). Die wichtigste Information von Passivsätzen ist, was geschehen ist, und nicht, von wem oder wodurch diese Handlung verursacht wurde.

Anwendung des Vorgangspassivs

Das Vorgangspassiv beschreibt eine Handlung. Nicht das Subjekt des Satzes steht im Vordergrund, sondern die Ursache, die diese Handlung ausgelöst hat. Das Vorgangspassiv beantwortet die Frage »Was wurde von wem oder wovon ausgelöst?«.

Aktiv	Passiv
La empresa presentará el modelo nuevo de coche en la exposición. (Der Autohersteller wird das neue Auto auf der Autoausstellung vorstellen.)	**El nuevo modelo del coche será presentado en la exposición.** (Das neue Modell wird vom Autohersteller auf der Autoausstellung vorgestellt werden.)
Mucha gente ha comprado el libro nuevo. (Viele Leute haben das Buch gekauft.)	**El libro nuevo fue comprado por mucha gente.** (Das neue Buch wurde von vielen Leuten gekauft.)
El jardinero corta las plantas. (Der Gärtner schneidet die Pflanzen.)	**La plantas son cortadas por el jardinero.** (Die Pflanzen werden von dem Gärtner geschnitten.)
Marisol atiende la llamada telefónica. (Marisol geht ans Telefon.)	**La llamada telefónica es atendida por Marisol.** (Das Telefongespräch wird von Marisol angenommen.)

Tabelle 12.1: Das Vorgangspassiv

Tabelle 12.1 vergleicht den Aktivsatz mit dem Subjekt im Mittelpunkt und den Passivsatz, bei dem das Akkusativobjekt des Aktivsatzes zum Subjekt des Passivsatzes wird.

Bildung des Vorgangspassivs

Die Passivformen für die Bildung des Vorgangspassivs benötigen das Hilfsverb **ser** (sein). **Ser** wird gefolgt von einer Partizipform eines weiteren Verbs. Diese Regel gilt für alle Zeiten des Spanischen mit Ausnahme des positiven und des negativen Imperativs.

 Der Imperativmodus mit seinen Zeiten positiver Imperativ und negativer Imperativ kann nicht in Passivsätzen verwendet werden. Für die Bildung von Passivsätzen können Sie sowohl die Zeiten der Wirklichkeitsform (**modo indicativo**) als auch die Zeiten des Subjuntivo-Modus benutzen.

Nach der Partizipform folgt das Akkusativobjekt des Aktivsatzes, das im Passivsatz zum Subjekt wird. Das Subjekt des Aktivsatzes wird hinter die Präposition **por** (von) gestellt. In der folgenden Auflistung finden Sie zuerst den Aktivsatz und dann das Beispiel im Passiv.

✔ **José compra churros.** (José kauft Churros.) **Los churros son comprados por José.** (Die Churros werden von José gekauft.)

✔ **José está comprando churros.** (José kauft gerade Churros.) **Los churros están siendo comprados por José.** (Die Churros werden gerade von José gekauft.)

✔ **José va a comprar churros.** (José wird Churros kaufen.) **Los churros van a ser comprados por josé.** (Die Churros werden von José gekauft werden.)

✔ **José ha comprado churros.** (José hat Churros gekauft.) **Los churros han sido comprados por José.** (Die Churros wurden von José gekauft.)

✔ **José compró churros.** (José kaufte Churros.) **Los churros fueron comprados por José.** (Die Churros wurden von José gekauft.)

✔ **José compraba churros.** (José kaufte Churros.) **Los churros eran comprados por José.** (Die Churros wurden von José gekauft.)

✔ **José había comprado churros.** (José hatte Churros gekauft.) **Los churros habían sido comprados por José.** (Die Churros waren von José gekauft worden.)

✔ **José comprará churros.** (José wird Churros kaufen.) **Los churros serán comprados por José.** (Die Churros werden von José gekauft werden.)

✔ **José habrá comprado churros.** (José wird Churros gekauft haben.) **Los churros habrán sido comprados por José.** (Die Churros werden von José gekauft worden sein.)

✔ **José compraría churros.** (José würde Churros kaufen.) **Los churros serían comprados por José.** (Die Churros würden von José gekauft.)

✔ **José habría comprado churros.** (José hätte Churros gekauft.) **Los churros habrían sido comprados por José.** (Die Churros wären von José gekauft worden.)

✔ **No creo que José compre churros.** (Ich glaube nicht, dass José Churros kauft.) **No creo que los churros sean comprados por José.** (Ich glaube nicht, dass die Churros von José gekauft werden.)

✔ **No creo que José haya comprado churros.** (Ich glaube nicht, dass José Churros gekauft hat.) **No creo que los churros hayan sido comprados por José.** (Ich glaube nicht, dass die Churros von José gekauft worden sind.)

✔ **El panadero quería que José comprara churros.** (Der Bäcker wollte, dass José Churros kauft.) **El panadero quería que los churros fueran comprados por José.** (Der Bäcker wollte, dass die Churros von José gekauft werden.)

✔ **José hubiera comprado churros.** (José hätte Churros gekauft.) **Los churros hubieran sido comprados por José.** (Die Churros wären von José gekauft worden.)

 Churros sind eine Spezialität aus Spanien, die in abgewandelter Form auch in lateinamerikanischen Ländern zu finden sind. Sie können sie in der Churrería kaufen. Churros werden aus Brandteig gemacht und in heißem Öl frittiert. Sie werden mit Puderzucker bestreut und mit einer dicken Schokoladensoße serviert. In Argentinien können Sie **churros rellenos** kaufen. Die Churros dort werden mit **dulce de leche** (Milchmarmelade) gefüllt.

Satzbau im Vorgangspassiv

Das Subjekt vom Aktivsatz wird zum Urheber im Passivsatz. Diese Person oder diese Sache ist als Ursache der Handlung anzusehen.

	Subjekt	Verb	Objekt	Verb 2
Aktiv	**La policía**	**arrestó**	**al carterista.**	
	Die Polizei	nahm	den Taschendieb	fest.
Passiv	**El carterista**	**fue arrestado**	**por la policía.**	
	Der Taschendieb	wurde	von der Polizei	festgenommen.

Tabelle 12.2: Bildung des Vorgangspassivs

Tabelle 12.2 zeigt, welche Handlung wichtiger ist, wenn Sie Passivsätze bilden. Wenn Sie das Objekt des Passivsatzes weglassen, können Sie trotzdem die wichtige Information erfassen. **El carterista fue arrestado.** (Der Taschendieb wurde festgenommen.)

Der Zustand danach – das Zustandspassiv

Mit dem Zustandspassiv beschreiben Sie das Ergebnis einer Handlung.

Anwendung des Zustandspassivs

Wenn ein Satz im Vorgangspassiv steht, wird eine Handlung beschrieben, die von einer Person oder einem Objekt ausgeht. Das Zustandspassiv sagt aus, welches Ergebnis die Handlung hat. Mit dem Zustandspassiv beantworten Sie die Frage »Wie ist der Zustand einer Person oder einer Sache, nachdem eine Handlung geschehen und abgeschlossen ist?«.

Bildung des Zustandspassivs

Die Formen des Zustandspassivs werden mit dem Verb **estar** (sein) gebildet. Danach folgt die Partizipform eines anderen Verbs. Das Zustandspassiv kann genauso wie das Vorgangspassiv mit allen Zeiten der spanischen Sprache gebildet werden.

	Subjekt	Verb	Objekt	Verb 2
Aktiv	**La policía**	**detiene**	**al carterista.**	
	Die Polizei	nimmt	den Taschendieb	fest.
Passiv	**El carterista**	**está detenido**	**por la policía.**	
	Der Taschendieb	ist	von der Polizei	festgenommen.

Tabelle 12.3: Bildung des Zustandspassivs

Das Beispiel in Tabelle 12.3 zeigt, dass die Festnahme abgeschlossen ist. Da der Taschendieb immer noch in Gewahrsam ist, beschreibt der Satz den Zustand nach der Handlung: **está detenido** (ist in Polizeigewahrsam). Der Aktivsatz gibt Ihnen folgende Information: **La policía detiene al carterista.** (Die Polizei nimmt den Taschendieb fest.)

✔ **El carterista está detenido.** (Der Taschendieb ist festgenommen.) Der Taschendieb befindet sich immer noch in Polizeigewahrsam.

✔ **El carterista estuvo detenido.** (Der Taschendieb war festgenommen.) Dieser Satz beschreibt einen Zustand in der Vergangenheit, der abgeschlossen ist. Der Taschendieb ist wieder frei.

✔ **El carterista estaba detenido.** (Der Taschendieb war festgenommen.) **Imperfecto** ist die Zeit der Geschichten. Der Taschendieb war bereits in Gewahrsam, als eine weitere Handlung geschehen ist.

✔ **El carterista estaría detenido.** (Der Taschendieb wäre in Gewahrsam.) Es ist nicht sicher, ob der Taschendieb festgenommen wurde.

✔ **No creo que el carterista esté detenido.** (Ich glaube nicht, dass der Taschendieb festgenommen ist.)

 Folgende Zeiten können nicht für die Bildung des Zustandspassivs verwendet werden: der Imperativmodus und seine beiden Zeiten, Gerundio-Formen sowie alle zusammengesetzten Zeiten der Wirklichkeitsform und des Subjuntivo-Modus.

Genauso wie beim Vorgangspassiv hat ein Satz im Zustandspassiv eine bestimmte Struktur (siehe Tabelle 12.4).

Satzbau im Zustandspassiv

Tabelle 12.4 zeigt einen Satz im Vorgangspassiv und im Zustandspassiv, damit Sie die Strukturen miteinander vergleichen können.

	Subjekt	Verb	Objekt	Subjekt des Aktivsatzes
Aktiv	**Adrian**	**cierra**	**la ventana.**	
	Adrian	schließt	das Fenster.	
Vorgangspassiv	**La ventana**	**es**	**cerrada**	**por Adrian.**
	Das Fenster	wird von Adrian	geschlossen.	
Zustandspassiv	**La ventana**	**está**	**cerrada.**	
	Das Fenster	ist	geschlossen.	

Tabelle 12.4: Satzbau der Passivformen

Das Subjekt vom Aktivsatz (Adrian) wird im Vorgangspassiv durch das Akkusativobjekt (**la ventana**) ersetzt, das die Subjektfunktion annimmt. Das Zustandspassiv wird mit dem Verb **estar** (sein) gebildet, das von der Partizipform des Verbs **cerrar** (schließen) **cerrada** (geschlossen) gefolgt wird.

Was gemacht werden muss – unpersönliche Sätze

Unpersönliche Sätze haben kein Subjekt. Sie brauchen unpersönliche Sätze, wenn Sie nicht wissen, wer eine bestimmte Handlung ausübt. Alle Informationen, die das Wetter betreffen, werden mit unpersönlichen Sätzen zum Ausdruck gebracht.

Bildung von unpersönlichen Sätzen

Der unpersönliche Satz hat kein Subjekt. Er kann aus einem Verb und einem Adjektiv oder einem Adverb bestehen:

- ✔ **Hace sol.** (Es ist sonnig.)

- ✔ **Hace viento.** (Es ist windig.)

- ✔ **Nieva.** (Es schneit.)

- ✔ **Llueve mucho.** (Es regnet stark.)

- ✔ **Graniza.** (Es hagelt.)

 Sätze mit **hay que** (man muss) deuten darauf hin, dass etwas getan werden muss, aber nicht festgelegt ist, wer die Handlung ausüben wird. Der Ausdruck **hay que** wird von einem Verb im Infinitiv und einem Objekt gefolgt. Sätze mit **hay que** können auch ironisch gemeint sein.

Denken Sie an die vielen Aufgaben, die tagtäglich im Haushalt erledigt werden müssen und für die sich niemand zuständig fühlt. Das Subjekt in diesen Sätzen bezieht sich auf eine bestimmte Person.

- ✔ **Hay que sacar la basura.** (Der Müll muss rausgebracht werden.)

- ✔ **Hay que vaciar el lavaplatos.** (Die Spülmaschine muss ausgeräumt werden.)

- ✔ **Hay que aspirar la sala.** (Das Wohnzimmer muss gestaubsaugt werden.)

- ✔ **Hay que poner la mesa.** (Der Tisch muss gedeckt werden.)

- ✔ **Hay que levantar la mesa.** (Der Tisch muss abgeräumt werden.)

- ✔ **Hay que ordenar el garage.** (Die Garage muss aufgeräumt werden.)

Die Liste ist sicher noch viel länger und Sie können sicher ein Lied davon singen, wer »freiwillig« kommt, um Ihnen zu helfen. Unpersönliche Sätze können auch mit dem Verb **haber** (haben/sein) beginnen, das in der 3. Person im Plural konjugiert wird. Die Verbform **han** wird von der Partizipform eines anderen Verbs gefolgt.

- ✔ **Han abierto una panadería nueva.** (Eine neue Bäckerei wurde eröffnet.) Sie wissen, dass eine neue Bäckerei aufgemacht hat, aber Sie wissen nicht, wer der Besitzer ist.

✔ **Han reparado la calle.** (Die Straße wurde repariert. (Man hat die Straße repariert.)) Sie haben gesehen, dass die Straße repariert wurde, aber Sie wissen nicht, wer die Straße repariert hat.

✔ **Han cambiado el horario de trenes.** (Man hat den Zugfahrplan geändert.)

Eine weitere Möglichkeit, unpersönliche Sätze zu bilden, bietet das Wort **se** (man), das von einem konjugierten Verb in der 3. Person Singular oder Plural gefolgt wird.

 Die Verbform im Singular oder Plural ändert die Bedeutung der Information. **Se vende casas** (Man verkauft Häuser.) ist nicht das Gleiche wie **Se venden casas.** (Häuser werden verkauft.)

✔ **Se compra coche.** (Man kauft Autos.) **Se compran coches.** (Autos werden angekauft.)

✔ **Se vende pan fresco.** (Man verkauft frisches Brot.) **Se venden panes frescos.** (Frisches Brot wird verkauft.)

✔ **Se busca camarero.** (Man sucht Kellner.) **Se buscan camareros.** (Kellner werden gesucht.)

Satzbau von unpersönlichen Nebensätzen

Ein unpersönlicher Satz kann ein Nebensatz sein. Dann steht der unpersönliche Satz nach bestimmten Signalformulierungen wie:

✔ **se dice que** (man sagt)

✔ **se espera que** (man erwartet / man hofft)

✔ **se supone que** (man vermutet)

✔ **se propone que** (man schlägt vor)

Der Urheber dieser Informationen ist nicht bekannt oder nicht wichtig bei der Informationsübermittlung. Wichtig ist die Information selbst und nicht, wer sie gesagt haben könnte.

✔ **Se dice que mañana va a haber huelga de trenes.** (Man sagt, morgen würde die Bahn streiken.) Sie haben diese Information gehört oder irgendwo gelesen, wissen aber nicht, wer der Urheber ist.

✔ **Se espera que los precios suban el próximo año.** (Man erwartet eine Preissteigerung für nächstes Jahr.) Dieser Satz verlangt den Subjuntivo Präsens, weil es nicht sicher ist, ob die Information wahr ist.

✔ **Se supone que no fue un accidente.** (Es wird vermutet, dass es kein Unfall war.)

✔ **Se propone que los turistas alquilen un coche para visitar la isla.** (Es wird vorgeschlagen, einen Wagen zu mieten, um die Insel zu besichtigen.)

Bei diesen Beispielen spielt es keine Rolle, wer die Aussage gemacht hat.

Übungen zu Kapitel 12

Übung 12.1

Das Vorgangspassiv: Bilden Sie Sätze im **indefinido**. Welche Handlung wird beschrieben?

Las tarjetas y los sobres / comprar / en la papelería: _____
_____ (Die Karten und die Briefumschläge wurden im Schreibwarengeschäft gekauft.) **Comprar / sellos / en el correo:** _____
_____ (Die Briefmarken wurden in der Post gekauft.) **La lista de direcciones / preparar:** __
_____ (Die Liste mit den Adressen
wurde vorbereitet.) **Escribir / las tarjetas:** _____
_____ (Die Karten wurden geschrieben.) **Escribir / la dirección / en el sobre:** _____
_____ (Die Adresse wurde auf den Briefumschlag
geschrieben.) **Pegar / el sello / en el sobre:** _____
_____ (Die Briefmarke wurde auf den Briefumschlag geklebt.) **Llevar / las tarjetas
/ al correo:** _____ (Die Karten wurden
zur Post gebracht.)

Übung 12.2

Beschreiben Sie die Handlung von Übung 1, nachdem alles erledigt ist. Verwenden Sie dazu
das Zustandspassiv:

Las tarjetas y los sobres / comprar: _____ (Die
Karten und die Briefumschläge sind gekauft.) **Comprar / sellos:** _____
_____ (Die Briefmarken sind gekauft.) **La lista de direcciones / preparar:** _____ (Die Liste mit den Adressen
ist vorbereitet.) **Escribir / las tarjetas:** _____
(Die Karten sind geschrieben.) **Escribir / la dirección / en el sobre:** _____
_____ (Die Adresse ist auf den Umschlag geschrieben.) **Pegar / el
sello / en el sobre:** _____ (Die Brief-
marke ist auf den Umschlag geklebt.) **Enviar / las tarjetas:** _____
_____ (Die Karten sind verschickt.)

Kapitel 13

Klatsch und Tratsch – die indirekte Rede

D ie indirekte Rede ist ein Werkzeug, mit dem Sie eine Information wiedergeben können, die eine andere Person gesagt hat. In diesem Kapitel lernen Sie, warum Sie die indirekte Rede brauchen, wie Sie Sätze in der indirekten Rede bilden und welche Zeitenreihenfolge Sie beachten müssen. Am Ende des Kapitels finden Sie Übungen, mit denen Sie das Gelernte üben und vertiefen können.

Gebrauch der indirekten Rede

Sie berichten über jemanden oder etwas. Wenn Sie irgendwo eine Information gelesen oder gehört haben und diese weitererzählen wollen, benötigen Sie die indirekte Rede. Oder Sie erzählen darüber, was eine andere Person gesagt hat. Die spanische indirekte Rede hat keine eigenen Verbformen wie in der deutschen Sprache, aber Sie müssen den Satz verändern, damit Sie etwas wiedergeben können, das nicht von Ihnen stammt.

Die Bildung der indirekten Rede

Die Bildung von Sätzen in der indirekten Rede ist einfach. Der Satz besteht aus einem Subjekt, einem Verb und einem Objekt. Sie verändern die Personalpronomen und die Verbform, weil die Information nicht von Ihnen stammt, sondern von einer anderen Person. Wenn die Aussage der direkten Rede im Präsens steht, bleibt die Zeit in der indirekten Rede unverändert. Den Satz in der indirekten Rede bilden Sie auch im Präsens.

✔ Beatriz sagt: »**Necesito un teléfono nuevo.**« (»Ich brauche ein neues Telefon.«) In der indirekten Rede lautet der Satz: **Beatriz dice que necesita un teléfono nuevo.** (Beatriz sagt, sie brauche ein neues Telefon.) Anders als im Deutschen ändert sich im spanischen Satz das Personalpronomen (ich wird zu sie) und die Verbform **necesito** wird zu **necesita**.

✔ Die Kinder sagen: »**¡Tenemos hambre!**« (»Wir haben Hunger!«) Geben Sie diese Information an die Küche weiter: **Los niños dicen que tienen hambre.** (Die Kinder sagen, sie hätten Hunger.) Das Personalpronomen wir (**nosotros**, **los niños**) wird zu **ellos** (sie, die Kinder), das Verb in der 1. Person Plural der direkten Rede ändert sich und steht in der indirekten Rede in der 3. Person Plural.

✔ Der Arzt empfiehlt Ihnen: »**Usted debe hacer deporte.**« (»Sie sollen Sport machen.«) Später erzählen Sie zu Hause: **El médico dice que debo hacer deporte.** (Der Arzt sagt, ich solle Sport machen.)

✔ Juan ruft an und sagt: »**He llegado bien a Madrid.**« (»Ich bin gut in Madrid angekommen.«) Sie geben die Information weiter mit: **Juan ha llamado y ha dicho que ha llegado bien.** (Juan hat angerufen und gesagt, er sei gut angekommen.) Wenn der Satz in der direkten Rede im Perfekt steht, bleibt der Satz in der indirekten Rede in derselben Zeit.

Bei Sätzen in der indirekten Rede ohne Zeitverschiebung verändern sich die Verbform und das Personalpronomen. Falls vorhanden, ändern sich die Adverbien auch. José sagt: »**Todvía estoy en casa y salgo para allá en diez minutos.**« (»Ich bin noch zu Hause und komme in zehn Minuten zu euch.«) Wenn Sie die Information von José weitergeben, sagen Sie: **José dice que todavía está en su casa y que sale para aquí en diez minutos.** (José sagt, dass er noch zu Hause sei und gleich zu uns komme.)

Tabelle 13.1 zeigt, wie Sie die Zeiten ohne Zeitverschiebung anwenden können.

Direkte Rede	Hauptsatz in der indirekten Rede	Nebensatz in der indirekten Rede
Präsens	Präsens	Präsens
»Hoy llego más tarde.«	Él dice que	hoy llega más tarde
»Heute komme ich später.«	Er sagt, dass	er heute später komme.
Perfekt	Perfekt	Perfekt
»Hoy he llegado tarde al trabajo.«	Ella cuenta que	ha llegado tarde al trabajo.
»Ich bin heute zu spät zur Arbeit gekommen.«	Sie erzählt, dass	sie zu spät zur Arbeit gekommen sei.
Nahe Zukunft	Nahe Zukunft	Nahe Zukunft

Direkte Rede	Hauptsatz in der indirekten Rede	Nebensatz in der indirekten Rede
»Esta tarde vamos a ir al centro.« »Heute Nachmittag fahren wir in die Stadt.«	Ellos dicen que Sie sagen, dass	esta tarde van a ir al centro. sie heute Nachmittag in die Stadt fahren.
indefinido	indefinido	indefinido
»Ayer fui a la biblioteca.« »Gestern ging ich in die Bibliothek.«	Marcela dijo que Marcela sagte, dass	ayer ella fue a la biblioteca sie gestern in die Bibliothek gegangen ist.
Imperfekt	Imperfekt	Imperfekt
»De pequeña me gustaba comer huevos fritos.« »Als ich klein war, aß ich gerne Spiegeleier.«	Ella decía que Sie sagte, dass	de pequeña a ella le gustaba comer huevos fritos. sie gerne Spiegeleier aß, als sie klein war.
Plusquamperfekt	Plusquamperfekt	Plusquamperfekt
»La comida había estado lista, cuando tú llegaste.« »Das Essen war fertig gewesen, als du kamst.«	Ella había dicho que Sie sagte, dass	la comida había estado lista cuando llegué. das Essen fertig gewesen wäre, als ich gekommen bin.
Konditional I		Konditional I
»Iría a la biblioteca.« »Ich ginge in die Bibliothek.«	Pedro dijo que Pedro sagte, dass	él iría a la biblioteca er in die Bibliothek ginge.
Konditional II		Konditional II
»Habría ido a la biblioteca.« »Ich wäre in die Bibliothek gegangen.«	Andrea dijo que Andrea sagte, dass	ella habría ido a la biblioteca sie in die Bibliothek gegangen wäre.
Subjuntivo Imperfekt		Subjuntivo Imperfekt
»Quizás fuera a la biblioteca.« »Vielleicht ginge ich in die Bibliothek.«	Ella dice que Sie sagt, dass	Quizá hubiera ido a la biblioteca. sie vielleicht in die Bibliothek gegangen wäre.
Subjuntivo Plusquamperfekt		Subjuntivo Plusquamperfekt
»Hubiera ido a la biblioteca.« »Ich wäre in die Bibliothek gegangen.«	Marina dice que Marina sagt, dass	ella hubiera ido a la biblioteca sie in die Bibliothek gegangen wäre.

Tabelle 13.1: Indirekte Rede ohne Zeitverschiebung

Wenn ein Satz in der direkten Rede im **imperfecto** der Wirklichkeitsform steht, ändert sich die Zeit in der indirekten Rede nicht. Der einleitende Satz kann trotzdem verschiedene Zeiten aufweisen, je nachdem, wann die Information gesagt wurde. Mario sagt: »**Los lunes iba a la biblioteca.**« (»Montags ging ich in die Bibliothek.«) **Mario dice / dijo / ha dicho que los lunes iba a la biblioteca.** (Mario sagt / sagte / hat gesagt, dass er montags in die Bibliothek gegangen sei.)

Im Spanischen können Sie die Personalpronomen weglassen, wenn Sie Sätze bilden oder sprechen. Die Verbform gibt Ihnen Auskunft darüber, um welche Person es sich bei der Information handelt. In der indirekten Rede sollten die Personalpronomen eingesetzt werden, um den Satz von der direkten Rede zu unterscheiden. Wenn die Information aus der direkten Rede nicht im Präsens weitergegeben wird, kann es in der indirekten Rede zu einer Zeitverschiebung kommen, das heißt, der Satz in der indirekten Rede steht nicht im Präsens, sondern in einer anderen Zeit. Die Zeitveränderung befolgt feste Regeln. Die Zeit, in der die indirekte Rede eingeleitet wird, hängt davon ab, wann die Handlung in der direkten Rede geschehen ist.

Direkte Rede im Präsens der Wirklichkeitsform

Wenn Sie eine Information im **imperfecto** der Wirklichkeitsform wiedergeben, kann der einleitende Hauptsatz im Präsens, im **indefinido**, im **imperfecto** oder im Plusquamperfekt stehen.

Direkte Rede von Inés: »**Voy a la biblioteca.**« (»Ich gehe in die Bibliothek.«) Sie geben diese Information weiter mit: **Inés dice que iba a la biblioteca.** (Inés sagt, sie sei in die Bibliothek gegangen.) **Inés dijo que** (Inés sagte,) **iba a la biblioteca.** (sie sei in die Bibliothek gegangen.) **Inés decía que iba a la biblioteca.** (Inés sagte, dass sie in die Bibliothek gegangen sei.) **Inés ha dicho que iba a la biblioteca.** (Inés hat gesagt, dass sie in die Bibliothek gegangen sei.) **Inés había dicho que iba a la biblioteca.** (Inés hatte gesagt, dass sie in die Bibliothek gegangen sei.)

Die Aussage in der direkten Rede steht im Präsens und wird in der indirekten Rede mit einem Satz im **imperfecto** weitergegeben.

✔ Paula sagt: »**Me levanto casi siempre a las 7 de la mañana.**« (»Ich stehe fast immer um 7 Uhr auf.«) Sie sagen: **Paula dice que, ella se levanta casi siempre a las siete de la mañana.** (Paula sagt, dass sie fast immer um 7 Uhr aufstehe.)

✔ Paula sagt: »**Me levanto casi siempre a las 7 de la mañana.**« (»Ich stehe fast immer um 7 Uhr auf.«) Sie sagen: **Paula dijo que ella se levanta casi siempre a las siete de la mañana.** (Paula sagte, dass sie fast immer um 7 Uhr aufstehe.)

✔ Paula sagt: »**Me levanto casi siempre a las 7 de la mañana.**« (»Ich stehe fast immer um 7 Uhr auf.«) Sie sagen: **Paula decía que ella se levanta casi siempre a las siete de la mañana.** (Paula sagte, dass sie fast immer um 7 Uhr aufstehe.)

Die Zeit des einleitenden Satzes hängt von dem Zeitpunkt ab, an dem Paula diese Aussage gemacht hat.

Direkte Rede im Futur I

Für die Information in der direkten Rede wird Futur I verwendet. Wenn Sie diese Information weitererzählen, geben Sie sie mit dem **condicional I** weiter. Der einleitende Hauptsatz kann im Präsens, im **indefinido**, im **imperfecto** oder im Plusquamperfekt stehen.

Direkte Rede von Diego: »**Hoy iré a la biblioteca.**« (»Heute gehe ich in die Bibliothek.«) **Diego dice que él iba hoy a la biblioteca.** (Diego sagt, dass er heute in die Bibliothek gegangen sei.) Sie verwenden **Diego dice** (Diego sagt), weil die Informationsübermittlung in der Gegenwart geschieht. **Diego dijo que él iba hoy a la biblioteca.** (Diego sagte, dass er heute in die Bibliothek gegangen sei.) Sie verwenden **Diego dijo que** (Diego sagte, dass), wenn die Informationsvermittlung in der Vergangenheit abgeschlossen ist. **Diego decía que él iba hoy a la biblioteca.** (Diego sagte, dass er heute in die Bibliothek gegangen sei.) **Diego ha dicho que él iba hoy a la biblioteca.** (Diego hat gesagt, dass er heute in die Bibliothek gegangen sei.) **Diego había dicho que él iba hoy a la biblioteca.** (Diego hatte gesagt, dass er heute in die Bibliothek gegangen sei.)

In der indirekten Rede verändert sich nicht nur das Personalpronomen, sondern auch die Verbform. Das Verb in der 1. Person aus der direkten Rede wird in der indirekten Rede in der 3. Person eingesetzt.

- ✔ Inés sagt: »**Desayuno en casa.**« (»Ich frühstücke zu Hause.«) Sie sagen: **Inés dice que ella desayunaría en casa.** (Inés sagt, sie werde zu Hause frühstücken.)

- ✔ **Inés dijo que ella desayunaría en casa.** (Inés sagte, sie werde zu Hause frühstücken.)

- ✔ **Inés decía que ella desayunaría en casa.** (Inés sagte, sie werde zu Hause frühstücken.)

- ✔ **Inés ha dicho que ella desayunaría en casa.** (Inés hat gesagt, sie werde zu Hause frühstücken.)

Mit zusammengesetzten Zeiten können Sie diese Regeln auch anwenden.

Direkte Rede im Futur II

Mario vermutet, dass er bis zu einem bestimmten Zeitpunkt eine Handlung erledigt haben wird, deshalb gibt er die Information in der direkten Rede im Futur II wieder. Wenn Sie die Information weitererzählen, geben Sie sie mit dem **condicional II** wieder. Der einleitende Hauptsatz kann im Präsens, im **indefinido**, im **imperfecto** oder im Plusquamperfekt stehen. Welche Zeit Sie in dem einleitenden Satz verwenden, hängt vom Zeitpunkt der Handlung ab.

Direkte Rede von Mario: »**Habré ido a la biblioteca.**« (»Ich werde in die Bibliothek gegangen sein.«) Sie berichten: **Mario dice que él habría ido hoy a la biblioteca.** (Mario sagt, dass er heute in die Bibliothek gegangen sein werde.) Die Aussage **Mario dice** (Mario sagt) geschieht in der Gegenwart.

✔ **Mario dijo que** (Mario sagte, dass) **él habría ido hoy a la biblioteca.** (er heute in die Bibliothek gegangen sein werde.) Sie verwenden **Mario dijo** (Mario sagte), weil die Informationsübergabe von Mario an Sie in der Vergangenheit abgeschlossen ist und keine Verbindung zur Gegenwart hat.

✔ **Mario decía que él habría ido hoy a la biblioteca.** (Mario sagte, dass er heute in die Bibliothek gegangen sein werde.) Sie verwenden **Mario decía** (Mario sagte) im Hauptsatz, weil die Information von Mario eine Vermutung darstellt und andere Umstände notwendig sind, damit die Handlung geschehen kann. **Mario decía que él habría ido hoy a la biblioteca si éstaría abierta.** (Mario sagte, dass er heute in die Bibliothek gegangen sein werde, wenn diese offen hat.)

✔ **Mario ha dicho que él habría ido hoy a la biblioteca.** (Mario hat gesagt, dass er heute in die Bibliothek gegangen sein werde.) Der Zeitpunkt der Informationsübermittlung hat eine Verbindung mit der Gegenwart, deshalb verwenden Sie **Mario ha dicho** (Mario hat gesagt).

✔ **Mario había dicho que** (Mario hatte gesagt, dass) **él habría ido hoy a la biblioteca.** (er heute in die Bibliothek gegangen sein werde.)

Mario rechnet damit, bis zu einem bestimmten Zeitpunkt in der Zukunft in die Bibliothek gegangen zu sein. Er berichtet über eine Handlung, von der er vermutet, dass sie so geschehen wird.

✔ Ema sagt: »**Esta noche habré terminado de leer el libro.**« (»Heute Abend werde ich das Buch zu Ende gelesen haben.«) Sie berichten: **Ema dice que esta noche habría terminado de leer el libro.** (Ema sagt, sie werde heute Abend das Buch zu Ende gelesen haben.)

✔ **Ema dijo que esta noche habría terminado de leer el libro.** (Ema sagte, dass sie heute Abend das Buch zu Ende gelesen haben werde.)

✔ **Ema decía que esta noche habría terminado de leer el libro.** (Ema sagte, dass sie heute Abend das Buch zu Ende gelesen haben werde.)

✔ **Ema ha dicho que esta noche habría terminado de leer el libro.** (Ema hat gesagt, dass sie heute Abend das Buch zu Ende gelesen haben werde.)

Es ist sehr wahrscheinlich, dass Ema das Buch zu Ende gelesen haben wird, deshalb finden Sie in ihrer Aussage die Zeit Futur II, die in der indirekten Rede zu **condicional II** umgewandelt werden muss.

Direkte Rede im Perfekt der Wirklichkeitsform

Die Information in der direkten Rede wird im Perfekt gesagt. Sie informieren darüber, indem Sie den Satz in der indirekten Rede im Plusquamperfekt bilden.

Gonzalo kommt nach Hause zurück und erzählt: »**Esta tarde he ido a la biblioteca.**« (»Heute Nachmittag bin ich in die Bibliothek gegangen.«) Sie geben wieder: **Gonzalo dice que él había ido hoy a la biblioteca.** (Gonzalo sagt, dass er heute in die Bibliothek gegangen sei.)

✔ **Gonzalo dijo que él había ido hoy a la biblioteca.** (Gonzalo sagte, dass er heute in die Bibliothek gegangen sei.) Der Zeitpunkt der Aussage von Gonzalo liegt in der Vergangenheit, deshalb sagen Sie **Gonzalo dijo** (Gonzalo sagte).

✔ **Gonzalo decía que él había ido hoy a la biblioteca.** (Gonzalo sagte, dass er heute in die Bibliothek gegangen sei.) Sie verwenden **decía** (sagte), weil die Handlung der Hintergrund einer anderen Handlung ist.

✔ **Gonzalo ha dicho que él había ido hoy a la biblioteca.** (Gonzalo hat gesagt, dass er heute in die Bibliothek gegangen sei.)

✔ **Gonzalo había dicho que él había ido hoy a la biblioteca.** (Gonzalo hatte gesagt, dass er heute in die Bibliothek gegangen sei.)

Unabhängig davon, in welcher Zeit der einleitende Satz in der indirekten Rede steht, wird der Nebensatz mit dem Plusquamperfekt der Wirklichkeitsform gebildet.

✔ Blanca sagt: »**He visto una película muy buena.**« (»Ich habe einen sehr guten Film angeschaut.«) Sie erzählen: **Blanca dijo que ella había visto una película muy buena.** (Blanca sagte, dass sie einen sehr guten Film angeschaut habe.)

✔ **Blanca ha dicho que ella había visto una película muy buena.** (Blanca hat gesagt, dass sie einen sehr guten Film angeschaut habe.)

✔ **Blanca había dicho que ella había visto una película muy buena.** (Blanca hatte gesagt, dass sie einen sehr guten Film angeschaut habe.)

Bei den Sätzen, die im Perfekt der Wirklichkeitsform stehen, hat die Information eine Verbindung zur Gegenwart.

Direkte Rede im »indefinido«

Der einleitende Satz für die indirekte Rede kann unterschiedliche Zeiten haben, wenn die Information in der direkten Rede im **indefinido** steht. Der Nebensatz in der indirekten Rede steht im Plusquamperfekt: Raúl sagt: »**Ayer fui a la biblioteca.**« (»Gestern ging ich in die Bibliothek.«) Sie erzählen, was Raúl berichtet hat:

✔ **Raúl dice que él había ido ayer a la biblioteca.** (Raúl sagt, dass er heute in die Bibliothek gegangen sei.)

✔ **Raúl dijo que él había ido ayer a la biblioteca.** (Raúl sagte, dass er heute in die Bibliothek gegangen sei.)

✔ **Raúl decía que él había ido ayer a la biblioteca.** (Raúl sagte, dass er heute in die Bibliothek gegangen sei.)

✔ **Raúl ha dicho que él había ido ayer a la biblioteca.** (Raúl hat gesagt, dass er heute in die Bibliothek gegangen sei.)

✔ **Raúl había dicho que él había ido ayer a la biblioteca.** (Raúl hatte gesagt, dass er heute in die Bibliothek gegangen sei.)

Indefinido wird für abgeschlossene Handlungen in der Vergangenheit verwendet. Diese Information hat keine Verbindung zur Gegenwart und ist bereits abgeschlossen. In der indirekten Rede wird diese Information mit dem Plusquamperfekt der Wirklichkeitsform wiedergegeben.

✔ Celia sagt: »**El año pasado terminé de estudiar.**« (»Letztes Jahr habe ich das Studium abgeschlossen.«) Sie sagen: **Celia dijo que el año pasado ella había terminado de estudiar.** (Celia sagte, dass sie letztes Jahr ihr Studium abgeschlossen habe.)

✔ **Celia ha dicho que el año pasado ella había terminado de estudiar.** (Celia sagte, dass sie letztes Jahr ihr Studium abgeschlossen habe.)

✔ **Celia había dicho que el año pasado ella había terminado de estudiar.** (Celia sagte, dass sie letztes Jahr ihr Studium abgeschlossen habe.)

Befehle und Anweisungen können auch in der indirekten Rede zum Ausdruck gebracht werden. Um eine Anweisung mit dem positiven Imperativ wiederzugeben, brauchen Sie in der indirekten Rede eine Zeit aus dem Subjuntivo-Modus.

Direkte Rede und positiver Imperativ

Für den Satz in der direkten Rede können Imperativformen verwendet werden, wenn die Handlung dies erfordert. Der Satz in der indirekten Rede wird im Subjuntivo Präsens oder im **subjuntivo imperfecto** wiedergegeben. Der einleitende Satz kann im Präsens, **indefinido, imperfecto**, Plusquamperfekt oder Perfekt der Wirklichkeitsform stehen.

✔ Eva sagt zu Noa: »**¡Ve a la biblioteca!**« (»Gehe in die Bibliothek!«) Wandeln Sie diese Anweisung in die indirekte Rede um und sagen Sie: **Eva le pide a Noa que vaya a la biblioteca.** (Eva bittet Noa darum, in die Bibliothek zu gehen.)

✔ **Eva le pidió a Noa que fuera a la biblioteca.** (Eva bat Noa darum, in die Bibliothek zu gehen.)

✔ **Eva le pedía a Noa que fuera a la biblioteca.** (Eva bat Noa darum, in die Bibliothek zu gehen.)

✔ **Eva le ha pedido a Noa que vaya a la biblioteca.** (Eva hat Noa gebeten, in die Bibliothek zu gehen.)

✔ **Eva le había pedido a Noa que fuera a la biblioteca.** (Eva hatte Noa gebeten, in die Bibliothek zu gehen.)

Nach dem Einleitungssatz im Präsens oder Perfekt der Wirklichkeitsform steht die indirekte Rede im Subjuntivo Präsens. Nach einem Einleitungssatz im **indefinido, imperfecto** oder Plusquamperfekt steht die indirekte Rede im **subjuntivo imperfecto**.

✔ Juan sagt zu Verónica: »**¡Llama al médico!**« (»Rufe den Arzt an!«) Sie berichten darüber und sagen: **Juan le pide a Verónica que llame al médico.** (Juan bittet Verónica, den Arzt anzurufen.) Die Bitte von Juan geschieht in der Gegenwart, deshalb sagen Sie: **Juan le pide.** (Juan bittet Verónica.)

✔ **Juan le ha pedido a Verónica que llame al médico.** (Juan hat Verónica gebeten, den Arzt anzurufen.) Die Informationsübermittlung hat eine Verbindung zur Gegenwart, deshalb sagen Sie: **Juan le ha pedido a Verónica.** (Juan hat Verónica gebeten.)

✔ **Juan le pidió a Verónica que llamara al médico.** (Juan bat Verónica, den Arzt anzurufen.) Die Bitte von Juan ist in der Vergangenheit abgeschlossen. Aus diesem Grund steht der einleitende Satz im **indefinido.**

✔ **Juan le pedía a Verónica que llamara al médico.** (Juan bat Verónica, den Arzt anzurufen.) Die Bitte von Juan ist der Hintergrund einer anderen Handlung, deshalb steht der einleitende Satz im Imperfekt.

✔ **Juan le había pedido a Verónica que llamara al médico.** (Juan hatte Verónica gebeten, den Arzt anzurufen.)

 Die spanische Zeiten **indefinido** und Imperfekt der Wirklichkeitsform werden mit der deutschen einfachen Vergangenheit übersetzt. **Juan dijo que** übersetzen Sie mit: Juan sagte, dass. Für die Aussage **Juan decía que** wird bei der Übersetzung ebenfalls die einfache Vergangenheit verwendet.

Der positive Imperativ wird in der indirekten Rede, abhängig vom Einleitungssatz, entweder im Subjuntivo Präsens oder im **subjuntivo imperfecto** wiedergegeben.

Direkte Rede und negativer Imperativ

Für die Erteilung einer Anweisung oder das Aussprechen eines Verbots verwenden Sie den negativen Imperativ. Die indirekte Rede steht wie beim positiven Imperativ entweder im Subjuntivo Präsens oder im Subjuntivo Imperfekt.

✔ Die Bibliothek ist geschlossen, sodass Eva zu Noa sagt: »**¡No vayas a la biblioteca!**« (»Gehe nicht in die Bibliothek!«) Sie geben die Information weiter und sagen: **Eva le pide a Noa que no vaya a la biblioteca.** (Eva bittet Noa, nicht in die Bibliothek zu gehen.)

✔ **Eva le pidió a Noa que no fuera a la biblioteca.** (Eva bat Noa, nicht in die Bibliothek zu gehen.)

✔ **Eva le pedía a Noa que no fuera a la biblioteca.** (Eva bat Noa, nicht in die Bibliothek zu gehen.)

✔ **Eva le ha pedido a Noa que no vaya a la biblioteca.** (Eva hat Noa gebeten, nicht in die Bibliothek zu gehen.)

✔ **Eva le había pedido a Noa que** (**no fuera a la biblioteca.** (Eva hatte Noa gebeten, nicht in die Bibliothek zu gehen.)

Wenn Sie über eine Anweisung oder ein Verbot sprechen, die eine andere Person gemacht hat, kann der einleitende Satz in der indirekten Rede in verschiedenen Zeiten stehen. Das hängt davon ab, zu welchem Zeitpunkt die Handlung geschieht und ob diese schon abgeschlossen ist oder noch eine Verbindung zur Gegenwart hat.

✔ Susana sagt zu Paco: »**Llueve. ¡No salgas sin paraguas!**« (»Es regnet. Gehe nicht ohne Regenschirm aus dem Haus!«) Sie berichten: **Susana insiste que Paco no salga sin paraguas porque llueve.** (Susana besteht darauf, dass Paco nicht ohne Regenschirm aus dem Haus gehen sollte, weil es regnet.)

✔ **Susana insistió que Paco no saliera sin paraguas porque llueve.** (Susana bestand darauf, dass Paco nicht ohne Regenschirm aus dem Haus gehen sollte, weil es regnet.)

✔ **Susana insistía que Paco no saliera sin paraguas porque llueve.** (Susana bestand darauf, dass Paco nicht ohne Regenschirm aus dem Haus gehen sollte, weil es regnet.)

✔ **Susana ha insistido que Paco no salga sin paraguas porque llueve.** (Susana hat darauf bestanden, dass Paco nicht ohne Regenschirm aus dem Haus gehen sollte, weil es regnet.)

✔ **Susana había insistido que Paco no saliera sin paraguas porque llueve.** (Susana hatte darauf bestanden, dass Paco nicht ohne Regenschirm aus dem Haus gehen sollte, weil es regnete.)

Der negative Imperativ wird in der indirekten Rede, abhängig vom Einleitungssatz, entweder im Subjuntivo Präsens oder im Subjuntivo Imperfekt wiedergegeben.

Direkte Rede im Subjuntivo Präsens

Steht die direkte Rede im Subjuntivo Präsens, geben Sie die Information mit dem Subjuntivo Imperfekt weiter.

Guillermo sagt: »**No creo que vaya hoy a la biblioteca.**« (»Ich glaube nicht, dass ich heute in die Bibliothek gehe.«) Sie berichten darüber und sagen: **Guillermo no creyó que él fuera hoy a la biblioteca.** (Guillermo glaubte nicht, dass er heute in die Bibliothek geht.) Oder Sie sagen: **Guillermo no creía que él fuera hoy a la biblioteca.** (Guillermo glaubte nicht, dass er heute in die Bibliothek geht.)

Wenn Sie diese Zeitenkombination verwenden, können Sie nur **indefinido** oder **imperfecto** in den Einleitungssätzen benutzen.

✔ Martín sagt: »**No creo que tenga tiempo el miércoles.**« (»Ich glaube nicht, dass ich am Mittwoch Zeit habe.«) Sie sagen: **Martín no creyó que tuviera tiempo el miércoles.** (Martín glaubte nicht, dass er am Mittwoch Zeit hat.) Die Aussage von Martín ist kein Fakt, sondern eine Vermutung. Er weiß nicht, ob er Zeit hat. Die indirekte Rede bringt die Vermutung mit **indefinido** im Hauptsatz und Subjuntivo Imperfekt im Nebensatz zum Ausdruck.

✔ **Martín no creía que tuviera tiempo el miércoles.** (Martín glaubte nicht, dass er am Mittwoch Zeit hat.) Martín glaubte nicht, dass er Zeit haben würden. Es hat sich herausgestellt, dass er doch Zeit hatte. Um diese Information zu sagen, verwendet er Subjuntivo Präsens. In der indirekten Rede verwenden Sie **indefinido** im Hauptsatz und Subjuntivo Imperfekt im Nebensatz.

✔ Manuel sagt zu Martín: »**Espero que tengas tiempo el jueves.**« (»Ich hoffe, dass du am Donnerstag Zeit hast.«) **Manuel esperó que Martín tuviera tiempo el jueves.** (Manuel hoffte, dass Martín am Donnerstag Zeit hätte.)

✔ **Manuel esperaba que Martín tuviera tiempo el jueves.** (Manuel hoffte, dass Martín am Donnerstag Zeit hätte.)

Subjuntivo Präsens in der direkten Rede wird mit dem Subjuntivo Imperfekt in der indirekten Rede weitergegeben. Der Einleitungssatz kann im **indefinido** oder **imperfecto** der Wirklichkeitsform stehen.

Direkte Rede im Subjuntivo Perfekt

Ein Satz, der in der direkten Rede mit dem Subjuntivo Perfekt gebildet wird, informiert über eine Handlung, deren Ausgang unbekannt ist. Wenn Sie diese Information wiedergeben, muss der Satz in der indirekten Rede mit dem Subjuntivo Plusquamperfekt gebildet werden.

Rodrigo sagt: »**No creo que Marta haya ido a la biblioteca.**« (»Ich glaube nicht, dass Marta in die Bibliothek gegangen ist.«) Sie berichten darüber und sagen: **Rodrigo dice que no cree que Marta hubiera ido a la biblioteca.** (Rodrigo glaube nicht, dass Marta in die Bibliothek gegangen sei.) **Rodrigo no creyó que Marta hubiera ido a la biblioteca.** (Rodrigo glaubte nicht, dass Marta in die Bibliothek gegangen sei.) **Rodrigo no creía que Marta hubiera ido a la biblioteca.** (Rodrigo glaubte nicht, dass Marta in die Bibliothek gegangen sei.) **Rodrigo no ha creído que Marta hubiera ido a la biblioteca.** (Rodrigo hat nicht geglaubt, dass Marta in die Bibliothek gegangen sei.) **Rodrigo no había creído que Marta hubiera ido a la biblioteca.** (Rodrigo hatte nicht geglaubt, dass Marta in die Bibliothek gegangen sei.)

Sätze, die in der direkten Rede mit Subjuntivo Imperfekt gebildet wurden, können nur mit Subjuntivo Plusquamperfekt wiedergegeben werden.

✔ Miriam sagt: »**Espero que Carlos haya salido con el perro.**« (»Ich hoffe, dass Carlos mit dem Hund Gassi gegangen ist.«) Sie berichten über die Aussage von Miriam und sagen: **Miriam espera que Carlos hubiera salido con el perro.** (Miriam hofft, dass Carlos mit dem Hund Gassi gegangen ist.)

✔ **Miriam esperó que Carlos hubiera salido con el perro.** (Miriam hoffte, dass Carlos mit dem Hund Gassi gegangen ist.)

✔ **Miriam esperaba que Carlos hubiera salido con el perro.** (Miriam hoffte, dass Carlos mit dem Hund Gassi gegangen ist.)

Wenn Sie Fragen weitergeben, gelten dieselben Regeln für die Zeitverschiebung. Der Hauptsatz kann mit **si** (ob) und mit dem Fragewort verbunden werden:

✔ »**¿Tenéis tiempo mañana?**« (»Habt ihr morgen Zeit?«) **Jorge pregunta si tenemos tiempo mañana.** (Jorge fragt, ob wir morgen Zeit haben.)

✔ »¿Llovió ayer en Barcelona?« (»Hat es gestern in Barcelona geregnet?«) **Manuela pregunta si llovió ayer en Barcelona.** (Manuela fragt, ob es gestern in Barcelona geregnet hat.)

✔ »¿Habrá encontrado las llaves del coche?« (»Wird er die Autoschlüssel gefunden haben?«) **Juan quería saber si Jorge habría encontrado las llaves del coche.** (Juan wollte wissen, ob Jorge die Autoschlüssel gefunden haben wird.)

✔ »Federico, ¡cierra la ventana, por favor!« (»Federico, schließe bitte das Fenster!«) **Mario le pidió a Federico que cerrara la ventana.** (Mario bat Federico darum, das Fenster zu schließen.)

Die direkte Rede steht zwischen Anführungszeichen. Die indirekte Rede wird von einem Verb eingeleitet, das darauf hindeutet, dass die darauf folgende Information nicht vom Sprecher selbst stammt.

Satzbau und Schlüsselverben

Um eine Information wiederzugeben, die eine andere Person gesagt hat, kommen bestimmte Verben im Hauptsatz zum Einsatz, die die indirekte Rede einleiten. Haupt- und Nebensatz werden durch **que** (dass) verbunden.

Mit folgenden Verben können Sie die indirekte Rede einleiten:

✔ **decir** (sagen)

✔ **negar** (verneinen)

✔ **comentar** (berichten)

✔ **contar** (erzählen)

✔ **insistir** (darauf bestehen)

✔ **confirmar** (bestätigen)

✔ **repetir** (wiederholen)

✔ **pedir** (um etwas bitten)

✔ **ordenar** (befehlen)

✔ **opinar** (meinen)

✔ **querer saber** (wissen wollen)

✔ **saber** (wissen)

✔ **preguntar** (fragen)

✔ **explicar** (erklären)

Die Verben zur Einleitung der indirekten Rede können in verschiedenen Zeiten angewendet werden. Die Entscheidung, welche Zeit Sie für den einleitenden Hauptsatz wählen, hängt von dem Zeitpunkt ab, wann die Informationsübermittlung in der direkten Rede stattfindet.

In den folgenden Beispielen steht der Hauptsatz in verschiedenen Zeiten.

✔ **Mamá dice que la comida está lista.** (Mama sagt, dass das Essen fertig sei.)

✔ **En la radio comentaron que habría mucho tráfico este fin de semana.** (Im Radio wurde gesagt, es würde am kommenden Wochenende viel Verkehr auf den Straßen geben.)

✔ **Mi vecina me contó que se iría de vacaciones el mes próximo.** (Meine Nachbarin erzählte mir, sie würde nächsten Monat in Urlaub fahren.)

✔ **Mi vecina preguntó si podría cuidar su casa mientras ella no esté.** (Meine Nachbarin hat mich gefragt, ob ich nicht auf ihr Haus während ihrer Abwesenheit würde aufpassen können.)

Die Haupt- und Nebensätze sind durch **si** (ob) oder **que** (dass) miteinander verbunden.

 Nach den Verben **negar** (verneinen), **pedir** (um etwas bitten), **proponer** (vorschlagen) und **rechazar** (ablehnen) müssen Sie den Satz mit **subjuntivo** bilden. Der Satz in der direkten Rede lautet: **Te propongo que vayamos al cine.** (Ich schlage vor, dass wir ins Kino gehen.) Der Satz in der indirekten Rede lautet: **Me propone que vayamos al cine.** (Sie schlägt vor, dass wir ins Kino gehen.)

✔ **El carterista niega que le haya robado el bolso a la señora.** (Der Taschendieb streitet ab, er hätte die Handtasche der Frau gestohlen.)

✔ **Le pedí a María que me prestara un paraguas porque llovía mucho.** (Ich bat Maria darum, mir einen Regenschirm auszuleihen, denn es hatte sehr stark geregnet.)

✔ **Manuel le propuso a Eva que se casara con él.** (Manuel bat Eva, ihn zu heiraten.)

Diese Verben verlangen den Einsatz von Subjuntivo Präsens, Imperfekt, Perfekt oder Plusquamperfekt des Subjuntivo-Modus.

Übung zu Kapitel 13

Übung 13.1

Berichten Sie, was Sie in der Zeitung gelesen haben. Achten Sie auf die Zeitverschiebung.

Folgende Informationen stehen in der Zeitung: »**Hace mucho calor en la ciudad.**« (In der Stadt ist es sehr heiß.) _____ »**Mañana lloverá todo el día y bajará un poco la temperatura.**« (Morgen wird es regnen und die Temperatur wird etwas sinken.) _____

_____ »**La presidenta fue reelegida nuevamente.**« (Die Präsidentin hat die Wahl wieder gewonnen.) _____

___ »**Encuentran muerta a la joven que estaban buscando desde hace una semana.**« (Man findet die junge Frau tot, die schon seit einer Woche gesucht wurde.) _____

_____ »**La Selección Nacional ganó el partido del sábado.**« (Die Nationalmannschaft gewann das Spiel am Samstag.) __

_____ »**El concierto empezará a las 20 horas.**« (Das Konzert beginnt um 20 Uhr.) _____

_____ »**La feria cerró sus puertas el domingo a las seis de la tarde.**« (Die Messe endete am Sonntag um 18 Uhr.) _____

_____ »**Los seguros de salud ofrecerán a sus clientes un nuevo plan contra la obesidad.**« (Die Krankenkassen werden ihren Kunden ein neues Programm gegen Übergewicht anbieten.) _____ »**¡Anime a su hijos a ayudar en casa!**« (Motivieren Sie Ihre Kinder, im Haushalt zu helfen.) ___

_____

Teil III
Anders geht es auch – die Pronomen

In diesem Teil stehen die spanischen Pronomen im Mittelpunkt. Sie erfahren, welche Pronomen es gibt und wofür Sie sie anwenden können. Die Personalpronomen sorgen dafür, dass Sie wissen, über wen Sie sprechen. Eine bekannte Information brauchen Sie nicht zu wiederholen. Für diesen Zweck stehen die direkten (Akkusativobjekt) und die indirekten Objektpronomen (Dativobjekt) zur Verfügung. Wenn Sie über die Entfernung von einer Person oder einer Sache in Bezug auf den Sprecher erzählen, benötigen Sie die Demonstrativpronomen. Die Indefinitpronomen für unbestimmte und nicht zählbare Dinge erwarten Sie hier auch. Außerdem geht es in diesem Teil um das Thema Fragen und Fragepronomen.

Kapitel 14
Ersatz auf Lager – die spanischen Pronomen

D ie Pronomen, auch Begleiter genannt, dienen dazu, verschiedene Informationen zu definieren oder zu ersetzen. Die Personalpronomen unterscheiden die Person, die eine Handlung ausübt. Da die Verbformen, die die Handlung beschreiben, für jede Person anders sind, können Sie die Personalpronomen im Satz weglassen. Die direkten und die indirekten Objektpronomen dienen dazu, bekannte Informationen zu ersetzen und so die Sprache eleganter zu gestalten. Die Demonstrativpronomen beschreiben die Entfernung einer Person oder einer Sache zum Sprecher. Wenn Sie die Menge von Personen oder Sachen nicht bestimmen können, stehen die Indefinitpronomen zur Verfügung. Zum Schluss finden Sie Übungen zu diesen Themen.

Es wird persönlich – Personalpronomen

Die Personalpronomen beschreiben das Subjekt in einem Satz. Es gibt fünf Personalpronomen im Singular. **Tú** (du) und **él** (er) haben einen Akzent auf dem Vokal, um die Wörter als Personalpronomen von dem bestimmten Artikel **el** (der) und dem Possessivpronomen **tu** (dein) zu unterscheiden. Im Plural sind es sieben Personalpronomen, da **nosotros** (wir) und **vosotros** (ihr) auch eine weibliche Form haben: **nosotras** (wir, weiblich) und **vosotras** (ihr, weiblich).

In spanischsprachigen Ländern ist die Kommunikation meistens nicht formell. Es wird viel mehr geduzt. Wenn Sie jemanden nicht duzen, sondern siezen, benutzen Sie **usted** (Sie, 3. Person Singular) und **ustedes** (Sie, 3. Person Plural).

Person	Personalpronomen
1. Person Singular	**yo** (ich)
2. Person Singular	**tú** (du)
3. Person Singular	**él** (er), **ella** (sie), **usted** (Sie)
1. Person Plural	**nosotros** (wir, männlich), **nosotras** (wir, weiblich)
2. Person Plural	**vosotros** (ihr, männlich), **vosotras** (ihr, weiblich)
3. Person Plural	**ellos** (sie, männlich), **ellas** (sie, weiblich), **ustedes** (Sie, Plural von **usted**)

Tabelle 14.1: Spanische Personalpronomen

In Kapitel 5 lernen Sie etwas über Verben und darüber, dass jedes Personalpronomen eine eigene Verbform hat. Das heißt, dass Sie an der Verbform erkennen, um welche Person es sich im Satz handelt, deshalb können Sie die Personalpronomen weglassen. In der gesprochenen Sprache werden sie meistens weggelassen.

✔ **Ella baila en la discoteca.** (Sie tanzt in der Disco.) **Baila en la discoteca.** (Sie tanzt in der Disco.) Dieser Satz setzt voraus, dass Sie und Ihr Gesprächspartner wissen, über wen Sie sprechen, denn mit der 3. Person Singular könnten auch **él** (er) oder **usted** (Sie) gemeint sein.

✔ **¿Qué opinas tú?** (Was meinst du?) **¿Qué opinas?** (Was meinst du?)

✔ **Vosotros preparáis la reunión.** (Ihr bereitet die Sitzung vor.) **Preparáis la reunión.** (Ihr bereitet die Sitzung vor.)

 In einigen südamerikanischen Ländern werden die Personalpronomen **vosotros** (ihr, männlich) und **vosotras** (ihr, weiblich) nicht verwendet. Anstelle von **vosotros** und **vosotras** wird **ustedes** (hier als 2. Person Plural ihr) benutzt. Die 3. Person Plural der Höflichkeitsform **usted** (Sie) bleibt unverändert: **ustedes** (Sie, Plural). Die Spanier fragen: **¿Qué vais a tomar vosotros?** (Was wollt ihr trinken?) Die Argentinier fragen: **¿Qué van a tomar ustedes?** (Was wollt ihr trinken?)

Direkte Objektpronomen

Die direkten Objektpronomen – **pronombres de objeto directo** – ersetzen das Akkusativobjekt, das eine Person (**me**, **te**, **le**, **nos**, **os**, **les**) oder eine Sache (**lo** und **la**) sein kann (siehe Tabelle 14.2). Wenn Sie die Information schon kennen, müssen Sie diese nicht wiederholen. Dafür haben Sie die direkten Objektpronomen. Sie beantworten die Frage »Wen?« oder »Was?«. Die direkten Objektpronomen stehen immer vor dem Verb.

Personalpronomen	Direkte Objektpronomen
yo (ich)	**me** (mich)
tú (du)	**te** (dich)
él (er)	**lo (le)** (ihn/es)
ella (sie)	**la** (sie/es)
usted (Sie)	**lo/la** (Sie)
nosotros (wir, männlich)	**nos** (uns)
nosotras (wir, weiblich)	**nos** (uns)
vosotros (ihr, männlich)	**os** (euch)
vosotras (ihr, weiblich)	**os** (euch)
ellos (sie, männlich)	**los, les** (sie)
ellas (sie, weiblich)	**las** (sie)
ustedes (Sie, Plural von **usted**)	**los, las** (Sie)

Tabelle 14.2: Direkte Objektpronomen

✔ **Nosotros barremos el patio.** (Wir kehren den Hof.) **Lo barremos.** (Wir kehren ihn.)

✔ **Yo bato la nata.** (Ich schlage die Sahne auf.) **La bato.** (Ich schlage sie auf.)

✔ **Tú cargas al bebé.** (Du trägst das Baby.) **Tú le cargas.** (Du trägst es.)

✔ **¿Has visto a Raquel y a María?** (Hast du Raquel und María gesehen?) **Sí, las he visto esta semana.** (Ja, ich habe sie diese Woche gesehen.)

Mit dem direkten Objektpronomen **lo** (ihn/es) ersetzen Sie nicht nur eine männliche Person und eine Sache, die ein Akkusativobjekt ist, sondern auch einen allgemeinen Sachverhalt: **Lo sé** (Ich weiß es.), ein Substantiv nach **ser** (sein) und **estar** (sein): **Estoy nerviosa por el examen, lo estoy realmente.** (Ich bin wegen der Prüfung nervös. Ich bin es wirklich.) **Hoy escribimos el correo electrónico.** (Heute schreiben wir die E-Mail.) **Hoy lo escribimos.** (Heute schreiben wir sie.)

Indirekte Objektpronomen

Die indirekten Objektpronomen – **pronombres de objeto indirecto** – ersetzen ein Dativobjekt (siehe Tabelle 14.3). Außer in der 3. Person Singular und in der 3. Person Plural sind die Pronomen dieselben wie die direkten Objektpronomen. Die indirekten Objektpronomen stehen vor dem Verb. Achten Sie darauf, dass es nicht möglich ist, immer eins zu eins zu übersetzen. Es ist nicht automatisch so, dass ein Dativobjekt im Deutschen auch einem Dativobjekt im Spanischen entspricht. Die Dativpronomen verwenden Sie auch mit den Verben **gustar** (gefallen, mögen), **encantar** (sehr gefallen), **interesar** (interessieren), **molestar** (stören), **parecer** (scheinen), **doler** (wehtun) und **faltar** (fehlen).

Personalpronomen	Indirekte Objektpronomen
yo (ich)	**me** (mir)
tú (du)	**te** (dir)
él (er)	**le** (ihm)
ella (sie)	**le** (ihr)
usted (Sie)	**le** (Ihnen)
nosotros (wir, männlich)	**nos** (uns)
nosotras (wir, weiblich)	**nos** (uns)
vosotros (ihr, männlich)	**os** (euch)
vosotras (ihr, weiblich)	**os** (euch)
ellos (sie, männlich)	**les** (ihnen)
ellas (sie, weiblich)	**les** (ihnen)
ustedes (Sie, Plural von **usted**)	**les** (Ihnen)

Tabelle 14.3: Indirekte Objektpronomen

✔ **Te agradezco mucho la ayuda.** (Ich danke dir sehr für die Hilfe.)

✔ **Le encanta pintar.** (Ihr/ihm gefällt Malen sehr. / Er/sie malt sehr gern.)

✔ **Me gusta nadar.** (Ich schwimme gern.)

✔ **¿Me das el periódico por favor?** (Kannst du mir bitte die Zeitung geben?)

Verwendung von direkten und indirekten Objektpronomen im Satz

Direkte und indirekte Objektpronomen können Sie gleichzeitig verwenden. Damit ersetzen Sie sowohl das Akkusativ- als auch das Dativobjekt in einem Satz. Wenn Sie beide Objekte ersetzen, steht das indirekte Objektpronomen zuerst, anschließend das direkte Objektpronomen. Diese stehen vor dem Verb. In der 3. Person Singular wird das indirekte Objektpronomen **le** (ihm/ihr/Ihnen) zu **se** (ihm/ihr/Ihnen).

✔ **¿Me puede actualizar los programas del ordenador?** (Können Sie mir bitte die PC-Programme aktualisieren?) **Sí, se los actualizo.** (Ja, ich aktualisiere sie Ihnen.) **Se** (Ihnen) ersetzt das Dativobjekt und **los** (sie) das Akkusativobjekt die Programme.

✔ **Alberto me deja su coche.** (Alberto überlässt mir sein Auto.) **Alberto me lo deja.** (Alberto überlässt es mir.)

✔ **Eva le quita las manchas a la blusa.** (Eva entfernt die Flecken von der Bluse.) **Eva se las quita.** (Eva entfernt sie (die Flecken) von ihr (der Bluse).)

✔ **Matías graba las canciones a Josefa.** (Matías nimmt Josefa die Lieder auf.) **Matías se las graba.** (Matías nimmt sie ihr auf.)

Betonte Objektpronomen nach einer Präposition

Die betonten Objektpronomen brauchen Sie, um eine Information über eine Person zu betonen. Die betonten Objektpronomen stehen nach einer Präposition und können nicht wörtlich übersetzt werden, da der Kasus abweichen kann. Die Betonung der Information kann am Satzanfang oder am Satzende stehen.

✔ **Me gusta viajar.** (Ich reise gern.) **A mí me gusta viajar.** (Ich reise gern.)

✔ **¿Vienes al centro?** (Kommst du mit in die Stadt?) **¿Vienes conmigo al centro?** (Kommst du mit mir in die Stadt?)

✔ **El café es para ellos.** (Der Kaffee ist für sie.)

✔ **Manuel no puede vivir sin Emilia.** (Manuel kann ohne Emilia nicht leben.) **Manuel no puede vivir sin ella.** (Manuel kann ohne sie nicht leben.)

✔ **El artículo del periódico habla sobre el poeta.** (Der Zeitungsartikel ist über den Dichter.) **El artículo del periódico habla sobre él.** (Der Zeitungsartikel ist über ihn.)

 Für die Präposition **con** (mit) gibt es drei unregelmäßige betonte Objektpronomen. Sie können nicht sagen: **¿Vienes con mí al cine?** (Kommst du mit ins Kino?), Sie müssen sagen: **¿Vienes conmigo al cine?** (Kommst du mit ins Kino?) Die Antwort darauf könnte sein: **Sí, claro. Voy contigo al cine.** (Ja klar. Ich gehe mit dir ins Kino.) Sie können nicht sagen: **Voy con ti al cine.** (Ich gehe mit dir ins Kino.) Für die 3. Person Singular gibt es auch eine unregelmäßige Form, die Sie in Verbindung mit reflexiven Verben verwenden: **Habla consigo mismo.** (Er spricht mit sich selbst.) Wollen Sie erzählen, dass Sie mit ihr, ihm oder Ihnen ins Kino gehen, sagen Sie: **Voy con él/ella/usted al cine.** (Ich gehe mit ihm/ihr/Ihnen ins Kino.)

Reflexivpronomen

Reflexivpronomen – **pronombres reflexivos** – brauchen Sie, um reflexive Verben zu bilden. Sie beziehen sich auf das Subjektpronomen (Personalpronomen). Reflexivpronomen stehen immer vor dem Verb. Wenn Sie reflexive Verben verneinen, steht **no** (nein/nicht) vor dem Reflexivpronomen. In Kapitel 5 finden Sie mehr zu reflexiven Verben und deren Verwendungsmöglichkeiten.

Personalpronomen	a (in/zu/nach/an/um/bis)	con (mit)	contra (gegen)	de (von)	para (für)	por (wegen)	sin (ohne)	sobre (auf)
yo (ich)	**mí** (mir)	**conmigo** (mit mir)	**mí** (gegen mich)	**mí** (von mir)	**mí** (für mich)	**mí** (wegen mir)	**mí** (ohne mich)	**mí** (auf mich/mir)
tú (du)	**ti** (dir)	**contigo** (mit dir)	**ti** (gegen dich)	**ti** (von dir)	**ti** (für dich)	**ti** (wegen dir)	**ti** (ohne dich)	**ti** (auf dich/dir)
él (er)	**él** (ihm)	**él** (mit ihm), **consigo** (mit sich)	**él** (gegen ihn)	**él** (von ihm)	**él** (für ihn)	**él** (wegen ihm)	**él** (ohne ihn)	**él** (auf ihn/ihm)
ella (sie)	**ella** (ihr)	**ella** (mit ihr)	**ella** (gegen sie)	**ella** (von ihr)	**ella** (für sie)	**ella** (wegen ihr)	**ella** (ohne sie)	**ella** (auf sie/ihr)
usted (Sie)	**usted** (Ihnen)	**usted** (mit Ihnen)	**usted** (gegen Sie)	**usted** (von Ihnen)	**usted** (für Sie)	**usted** (wegen Ihnen)	**usted** (ohne Sie)	**usted** (auf Sie/Ihnen)
nosotros (wir, männlich)	**nosotros** (uns)	**nosotros** (mit uns)	**nosotros** (gegen uns)	**nosotros** (von uns)	**nosotros** (für uns)	**nosotros** (wegen uns)	**nosotros** (ohne uns)	**nosotros** (auf uns)
nosotras (wir, weiblich)	**nosotras** (uns)	**nosotras** (mit uns)	**nosotras** (gegen uns)	**nosotras** (von uns)	**nosotras** (für uns)	**nosotras** (wegen uns)	**nosotras** (ohne uns)	**nosotras** (auf uns)
vosotros (ihr, männlich)	**vosotros** (euch)	**vosotros** (mit euch)	**vosotros** (gegen euch)	**vosotros** (von euch)	**vosotros** (für euch)	**vosotros** (wegen euch)	**vosotros** (ohne euch)	**vosotros** (auf euch)
vosotras (ihr, weiblich)	**vosotras** (euch)	**vosotras** (mit euch)	**vosotras** (gegen euch)	**vosotras** (von euch)	**vosotras** (für euch)	**vosotras** (wegen euch)	**vosotras** (ohne euch)	**vosotras** (auf euch)
ellos (sie, männlich)	**ellos** (ihnen)	**ellos** (mit ihnen)	**ellos** (gegen sie)	**ellos** (von ihnen)	**ellos** (für sie)	**ellos** (wegen ihnen)	**ellos** (ohne sie)	**ellos** (auf sie/ihnen)
ellas (sie, weiblich)	**ellas** (ihnen)	**ellas** (mit ihnen)	**ellas** (gegen sie)	**ellas** (von ihnen)	**ellas** (für sie)	**ellas** (wegen ihnen)	**ellas** (ohne sie)	**ellas** (auf sie/ihnen)
ustedes (Sie, Plural von **usted**)	**ustedes** (Ihnen)	**ustedes** (mit Ihnen)	**ustedes** (gegen Sie)	**ustedes** (von Ihnen)	**ustedes** (für Sie)	**ustedes** (wegen Ihnen)	**ustedes** (ohne Sie)	**ustedes** (auf Sie/Ihnen)

Tabelle 14.4: Betonte Objektpronomen nach einer Präposition

Personalpronomen	Reflexivpronomen
yo (ich)	**me** (mich)
tú (du)	**te** (dich)
él (er)	**se** (sich)
ella (sie)	**se** (sich)
usted (Sie)	**se** (sich)
nosotros (wir, männlich)	**nos** (uns)
nosotras (wir, weiblich)	**nos** (uns)
vosotros (ihr, männlich)	**os** (euch)
vosotras (ihr, weiblich)	**os** (euch)
ellos (sie, männlich)	**se** (sich)
ellas (sie, weiblich)	**se** (sich)
ustedes (Sie, Plural von **usted**)	**se** (sich)

Tabelle 14.5: Die Reflexivpronomen

✔ **Yo me pongo el abrigo.** (Ich ziehe einen Mantel an.) Das Verb anziehen ist im Spanischen reflexiv.

✔ **Yo no me pongo el abrigo, me pongo el jersey.** (Ich ziehe keinen Mantel an. Ich ziehe einen Pulli an.)

✔ **El señor se llama José Rodriguez.** (Der Mann heißt José Rodriguez.)

✔ **El señor no se llama José Rodriguez, se llama José González.** (Der Mann heißt nicht José Rodriguez, er heißt José González.)

✔ **Paquita se muda de Sevilla a Burgos.** (Paquita zieht von Sevilla nach Burgos um.)

✔ **Paquita no se muda de Sevilla a Burgos. Se muda a Barcelona.** (Paquita zieht nicht von Sevilla nach Burgos um, sondern sie zieht nach Barcelona um.)

Eine Position beschreiben – Demonstrativpronomen

Demonstrativpronomen – **pronombres demostrativos** – definieren die Entfernung, in der sich jemand oder etwas in Bezug auf den Sprecher befindet. Wenn jemand oder etwas in der unmittelbaren Nähe des Sprechers ist, benutzen Sie **este** (dieser hier), **esta** (diese hier), **estos** (diese hier) und **estas** (diese hier). Für eine mittlere Entfernung benutzen Sie **ese** (dieser da), **esa** (diese da), **esos** (dieser da), **esas** (diese da). Wenn jemand oder etwas weiter weg vom Sprecher ist, nehmen Sie **aquel/aquello** (dieser dort), **aquella** (diese dort), **aquellos** (diese dort), **aquellas** (diese dort).

In vielen lateinamerikanischen Ländern werden **aca** (hier) für **aquí** (hier) und **allá** (dort) für **allí** (dort) verwendet. Diese Pronomen können vor oder hinter dem Verb stehen. Alle Spanischsprechenden verstehen alle Formen und sie verraten Ihnen, woher jemand kommt.

Wie bei den Possessivpronomen (siehe Kapitel 2) gilt auch bei den Demonstrativpronomen eine Form für alle Fälle. Demonstrativpronomen können auch allein stehen, wenn die Information bereits bekannt ist. Vor männlichen Nomen verliert **aquello** die Endung **-lo**.

Demonstrativpronomen	Übersetzung
este	dieser/diesen/diesem/dieses hier
esta	diese/diese/dieser/dieser hier
estos	diese/diese/diesen/dieser hier
estas	diese/diese/diesen/dieser hier
ese	dieser/diesen/diesem/dieses da
esa	diese/diese/dieser/dieser da
esos	diese/diese/diesen/dieser da
esas	diese/diese/diesen/dieser da
aquel/aquello	dieser/diesen/diesem/dieses dort
aquella	diese/diese/dieser/dieser dort
aquellos	diese/diese/diesen/dieser dort
aquellas	diese/diese/diesen/dieser dort

Tabelle 14.6: Spanische Demonstrativpronomen und deren deutsche Entsprechung

Die Definition der Entfernung für die Verwendung der Demonstrativpronomen ist nicht genau festgelegt. Die Person oder die Sache, die mit den Demonstrativpronomen näher beschrieben wird, befindet sich in sichtbarer Entfernung.

Wenn etwas direkt beim Sprecher ist – »este« und »estos«

Mit **este** (dieser/diesen/diesem/dieses hier) als Demonstrativpronomen beschreiben Sie eine Person oder eine Sache näher, die in Griffweite des Sprechers ist. **Este** brauchen Sie für männliche Personen oder Sachen im Singular.

✔ **Este libro es interesante.** (Dieses Buch ist interessant.)

✔ **Este jersey es muy bonito.** (Dieser Pulli ist sehr schön.)

✔ **Este crucigrama es muy difícil.** (Dieses Kreuzworträtsel ist sehr schwer.)

✔ **Este pan está muy rico.** (Dieses Brot schmeckt sehr gut.)

Die Pluralform von **este** ist **estos** (diese/diese/diesen/dieser hier). Mit **estos** beschreiben Sie Personen oder Sachen in der Mehrzahl, die sich in greifbarer Nähe des Sprechers befinden.

✔ **¿De quién son estos bolígrafos?** (Wem gehören diese Kugelschreiber hier?) **Estos bolígrafos son míos.** (Diese Kugelschreiber hier gehören mir.)

✔ **Todavía no contesté estos correos electrónicos.** (Ich habe diese Mails noch nicht beantwortet.)

✔ **Estos caramelos no me gustan.** (Ich mag diese Bonbons nicht.)

✔ **Estos zapatos son muy bonitos pero me quedan chicos.** (Diese Schuhe sind sehr schön, aber sie sind mir zu klein.)

Die weiblichen Formen – »esta« und »estas«

Für weibliche Personen oder Sachen brauchen Sie das Demonstrativpronomen **esta** (diese/diese/dieser/dieser hier) im Singular und **estas** (diese/diese/diesen/dieser hier) im Plural. Die Personen oder Sachen befinden sich in unmittelbarer Nähe des Sprechers.

✔ **La ropa de esta tienda es muy bonita.** (Die Kleidung in diesem Laden ist sehr schön.)

✔ **Esta información es correcta.** (Diese Information ist korrekt.)

✔ **Estas son mis gafas.** (Diese Brille hier gehört mir.)

✔ **Estas blusas son demasiado caras.** (Diese Blusen sind zu teuer.)

✔ **Estas alumnas son de la clase 10.** (Diese Schülerinnen sind in der zehnten Klasse.)

Nicht nah und nicht weit – »ese« und »esos«

Mit **ese** (dieser/diesen/diesem/dieses da) beschreiben Sie Personen oder Sachen im Singular, die in mittlerer Entfernung zum Sprecher stehen. Die Pluralform von **ese** ist **esos** (diese/diese/diesen/dieser da). Die Entfernung ist nicht genau definierbar. Sie hängt von der eigenen Empfindung ab.

✔ **¿Me traes ese periódico, por favor?** (Kannst du mir bitte diese Zeitung (da) bringen?)

✔ **Ese armario cuesta mucho.** (Dieser Schrank kostet sehr viel.)

✔ **Ese helado se va a derretir, si no lo pones en el congelador.** (Dieses Eis wird schmelzen, wenn du es nicht in die Gefriertruhe stellst.)

✔ **Esos documentos son muy importantes.** (Diese Dokumente sind sehr wichtig.)

✔ **Esos nombres son muy bonitos.** (Diese Vornamen sind sehr schön.)

✔ **Esos chicos viven en Jerez.** (Diese Jugendlichen wohnen in Jerez.)

Die weiblichen Formen – »esa« und »esas«

Das Demonstrativpronomen **ese** hat auch weibliche Formen. Die Form im Singular ist **esa** (diese/diese/dieser/dieser da) und die Pluralform ist **esas** (diese/diese/diesen/dieser da). Auch hier befinden sich die Personen oder Sachen in mittlerer Entfernung zum Sprecher.

✔ **Con esa falda corta no sales.** (Mit diesem kurzen Rock gehst du nicht aus dem Haus.)

✔ **Esa camiseta no va bien con los pantalones.** (Diese Bluse passt nicht zu der Hose.)

✔ **Esa chica es María Laura.** (Dieses Mädchen da ist María Laura.)

✔ **Esas chicas son mis compañeras de trabajo.** (Diese Frauen da sind meine Arbeitskolleginnen.)

✔ **Esas fotos son de Pedro.** (Diese Bilder da gehören Pedro.)

✔ **Voy a hacer un pastel con esas manzanas.** (Ich backe einen Kuchen mit diesen Äpfeln.)

Weiter weg, aber noch in Sichtweite – »aquel«, »aquello« und »aquellos«

Wenn sich jemand oder etwas weiter weg vom Sprecher befindet, aber noch in Sichtweite ist, benötigen Sie das Demonstrativpronomen **aquello** (dieser/diesen/diesem/dieses dort) für männliche Nomen im Singular und **aquellos** (diese/diese/diesen/dieser dort) für männliche Nomen im Plural.

 Vor männlichen Nomen im Singular verliert **aquello** die letzten zwei Buchstaben und wird zu **aquel** (dieser/diesen/diesem/dieses dort). Sie können nicht sagen: **aquello coche** (dieses Auto dort), sondern müssen sagen: **aquel coche.**

✔ **Aquel libro es de Pedro.** (Dieses Buch dort gehört Pedro.)

✔ **Aquel juego no es para niños menores de tres años.** (Dieses Spiel dort ist nicht für Kinder unter drei Jahren.)

✔ **Aquel bolso es muy pequeño.** (Diese Handtasche dort ist zu klein.)

✔ **Aquellos bancos están libres.** (Diese Bänke dort sind frei.)

✔ **Aquellos niños son mis hijos.** (Diese Kinder dort sind meine Kinder.)

✔ **Aquellos mostradores de información están cerrados.** (Diese Informationsschalter dort sind geschlossen.)

Die weiblichen Formen – »aquella« und »aquellas«

Das Demonstrativpronomen **aquel** hat auch eine weibliche Form. Für weibliche Personen oder Sachen im Singular benutzen Sie **aquella** (diese/diese/dieser/dieser dort) und für weibliche Personen oder Sachen im Plural **aquellas** (diese/diese/diesen/dieser dort).

✔ **Aquella casa es muy bonita.** (Dieses Haus dort ist sehr schön.)

✔ **Aquella máquina de escribir es muy antigua.** (Diese Schreibmaschine dort ist sehr alt.)

✔ **Aquella perra es de mi vecina.** (Diese Hündin dort gehört meiner Nachbarin.)

✔ **En aquellas calles del casco viejo hay muchas tiendas interesantes.** (In diesen Straßen der Altstadt gibt es viele interessante Läden.)

✔ **Aquellas señoras van a hacer deporte.** (Diese Frauen dort machen Sport.)

✔ **Aquellas bicicletas son modernas.** (Diese Fahrräder dort sind modern.)

 Die Demonstrativpronomen **esta** (diese, weiblich, Singular) und **estas** (diese, weiblich, Plural) werden manchmal mit den Formen vom Verb **estar** (sein) verwechselt. Die Wörter unterscheiden sich in der Betonung: **Esta casa es muy bonita.** (Dieses Haus ist sehr schön.) **Casa** ist im Spanisch weiblich. **Esta** als Demonstrativpronomen wird auf der zweitletzten Silbe betont und ohne Akzent geschrieben. Die Verbform **está** (er/sie ist / Sie sind) hat einen Akzent auf dem **a**. Genauso ist es mit der Pluralform: **Estas casas son muy bonitas.** (Diese Häuser sind sehr schön.) Das Demonstrativpronomen **estas** (diese, weiblich, Plural) schreiben Sie ohne Akzent, die Betonung liegt auf der zweitletzten Silbe. Die Verbform **estás** (du bist) hat einen Akzent auf dem **a**.

Niemand war es – Indefinitpronomen

Indefinitpronomen – **pronombres indefinidos** – stehen an der Stelle von den Nomen, deren Art und Menge unbestimmt oder nicht zählbar ist. Indefinitpronomen brauchen Sie, wenn Sie zum ersten Mal nach einer Information fragen und die Antwort darauf nicht genau kennen: **¿Tienes algún libro de cocina española?** (Hast du irgendein Buch über die spanische Küche?) Bei dieser Frage geht es nicht um ein bestimmtes Kochbuch, sondern um irgendein Buch, das Rezepte aus Spanien enthält. Es gibt Indefinitpronomen, die Sie nur für Personen, nur für Sachen oder für beides benutzen können (siehe Tabelle 14.7).

Indefinitpronomen	Für Personen	Für Sachen
algo (etwas)		X
nada (nichts)		X
alguien (jemand/irgendwer)	X	
nadie (niemand)	X	
cualquier (irgendein)	X	X
algún (irgendein)	X	X
ningún (niemand)	X	X
diferente (verschieden)	X	X
igual (gleich)	X	X
mucho (viel)	X	X
otro (anderer / noch ein)	X	X
uno (man)	X	

Tabelle 14.7: Der Gebrauch von Indefinitpronomen

Etwas oder nichts – »algo« und »nada«

Mit **algo** (etwas) sprechen Sie über eine Sache, die Sie noch nicht genauer bestimmen können. Das Gegenteil von **algo** ist **nada** (nichts). **Algo** können Sie für Fragen oder für eine positive Information verwenden. **Algo** können Sie nur für Sachen benutzen, deren Menge unbestimmt ist. **Nada** können Sie nur für Sachen anwenden und damit **algo** und **todo** (alles) verneinen. **Nada** kann allein stehen oder zusammen mit **no** (nein/nicht) eine doppelte Verneinung bilden (siehe Kapitel 11).

✔ **¿Quieres algo de beber?** (Möchtest du etwas trinken?)

✔ **No, gracias. No quiero nada.** (Nein, danke. Ich möchte nichts.)

✔ **¿Tienes algo? Tienes mala cara.** (Hast du etwas? Du siehst nicht gut aus.)

✔ **No, no tengo nada pero estoy un poco cansada.** (Nein. Mir geht's gut, aber ich bin etwas müde.)

Es ist jemand da – »alguien« und »nadie«

Mit **alguien** (jemand) beschreiben Sie die Anwesenheit einer unbestimmten Person. **Alguien** können Sie nicht für Sachen verwenden. **Alguien** ist unveränderlich und wird für Fragen oder positive Aussagen benutzt. Für die Verneinung von **alguien** verwenden Sie **nadie** (niemand).

✔ **¿Hay alguien aquí?** (Ist hier jemand?)

✔ **Sí, hay alguien en la oficina.** (Ja, es ist jemand im Büro.)

Wenn niemand auf Ihre Frage »Ist hier jemand?« reagiert, sagen Sie: **Aquí no hay nadie.** (Hier ist niemand.) Die Verneinung von **alguien** bilden Sie mit **nadie**. **Nadie** steht hinter dem Verb oder allein. Mit **nadie** können Sie zusammen mit **no** (nein/nicht) eine doppelte Verneinung bilden.

✔ **¿Alguien habla italiano?** (Spricht jemand Italienisch?)

✔ **No, aquí nadie habla italiano.** (Nein. Hier spricht niemand Italienisch.)

 Das Indefinitpronomen **alguien** (jemand) können Sie nur bei Personen anwenden, deren Anzahl unbekannt ist. Es steht nach dem Verb. Sie können mit **alguien** keine Verneinung bilden. Die Verneinung bilden Sie mit **nadie** (niemand).

Was gebraucht wird – »cualquier«, »algún« und »ningún«

Cualquier (irgendein) ist ein Indefinitpronomen, mit dem Sie eine Aussage über unbestimmte Personen oder Sachen machen können. **Cualquier** ist unveränderlich und steht vor Personen oder Sachen. Da es auch allein stehen kann, gibt es eine weitere Form: **cualquiera** (irgendein).

✔ **¿Qué diccionario prefieres, el grande o el pequeño?** (Welches Wörterbuch möchtest du lieber, das große oder das kleine?) **Dame cualquiera.** (Gib mir irgendeins.)

✔ **¿Quién lleva las cartas al correo?** (Wer bringt die Briefe zur Post?) **Lo puede hacer cualquiera.** (Das kann irgendjemand machen.)

✔ **¿Qué línea a al zoológico, la dos o la tres?** (Welche Linie fährt zum Zoo, die zwei oder die drei?) **Puede tomar cualquiera. Las dos paran en el zoológico.** (Sie können beide nehmen. Beide halten am Zoo.)

 Mit den Indefinitpronomen **cualquier/cualquiera** (irgendein) können Sie auch verneinen. **No** (nein) steht vor dem Verb und **cualquier** beziehungsweise **cualquiera** nach dem Verb.

✔ **¿Qué diccionario prefieres, el grande o el pequeño?** (Welches Wörterbuch möchtest du lieber, das große oder das kleine?) **No quiero cualquiera, necesito el diccionario grande.** (Ich möchte nicht irgendein Wörterbuch. Ich brauche das große.)

✔ **¿En qué coche vas al trabajo, en el mío o en el tuyo?** (Mit welchem Auto fährst du zur Arbeit, mit meinem oder mit deinem?) **No uso cualquiera. Me voy en mi coche. Tiene suficiente gasolina.** (Ich nehme nicht irgendein Auto. Ich nehme mein Auto. Es hat genug Benzin.) Sie kennen es bestimmt auch. Besonders dann, wenn Sie es eilig haben, hat kein Auto genug Benzin im Tank.

 Algún (mancher) kann auch als Adjektiv genutzt werden. Als Adjektiv hat es eine männliche, eine weibliche und jeweils eine Pluralform. **A algunas personas no les gusta comer carne.** (Manche Personen essen nicht gern Fleisch.)

Gleich oder anders – »igual« und »diferente«

Diferente (verschieden/anders) verwenden Sie für Personen oder für Sachen. Es steht nach dem Verb.

✔ **La mentalidad en Latinoamérica es muy diferente.** (Die Mentalität in Lateinamerika ist anders.)

✔ **Las personas son diferentes.** (Die Menschen sind anders.)

✔ **Las flores del jardín son todas diferentes.** (Die Blumen im Garten sind alle verschieden.)

Das Gegenteil von **diferente** ist **igual** (gleich). Damit drücken Sie aus, dass jemand oder etwas jemandem oder etwas gleicht. Ist Ihnen etwas überhaupt nicht wichtig, benutzen Sie **igual** auch.

✔ **Los gemelos son iguales. No sé quién es quién.** (Die Zwillinge sind gleich. Ich weiß nicht, wer wer ist.)

✔ **¿Qué hacemos el sábado?** (Was machen wir am Samstag?) **¿Vamos al cine o al teatro?** (Gehen wir ins Kino oder ins Theater?)

✔ **Me da igual. / Me da lo mismo.** (Ist mir egal.) **Es igual.** (Das ist mir egal.)

Das ist viel – die Verwendung von »mucho«

Mucho (viel) ist ein Indefinitpronomen, mit dem Sie eine nicht zählbare Menge definieren können. Wenn es als Adverb benutzt wird, ist es unveränderlich. (Mehr über Adverbien erfahren Sie in Kapitel 4.)

✔ **Cuando empiezan las vacaciones escolares hay mucho tráfico en las autopistas.** (Wenn die Schulferien beginnen, gibt es viel Verkehr auf den Autobahnen.) Sie können die Autos nicht zählen, die auf den Autobahnen unterwegs sind.

✔ **Mucha gente va a la fiesta del vino.** (Viele Leute gehen zum Weinfest.)

✔ **Tengo mucho que hacer.** (Ich habe viel zu tun.)

Die andere Variante – »otro«

Mit **otro** (anderer / noch ein) als Indefinitpronomen können Sie eine Wahl zwischen unbestimmten Personen oder Sachen treffen. Es steht vor einem Nomen oder vor einem Adverb und kann auch allein hinter einem Verb stehen.

✔ **El tenedor está sucio, ¿me trae otro por favor?** (Die Gabel ist schmutzig, können Sie bitte eine andere bringen?) Sie wollen nicht eine bestimmte Gabel, sondern irgendeine, die sauber ist.

✔ **El vuelo fue cancelado. Tengo que tomar otro.** (Der Flug wurde storniert. Ich muss einen anderen nehmen.) Sie wissen nicht, welchen Flug Sie nehmen werden.

✔ **Este juego de mesa me gusta mucho. ¿Jugamos otra vez?** (Dieses Spiel gefällt mir sehr gut. Spielen wir noch einmal?)

Die unpersönliche Form – »uno«

Uno (man) benutzen Sie für allgemeine und für unpersönliche Aussagen. **Uno** (man) steht vor dem Verb. Sie können es sowohl in positiven als auch in verneinenden Sätzen verwenden. Das Verb, das in einem Satz mit **uno** verwendet wird, muss in der 3. Person Singular konjugiert werden.

✔ **Uno no sabe que va a pasar.** (Man weiß nie, was kommt.)

✔ **Si uno se queda dormido, llega tarde al trabajo.** (Wenn man verschläft, kommt man zu spät zur Arbeit.)

✔ **Cuando hace mucho calor uno no tiene ganas de hacer nada.** (Wenn es sehr heiß ist, hat man keine Lust zu nichts.)

Das ist die Erklärung – Relativpronomen

In diesem Kapitel erfahren Sie, wie Sie bekannte Informationen durch Pronomen ersetzen. Das ist auch die Aufgabe der Relativpronomen – **pronombres relativos**. Wenn Sie zwei Sätze mit dem gleichen Subjekt haben, können Sie diese Sätze mit einem Relativpronomen miteinander verbinden, sodass ein Satz der Hauptsatz und der andere der Nebensatz ist. Relativpronomen ersetzen sowohl Personen als auch Sachen.

 Im Gegensatz zu den Fragepronomen schreiben Sie die Relativpronomen ohne Akzent: **¿Qué tal?** (Wie geht's?) **¿Qué?** (wie) ist ein Fragepronomen, deshalb trägt es einen Akzent. **El coche que compré es azul.** (Das Auto, das ich gekauft habe, ist blau.) **Que** ist in diesem Satz ein Relativpronomen, deshalb wird es ohne Akzent geschrieben.

Es gibt zwei Arten von Sätzen, die Sie mit Relativpronomen bilden können: Zum einen kann der Relativsatz nach dem Relativpronomen eine Information genauer definieren, zum anderen kann dieser Satz eine zusätzliche Erklärung der bereits vorhandenen Information enthalten. In Tabelle 14.8 finden Sie eine Liste der Relativpronomen und welche Information im Satz sie ersetzen können.

Relativpronomen	Ersetzt Personen	Ersetzt Sachen
que (welcher/der/den/die/das)	X	X
el que (das/der/den, Singular)	X	X
la que (die/das, Singular)	X	X
lo que (was)		X
los que (die, Plural)	X	X

Relativpronomen	Ersetzt Personen	Ersetzt Sachen
las que (die, Plural)	X	X
quien (wer, Singular)	X	
quienes (wer, Plural)	X	
el cual (welcher)	X	X
la cual (welche)	X	X
los cuales (welche, Plural)	X	X
las cuales (welche, Plural)	X	X
cuyo (dessen)	X	X
cuyos (deren, Plural)	X	X
cuya (deren)	X	X
cuyas (deren, Plural)	X	X
donde (wo)		X

Tabelle 14.8: Relativpronomen

Spanische Relativsätze können Sie mit oder ohne Komma schreiben. Ein definierender Relativsatz hat kein Komma zwischen dem Haupt- und dem Nebensatz. Bei dem erklärenden Relativsatz steht ein Komma zwischen dem Haupt- und dem Nebensatz. **Las personas flexibles que hablan muchos idiomas encuentran un buen trabajo.** (Die flexiblen Personen, die viele Sprachen sprechen, finden einen guten Job.) Der Relativsatz definiert, welche Personen einen guten Job finden können. **Las personas flexibles, que hablan muchos idiomas, encuentran un buen trabajo.** (Die flexiblen Personen, die viele Sprachen sprechen, finden einen guten Job.) Der Relativsatz erklärt, welche flexiblen Personen eine gute Arbeit finden. Vor dem Relativpronomen steht ein Komma und am Ende des erklärenden Satzes auch. Wenn Sie den erklärenden Relativsatz weglassen würden, wäre der restliche Satz trotzdem sinnvoll: **Las personas flexibles encuentran un buen trabajo.** (Die flexiblen Personen finden einen guten Job.)

»Que« als Relativpronomen

Que (welcher/der/den/die/das) kann als Relativpronomen verwendet werden und ersetzt entweder Personen oder Sachen. Es steht zwischen dem Hauptsatz und dem Nebensatz. **Que** als Relativpronomen ist unveränderlich in Geschlecht und Anzahl. Relativsätze mit **que** können eine Information definieren oder eine bekannte Information genauer erklären.

✔ **En el edificio moderno que administra el señor Gómez todavía hay pisos libres.**
(In dem modernen Hochhaus, das Herr Gómez verwaltet, sind noch Wohnungen frei.) In dem definierenden Relativsatz wird das Gebäude genauer definiert, und zwar aus der Auswahl von mehreren Gebäuden.

✔ **En el edificio moderno, que administra el señor Gómez, todavía hay pisos libres.** (In dem modernen Hochhaus, das Herr Gómez verwaltet, sind noch Wohnungen frei.) In diesem Beispiel hat der Relativsatz zwei Kommas und erklärt zusätzlich, in welchem Gebäude noch Wohnungen zu haben sind. Wenn Sie den Satz zwischen den Kommas weglassen, ist der Hauptsatz trotzdem sinnvoll: **En el edificio moderno todavía hay pisos libres.** (In dem modernen Hochhaus sind noch Wohnungen frei.)

Relativsätze mit »el que«

El que (das/der/den) ist ein Relativpronomen. Es ersetzt männliche Personen oder Sachen im Singular. **El que** schreiben Sie ohne Akzent. Mit **el que** können Sie eine Information definieren, eine zusätzliche Information geben oder eine allgemeine Aussage treffen, die unpersönlich ist. **El** kann auch hinter einer Präposition stehen. (Mehr über die spanischen Präpositionen erfahren Sie in Kapitel 16.)

✔ **El sistema de seguridad nuevo, el que activamos la semana pasada, funciona muy bien.** (Das neue Sicherheitssystem, das wir letzte Woche installiert haben, funktioniert sehr gut.)

✔ **El chico el que agredió a su compañero fue suspendido.** (Der Junge, der seinen Mitschüler angegriffen hat, wurde suspendiert.) Ohne Komma ist der Satz ein definierender Relativsatz, der definiert, welcher Jugendliche aus der Klasse seinen Mitschüler angegriffen hat.

✔ **El chico, el que agredió a su compañero, fue suspendido.** Der Satz ist auch ohne Relativsatz sinnvoll: **El chico fue suspendido.** (Der Jugendliche wurde suspendiert.)

 Es gibt eine Redewendung, die dieses Relativpronomen verwendet: **El que mucho abarca poco aprieta.** (Wer viel auf einmal tut, macht nichts richtig.) Das ist eine allgemeine Aussage, die für alle gilt, die viele Sachen auf einmal tun.

Relativsätze mit »la que«

Das Relativpronomen **la que** (die/das) ersetzt weibliche Personen oder Sachen im Singular. Es wird ohne Akzent geschrieben. Mit **la que** können Sie eine Information definieren, eine zusätzliche Information erklären oder eine allgemeine Aussage treffen, die unpersönlich ist. **La que** kann auch hinter einer Präposition stehen. (Mehr über die spanischen Präpositionen erfahren Sie in Kapitel 16.)

✔ **La canción nueva la que interpreta el coro es muy difícil.** (Das neue Lied, das der Chor interpretiert, ist sehr schwer.) Dieser Satz grenzt das neue Lied von anderen Liedern ab.

✔ **La canción nueva, la que interpreta el coro, es muy difícil.** (Das neue Lied, das der Chor interpretiert, ist sehr schwer.) Hier ist der Relativsatz eine zusätzliche Erklärung.

✔ Wenn Sie den Relativsatz weglassen, ist der Satz trotzdem sinnvoll: **La canción nueva es muy difícil.** (Das neue Lied ist sehr schwer.)

Eine spanische Redewendung lautet: **La que se va a armar.** (Das wird was geben.) Dieser Satz wird in der Alltagsprache oft verwendet, wenn etwas schiefgelaufen ist und negative Konsequenzen zu erwarten sind.

Relativsätze mit »lo que«

Lo que (was) ist ein Relativpronomen, das eine bekannte Information ersetzt. Mit **lo que** ersetzen Sie eine Information im Singular. Sie können damit eine Sache ersetzen, aber keine Person. **Lo que** wird ohne Akzent geschrieben.

✔ **¿Sabes a qué hora llega el avión de Juana?** (Weißt du, um wie viel Uhr Juanas Flug ankommt?)

✔ **Lo que sé, es que llega por la tarde.** (Was ich weiß, ist, dass sie am Nachmittag ankommt.)

✔ **Lo que vi en la tienda de ropa no me gustó.** (Was ich im Kleidergeschäft gesehen habe, hat mir nicht gefallen.)

Eine viel benutzte Redewendung ist: **Voy a pedalear hasta Francia, cueste lo que cueste.** (Ich werde keine Mühe scheuen und nach Frankreich radeln.) Die Redewendung **cueste lo que cueste** wird benutzt, wenn jemand etwas um jeden Preis will.

Relativsätze mit »los que« und »las que«

Los que und **las que** sind Relativpronomen, die ohne Akzent geschrieben werden. **Los que** (die, Plural) ersetzt männliche Personen oder Sachen im Plural, **las que** (die, Plural) weibliche Personen oder Sachen im Plural. Mit **los que** beziehungsweise **las que** können Sie eine Information definieren, eine zusätzliche Information erklären oder eine allgemeine Aussage treffen, die unpersönlich ist. **Los que** beziehungsweise **las que** kann auch hinter einer Präposition stehen. (Mehr über spanische Präpositionen erfahren Sie in Kapitel 16.)

✔ **Los alumnos los que tocan la guitarra en el concierto tienen que practicar muchas horas.** (Die Schüler, die Gitarre auf dem Konzert spielen, müssen viele Stunden üben.) Nur die Schüler, die spielen, müssen üben. Die anderen nicht.

✔ **Los alumnos, los que tocan la guitarra en el concierto, tienen que practicar muchas horas.** (Die Schüler, die Gitarre auf dem Konzert spielen, müssen viele Stunden üben.) Mit dieser Information erklären Sie, welche Schüler üben müssen.

✔ **Las plantas exóticas las que abundan en regiones con clima tropical no crecen en Europa.** (Die exotischen Pflanzen, die in Regionen mit tropischem Klima reichlich wachsen, gedeihen nicht in Europa.) In diesem Satz wird definiert, über welche Pflanzen gesprochen wird.

✔ **Las plantas exóticas, las que abundan en regiones con clima tropical, no crecen en Europa.** (Die exotischen Pflanzen, die in Regionen mit tropischem Klima reichlich wachsen, gedeihen nicht in Europa.) Der Relativsatz erklärt zusätzlich, in welchem Klima die exotischen Pflanzen wachsen. Er kann auch weggelassen werden, ohne dass der Satz den Sinn verliert. **Las plantas exóticas no crecen en Europa.** (Die exotischen Pflanzen gedeihen nicht in Europa.)

Nur für Personen – Relativsätze mit »quien« und »quienes«

Quien (wer, Singular) und **quienes** (wer, Plural) sind Relativpronomen, die Sie nur für Personen verwenden können.

Quien und **quienes** können Sie nur für Personen verwenden. Für Sachen ersetzen Sie die bekannte Information mit **lo que** (was).

Als Relativpronomen werden **quien** und **quienes** ohne Akzent geschrieben. So können Sie die Relativpronomen von den Fragewörtern **¿Quién?** (wer, Singular) und **¿Quiénes?** (wer, Plural) unterscheiden. (Mehr über Fragewörter erfahren Sie in Kapitel 15.) **Quien** und **quienes** stehen immer allein und werden nie von einem Artikel begleitet. Sie können nach einer Präposition stehen.

✔ **María a quien acompaño al médico esta tarde está muy enferma.** (María, die ich heute Nachmittag zum Arzt begleite, ist sehr krank.) Der Relativsatz definiert María als die Kranke und nicht jemand anders.

✔ **María, a quien acompaño al médico esta tarde, está muy enferma.** (María, die ich heute Nachmittag zum Arzt begleite, ist sehr krank.) Dieser Relativsatz erklärt zusätzlich, was Sie mit der kranken Maria machen.

✔ Wenn Sie den Relativsatz zwischen den Kommas weglassen, wissen Sie immer noch, dass María sehr krank ist: **María está muy enferma.** (María ist sehr krank.)

El cual (welcher), **la cual** (welche), **los cuales** (welche, Plural) und **las cuales** (welche, Plural) können Sie anstelle von **que** (welcher), **quien** (wer, Singular) und **quienes** (wer, Plural) benutzen. Als Relativpronomen schreiben Sie **el cual**, **la cual**, **los cuales** und **las cuales** auch ohne Akzent.

Die Relativpronomen »cuyo« und »cuyos«

Cuyo (dessen) ist ein Relativpronomen, das sich nicht auf den Besitzer bezieht, sondern auf den Besitz. **Cuyo** ist die männliche Form im Singular. Genauso wie bei den anderen Relativpronomen kann der Relativsatz mit **cuyo** definierend oder erklärend sein und entsprechend ohne oder mit Komma gebildet werden. **Cuyos** (deren) ist die Pluralform von **cuyo**. **Cuyos** bezieht sich auch auf den Besitz und ersetzt ein männliches Nomen im Plural. Es leitet den Relativsatz ein und kann auch nach einer Präposition stehen. **Cuyos** kann nicht von einem Artikel begleitet werden.

✔ **El señor, cuyo pasaporte está vencido, perdió el avión.** (Der Herr, dessen Pass abgelaufen ist, verpasste seinen Flug.) **Cuyo** bezieht sich auf den Pass des Herrn.

✔ **Mi sobrino cuyo padre es José, tiene 12 años.** (Mein Neffe, dessen Vater José heißt, ist zwölf Jahre alt.)

✔ **Los pasajeros cuyos vuelos no pueden salir por la niebla, van a dormir a un hotel.** (Die Passagiere, deren Flüge wegen des Nebels ausfallen, gehen ins Hotel schlafen.) **Cuyos** bezieht sich auf das Wort **vuelos** (Flüge).

✔ **Las tiendas cuyos vendedores son muy amables con sus clientes venden mucho más.** (Die Geschäfte, deren Mitarbeiter sehr freundlich zu ihren Kunden sind, verkaufen viel mehr.)

Die Relativpronomen »cuya« und »cuyas«

Cuya und **cuyas** (deren) sind Relativpronomen, die sich nicht auf den Besitzer beziehen, sondern auf den Besitz. **Cuya** ist eine weibliche Form im Singular. Der Besitz, auf den sich **cuyas** bezieht, ist ein weibliches Wort im Plural.

✔ **El empleado cuya empresa está lejos de su casa, viaja en tren todos los días.** (Der Angestellte, dessen Firma weit weg von zu Hause ist, reist jeden Tag mit dem Zug.) **Cuya** bezieht sich auf das Wort **empresa** (Firma).

✔ **Mi coche cuyas ruedas ya están muy gastadas, necesita mantenimiento y ruedas nuevas.** (Mein Auto, dessen Räder schon sehr stark abgenutzt sind, braucht Wartung und einen Satz neue Reifen.) **Cuyas** bezieht sich auf das Wort **ruedas** (Reifen).

✔ **Mi amiga, cuyas hijas aprenden inglés quiere viajar con ellas a Londres.** (Meine Freundin, deren Töchter Englisch lernen, möchte mit ihnen nach London reisen.)

 In der Alltagsprache werden **cuyo** (welcher) und **cuya** (welche) mit ihren Pluralformen **cuyos** (welche) und **cuyas** (welche) nicht benutzt, weil **que** (welcher), **quien** (wer, Singular) und **quienes** (wer, Plural) geläufiger sind.

»Donde« als Relativpronomen

Donde (wo) kann auch ein Relativpronomen sein. Das Relativpronomen wird ohne Akzent geschrieben. Damit unterscheidet sich **donde** vom Fragewort **¿Dónde?** (wo). Mit **donde** als Relativpronomen ersetzen Sie eine Ortsangabe. Für diese Information können Sie genauso **el/la/los/las que** (der/die/das/den) benutzen.

✔ **La ciudad en la que nací es enorme.** (Die Stadt, in der ich geboren bin, ist sehr groß.)

✔ **La ciudad donde nací es enorme.** (Die Stadt, in der ich geboren bin, ist sehr groß.)

✔ **Sevilla, la ciudad en la que crecen naranjos en muchas calles, es una ciudad muy interesante.** (Sevilla, die Stadt, in der Orangenbäume in vielen Straßen wachsen, ist eine sehr interessante Stadt.)

✔ **Sevilla, donde crecen naranjos en muchas calles, es una ciudad muy interesante.** (Sevilla, die Stadt, in der Orangenbäume in vielen Straßen wachsen, ist eine sehr interessante Stadt.)

Übungen zu Kapitel 14

Übung 14.1

Ersetzen Sie die unterstrichenen Wörter durch beide Objektpronomen.

Manuel da <u>la revista a José</u>. (Manuel gibt José die Zeitschrift.) _____ _____ (Manuel gibt sie ihm.)

Yo le leo <u>un cuento a Emilia</u>. (Ich lese Emilia eine Geschichte vor.) _____ _____ (Ich lese sie ihr vor.)

Cristina presta <u>la bicicleta a Oscar y a mí</u>. (Cristina leiht Oscar und mir das Fahrrad.) ___ _____ (Cristina leiht es uns.)

Paco da <u>el correo a su colega</u>. (Paco gibt seinem Kollegen die Post.) _____ _____ (Paco gibt sie ihm.)

Mercedes compra <u>un juego de mesa a sus hijos</u>. (Mercedes kauft ihren Kindern ein Brettspiel.) _____ (Maria kauft es ihnen.)

Übung 14.2

Bilden Sie Relativsätze:

Las habitaciones del Hotel del Mar son muy modernas. (Die Zimmer im Hotel del Mar sind sehr modern.) **Las habitaciones tienen aire acondicionado.** (Die Zimmer haben eine Klimaanlage.) (1) _____ **Trabajo con una colega nueva.** (Ich arbeite mit einer neuen Kollegin.) **Mi colega tiene una oficina en el quinto piso.** (Meine Kollegin hat ein Büro im fünften Stock.) (2) _____ _____ **La señora está sentada en el parque.** (Die Frau sitzt im Park.) **La señora es la vecina de Paula.** (Die Frau ist Paulas Nachbarin.) (3) _____ _____ **El accidente de tráfico sucedió en la autopista.** (Der Verkehrsunfall geschah auf der Autobahn.) **Los heridos están fuera de peligro y mejorando.** (Die Verletzten sind außer Gefahr und auf dem Weg der Besserung.) (4) _____ **El señor Rodriguez vive**

en el tercer piso. (Herr Rodriguez wohnt im dritten Stock.) **El señor Rodriguez colecciona sellos antiguos.** (Herr Rodriguez sammelt alte Briefmarken.) (5) _____

_____

Übung 14.3

Wer hat einen Grund, den Hund der Gräfin zu entführen? Schreiben Sie Relativsätze:

_____ (Der Wächter Tobías, der auf Larry aufpasst, mag den Hund nicht.) _____

_____ (Tobias' Chef Grancan, der in die Gräfin verliebt ist, braucht Geld, um eine Finca zu bauen.) _____ (Der Diener José, der nicht gern mit dem Hund Gassi geht, möchte gern in Rente gehen.) _____

_____ (Die Köchin Milagros, die jeden Tag für den Hund kochen muss, möchte nach Brasilien ziehen.)

Hören Sie sich an, ob Sie die richtigen Lösungen gefunden haben:

```
https://www.wiley-vch.de/ISBN9783527722990
```

Kapitel 15
Fragen kostet nichts

Fragen stehen in diesem Kapitel im Mittelpunkt. Warum Sie Fragen als Redemittel brauchen, wie Sie Fragen stellen können und welche Fragepronomen es gibt, erfahren Sie in diesem Kapitel. Wenn Sie eine Frage haben, brauchen Sie im Spanischen Fragepronomen und Verben. Fragen, die Sie mit einem Fragepronomen stellen, haben eine detaillierte Antwort. Fragen, die mit einem Verb beginnen, haben als Antwort entweder Ja oder Nein.

Unterschiedliche Arten von Fragen

Wir leben nicht allein und brauchen den Austausch mit anderen Menschen über Gedanken, Gefühle und Informationen. Mit Fragen beschaffen Sie sich Informationen, die Sie noch nicht haben.

 Fragen stehen im Spanischen immer zwischen zwei Fragezeichen: ein Fragezeichen ¿ am Anfang der Frage und ein Fragezeichen ? am Schluss der Frage. Wie Sie das umgedrehte Fragezeichen auf dem Computer schreiben, erkläre ich in Kapitel 1.

Es gibt geschlossene Fragen, die Sie mit Ja oder Nein beantworten können. Bei offenen Fragen können Sie eine detaillierte Information erwarten.

Direkte Fragen – geschlossene Fragen

Für geschlossene Fragen brauchen Sie kein Fragepronomen. Sie beginnen immer mit einem konjugierten Verb. Wenn die Frage ein Modalverb enthält, steht das konjugierte Modalverb zuerst und das nächste Verb im Infinitiv steht an zweiter Stelle vor dem Objekt.

✔ **¿Tienes tiempo mañana?** (Hast du morgen Zeit?)

✔ **¿Puedo usar tu coche?** (Darf ich dein Auto benutzen?)

✔ **¿Habéis visto el partido?** (Habt ihr das Fußballspiel gesehen?)

Die Antwort auf solche Fragen fällt entweder positiv oder negativ aus.

✔ **Sí, tengo tiempo mañana.** (Ja, ich habe morgen Zeit.)

✔ **Sí, puedes usar el coche.** (Ja, du darfst das Auto benutzen.)

✔ **No, no hemos visto el partido.** (Nein, wir haben das Fußballspiel nicht gesehen.)

 Es ist wichtig, nach dem **sí** (ja) ein Komma zu setzen. Wenn Sie sprechen, würden Sie eine Sprechpause nach dem **sí** machen. Wenn das Komma fehlt, ändert sich die Bedeutung des Satzes: **Sí, tengo tiempo mañana ¿vamos al cine?** (Ja, ich habe morgen Zeit, gehen wir ins Kino?) **Si tengo tiempo mañana vamos al cine.** (Wenn ich morgen Zeit habe, gehen wir ins Kino.) Bei diesem Satz muss **si** (wenn/ob) ohne Akzent geschrieben werden.

Geschlossene Fragen können auch mit **no** (nein) anfangen. Sie beginnen eine Frage mit **no**, wenn Sie die Antwort bereits kennen und die Bestätigung der Antwort erwarten. Das sind rhetorische Fragen.

✔ **¿No tienes que trabajar hoy?** (Musst du heute nicht arbeiten?)

✔ **¿No vas a salir con Manuel?** (Gehst du nicht mit Manuel aus?)

✔ **¿No habías perdido las gafas? ¡Pues, aquí están!** (Hattest du nicht die Brille verloren? Hier ist sie also!)

Anstelle von **no** am Anfang der Frage können Sie mit **¿verdad?** (stimmt's) am Ende der Frage die gleiche Wirkung erzielen.

✔ **¿Hoy tienes que trabajar, verdad?** (Musst du heute nicht arbeiten?)

✔ **¿Vas a salir con Manuel, verdad?** (Gehst du nicht mit Manuel aus?)

✔ **¿Habías perdido las gafas, verdad? ¡Pues, aquí están!** (Hattest du nicht die Brille verloren? Hier ist sie also!)

Mehr Informationen suchen – offene Fragen

Neben geschlossenen Fragen mit einer eindeutigen Antwort können Sie auch offene Fragen stellen. Offene Fragen beginnen mit einem Fragewort. Auch die offene Frage steht zwischen Fragezeichen.

Fragen mit unveränderlichen Fragepronomen

Unveränderliche Fragepronomen sind Pronomen, die immer gleich bleiben, unabhängig davon, ob es sich bei der Frage um weibliche oder männliche Personen oder Sachen handelt. Diese Fragepronomen werden auch an Singular- oder Pluralformen angepasst.

Wie etwas ist – Fragen mit »¿Cómo?«

Mit dem Fragepronomen **¿Cómo?** (wie) können Sie nach der Art und Weise fragen, wie etwas oder jemand ist. Sie können mit **¿Cómo?** nach dem Befinden fragen, um Wiederholung einer Information, wenn Sie etwas nicht verstanden haben, oder danach, wie Sie etwas tun können.

✔ **¿Cómo está usted?** (Wie geht es Ihnen?)

✔ **¿Cómo se dice Buch en español?** (Wie sagt man Buch auf Spanisch?)

✔ **¿Cómo se hace una paella?** (Wie macht man eine Paella?)

✔ **¿Cómo llego a la estación, por favor?** (Wie komme ich bitte zum Bahnhof?)

Da **¿Cómo?** ein Fragepronomen ist, müssen Sie es mit Akzent schreiben.

 Cómo kann auch zwischen Ausrufezeichen **¡!** stehen und wird auch dann mit Akzent geschrieben. Auf die Frage **¿Me puedes ayudar por favor?** (Kannst du mir bitte helfen?) können Sie mit **¡Cómo no!** (Natürlich!) reagieren. Mit **¡Cómo!** in Verbindung mit einem Verb und einem Wetterphänomen können Sie eine Aussage darüber machen, wie stark das Wetterphänomen ist: **¡Cómo nieva!** (Wie es schneit!) **¡Cómo llueve!** (Wie es regnet!)

Como, dann ohne Akzent, können Sie auch als Relativpronomen verwenden. Mehr darüber erfahren Sie in Kapitel 14. In Kapitel 3 finden Sie Informationen über **como** zur Bildung der spanischen Steigerungsformen.

Wann es so weit ist – Fragen mit »¿Cuándo?«

¿Cuándo? (wann) gehört zu den unveränderlichen Fragepronomen. Sie benutzen **¿Cuándo?**, wenn Sie erfahren möchten, wann etwas passiert. Die Frage beginnt mit dem Fragepronomen **¿Cuándo?** gefolgt von einem Verb in der benötigten Zeit. Nach dem Verb folgt ein Objekt, nach dessen zeitlicher Komponente gefragt wird.

✔ **¿Cuándo operan a Jorge?** (Wann wird Jorge operiert?)

✔ **¿Cuándo se quejó tu vecina?** (Wann hat sich deine Nachbarin beschwert?)

✔ **¿Cuándo necesitas el coche?** (Wann brauchst du das Auto?)

✔ **¿Cuándo llegasteis a España?** (Wann seid ihr in Spanien angekommen?)

Die Antwort auf Fragen mit **¿Cuándo?** kann eine Uhrzeit, ein Wochentag, ein Monat oder eine Jahreszahl sein.

Wo etwas ist – Fragen mit »¿Dónde?«

¿Dónde? (wo) ist ein unveränderliches Fragepronomen, mit dem Sie nach dem Ort oder nach der Lage von jemandem oder etwas fragen können. Um eine Frage mit **¿Dónde?** zu bilden, brauchen Sie nach **¿Dónde?** ein Verb und ein Objekt, nach dem Sie fragen wollen. Das Objekt kann eine Person oder eine Sache sein.

✔ **¿Dónde para el autobús a Murcia, por favor?** (Wo hält bitte der Bus nach Murcia?)

✔ **¿Dónde están las llaves del coche?** (Wo sind die Autoschlüssel?)

✔ **¿Dónde viviste durante tus estudios?** (Wo hast du während deines Studiums gewohnt?)

✔ **¿Dónde nacieron sus hijos?** (Wo sind Ihre Kinder geboren?)

Da **dónde** ein Fragewort ist, muss es mit einem Akzent geschrieben werden. **Donde**, dann ohne Akzent, können Sie auch als Relativpronomen verwenden (mehr darüber erfahren Sie in Kapitel 14).

Was das ist – Fragen mit »¿Qué?«

¿Qué? (wie/was/welcher) ist ein unveränderliches Fragepronomen. Je nach Zusammenhang hat **¿Qué?** verschiedene Bedeutungen, wenn Sie zwischen Spanisch und Deutsch übersetzen.

Mit dem Fragepronomen **¿Qué?** können Sie nicht nach Personen fragen, sondern nur nach Sachen oder Sachverhalten.

Eine der ersten Fragen, die Sie im Spanischkurs lernen, ist die Frage nach dem eigenen Befinden oder nach dem Befinden einer anderen Person. Dafür beginnen Sie die Frage mit dem Fragepronomen **¿Qué?**: **¿Qué tal?** (Wie geht's?) Darauf antworten Sie mit **muy bien** (sehr gut), **bien** (gut), **regular** (geht so), **mal** (schlecht), **muy mal** (sehr schlecht) oder **fatal** (fatal). Genauso können Sie sich in der Alltagssprache mit **¿Qué tal...?** nach dem Verlauf einer Handlung erkundigen.

✔ **¿Qué tal la escuela?** (Was macht die Schule?)

✔ **¿Qué tal el trabajo?** (Wie läuft es in der Arbeit?)

✔ **¿Qué tal la familia?** (Wie geht es der Familie?)

Wenn Sie sich verabreden wollen, können Sie das mit **¿Qué tal si...?** (Wie wäre es, wenn ...) tun: **¿Qué tal si vamos al cine esta noche?** (Wie wäre es, gehen wir heute Abend ins Kino?)

Mit dem Fragepronomen **¿Qué?** fragen Sie nach einer Sache.

Wenn Sie eine Wahl zwischen verschiedenen Arten derselben Sache treffen wollen, lautet die Frage **¿Qué...?** gefolgt von einem Nomen. **¿Qué día llega el paquete?** (An welchem Tag kommt das Paket an?) **¿Qué falda compras, la roja o la azul?** (Welchen Rock kaufst du, den roten oder den blauen?)

Sie können Fragen mit **¿Qué...?** bilden, das von einem Verb und einem Objekt gefolgt wird. Damit fragen Sie nach einem Sachverhalt.

✔ **¿Qué desea beber?** (Was möchten Sie trinken?)

✔ **¿Qué hacemos mañana?** (Was machen wir morgen?)

✔ **¿Qué cocinas el sábado?** (Was kochst du am Samstag?)

✔ **¿Qué pasó anoche?** (Was ist gestern Abend passiert?)

¿Qué? kommt in verschiedenen festen Ausdrücken der Alltagssprache vor, die nicht sehr höflich sind, zum Beispiel **¿Y qué?** (Na, und?) oder **¿A mí qué?** (Mir doch egal!).

 Qué kann auch zwischen Ausrufezeichen stehen, wie es in vielen feststehenden Ausdrücken vorkommt.

✔ **¡Qué sí!** (Ja doch)

✔ **¡Qué suerte!** (Was ein Glück!)

✔ **¡Qué pena!** (Wie schade!)

✔ **¡Qué rico!** (Wie lecker!)

✔ **¡Qué alegría!** (Was eine Freude!)

Ausdrücke mit **¿Qué?** und **¡Qué!** lassen sich nicht immer direkt übersetzen, deshalb ist es besser, die Frage oder den feststehenden Ausdruck als die einzelnen Vokabeln zu lernen.

Fragen mit veränderlichen Fragepronomen

Außer den unveränderlichen Fragepronomen gibt es drei veränderliche Fragepronomen, mit denen Sie offene Fragen stellen können. **¿Cuál?** (welcher/welches/welche/welchen/welchem) und **¿Quién?** (wer) verändern sich nur im Numerus. **¿Cuánto?** (wie viel) verändert sich auch im Geschlecht. Diese Fragepronomen schreiben Sie ebenfalls mit Akzent.

Eine Wahl treffen mit »¿Cuál?«

Mit dem veränderlichen Fragepronomen **¿Cuál?** (welcher/welches/welche/welchen/welchem) treffen Sie eine Wahl zwischen verschiedenen Ausprägungen einer Sache. **¿Cuál?** hat zwei Formen: **¿Cuál?** im Singular und **¿Cuáles?** im Plural. **¿Cuál?** steht allein oder vor einem Verb.

Fragepronomen	Singular	Plural
¿Cuál?	¿Cuál?	¿Cuáles?

Tabelle 15.1: Fragepronomen »¿Cuál?«

Das Fragepronomen **¿Cuál?** können Sie nicht immer direkt übersetzen. Je nach Frage bedeutet es welcher oder was.

Mit **¿Cuál?** können Sie nicht nach Nomen fragen. **¿Cuál?** wird von einem Verb gefolgt. **Tengo dos novelas del autor famoso. ¿Cuál quieres?** (Ich habe zwei Romane des berühmten Schriftstellers, welchen möchtest du?) Sie treffen die Wahl zwischen den zwei Romanen. Würden Sie nach den Romanen (Nomen) fragen, müssten Sie die Frage mit **¿Qué?** bilden: **¿Qué novela quieres leer?** (Welchen Roman möchtest du lesen?)

In den nächsten Beispielen sehen Sie den Unterschied zwischen den Fragen mit **¿Cuál?** und mit **¿Qué?**.

✔ **En el cine dan dos películas que me interesan. ¿Cuál te gustaría ver a ti?** (Im Kino laufen zwei Filme, die mich interessieren. Welchen möchtest du sehen?) Das Verb **interesar** (interessieren) folgt dem Fragepronomen **¿Cuál?**. **¿Qué película quieres ver?** (Welchen Film möchtest du sehen?) **Película** (Film) ist ein Nomen, sodass Sie Fragen mit dem Fragepronomen **¿Qué?** bilden müssen.

✔ **El sábado voy a cocinar paella o tortilla. ¿Cuál prefieres?** (Am Samstag koche ich entweder Paella oder Tortilla, was ist dir lieber?) Die Frage mit **¿Qué?** wäre: **¿Qué plato prefieres?** (Welches Gericht bevorzugst du?)

✔ Sie suchen ein Hemd in der passenden Größe. Der Verkäufer sagt: **En su talla tenemos esta camisa en azul, blanco, verde y marrón, ¿cuál le gusta?** (In Ihrer Größe haben wir das Hemd in Blau, Weiß, Grün und Braun, welches gefällt Ihnen?) Die Frage mit **¿Qué?** lautet: **¿Qué camisa le gusta?** (Welches Hemd gefällt Ihnen?)

✔ **Los zapatos elegantes me quedan muy bien.** (Die eleganten Schuhe passen mir sehr gut.) Daraufhin fragt die Verkäuferin: **¿Cuáles? ¿Los negros o los marrones?** (Welche, die schwarzen oder die braunen?) Bei dieser Frage steht **¿Cuáles?** allein.

Das Fragepronomen **¿Cuáles?** steht genauso wie die Singularform **¿Cuál?** allein oder wird von einem Verb gefolgt.

Wer war es – Fragen mit »¿Quién?«

¿Quién? (wer) ist ein veränderliches Fragepronomen, mit dem Sie nach Personen fragen können. Im Spanischen hat **¿Quién?** eine Pluralform: **¿Quiénes?** (wer, Plural). Beide Formen müssen Sie mit Akzent schreiben. Nach **¿Quién?** und **¿Quiénes?** brauchen Sie ein Verb in der passenden Form.

✔ **¿Quién asume el nuevo proyecto?** (Wer übernimmt das neue Projekt?)

✔ **¿Quién reclama el envío roto?** (Wer reklamiert die kaputte Sendung?)

✔ **¿Quiénes sueñan con la vuelta al mundo?** (Wer träumt von einer Weltreise?)

✔ **¿Quiénes desarman el armario?** (Wer baut den Schrank auseinander?)

✔ **¿Quién fue?** (Wer war es?)

Die Antwort auf eine Frage mit **¿Quién?** ist eine Person und die Antwort auf Fragen mit dem Fragewort **¿Quiénes?** ist eine Aufzählung von mehreren Personen.

Die Frage nach der richtigen Menge – »¿Cuánto?«

Mit dem veränderlichen Fragepronomen **¿Cuánto?** (wie viel / wie lange / wie oft) fragen Sie nach einer Menge von Personen oder Sachen. Nach **¿Cuánto?** kann ein Nomen oder ein Verb stehen. Im Gegensatz zu **¿Cuál?** und **¿Quién?** hat **¿Cuánto?** auch eine weibliche und eine männliche Form, denn **¿Cuánto?** richtet sich nach Geschlecht und Zahl der Sache und kann auch vor einem Verb stehen.

	Singular	Plural
weiblich	¿Cuánta?	¿Cuántas?
männlich	¿Cuánto?	¿Cuántos?

Tabelle 15.2: Die Formen von »¿Cuánto?«

Das Fragepronomen **¿Cuánto?** wird in allen Formen mit Akzent geschrieben.

✔ **¿Cuánta gente compra en este supermercado?** (Wie viele Leute kaufen in diesem Supermarkt ein?) **Gente** (Leute) ist im Spanischen weiblich und wird nur im Singular verwendet.

✔ **¿Cuántas cartas llegaron hoy?** (Wie viele Briefe sind heute gekommen?) Das Nomen **Cartas** (Briefe) ist weiblich und Plural, sodass das Fragepronomen im Plural verwendet werden muss.

✔ **¿Cuánto cuesta el viaje de Bilbao a Cádiz?** (Wie viel kostet die Reise von Bilbao nach Cádiz?)

✔ **¿Cuántos vaqueros compraste?** (Wie viele Jeans hast du gekauft?)

 Das Fragepronomen **cuánto** kommt auch in Ausrufesätze vor und drückt Überraschung oder Mitleid aus: **¡Cuánto llueve!** (Wie es regnet!) **¡Cuánto lo siento!** (Das tut mir so leid!) **¡Cuánto tiempo sin verte!** (Lange nicht mehr gesehen!)

Mit dem Fragepronomen **cuánto** fragen Sie auch nach der Dauer einer Handlung. **¿Cuántos días de vacaciones tienes?** (Wie viele Urlaubstage hast du?) **¿Cuánto dura el vuelo de Madrid a Nueva York?** (Wie lange dauert der Flug von Madrid nach New York?) **¿Cada cuánto pasa el autobús?** (Wie oft fährt der Bus?)

Fragepronomen mit einer Präposition

Die spanischen Fragepronomen können mit einer Präposition verwendet werden. Je nach Präposition ändert sich die Bedeutung des Frageworts. Tabelle 15.3 zeigt Ihnen, welche Fragepronomen mit welcher Präposition kombinierbar sind (mehr über die spanischen Präpositionen erfahren Sie in Kapitel 16).

Präposition	¿Cuándo?	¿Cuánto?	¿Dónde?	¿Qué?	¿Quién?
a (an/bis/in/ nach/um/zu)		**¿A cuánto?** (wie viel / wie teuer / wie weit)	**¿Adónde?** (wohin)	**¿A qué?** (um/ wann)	**¿A quién?** (wem)
con (mit)		**¿Con cuánto?** (mit wie viel / wie lange)		**¿Con qué?** (womit)	**¿Con quién?** (mit wem)
de (von/aus)			**¿De dónde?** (woher)	**¿De qué?** (woraus / wovon / worüber / woran)	**¿De quién?** (wem / von wem)
desde (ab/seit/von)	**¿Desde cuándo?** (seit wann)		**¿Desde dónde?** (woher)	**¿Desde qué?** (von wo aus)	
en (an/in/ auf/ab)		**¿En cuánto?** (wie lange / in welcher Zeit)	**¿En dónde?** (wo)	**¿En qué?** (was)	**¿En quién?** (in wen)
hacia (nach/zu)			**¿Hacia dónde?** (in welche Richtung / wohin)		
hasta (bis)	**¿Hasta cuándo?** (bis wann)	**¿Hasta cuánto?** (bis wie viel)	**¿Hasta dónde?** (bis wohin)	**¿Hasta qué?** (bis wann)	
para (für/zu/nach)	**¿Para cuándo?** (für wann)		**¿Para dónde?** (wohin)	**¿Para qué?** (wofür)	**¿Para quién?** (für wen)
por (durch/ in/über)			**¿Por dónde?** (wo … entlang)	**¿Por qué?** (warum)	**¿Por quién?** (für wen)
sobre (auf/über)				**¿Sobre qué?** (worauf/ worüber)	**¿Sobre quién?** (über wen / über wem)

Tabelle 15.3: Fragepronomen mit Präposition

Fragepronomen mit »a«

Fragen, die Sie mit der Präposition **a** und einem Fragepronomen bilden, sind vielseitig verwendbar. Wenn Sie nach dem Preis fragen wollen, können Sie außer **¿Cuánto cuesta…?** (Wie viel kostet …?) auch **¿A cuánto está…?** (Wie viel kostet …?) oder **¿A qué precio está…?** (Wie hoch ist der Preis?) sagen.

¿A cuánto está la lámpara todoluz? (Wie viel kostet die Lampe todoluz?)

¿A qué precio está la lámpara todoluz? (Wie hoch ist der Preis für die Lampe todoluz?)

¿A cuánto están los tomates? (Wie viel kosten die Tomaten?)

Mit **¿A cuánto?** (wie weit) fragen Sie nach einer Entfernung zwischen zwei Punkten: **¿A cuántos kilómetros está Burgos de aquí?** (Wie weit ist Burgos von hier?) Das Fragewort **¿adónde?** (wohin) kann auch getrennt geschrieben werden. Sie brauchen dieses Fragewort, um nach einem Ziel zu fragen.

✔ **¿A dónde vamos el sábado?** (Wohin gehen wir am Samstag?)

✔ **¿Adónde va el metro número 4?** (Wohin fährt die Metrolinie 4?)

✔ **¿Adónde te gusta viajar en verano?** (Wohin reist du gern im Sommer?)

Wollen Sie wissen, um welche Uhrzeit etwas geschieht, brauchen Sie das Fragewort **¿A qué…?** (um).

✔ **¿A qué hora empieza la película?** (Wann beginnt der Film?)

✔ **¿A qué hora vais al parque?** (Um wie viel Uhr geht ihr in den Park?)

✔ **¿A qué hora abre el banco?** (Wann öffnet die Bank?)

Eine wichtige Verwendung von **¿A quién?** (wem) ist die Frage nach Gefallen oder Missfallen einer Person oder Sache sowie die Frage nach einem Dativobjekt.

✔ **¿A quién le gusta hacer senderismo?** (Wer wandert gern?)

✔ **¿A quién le compramos un libro?** (Wem kaufen wir ein Buch?)

✔ **¿A quién le envío la carta?** (Wem schicke ich den Brief?)

 Ein Dativobjekt im Spanischen entspricht nicht immer einem Dativobjekt im Deutschen, zum Beispiel das Verb **preguntar** (fragen): **te pregunto** (ich frage dich), das im Spanischen von einem Dativobjekt und in der deutschen Sprache von einem Akkusativobjekt begleitet wird. Ausdrücke wie **me molesta mucho** (es stört mich sehr) oder **me interesa** (es interessiert mich) haben im Spanischen ein Dativobjekt und in der deutschen Sprache ein Akkusativobjekt.

Fragepronomen mit »con«

Die Präposition **con** (mit) ist eine der wenigen, die Sie eins zu eins ins Deutsche übersetzen können. **Con** kann mit drei Fragepronomen kombiniert werden, sodass die Fragepronomen **¿Con cuánto?** (mit wie viel / wie lange im Voraus), **¿Con qué?** (womit / mit welchem / mit welcher / mit welchen) und **¿Con quién?** (mit wem) entstehen.

✔ **¿Con cuántos ayudantes contamos para organizar la fiesta?** (Mit wie vielen Helfern können wir für die Organisation des Festes rechnen?)

✔ **¿Con cuánto tiempo tengo que reservar el hotel?** (Wie lange im Voraus muss ich das Hotel reservieren?)

✔ **¿Con cuánto tiempo tengo que informar al casero sobre la renuncia del piso?** (Wie lange im Voraus muss ich den Vermieter über die Wohnungskündigung informieren?)

Die Antwort auf Fragen mit dem Fragepronomen **¿Con cuánto?** ist immer eine Menge oder eine Zeitangabe. Wenn Sie wissen wollen, mit welchen Hilfsmitteln Sie etwas tun können, stellen Sie Fragen mit **¿Con qué?** (womit):

✔ **¿Con qué herramienta reparo el grifo?** (Mit welchem Werkzeug / Womit kann ich den Wasserhahn reparieren?)

✔ **¿Con qué billete puedo viajar por toda la ciudad?** (Mit welchem Ticket kann ich durch die ganze Stadt reisen?)

✔ **¿Con qué ingredientes preparo la sangría?** (Mit welchen Zutaten bereite ich die Sangría vor?)

Die Reaktion auf Fragen mit **¿Con qué?** (womit / mit welchem / mit welcher / mit welchen) ist ein Werkzeug oder ein Hilfsmittel, mit dem Sie eine Handlung ausüben können. Sie machen sicher nicht immer alles allein. Die Frage nach der Begleitung stellen Sie mit **¿Con quién?** (mit wem).

✔ **¿Con quién salió María?** (Mit wem ist María ausgegangen?)

✔ **¿Con quién viajas a España?** (Mit wem reist du nach Spanien?)

✔ **¿Con quién trabaja la semana próxima?** (Mit wem arbeiten Sie nächste Woche?)

 Die Antwort auf Fragen mit **¿Quién?** (wer) ist immer eine Person und niemals eine Sache. Das gilt auch, wenn das Fragewort **¿Quién?** von einer Präposition ergänzt wird.

Das Fragewort **¿Quién?** trägt auch in Begleitung einer Präposition einen Akzent.

Fragepronomen mit »de«

Mit der Präposition **de** (von/aus) ergeben sich die Kombinationen mit Fragepronomen **¿De dónde?** (woher), **¿De qué?** (woraus/worüber) und **¿De quién?** (wem).

✔ **¿De dónde es usted?** (Woher kommen Sie?)

✔ **¿De dónde viene el tren?** (Woher kommt der Zug?)

✔ **¿De dónde sois vosotros?** (Woher kommt ihr?)

Die Antwort auf Fragen mit **¿De dónde?** ist ein Land, eine Stadt oder eine Himmelsrichtung. Wollen Sie erfahren, aus welchem Material eine Sache ist oder über welches Thema gesprochen wird, können Sie das Fragewort **¿De qué?** benutzen.

✔ **¿De qué se trata?** (Worum geht es?)

✔ **¿De qué material es el jersey?** (Aus welchem Material ist der Pulli?)

✔ **¿De qué habla Pedro?** (Worüber spricht Pedro?)

✔ **¿De qué está enfermo Jorge?** (Woran ist Jorge erkrankt?)

Wollen Sie wissen, wem etwas gehört, fragen Sie mit **¿De quién?** (wem). Denken Sie daran, dass Sie nur nach Personen fragen können und nicht nach Sachen.

✔ **¿De quién es el coche que está delante de mi entrada?** (Wem gehört das Auto, das vor meiner Einfahrt steht?)

✔ **¿De quién es el libro?** (Wem gehört das Buch?)

✔ **¿De quién es la mochila verde?** (Wem gehört der grüne Rucksack?)

Wenn jemand bei Ihnen anruft und eine andere Person sprechen möchte, können Sie sich nach dem Namen des Anrufers mit der Frage **¿De parte de quién?** (Wer ist am Apparat?) erkundigen.

Fragepronomen mit »desde«

Die Präposition **desde** (ab/seit/von) können Sie auch mit Fragepronomen verwenden. Daraus ergeben sich die Fragewörter **¿Desde cuándo?** (seit wann / wie lange), **¿Desde dónde?** (von wo aus) und **¿Desde qué?** (von wo aus).

✔ **¿Desde cuándo aprendes español?** (Seit wann lernst du Spanisch?)

✔ **¿Desde cuándo estás en Venzuela?** (Seit wann bist du in Venezuela?)

✔ **¿Desde cuándo trabaja en el departamento de ventas?** (Seit wann arbeiten Sie in der Verkaufsabteilung?)

Die Antwort auf Fragen mit **¿Desde cuándo?** ist immer eine Zeitangabe. Mit **¿Desde dónde?** können Sie nach einem Ort fragen, von dem Sie etwas tun können. Die gleiche Information erhalten Sie, wenn Sie mit **¿Desde qué?** fragen. Nach **¿Desde qué?** muss ein Nomen folgen.

✔ **¿Desde dónde podemos ver los fuegos artificiales?** (Von wo aus können wir uns das Feuerwerk ansehen?)

✔ **¿Desde dónde te puedo llamar?** (Von wo aus kann ich dich anrufen?)

✔ **¿Desde dónde se ve mejor el desfile?** (Von wo aus kann man den Umzug am besten sehen?)

✔ **¿Desde qué lugar se ve mejor el desfile?** (Von wo aus kann man den Umzug am besten sehen?)

Die Reaktion auf Fragen mit **¿Desde dónde?** und **¿Desde qué?** ist eine Ortsangabe.

Fragepronomen mit »en«

Mit der Präposition **en** (an/in/auf/ab) können Sie die Fragewörter **¿En cuánto?** (wie lange / in welcher Zeit), **¿En dónde?** (wo), **¿En qué?** (was) und **¿En quién?** (in wen) bilden.

✔ **¿En cuánto tiempo vas de tu casa al trabajo?** (Wie lange brauchst du von zu Hause bis zur Arbeit?)

✔ **¿En cuántas horas pintas el comedor?** (Wie viele Stunden brauchst du, um das Esszimmer zu streichen?)

✔ **¿En cuántos kilómetros hacemos una pausa?** (Wann / in welcher Entfernung machen wir eine Pause?)

Die Antwort auf Fragen mit **¿En cuánto?** ist eine Zeitangabe oder eine Entfernung. Mit **¿En dónde?** (wo) erkundigen Sie sich nach einem Ort, an dem etwas passiert. **¿En dónde fue el robo?** (Wo war der Raubüberfall?), **¿En dónde colgamos la lámpara?** (In welchem Zimmer hängen wir die Lampe auf?) **¿En qué?** (was) verwenden Sie, wenn Sie jemanden nach der beruflichen Tätigkeit fragen: **¿En qué trabajas?** (Was bist du von Beruf?) Mit **¿En qué?** können Sie auch nach einem Zeitpunkt fragen: **¿En qué año llegó Cristobal Colón a América?** (In welchem Jahr ist Kolumbus in Amerika angekommen?) Diese Frage können Sie auch mit **¿Cuándo?** (wann) stellen. Mit **¿En quién?** (in wen) können Sie nur nach Personen fragen und nicht nach Sachen.

✔ **¿En quién estás pensando?** (An wen denkst du gerade?)

✔ **¿En quién creían los Incas?** (Woran glaubten die Inka?)

✔ **¿En quién se inspira el pintor cuando pinta?** (Woran denkt der Maler, wenn er malt?)

Fragepronomen mit »hacia«

Die Präposition **hacia** (nach/zu) steht immer für eine Bewegung. Sie kann mit dem Fragepronomen **¿dónde?** kombiniert werden. Mit **¿Hacia dónde?** (wohin) fragen Sie nach einer Richtungsangabe.

✔ **¿Hacia dónde va este tren?** (Wohin fährt dieser Zug?)

✔ **¿Hacia dónde lleva este camino?** (Wohin führt dieser Weg?)

✔ **¿Hacia dónde irá la crisis económica del país?** (Wo wird die Wirtschaftskrise hinführen?) Das ist die Frage nach der weiteren Entwicklungen während der Wirtschaftskrise.

Die Reaktion auf Fragen mit **¿Hacia dónde?** ist eine Himmelsrichtung, eine Entfernung oder die Information über eine Tendenz.

Fragepronomen mit »hasta«

Hasta (bis) steht immer für eine Grenze oder das Ende einer Sache oder einer Handlung. Mit Fragepronomen kombiniert ergeben sich die Fragewörter **¿Hasta cuándo?** (bis wann), **¿Hasta cuánto?** (bis wie viel), **¿Hasta dónde?** (bis wohin) und **¿Hasta qué?** (inwiefern). Alle Fragepronomen schreiben Sie mit Akzent.

✔ **¿Hasta cuándo es válido el billete?** (Bis wann ist das Flugticket gültig?)

✔ **¿Hasta cuándo tienes vacaciones?** (Bis wann hast du Urlaub?)

✔ **¿Hasta cuándo tenemos tiempo para reservar las habitaciones?** (Bis wann haben wir Zeit, um die Zimmer zu reservieren?)

Die Antwort auf Fragen mit **¿Hasta cuándo?** (bis wann) ist immer eine Zeitangabe. Das Geld, das für eine bestimmte Ausgabe eingeplant wurde, ist auch begrenzt. Mit **¿Hasta cuánto?** (bis wie viel) können Sie diese Information erfragen.

✔ **¿Hasta cuánto quieres gastar en los muebles nuevos?** (Wie viel Geld möchtest du für die neuen Möbel ausgeben?)

✔ **¿Hasta cuánto puedes invertir en el coche?** ((Bis) Wie viel Geld kannst du in das Auto investieren?)

✔ **¿Hasta cuánto puede costar una casa nueva?** (Wie viel dürfte ein neues Haus kosten?)

Mit **¿Hasta dónde?** (wie weit) fragen Sie nach dem Zielort einer Unternehmung oder nach der Grenze einer Handlung. **¿Hasta dónde quieres llegar?** (Wie weit möchtest du noch gehen?) Diese Frage bezieht sich auf das Verhalten einer Person. Diese Frage können Sie auch mit dem Fragewort **¿Hasta qué?** (wie weit) stellen: **¿Hasta qué punto quieres llegar?** (Wie weit möchtest du noch gehen?) Denken Sie daran, dass nach dem Fragewort **¿Qué?** ein Nomen folgt. Sie planen das Tagesziel einer Reise und fragen mit **¿Hasta dónde vamos hoy?** (Bis wohin fahren wir heute?) nach dem Ziel der Tagesetappe. **¿Hasta qué ciudad viajamos hoy?** (Bis zu welcher Stadt reisen wir heute?)

Fragepronomen mit »para«

Mit der Präposition **para** (für/zu/nach) können Sie auch Fragewörter bilden. Mit **¿Para cuándo?** (für wann) können Sie eine Zeitangabe erfragen, bis zu der etwas fertig sein muss oder benötigt wird.

✔ **¿Para cuándo necesita el traje?** (Wann brauchen Sie Ihren Anzug?) Sie haben einen Anzug in die Reinigung gebracht und werden gefragt, bis wann er gereinigt werden sollte.

✔ **¿Para cuándo es la carne?** (Für wann ist das Fleisch?) Sie haben Fleisch gekauft und jemand fragt, wann Sie es verarbeiten werden.

✔ **¿Para cuándo está listo el coche?** (Wann wird das Auto fertig sein?) Sie haben Ihr Auto in die Werkstatt gebracht und fragen, wann es fertig sein wird.

Mit **¿Para dónde?** (wohin) können Sie nach einer Richtungsangabe fragen. Diese Frage können Sie auch mit **¿Adónde?** (wohin) stellen, zum Beispiel **¿Para dónde va el Metro siete?** (Wohin fährt die Metrolinie 7?) oder **¿Adónde va el Metro siete?** (Wohin fährt die Metrolinie 7?).

Sie wollen wissen, wofür Sie etwas benutzen können, oder nach dem Zweck einer Sache fragen? Mit dem Fragewort **¿Para qué?** (wofür/wozu) stellen Sie solche Fragen.

✔ **¿Para qué sirve esta máquina?** (Wofür kann man diese Maschine benutzen?)

✔ **¿Para qué quieres dinero?** (Wofür brauchst du Geld?)

✔ **¿Para qué vas a usar la tierra?** (Wofür brauchst du die Blumenerde?)

✔ **¿Para qué habitación necesitas pintura?** (Für welches Zimmer brauchst du Farbe?)

 ¿Para qué? steht genauso wie das Fragepronomen **¿Qué?** vor einem Nomen oder vor einem Verb.

Sie machen eine Einkaufsliste und überlegen, wer was bekommt. Dafür stellen Sie eine Frage mit **¿Para quién?** (für wen):

✔ **¿Para quién es el libro?** (Für wen ist das Buch?)

✔ **¿Para quién compramos fruta?** (Für wen kaufen wir Obst?)

✔ **¿Para quién son los cuadernos?** (Für wen sind die Schulhefte?)

Die Antwort auf **¿Para quién?** ist eine Entscheidung, für wen etwas bestimmt ist. Bei dieser Entscheidung kann es sich nur um Personen handeln.

Fragepronomen mit »por«

Die Präposition **por** (durch/in/über) kann auch mit Fragepronomen kombiniert werden. Es entstehen die Fragewörter **¿Por dónde?** (wo entlang), **¿Por qué?** (warum) und **¿Por quién?** (für wen). Mit dem Fragewort **¿Por dónde?** fragen Sie, welchen Weg ein Verkehrsmittel nimmt, um zum Ziel zu gelangen. Die Antwort darauf ist ein Ort oder eine Richtungsangabe.

✔ **¿Por dónde pasa el autobús de la línea ocho?** (Wo fährt die Buslinie 8 entlang?) Damit können Sie auch um eine Wegbeschreibung bitten.

✔ **¿Por dónde camino para ir al ayuntamiento?** (Wo gehe ich entlang, um zum Rathaus zu gehen?)

Wenn Sie nach einer Begründung einer Handlung fragen, verwenden Sie **¿Por qué?** (warum).

✔ **¿Por qué compras esta camiseta?** (Warum kaufst du dieses T-Shirt?)

✔ **¿Por qué vas al centro mañana?** (Warum gehst du morgen in die Stadt?)

✔ **¿Por qué se rompió el coche?** (Warum ist das Auto kaputtgegangen?)

✔ **¿Por qué llegó tarde al trabajo?** (Warum sind Sie zu spät zur Arbeit gekommen?)

 Das Fragewort **¿Por qué?** schreiben Sie getrennt und **qué** trägt einen Akzent. Die Antwort auf Fragen mit **¿Por qué?** geben Sie mit **porque** (weil) an, was in einem Wort und ohne Akzent geschrieben wird.

Porqué ist auch ein Nomen, **el porqué** (der Grund), und wird zusammen und mit Akzent geschrieben, obwohl es kein Fragewort ist. Der Akzent dient zur Unterscheidung vom Wort **porque** (weil).

Fragepronomen mit »sobre«

Zum Schluss des Kapitels geht es um die Fragewörter mit der Präposition **sobre** (auf/über), mit der Sie die Fragewörter **¿Sobre qué?** (worüber) und **¿Sobre quién?** (über wen) bilden können. **¿Sobre qué?** benutzen Sie nur für Sachen und **¿Sobre quién?** nur für Personen.

✔ **¿Sobre qué estáis hablando?** (Worüber sprecht ihr gerade?)

✔ **¿Sobre qué tema se habla en el programa?** (Worüber wird in der Sendung gesprochen?)

✔ **¿Sobre quién habla Juana?** (Über wen spricht Juana?)

✔ **¿Sobre quién tienen que escribir una redacción los alumnos?** (Über wen müssen die Schüler einen Aufsatz schreiben?)

Die Fragepronomen **¿qué?** und **¿quién?** in Kombination mit der Präposition **sobre** tragen auch einen Akzent.

Übungen zu Kapitel 15

Übung 15.1

Entscheiden Sie, welche Form der veränderlichen Fragepronomen korrekt ist:

Hay dos caminos para llegar a Villadiego. ¿Cuál/Cuáles tomamos? (Es gibt zwei Wege, um nach Villadiego zu kommen, welchen nehmen wir?)

Tenemos solo dos habitaciones libres, una con vista al mar y otra que da al patio. ¿Cuál/ Cuáles quiere reservar? (Wir haben nur zwei freie Zimmer, eines mit Meerblick und eines zum Hof. Welches möchten Sie reservieren?)

Faltan tres llaves. (Es fehlen drei Schlüssel.) **¿Cuál?/¿Cuáles?** (Welche fehlen?)

Tres líneas de metro paran en la estación Plaza España. (Drei Metrolinien halten an der Plaza España.) **¿Cuál ?/¿Cuáles?** (Welche halten?)

¿Quién/Quiénes descubrió América? (Wer hat Amerika entdeckt?)

¿Quién/Quiénes lava el coche? (Wer putzt das Auto?)

¿Quién/Quiénes detestan la espinaca? (Wer isst nicht gern Spinat?)

¿Cuánto/cuánta/cuántos/cuántas personas entran en el ascensor? (Wie viele Personen passen in den Aufzug?)

¿Cuánto/cuánta/cuántos/cuántas cuestan las sandalias? (Wie viel kosten die Sandalen?)

Übung 15.2

Formulieren Sie mit den Sätzen aus Übung 15.1 Fragen mit dem Fragepronomen **¿Qué?**

Hay dos caminos para llegar a Villadiego. _____
(Welchen Weg nehmen wir?) **Tenemos solo dos habitaciones libres, una con vista al mar y otra que da al patio** _____ (Welches Zimmer möchten Sie reservieren?)

Faltan tres llaves _____ (Welche Schlüssel fehlen?) **Tres líneas de metro paran en la estación Plaza España.** _____
_____ (Welche Metrolinien halten an der Plaza España?)

Übung 15.3

Stellen Sie Fragen.

_____ (Wann hat die Gräfin den Hund zum letzten Mal gesehen?) _____ (Wer hat den Hund mitgenommen?) _____
_____ (Wie hoch ist das Lösegeld?) _____
_____ (Für wen arbeitet Tobias der Wächter?)

Teil IV
Die wichtige Verbindung: Präpositionen und Konjunktionen

Dieser Teil beschäftigt sich mit den Präpositionen und den Konjunktionen. Präpositionen sind wichtige Bestandteile eines Satzes. Sie können nicht allein verwendet werden, sondern haben die Aufgabe, Wörter oder Wortgruppen miteinander zu verbinden. Je nach Art der Anwendung gibt es verschiedene Arten von Präpositionen: des Ortes, der Bewegung, der Zeit, der Art und Weise und des Grundes. Darüber hinaus gibt es präpositionale Ausdrücke, die aus zwei Präpositionen und einem Nomen dazwischen bestehen. Neben den Präpositionen brauchen Sie auch Konjunktionen. Das sind Bindewörter, die im Gegensatz zu Präpositionen nicht Wörter oder Wortgruppen miteinander verbinden, sondern Satzteile. In diesem Teil erfahren Sie, welche Konjunktionen es gibt und wie sie angewendet werden können. Die Problematik dieses Themas ist, dass zwischen Deutsch und Spanisch nicht immer eine genaue Übersetzung möglich ist. Als drittes Thema stelle ich in diesem Teil die verschiedenen Arten von Partikeln vor, die die Sprache strukturieren. Sie lernen, wann und wo Sie diese Partikeln einsetzen können.

Kapitel 16
Die richtige Beziehung: Präpositionen

n diesem Kapitel erfahren Sie, was Präpositionen sind, welche Arten es gibt und wie Sie sie anwenden können. Am Ende des Kapitels finden Sie Übungen zu dem Thema. Bei Präpositionen handelt es sich um die kleinen Wörter, mit denen Sie Wörter oder Wortgruppen miteinander verbinden können. Eine Präposition kann vor einem Nomen, einem Adjektiv, einem Adverb oder einer anderen Präposition stehen. Direkte und indirekte Objektpronomen, wie Possessivbegleiter, werden durch den Einsatz von Präpositionen betont, um die verschiedenen Fälle zu bilden (siehe Kapitel 2).

Tabelle 16.1 gibt Ihnen einen Überblick über alle spanischen Präpositionen. Manche davon werden heute in der Alltagssprache nicht mehr verwendet. Muttersprachler müssen diese Liste auswendig lernen und können. Die Präpositionen aufzusagen, ist eine Pflichtübung in allen Schulen. Es war nicht empfehlenswert, dieses »Gebet« nicht zu können.

Präposition	Übersetzung
a	in, zu, nach, an, bei, um, bis, mit, auf
ante	vor, neben
bajo	unter
cabe	Diese Präposition wird heute nicht mehr in der Alltagssprache verwendet = **junto a**.
con	mit
contra	gegen, entgegen
de	von, aus, als. **De** wird verwendet, um die Genitivformen zu bilden.
desde	seit, ab, von, seitdem

Präposition	Übersetzung
durante	Früher wurde **durante** als Partizip vom Verb **durar** (dauern) benutzt. Heute wird **durante** (während) für die Beschreibung zweier gleichzeitig auftretender Handlungen verwendet.
en	in, auf, an, bei
entre	zwischen, unter
hacia	nach, zu, in, gegen
hasta	bis
para	für, um ... zu, nach, in, an, damit
por	an, aus, auf, für, durch, über, in, entlang, um, am, gegen, wegen, bei, von. Die Präposition **por** wird für die Bildung des Passivs benötigt.
según	gemäß, laut, nach, wie
sin	ohne
so	unter. Diese Präposition wird heute in der Alltagssprache nicht mehr verwendet.
sobre	über, auf, in, um, gegen, von
tras	nach, hinter

Tabelle 16.1: Spanische Präpositionen

 Die spanischen Präpositionen können nur im Zusammenhang übersetzt werden. Es ist selten möglich, die Präpositionen eins zu eins in die deutsche Sprache zu übersetzen: **Vamos a Córdoba** (Wir fahren nach Córdoba.), aber: **La panadería abre de ocho a doce y media.** (Die Bäckerei öffnet von acht bis halb eins.)

Die Präpositionen werden nach ihrer Verwendung in Gruppen eingeordnet. Eine Präposition kann in verschiedenen Gruppen vorkommen.

Alles an seinem Platz: Präpositionen des Ortes

Die Präpositionen des Ortes geben eine Information darüber, in welchem örtlichen Verhältnis Personen oder Sachen zueinander stehen. Präpositionen des Ortes sind:

✔ **a** (in/zu/nach/an/bei/um/bis/mit/auf)

✔ **bajo** (unter)

✔ **contra** (gegen/entgegen)

✔ **de** (von/aus/als)

✔ **desde** (ab/von)

✔ **en** (in/auf/an/bei)

✔ **entre** (zwischen/unter)

✔ **por** (an/aus/auf/für/durch/über/in/entlang/um/am/gegen/wegen/in/bei/von)

✔ **sobre** (über/auf/in/von)

✔ **tras** (nach/hinter)

Die Präposition »a«

Die Präposition **a** (in/zu/nach/an/bei/um/bis/mit/auf) als Präposition des Ortes deutet auf eine Bewegung von A nach B hin.

✔ **Madrid está a 100 kilómetros de aquí.** (Madrid ist 100 Kilometer von hier entfernt.) Die Präposition **a** drückt das örtliche Verhältnis von Madrid zum hiesigen Standort aus.

✔ **Esta tarde yo voy a tu casa.** (Heute Nachmittag komme ich bei dir vorbei.) Hier steht die Präposition **a** für die Fortbewegung von einem Punkt zu einem anderen.

✔ **Maguncia está junto al Río Rin.** (Mainz liegt am Rhein.)

 Wenn **a** vor einem männlichen Nomen mit bestimmtem Artikel steht, wird aus **a** + **el al**. **Vamos al restaurante a cenar.** (Wir gehen zum Abendessen ins Restaurant.) **Restaurante** ist männlich, und in diesem Beispiel geht es um ein bestimmtes Restaurant, wofür Sie den bestimmten Artikel verwenden und **al** bilden.

A ist nicht nur eine Präposition des Ortes, sondern kommt auch in anderen Präpositionsgruppen vor.

Die Präposition »bajo«

Bajo (unter) als Präposition des Ortes wird verwendet, um die Lage von Personen oder Sachen zu beschreiben, die sich untereinander befinden.

✔ **Después del paseo descansamos bajo la sombra de un árbol.** (Nach dem Spaziergang ruhten wir uns unter einem Baum aus.)

✔ **La ciudad está bajo en agua.** (Die Stadt ist überschwemmt.)

✔ **Caminaron bajo la lluvia hasta la estación.** (Sie sind durch den Regen zum Bahnhof gelaufen.)

Die Präposition »de«

Die Präposition **de** (von/aus/als) kommt in vielen Anwendungen vor. Wenn Sie nach der Herkunft einer Person oder einer Sache fragen, brauchen Sie die Präposition **de**.

✔ **Hortensia es de Jerez.** (Hortensia stammt aus Jerez.)

De wird auch in Kombination mit Adverbien des Ortes verwendet: **delante de** (vor), **detrás de** (hinter), **debajo de** (unter), **arriba de** (über), **al lado de** (neben), **enfrente de** (gegenüber), **cerca de** (in der Nähe von), **lejos de** (weit von), **alrededor de** (um … herum) (siehe Kapitel 4).

✔ **Julia es de Jerez.** (Julia ist aus Jerez.)

✔ **Vengo del trabajo.** (Ich komme gerade von der Arbeit.)

✔ **Marisol vive cerca de la estación.** (Marisol wohnt in der Nähe vom Bahnhof.)

De als Präposition des Ortes ist hilfreich, um eine Lage zu bestimmen.

Die Präposition »desde«

Die Präposition **desde** (ab/von) bringt zum Ausdruck, wo der Startpunkt oder der Beginn einer Handlung liegt. Sie beantwortet die Frage, wo sich etwas befindet.

✔ **Desde la ventana del hotel se ve la playa.** (Vom Hotelfenster aus sieht man den Strand.)

✔ **Hay que caminar desde la plaza hasta la estación.** (Man muss vom Platz bis zum Bahnhof laufen.) Der Startort ist der Platz.

✔ **No hay un autobús desde Villadiego. Tienes que tomar un tren.** (Es gibt keinen Bus von Villadiego aus, du musst mit dem Zug fahren.)

Die Präposition »en«

Die Präposition **en** (in/auf/an/bei) beschreibt die Lage von jemandem oder etwas.

✔ **Estoy en casa.** (Ich bin zu Hause.)

✔ **Trabajo en Málaga.** (Ich arbeite in Málaga.)

✔ **Trabajo en la empresa Todoproducto.** (Ich arbeite bei der Firma Todoproducto.)

✔ **Estamos en el cine.** (Wir sind im Kino.)

Die Präposition »entre«

Die Präposition **entre** (zwischen/unter) beschreibt Personen oder Sachen, die sich zwischen anderen Personen oder Sachen befinden.

✔ **El supermercado está entre la panadería y la zapatería.** (Der Supermarkt ist zwischen der Bäckerei und dem Schuhgeschäft.)

✔ **¡Qué esto quede entre nosotros!** (Das sollte unter uns bleiben.) Dieser Ausdruck wird verwendet, wenn eine Information den Kreis der Personen, die darüber Bescheid wissen, nicht verlassen soll.

✔ **La Calle de las Infantas está entre la Calle de la Reina y la calle de San Marcos.** (Die Calle de la Infantas liegt zwischen der Calle de la Reina und der Calle de San Marcos.)

Die Präposition »por«

Die Präposition **por** (an/aus/auf/durch/über/in/entlang/für/um/am/gegen/wegen/in/bei/von) hat je nach Zusammenhang verschiedene Übersetzungen.

✔ **El avión vuela por encima de los diez mil metros de altura.** (Das Flugzeug fliegt in einer Höhe von über 10.000 Metern.)

✔ **Antes de ir al trabajo tengo que pasar por la farmacia.** (Bevor ich zur Arbeit fahre, muss ich in die Apotheke gehen.)

✔ **Pasamos por Bilbao pero no fuimos a conocer la ciudad.** (Wir sind durch Bilbao gefahren, aber wir sind nicht in die Stadt gegangen.)

✔ **Vivo por la región del vino.** (Ich lebe in der Weingegend.)

Die Präposition »sobre«

Die Präposition **sobre** (über/auf/in/von) deutet auf eine Position im Raum über einer anderen Sache.

✔ **El conductor perdió el control sobre su coche y chocó contra un árbol.** (Der Autofahrer hat die Kontrolle über seinen Wagen verloren und ist gegen einen Baum geprallt.)

✔ **El número de telefono del médico está sobre la mesa.** (Die Telefonnummer des Arztes liegt auf dem Tisch)

✔ **El correo está sobre tu escritorio.** (Die Post liegt auf deinem Schreibtisch.)

✔ **Las llaves del coche están sobre los papeles del seguro.** (Die Autoschlüssel liegen auf den Versicherungsunterlagen.)

Die Präposition »tras«

Die Präposition des Ortes **tras** (nach/hinter) wird benutzt, um eine Person oder eine Sache räumlich hinter einer anderen Person oder Sache einzuordnen. In der Alltagssprache wird **detrás** verwendet.

✔ **Tras el autobús de la línea 8 está el autobús de la línea 10.** (Hinter dem Bus der Linie 8 steht der Bus der Linie 10.)

✔ **Tras de la a sigue la b.** (Nach dem A kommt das B.)

✔ **Nos escondemos tras las cajas.** (Wir verstecken uns hinter den Kisten.)

Die Präpositionen des Ortes können einer oder mehreren Gruppen angehören.

Wohin die Reise geht: Präpositionen der Bewegung

Die Präpositionen der Bewegung brauchen Sie, um Richtungsangaben von Personen oder Sachen mitzuteilen. Präpositionen der Bewegung sind:

✔ **a** (in/zu/nach/an/bei/um/bis/mit/auf)

✔ **de** (von)

✔ **hacia** (nach/zu/in/gegen)

✔ **hasta** (bis)

✔ **para** (für/nach)

A (in/zu/nach/an/bei/um/bis/mit/auf) beschreibt die Bewegung einer Person oder einer Sache zu einem bestimmten Ziel.

✔ **El tren a San Sebastián sale con veinte minutos de retraso.** (Der Zug nach San Sebastian wird voraussichtlich 20 Minuten Verspätung haben.)

✔ **En las próximas vacaciones quiero viajar a Burgos.** (In den nächsten Ferien möchte ich gerne nach Burgos reisen.)

✔ **El vuelo a Girona sale de la puerta 8.** (Der Flug nach Girona fliegt von Gate 8 ab.)

De (von/aus/als) und **desde** (ab/von) beschreiben den Startpunkt zu einem bestimmten Ziel. Das gilt für die Bewegung von Personen oder Sachen.

✔ **El tren de Jerez de la Frontera a Sevilla sale de la vía 4.** (Der Zug von Jerez de la Frontera nach Sevilla fährt von Gleis 4 ab.)

✔ **Camine de la biblioteca a la estación central.** (Gehen Sie von der Bibliothek zum Bahnhof.) Die Bibliothek ist der Startpunkt und der Bahnhof das Ziel.

✔ **Para ir a la Plaza Cibeles hay que tomar el metro en Sevilla e ir de Sevilla y bajarse en la estación Banco de España.** (Um zum Plaza Cibeles zu gelangen, muss man an der Station Sevilla einsteigen und an der Station Banco España aussteigen.)

Hacia (nach/zu/in/gegen) hat die gleiche Funktion wie die Präposition **a**. Mit **hacia** können Sie eine Information über eine grobe Richtung angeben.

✔ **Logroño queda hacia el norte.** (Logroño liegt Richtung Norden.)

✔ **Para ir a Murcia hay que ir en dirección sur.** (Um nach Murcia zu kommen, muss man Richtung Süden fahren.)

✔ **Mire hacia el oeste. Allí está Santiago de Compostela.** (Schauen Sie nach Westen. Dort liegt Santiago de Compostela.)

Hasta (bis) brauchen Sie, um das Ziel einer Bewegung zu beschreiben.

✔ **Tengo que leer hasta la página 28.** (Ich muss bis Seite 28 lesen.)

✔ **La línea A llega hasta la Plaza de Mayo.** (Die Linie A fährt bis zur Plaza de Mayo.)

✔ **La línea C va desde Constitución hasta Retiro.** (Die Linie C fährt von Constitución bis Retiro.)

Para (für/nach) in ihrer Funktion als Präposition der Bewegung erfüllt dieselbe Aufgabe wie die Präpositionen **a** und **hacia**. Sie beschreibt die Richtung, in die sich eine Person oder eine Sache bewegt.

✔ **El tren para Barcelona llegará puntualmente.** (Der Zug nach Barcelona wird pünktlich ankommen.)

✔ **Los paquetes van para Bogotá.** (Die Pakete gehen nach Bogotá.)

✔ **Voy para casa. Nos vemos allí.** (Ich gehe/fahre nach Hause. Wir sehen uns dort.)

Diese Präpositionen stehen immer in Verbindung mit einem Verb der Bewegung, zum Beispiel **ir** (gehen/fahren), **viajar** (reisen) oder **caminar** (gehen/laufen). **Por** sagt aus, welchen Weg Sie gehen.

✔ **Esta tarde paso por tu casa.** (Heute Nachmittag fahre ich bei dir vorbei.)

✔ **Vamos a pasar por el centro.** (Wir gehen in die Stadt.)

✔ **El sol sale por el este.** (Die Sonne geht im Osten auf.)

✔ **Escuché las noticias cuando iba por la autopista.** (Ich habe die Nachrichten gehört, als ich auf der Autobahn war.)

Bei diesen Beispielen bedeutet **por** entlang, im oder über und steht in Verbindung mit einem Verb der Bewegung.

Die Zeiteinteilung mit Präpositionen der Zeit

Präpositionen der Zeit legen fest, zu welcher Zeit eine Handlung passiert. Sie beantworten die Fragen **¿Cuándo?** (Wann?), **¿Desde cuándo?** (Seit wann?) und **¿A qué hora?** (Um wie viel Uhr?). Präpositionen der Zeit sind:

✔ **a** (in/um)

✔ **de** (von)

✔ **desde** (seit/ab/von)

✔ **desde hace** (seit)

✔ **durante** (während)

✔ **entre** (zwischen)

✔ **en** (in)

✔ **hace** (vor)

✔ **hacia** (gegen)

✔ **hasta** (bis)

✔ **para** (für)

✔ **por** (am)

✔ **sobre** (gegen)

✔ **tras** (nach)

A (in/um) kann auch als Präposition der Zeit verwendet werden. Es gibt Auskunft darüber, zu welchem Zeitpunkt eine Handlung passiert.

✔ **¿A qué hora abre la tienda de ropa?** (Wann öffnet das Bekleidungsgeschäft?)

✔ **La tienda de ropa abre a las 9:30 horas.** (Das Bekleidungsgeschäft öffnet um 9.30 Uhr.)

✔ **A esta hora ya no hay autobuses para volver al hotel. Hay que tomar un taxi.** (Um diese Uhrzeit fahren keine Busse mehr. Man muss ein Taxi nehmen, um ins Hotel zu kommen.)

De (von) kann ebenfalls als Präposition der Zeit verwendet werden. Es sagt aus, wann ein Zeitpunkt beginnt. Für die Datumsangabe brauchen Sie es auch.

✔ **La tienda de ropa abre de 9:30 a 12:30 horas.** (Das Bekleidungsgeschäft öffnet von halb zehn bis halb eins.)

✔ **El banco abre de 8:30 a 16 horas.** (Die Bank öffnet von 8.30 bis 16 Uhr.)

✔ **Muchas tiendas cierran de 13 a 17 horas.** (Viele Geschäfte schließen von 13 bis 17 Uhr.)

 Für Datumsangaben brauchen Sie die Präposition **de: Hoy es el veintisiete de septiembre de dos mil catorce.** (Heute ist der 27. September 2014.) Sie können nicht sagen: **Hoy es el veintisiete septiembre dos mil catorce.**

Wie bei Datumsangaben brauchen Sie **de**, um die Tageszeit zu benennen.

✔ **Es de día.** (Es ist hell.)

✔ **Es de noche.** (Es ist dunkel.)

✔ **Son las 3 de la tarde.** (Es ist 15 Uhr.)

✔ **Son las 9 de la noche.** (Es ist 21 Uhr.)

✔ **Son las 3 de la mañana.** (Es ist 3 Uhr nachts.)

 In der gesprochenen Sprache wird für Uhrzeitangaben das 12-Stunden-Format benutzt. Diese Angabe wird durch **de la mañana** (morgens), **de la tarde** (am Nachmittag), **de la noche** (abends oder nachts) ergänzt. Außer wenn es 1 Uhr ist, werden die Uhrzeiten mit dem Verb **ser** im Plural genannt. **Es la una de la tarde.** (Es ist 1 Uhr nachmittags.) **Son las trece horas.** (Es ist 13 Uhr.) Uhrzeitangaben im 24-Stunden-Format werden zum Beispiel am Bahnhof, am Flughafen oder im Fernsehen verwendet.

Desde hat im Spanischen verschiedene Anwendungsmöglichkeiten. In Verbindung mit einem Zeitraum verwenden Sie es mit **hasta** (bis). Dabei muss vor der Uhrzeitangabe ein bestimmter Artikel stehen.

✔ **La tienda de ropa abre desde las nueve y media hasta las doce y media.** (Das Bekleidungsgeschäft öffnet von halb zehn bis halb eins.)

✔ **El banco abre desde las ocho y media hasta las cuatro.** (Die Bank öffnet von halb neun bis vier.)

✔ **Muchas tiendas cierran desde la una hasta las cinco.** (Viele Geschäfte schließen von eins bis fünf.)

Einen Zeitraum benennen Sie

✔ mit **de** und Uhrzeit,

✔ mit **a** und Uhrzeit,

✔ mit **desde** und bestimmtem Artikel und Uhrzeit und **hasta** und bestimmtem Artikel und Uhrzeit.

Die Übersetzung der Sätze mit **de... a** (von ... bis) und **desde... hasta** (von ... bis) bleibt gleich. Wenn Sie auf die Frage »Seit wann?« antworten und einen Zeitpunkt benennen, verwenden Sie **desde** auch.

✔ **Estamos en Bogotá desde el lunes.** (Wir sind seit Montag in Bogotá.)

✔ **María está de vacaciones desde ayer.** (María ist seit gestern im Urlaub.)

✔ **Tengo un coche nuevo desde septiembre.** (Ich habe seit September ein neues Auto.)

✔ **Vivimos en Caracas desde 2010.** (Wir leben seit 2010 in Caracas.)

Die Präposition **desde** (seit) verwenden Sie mit der Angabe eines Zeitpunkts, zum Beispiel mit einem Wochentag, einem Monat oder einer Jahreszahl. Wollen Sie einen Zeitraum benennen, um auf die Frage »Wie lange«? zu antworten, kombinieren Sie die Präposition mit **hace** (vor).

✔ **Aprendo español desde hace cinco semanas.** (Ich lerne seit fünf Wochen Spanisch.)

✔ **Tengo un coche nuevo desde hace un mes.** (Seit einem Monat habe ich ein neues Auto.)

✔ **Estoy en Bolivia desde hace dos años.** (Ich bin seit zwei Jahren in Bolivien.)

Bei diesen Beispielen wird kein Zeitpunkt genannt, sondern ein Zeitraum: **cinco semanas** (fünf Wochen), **un mes** (ein Monat) oder **dos años** (zwei Jahre).

 Nach **desde** (seit) wird ein Zeitpunkt genannt. Nach **desde... hace** wird ein Zeitraum genannt. **Desde el lunes** (seit Montag), **desde hace dos días** (seit zwei Tagen), **desde 2014** (seit 2014), **desde hace una año** (seit einem Jahr). Beide Angaben werden mit seit übersetzt.

Heute wird **durante** (während) als Präposition verwendet. Früher war **durante** keine Präposition, sondern eine Partizipform des Verbs **durar** (dauern). **Durante** als Präposition drückt aus, dass mehrere Handlungen gleichzeitig passieren.

✔ **Está prohibido fumar durante todo el vuelo.** (Das Rauchen ist während des gesamten Fluges verboten.)

✔ **El paciente estuvo despierto durante la operación.** (Der Patient war während der Operation wach.)

✔ **Vamos a escuchar un libro auditivo durante el viaje a España.** (Während der Fahrt nach Spanien werden wir ein Hörbuch hören.)

Entre (zwischen) kann auch in Verbindung mit einer Zeitangabe verwendet werden. Es steht zwischen zwei Zeitangaben und grenzt einen Zeitraum ein, in dem eine Handlung passiert.

✔ **¿Cuándo llega Eva a Zaragoza? Llega entre las dos y las tres de la tarde.** (Wann kommt Eva in Zaragoza an? Sie kommt zwischen zwei und drei an.)

✔ **Voy a cortar el pasto entre el lunes y el miércoles.** (Ich mähe den Rasen irgendwann zwischen Montag und Mittwoch.) Wenn Sie das so sagen, wissen Sie noch nicht genau, wann Sie während dieses Zeitraums Zeit haben werden, den Rasen zu mähen.

✔ **Mañana salimos entre las ocho y las ocho y media.** (Morgen fahren wir zwischen acht und halb neun los.) Die Abfahrtszeit steht noch nicht fest, weil Sie vor der Abfahrt etwas anderes erledigen müssen. Der wahrscheinliche Zeitpunkt der Abfahrt wird durch die Präposition **entre** zeitlich eingegrenzt.

Die Präposition **en** kommt in fast allen Gruppen vor. Sie ist auch eine Präposition der Zeit. Mit **en** (in) machen Sie eine Aussage über den Zeitpunkt, wann eine Handlung passiert.

✔ **En tres semanas empiezan las vacaciones.** (In drei Wochen beginnen die Ferien.)

✔ **En dos días voy a ir a Burgos con Javier.** (In zwei Tagen fahre ich mit Javier nach Burgos.)

✔ **En tres meses termina el año.** (In drei Monaten ist das Jahr zu Ende.)

✔ **En 2024 tuve mucho trabajo.** (2024 hatte ich viel Arbeit.)

✔ **En media hora empiezo a cocinar.** (In einer halben Stunde fange ich an zu kochen.)

 Die Präposition **en** als Präposition der Zeit wird in Verbindung mit einem Wochentag, einem Monat, einer Jahreszahl oder einer Uhrzeit verwendet. **El pastel estará listo en una hora.** (Der Kuchen wird in einer Stunde fertig sein.)

Hasta (bis) als Präposition der Zeit legt den Zeitpunkt fest, an dem eine Handlung zu Ende sein wird.

✔ **La película dura hasta las nueve y media.** (Der Film geht bis halb zehn.)

✔ **La exposición está abierta hasta el lunes.** (Die Ausstellung ist bis Montag geöffnet.)

✔ **El banco abre hasta las cinco de la tarde.** (Die Bank öffnet bis 5 Uhr am Nachmittag.)

✔ **Mi documento de identidad es válido hasta febrero de 2025.** (Mein Ausweis ist bis Februar 2025 gültig.)

 Die Präposition der Zeit **hasta** (bis) ist ein fester Bestandteil in vielen Verabschiedungsformeln. **¡Hasta luego!** (Bis gleich!) **¡Hasta pronto!** (Bis bald!) **¡Hasta la vista!** (Auf Wiedersehen!) **¡Hasta mañana!** (Bis morgen!) **¡Hasta el lunes!** (Bis Montag!)

Wie die Präposition **hasta** (bis) definiert **para** als Präposition der Zeit den Zeitpunkt, an dem eine Handlung endet, oder den Zeitpunkt, für den etwas bestimmt ist.

✔ **El pastel es para el domingo.** (Der Kuchen ist für Sonntag.)

✔ **El informe es para mañana.** (Der Bericht ist für morgen.)

✔ **El mecánico dijo que el coche estaría listo para el jueves.** (Der Mechaniker sagte, das Auto wäre am Donnerstag fertig.)

✔ **Todas las habitaciones del hotel tienen que estar limpias para el sábado.** (Alle Hotelzimmer müssen spätestens am Samstag sauber sein.)

Wenn Sie **para** (für) als Präposition der Zeit benutzen, kommt nach **para** eine Zeitangabe, zum Beispiel eine Uhrzeit oder ein Wochentag.

Die Frage, wann **por** und wann **para** benutzt wird, bereitet vielen Lernern Probleme. Wenn Sie diese Präpositionen erst mal in einer Kategorie (des Ortes, der Zeit, der Bewegung, des Grundes, der Art und Weise) einordnen, ist es ganz einfach, die richtige Präposition auszuwählen. Das gilt auch für andere Präpositionen. Sie können **por** (am) als Präposition der Zeit verwenden. **Por** als Präposition der Zeit brauchen Sie, wenn Sie über Ihre Alltagsaktivitäten erzählen und sie zeitlich ordnen.

✔ **Por la mañana trabajo en la oficina.** (Am Vormittag arbeite ich im Büro.)

✔ **Por la tarde hago las compras.** (Am Nachmittag mache ich den Einkauf.)

✔ **Por la noche hago deporte.** (Am Abend mache ich Sport.)

Wenn Sie diese Sätze mit dem Signalwort **normalmente** ergänzen, drücken Sie nicht aus, was Sie an einem bestimmten Tag machen, sondern was Sie normalerweise machen. Dann ändert sich die Übersetzung der Zeitangaben.

✔ **Normalmente trabajo en la oficina por la mañana.** (Normalerweise arbeite ich vormittags im Büro.)

✔ **Normalmente hago las compras por la tarde.** (Nachmittags mache ich normalerweise den Einkauf.)

✔ **Normalmente hago deporte por la noche.** (Normalerweise mache ich abends Sport.)

 Die Ausnahmen zu den vorherigen Beispielen sind **al mediodía** (12 Uhr Mittag / mittags), **a mediodía** (ein Zeitpunkt in der Mittagszeit) und **a medianoche** (um Mitternacht). Sie können nicht **por mediodía** oder **por medianoche** sagen. Die Zeitangaben **al mediodía, a mediodía** und **a medianoche** sind nötig, um 12 Uhr am Mittag von 0 Uhr in der Nacht zu unterscheiden. In der gesprochenen Sprache werden häufiger die 12-Stunden-Zeitangaben verwendet.

Manchmal ist es nicht möglich, eine genaue Zeitangabe zu machen. Dann können Sie **sobre** (circa/ungefähr) als Präposition der Zeit benutzen.

✔ **Voy a llegar sobre las siete. Hay mucho tráfico.** (Ich werde gegen 7 Uhr ankommen. Es ist viel los auf der Straße.) Da Sie keinen Einfluss auf die Verkehrslage haben, können Sie die Ankunftszeit nicht genau bestimmen.

✔ **La comida va a estar lista sobre las dos.** (Das Essen wird gegen 14 Uhr fertig sein.)

✔ **El sábado salimos sobre las cuatro de la tarde.** (Am Samstag fahren wir gegen 16 Uhr los.)

Tras (nach/nachdem), das ebenfalls zur Gruppe der Präpositionen der Zeit gehört, drückt aus, dass eine Handlung nach einer anderen Handlung geschieht. Es wird nicht so häufig in der Alltagssprache verwendet, stattdessen wird **después de** (nach/nachdem) gebraucht.

✔ **Llegamos a Honduras tras varios meses de viaje.** (Nach einigen Monaten auf Reisen sind wir in Honduras angekommen.) **Llegamos a Honduras después de varios meses de viaje.** (Nach einigen Monaten auf Reisen sind wir in Honduras angekommen.)

✔ **El médico me atendió trasdos horas de espera.** (Der Arzt hat mich nach zwei Stunden Wartezeit behandelt.) **El médico me atendió después de esperar dos horas.** (Der Arzt hat mich nach zwei Stunden Wartezeit behandelt.)

✔ **Manuel salió del hospital tras diez días de tratamiento.** (Nach einer zehntätigen Behandlung hat Manuel das Krankenhaus verlassen.) **Manuel salió del hospital después de diez dias de tratamiento.** (Nach einer zehntätigen Behandlung hat Manuel das Krankenhaus verlassen.)

Wie alles funktioniert: Präpositionen der Art und Weise

Präpositionen der Art und Weise bringen zum Ausdruck, wie etwas gemacht wird. Sie geben Antwort auf die Frage **¿Cómo?** (Wie?). Präpositionen der Art und Weise sind:

✔ **a** (keine direkte Übersetzung möglich)

✔ **bajo** (unter)

✔ **con** (mit)

✔ **contra** (gegen)

✔ **de** (in/aus)

✔ **en** (in/mit)

✔ **entre** (unter)

✔ **para** (um ... zu)

✔ **por** (per)

✔ **sin** (ohne)

A als Präposition der Art und Weise lässt sich nicht eins zu eins übersetzen. Es beschreibt, wie eine Tätigkeit verrichtet wird.

✔ **Voy al trabajo a pie porque es más barato que ir en coche.** (Ich gehe zu Fuß zur Arbeit, weil es billiger ist, als das Auto zu benutzen.) Hier wird die Präposition der Art und Weise **a** mit zu übersetzt; **a pie** (zu Fuß) ist ein feststehender Ausdruck.

✔ **El poncho está hecho a mano.** (Der Poncho ist handgemacht.) Im Spanischen wird für den Ausdruck handgemacht die Präposition **a** benötigt, um den Ausdruck **a mano** zu bilden.

✔ **¿Has medido** (messen) **a ojo?** Das ist ein feststehender Ausdruck, der »Pi mal Daumen« entspricht. Das bedeutet, dass die Messung nicht genau ist oder dass nicht mit dem entsprechenden Werkzeug gemessen wurde.

✔ **¡No hagáis las cosas a medias!** (Macht keine halben Sachen!)

✔ **Hemos estado a gusto en el hotel.** (Wir haben uns im Hotel wohlgefühlt.)

✔ **Rompí un vaso. No lo hice apropósito.** (Ich habe ein Glas kaputt gemacht. Es war keine Absicht.)

 In der Küche gibt es viele Zubereitungsarten. Um diese zu beschreiben, brauchen Sie die Präposition der Art und Weise **a: al ajillo** (mit Öl und Knoblauch), **a la plancha** (kurz gebraten), **al vapor** (gedämpft), **a la parrilla** (gegrillt), **a baño maría** (im Wasserbad).

Bajo (unter) sagt aus, unter welchen Bedingungen eine Handlung passiert.

✔ **Está todo bajo control.** (Alles in Ordnung!) Dieser viel benutzte Ausdruck bedeutet, dass eine Situation unter Kontrolle ist.

✔ **El fuego está bajo control.** (Das Feuer ist unter Kontrolle.) Die Feuerwehr hat das Feuer so weit gelöscht, dass es sich nicht mehr ausbreiten kann.

✔ **Los niños juegan en el parque bajo la custodia de sus padres.** (Die Kinder spielen auf dem Spielplatz unter der Aufsicht ihrer Eltern.)

✔ **El sábado hizo tres grados bajo cero.** (Am Samstag war die Temperatur drei Grad unter null.)

Con (mit) benutzen Sie, wenn Sie sagen wollen, wie Sie etwas machen. Dabei wird **con** von einem Nomen gefolgt.

✔ **Pablo escribe la carta con el ordenador.** (Pablo schreibt den Brief mit dem Computer.) Der Computer ist das Hilfsmittel, das Pablo benutzt, um den Brief zu schreiben. Nach der Präposition **con** folgt das Nomen **ordenador** (Computer).

✔ **Raquel trabaja siempre con ganas.** (Raquel ist bei der Arbeit gut drauf.)

✔ **Paco, cruza la calle con cuidado porque hay mucho tráfico.** (Paco, gehe vorsichtig über die Straße, da viel Verkehrt ist.)

✔ **Todo se logra con paciencia.** (Man schafft alles, wenn man Geduld hat.)

Contra (gegen/entgegen) bewirkt das Gegenteil von **con** (mit). Eine Handlung geschieht trotz bestimmter Umstände.

✔ **La ambulancia no se lleva a un paciente contra su volundad.** (Der Krankenwagen nimmt keine Patienten gegen ihren Willen mit.)

✔ **Hay que mirar un billete contra la luz para ver si es falso.** (Man muss einen Geldschein gegen das Licht halten, um prüfen zu können, ob er echt ist.)

✔ **Es muy desagradable conducir con la luz del sol en contra.** (Es ist sehr unangenehm, bei tief stehender Sonne Auto zu fahren.)

✔ **El candidato tuvo solo pocos votos en contra.** (Der Kandidat hatte nur wenige Gegenstimmen.)

✔ **Estoy en contra.** (Ich bin dagegen.)

De (in) kommt in vielen festen Ausdrücken vor, um genauer zu beschreiben, was Sie zu einem bestimmten Zeitpunkt machen.

✔ **En Julio vamos de vacaciones a España.** (Im Juli fahren wir nach Spanien in Urlaub.)

✔ **¿Vamos de tiendas el sábado?** (Gehen wir am Samstag shoppen?)

✔ **Esta tarde tengo que ir de compras.** (Heute Nachmittag muss ich einkaufen.)

 Wenn ein Spanier die Ausdrücke **ir de tapas**, **ir de copas** oder **ir de marcha** verwendet, meint er, dass er ausgehen wird. Man geht von Bar zu Bar, um Tapas zu essen und etwas zu trinken. In vielen Städten haben die Tapasbars bis spät in die Nacht offen.

Mit **de** (aus) können Sie beschreiben, aus welchem Material ein Objekt gemacht ist.

✔ **El jersey es de lana.** (Der Pulli ist aus Wolle.)

✔ **La camiseta es de algodón.** (Das T-Shirt ist aus Baumwolle.)

✔ **La mesa es de madera.** (Der Tisch ist aus Holz.)

✔ **El avión es de papel.** (Der Flieger ist aus Papier.)

✔ **El vaso es de cristal.** (Das Glas ist aus Kristall.)

 In einem **vaso** (Glas) können Sie keine Blumen ins Wasser stellen. Dafür benötigen Sie einen **florero** (Vase). **¿Me trae un vaso de agua, por favor?** (Kann ich bitte ein Glas Wasser haben?) **Necesito un florero para el ramo de rosas.** (Ich brauche eine Vase für den Rosenstrauß.)

Wollen Sie sich von einem Ort zum anderen fortbewegen, brauchen Sie meistens ein Verkehrsmittel. Mit **en** (in/mit) können Sie dies zum Ausdruck bringen.

✔ **Julia va al trabajo en bicicleta.** (Julia fährt mit dem Fahrrad zur Arbeit.)

✔ **José va a Burgos en tren.** (José fährt mit dem Zug nach Burgos.)

✔ **En diciembre vamos a Lima en avión.** (Im Dezember fliegen wir nach Lima.)

 Wenn Sie zu Fuß irgendwohin gehen, können Sie nicht **en pie** sagen, sondern müssen **a** verwenden und **a pie** sagen. Den Ausdruck **en pie** gibt es auch, aber er hat eine andere Bedeutung; zum Beispiel sagen Sie, jemand ist **en pie de guerra**, wenn die Person mit etwas auf Kriegsfuß steht.

Für die Verwendung von verschiedenen feststehenden Ausdrücken brauchen Sie **en** als Präposition der Art und Weise auch.

✔ **¡Te lo digo en serio!** (Ich meine es ernst!)

✔ **Hablaremos del tema en privado.** (Wir werden unter vier Augen über das Thema sprechen.)

✔ **Juan lo dice en chiste / en broma.** (Juan meint es nicht ernst.)

Die gleiche Aufgabe erfüllt **entre** (unter), das auch eine Präposition der Art und Weise sein kann.

✔ **Entre todos terminamos el tabajo en el jardín más rápido.** (Wir haben alle zusammen im Garten gearbeitet und wurden schneller fertig.)

✔ **Este tema tiene que quedar entre nosotros.** (Das (Thema) muss unter uns bleiben.)

✔ **¡Repartid las galletas entre vosotros!** (Teilt die Kekse unter euch auf.)

Die Präpositionen **para** (um … zu) und **por** (per) bereiten Schwierigkeiten beim Lernen, weil es schwerfällt, ihre Verwendung zu unterscheiden. **Para** wird als Präposition der Art und Weise immer von einem Verb gefolgt. Dieses Verb ist nicht konjugiert. **Para** beantwortet die Frage **¿Para qué?** (Wofür?/Wozu?).

✔ **Las vacunas son para evitar enfermedades graves.** (Die Impfungen dienen dazu, schlimme Krankheiten zu vermeiden.)

✔ **El papel rojo es para envolver el regalo.** (Das rote Papier ist dafür da, um das Geschenk zu verpacken.)

✔ **¿Tiene algo para curar el dolor de cabeza?** (Haben Sie etwas, um die Kopfschmerzen zu heilen?)

Por beschreibt, wie Sie etwas tun. Wenn vor **por** ein konjugiertes Verb steht, bedeutet das, dass die Handlung, die das Verb beschreibt, gleich passieren wird.

✔ **Estoy por salir.** (Ich bin gerade dabei, das Haus zu verlassen.)

✔ **Los niños están por empezar a hacer los deberes.** (Die Kinder sind gerade dabei, mit den Hausaufgaben zu beginnen.)

✔ **Está por llover.** (Es wird gleich anfangen zu regnen.)

 Wenn Sie zur Post müssen, werden Sie mit vielen Ausdrücken mit der Präposition **por** Bekanntschaft machen, die die Art und Weise beschreiben, wie Sie etwas verschicken können: **por avión** (mit Luftpost), **por correo** (per Post), **por carta certificada** (per Einschreiben), **por fax** (per Fax).

Por kommt auch in vielen Ausdrücken vor, die Sie im Alltag verwenden:

✔ **¡Por suerte no llueve!** (Was ein Glück, dass es nicht regnet!)

✔ **¿Has visto el periódico por casualidad?** (Hast du zufällig die Zeitung gesehen?)

✔ **¡No abras el candado por la fuerza. Busca la llave!** (Öffne das Schloss nicht mit Gewalt. Suche den Schlüssel.)

Auch **sin** (ohne) gehört zur Gruppe der Präpositionen der Art und Weise. Es ist das Gegenteil von **con** (mit) und beschreibt, wie eine Handlung erledigt wird.

✔ **Instalé los programas sin problema.** (Ich habe die Software ohne Probleme installiert.)

✔ **Tomo el café sin azúcar.** (Ich trinke den Kaffee ohne Zucker.)

✔ **El jueves estuvimos tres horas sin internet.** (Am Donnerstag hatten wir drei Stunden keine Internetverbindung.)

✔ **Juan salió sin su móvil.** (Juan ist ohne Handy aus dem Haus gegangen.) Er hat sein Handy zu Hause liegen lassen.

✔ **La comida vegetariana se hace sin carne.** (Das vegetarische Essen ist fleischlos.)

Wieso, weshalb, warum: Präpositionen des Grundes

Präpositionen des Grundes werden verwendet, um auf die Fragen **¿Por qué?** (Wieso?/Warum?) und **¿Para qué?** (Wofür?/Wozu?) zu reagieren. Zu dieser Gruppe gehören folgende Präpositionen:

✔ **a** (um)

✔ **con** (mit/durch)

✔ **contra** (gegen)

✔ **de** (um … zu)

✔ **para** (um … zu)

✔ **por** (wegen)

✔ **según** (nach)

✔ **sobre** (über)

Auch **a** (um … zu / damit) ist eine Präposition des Grundes. Sie sagt etwas darüber aus, wofür jemand etwas tut, und wird von einem Verb im Infinitiv gefolgt. Wenn **que** hinter der Präposition **a** steht, muss das darauf folgende Verb im **subjuntivo** stehen.

✔ **Manuel viene a buscar el libro de matemáticas.** (Manuel kommt, um das Mathebuch abzuholen.)

✔ **El señor llama a la oficina de información para pedir folletos sobre la ciudad.** (Der Herr ruft die Information an, um nach Broschüren über die Stadt zu fragen.)

✔ **Jorge viene a que le tomes el vocabulario.** (Jorge kommt, damit du ihn die Vokabeln abfragst.)

Con (mit/durch) kann auch eine Präposition des Grundes sein. Es sagt etwas darüber aus, wodurch eine Handlung zustande kommt.

✔ **Con el hielo que hay en las calles es muy peligroso conducir.** (Durch das Glatteis / aufgrund des Glatteises ist das Autofahren sehr gefährlich.)

✔ **Con la sequía que hay en la región hay escasez de agua.** (Wegen der Dürre ist das Wasser knapp.)

✔ **Hay que encender la calefacción con el frío que hace.** (Wegen der Kälte muss man die Heizung einschalten.)

Wenn Sie über ein Gegenmittel sprechen, können Sie **contra** (gegen) als Präposition des Grundes anwenden.

✔ **Contra muchas enfermedades todavía no hay remedio.** (Viele Krankheiten sind immer noch nicht heilbar.)

✔ **El paquete fue envíado contra reembolso.** (Das Paket wurde per Nachnahme verschickt.)

✔ **¿Qué puedo hacer contra los dolores de espalda?** (Was kann ich gegen Rücken-schmerzen tun?)

De (um … zu) ist eine der meistbenutzten spanischen Präpositionen. Als Präposition des Grundes gibt sie Auskunft darüber, welchen Zweck etwas hat.

✔ **¡Encantada de conocerte!** (Freut mich!) Dieser Ausdruck ist die Reaktion darauf, dass sich eine Person mit Namen vorstellt. **¡Mucho gusto!** hat dieselbe Funktion.

✔ **El vestido de novia es blanco.** (Das Brautkleid ist weiß.) Mit dem Zusatz **de novia** wird definiert, dass es nicht irgendein Kleid ist, sondern ein Hochzeitskleid.

✔ **La máquina de coser no funciona.** (Die Nähmaschine geht nicht.) Es ist die Maschine zum Nähen, die nicht geht, und nicht eine andere.

✔ **Tengo que llevar el uniforme de trabajo a la tintorería.** (Ich muss die Uniform in die Reinigung bringen.) Hier geht es nicht um irgendwelche Kleidung, sondern um die, die während der Arbeit getragen wird.

Para (für / um … zu) kann als Präposition des Grundes eingesetzt werden. Es wird oft mit **por** verwechselt. Eine Information nach der Präposition **para** deutet auf die Gründe hin, die zu einer bestimmten Handlung führen. Nach der Präposition **para** folgt ein Verb im In-finitiv.

✔ **Voy a Sevilla para visitar a mi amiga.** (Ich fahre nach Sevilla, um meine Freundin zu besuchen.)

✔ **Necesito papel para la fotocopiadora.** (Ich brauche Papier für den Kopierer.)

✔ **Tengo que usar gafas para leer el periódico.** (Ich muss die Lesebrille benutzen, um die Zeitung zu lesen.)

✔ **El viernes hago las compras para la semana.** (Am Freitag erledige ich den Wocheneinkauf.)

Para (für / um … zu) informiert über den Empfänger einer Sache oder die Zeit einer Handlung. **El regalo es para ti.** (Das Geschenk ist für dich.) Nach **para** folgt ein Verb im Infinitiv oder ein Pronomen. **Por** (aufgrund/wegen) gibt einen Hinweis auf den Grund oder die Ursache einer Handlung. **La tienda está cerrada por enfermedad.** (Das Geschäft ist wegen Krankheit geschlossen.)

Por (aufgrund/wegen) wird als Präposition des Grundes verwendet. Sätze mit **por** als Präposition des Grundes beantworten die Frage **¿Por qué?** (Warum?).

✔ **Las calles están inundadas por la lluvia.** (Die Straßen sind aufgrund des Regens überflutet.)

✔ **Le duele el estómago por la comida que comió.** (Aufgrund/wegen des Essens tut ihm/ihr der Bauch weh.)

✔ **Por la nieve y las calles congeladas no hay autobuses.** (Aufgrund/wegen des Schnees und des Glatteises fahren keine Busse.)

✔ **Por llegar tarde al cine no sé como empezó la película.** (Aufgrund der späten Ankunft im Kino weiß ich nicht, wie der Film angefangen hat.)

✔ **El consultorio del médico está cerrado por vacaciones.** (Die Arztpraxis ist wegen der Ferien geschlossen.)

Según (laut) sagt aus, dass eine Handlung unter Einhaltung bestimmter Regeln erfolgen muss.

✔ **Según este mapa tenemos que seguir todo recto hasta la Gran Vía.** (Nach dieser Karte müssen wir geradeaus weiterfahren bis zur Gran Vía.)

✔ **Según el pronóstico del tiempo mañana tendremos buen tiempo y calor.** (Dem Wetterbericht zufolge wird es morgen schön und warm.)

✔ **Según el navegador, llegamos a Rosario a las tres de la tarde.** (Nach Berechnung des Navis kommen wir um 3 Uhr in Rosario an.)

Sobre (über) gehört ebenfalls in die Gruppe der Präpositionen des Grundes. Es beantwortet die Frage **¿Sobre qué?** (Worüber?).

✔ **Marcos escribió un libro sobre su vida.** (Marcos hat ein Buch über sein Leben geschrieben.)

✔ **En la fiesta hablamos sobre el viaje de Pedro.** (Auf dem Fest haben wir über Pedros Reise gesprochen.)

✔ **Este es un libro sobre la gramática española.** (Das ist ein Buch über spanische Grammatik.)

✔ **¡Mejor no hablemos más sobre el tema!** (Es ist besser, wenn wir nicht mehr darüber reden!)

Es gibt eine Redewendung – **dicho** – mit der Präposition **sobre: Sobre gustos no hay nada escrito.** (Über Geschmack lässt sich streiten.) Das sagen Sie, wenn jemand Ihrer Meinung nach einen komischen Geschmack hat, zum Beispiel in Sachen Mode oder in Bezug auf Farben.

Präpositionale Ausdrücke

Präpositionale Ausdrücke sind Wortgruppen, die eine bestimmte Struktur haben und wie Präpositionen funktionieren. Präpositionale Ausdrücke bestehen aus einer Präposition, die von einem Nomen und einer weiteren Präposition gefolgt wird. Wie Präpositionen können Sie die präpositionalen Ausdrücke in verschiedene Gruppen einordnen.

Präpositionale Ausdrücke des Ortes

Die präpositionalen Ausdrücke des Ortes sind das wichtigste Element bei Wegbeschreibungen. Sie können damit eine Position genauer bestimmen.

- **a la derecha de** (rechts von)
- **a la izquierda de** (links von)
- **al lado de** (neben)
- **a través de** (durch)
- **alrededor de** (um … herum)
- **al principio de** (am Anfang von)
- **al final de** (am Ende von)

Weitere präpositionale Ausdrücke dieser Gruppe, die nur eine Präposition enthalten, sind **junto a** (am) sowie die Präposition **a** gefolgt von einer Himmelsrichtung.

- **El correo está al lado del supermercado.** (Die Post ist neben dem Supermarkt.)
- **La panadería está a la izquierda del correo.** (Die Bäckerei ist links neben der Post.)
- **La estación está al final de esta calle.** (Der Bahnhof ist am Ende dieser Straße.)
- **Bilbao está en el norte de España.** (Bilbao liegt im Norden von Spanien.)
- **Logroño está al sur de Bilbao.** (Logroño liegt südlich von Bilbao.)

Wenn nach dem Nomen die Präposition **a** oder **de** als zweite Präposition steht, wird die Präposition **a** zu **al** (**a** + **el**) und die Präposition **de** zu **del** (**de** + **el**).

Die präpositionalen Ausdrücke **en el norte/sur/este/oeste de** (im Norden / im Süden / im Westen / im Osten) beschreiben die absolute Position. **Salamanca está en el oeste de España.** (Salamanca liegt im Westen von Spanien.) Mit **al norte de/sur/oeste/este de** beschreiben Sie eine geografische Lage in Bezug auf eine andere Position auf der Karte. **Salamanca está al norte de Cáceres.** (Salamanca liegt nördlich von Cáceres.) **Zaragoza está al oeste de Soria.** (Zaragoza ist östlich von Soria.)

Präpositionale Ausdrücke der Bewegung

Die präpositionalen Ausdrücke der Bewegung deuten darauf hin, dass sich jemand oder etwas von einem Punkt zu einem anderen Punkt bewegt.

✔ **Me parece que la biblioteca está en dirección a la galería.** (Ich glaube, dass die Bibliothek in Richtung Galerie ist.) Wenn Sie zur Galerie fahren, werden Sie an der Bibliothek vorbeifahren.

✔ **Jorge está en camino a Santiago de Compostela.** (Jorge ist nach Santiago de Compostela unterwegs.)

✔ **En el viaje a España vamos a hacer una parada en Francia.** (Unterwegs nach Spanien werden wir in Frankreich einen Halt machen.)

Die präpositionalen Ausdrücke der Bewegung stehen immer in Verbindung mit einem Verb der Bewegung, zum Beispiel **ir** (gehen/fahren), **salir** (abfahren), **volar** (fliegen), **pasar** (vorbeifahren).

Präpositionale Ausdrücke der Zeit

Die präpositionalen Ausdrücke der Zeit geben Ihrer Information einen zeitlichen Rahmen und beantworten die Frage **¿Cuándo?** (Wann?).

✔ **Al principio de la película, vino el vendedor a ofrecer helados.** (Am Anfang des Filmes kam der Eisverkäufer.)

✔ **Recién al final de la historia sabremos quién es el asesino.** (Erst am Ende der Geschichte werden wir erfahren, wer der Mörder ist.)

✔ **Al final del día mejoró el tiempo.** (Zum Ende des Tages wurde das Wetter besser.)

Präpositionale Ausdrücke der Art und Weise

Die präpositionalen Ausdrücke der Art und Weise können Sie verwenden, um darüber zu erzählen, wie jemand etwas tut. Sie beantworten die Frage **¿Cómo?** (Wie?). Präpositionale Ausdrücke der Art und Weise sind:

✔ **a cargo de** (zuständig für)

✔ **a pesar de** (obwohl/trotz)

✔ **con copia a** (mit Kopie an)

✔ **de parte de** (seitens)

✔ **de cara a cara** (von Angesicht zu Angesicht)

✔ **en lugar de** (anstatt)

✔ **en vez de** (anstatt)

Die Beispiele zeigen Ihnen die Verwendung der präpositionalen Ausdrücke der Art und Weise:

✔ **María está a cargo de las compras para la fiesta.** (María ist zuständig für den Einkauf für das Fest.)

✔ **A pesar del frío fuimos a hacer senderismo.** (Trotz der Kälte sind wir wandern gegangen.)

✔ **El correo electrónico va con copia a Julio.** (Die E-Mail geht mit Kopie an Julio.)

✔ **Quiero hablar con Manuel de cara a cara.** (Ich möchte Manuel von Angesicht zu Angesicht sprechen.)

✔ **En lugar de/en vez de viajar a La Paz, fuimos a Sucre.** (Anstatt nach La Paz sind wir nach Sucre gefahren.)

 Der präpositionale Ausdruck **de parte de** ist wichtig beim Telefonieren. Spanisch-sprechende melden sich nicht mit ihrem Namen, wenn sie ein Telefongespräch annehmen. Wenn Sie wissen wollen, mit wem Sie telefonieren, müssen Sie fragen: **¿De Parte de quién?** (Wer ist am Telefon? / Mit wem spreche ich?)

Wenn Sie eine E-Mail an mehrere Personen schicken und nicht wollen, dass die Personen erfahren, wer die Mail noch bekommen hat, brauchen Sie einen weiteren präpositionalen Ausdruck der Art und Weise: **con copia oculta a** (mit Blindkopie an).

Präpositionale Ausdrücke des Grundes

Auch die Gruppe der präpositionalen Ausdrücke des Grundes bestehen aus einer Präposition, einem Nomen und einer weiteren Präposition. Präpositionale Ausdrücke des Grundes geben eine Information über die Ursachen einer Handlung und beantworten die Frage **¿Por qué?** (Warum?). In dieser Gruppe finden Sie folgende Ausdrücke:

✔ **con respecto a** (mit Bezug auf)

✔ **con referencia a** (mit Bezug auf)

✔ **en bien de** (um)

✔ **por error de/en** (aufgrund eines Fehlers)

✔ **por culpa de** (aufgrund)

Mit den präpositionalen Ausdrücken des Grundes **con respecto a** und **con referencia a** beginnen viele Geschäftsbriefe.

✔ **Me dirijo a ustedes con respecto a/con referencia a su carta del...** (Ich wende mich an Sie mit Bezug auf Ihr Schreiben vom …)

✔ **En bien de/para evitar una discusión, no voy a pedirle más ayuda a Rafael.** (Um eine Diskussion zu vermeiden, werde ich Rafael nicht mehr um Hilfe bitten.) Der Ausdruck **en bien de** wird heute in der gesprochenen Sprache nicht mehr benutzt.

✔ **Por un error en el sistema hay demasiados pasajeros en el vuelo a Barcelona.** (Aufgrund eines Fehlers im System gibt es zu viele Passagiere auf dem Flug nach Barcelona.)

✔ **Por culpa de la huelga de pilotos más de 400 vuelos fueron cancelados.** (Aufgrund des Pilotenstreiks wurden mehr als 400 Flüge gecancelt.)

Wenn ein präpositionaler Ausdruck des Grundes **a** oder **de** als zweite Präposition hat, ändern sich die Präpositionen vor männlichen Nomen: **a** wird zu **al** (**a** + **el**) und **de** wird zu **del** (**de** + **el**).

Übungen zu Kapitel 16

Übung 16.1

Erzählen Sie über Ihren Urlaub. Verwenden Sie dabei die Präpositionen **desde**, **desde hace** und **hace**.

desde/desde hace/hace 2 semanas llegamos a España. (Wir sind vor zwei Wochen in Spanien angekommen.) **Ya conocimos muchos lugares interesantes.** (Wir haben schon viele interessante Orte gesehen.) **desde/desde hace/hace dos días fuimos en tren de Jerez a Sevilla. Fue un viaje muy bonito.** (Vor zwei Tagen sind wir mit dem Zug von Jerez nach Sevilla gefahren.) **Estamos aquí desde/desde hace/hace las diez dela mañana.** (Wir sind seit heute um 10 Uhr hier.) **Desde/desde hace/hace el hotel vemos las calles del casco antiguo.** (Vom Hotelzimmer haben wir einen Blick über die Straßen der Altstadt.) **Con el tiempo tenemos mucha suerte. desde/desde hace/hace dos días llovió y desde/desde hace/ hace el sábado hace sol y calor.** (Vor zwei Tagen hat es geregnet und seit Samstag ist es warm und sonnig.) **Estamos en la cola para entrar a La Giralda desde/desde hace/hace 2 horas. Hay mucha gente.** (Seit zwei Stunden stehen wir in der Schlange, um La Giralda zu besichtigen. Es ist viel los.)

Übung 16.2

Entscheiden Sie, welche Präposition korrekt ist.

Argentina es un país famoso para/por el tango y el mate. (Argentinien ist durch den Tango und den Matetee bekannt.) **Uso el auto para/por ir a trabajar.** (Ich benutze das Auto, um zur Arbeit zu kommen.) **Para/por hacer un pastel necesitas harina.** (Du brauchst Mehl, um einen Kuchen zu backen.) **Estoy par/por empezar a cocinar. No tengo tiempo para/por salir.** (Ich bin gerade dabei zu kochen. Ich habe keine Zeit, um aus dem Haus zu gehen.) **El regalo es para/por vosotros.** (Das Geschenk ist für euch.) **La empresa reservó una habitación para/por usted.** (Die Firma hat ein Hotelzimmer für Sie reserviert.) **La procesadora sirve para/por cortar verdura.** (Mit der Küchenmaschine schneidet man Gemüse.) **Juan hace todo para/por Marcela. Está loco para/por ella.** (Juan macht alles für Marcela. Er ist verrückt nach ihr.)

Kapitel 17
Wichtige Verbindungen – Konjunktionen

Hinter Konjunktionen verbergen sich die kleinen Wörter, die die Bildung von langen Sätzen ermöglichen und dazu beitragen, dass die Kommunikation flüssiger gestaltet werden kann. In diesem Kapitel erfahren Sie, was Konjunktionen sind, welche Gruppen es gibt und wie Sie sie sinnvoll anwenden können.

Organisation ist alles – koordinierende Konjunktionen

Koordinierende Konjunktionen sind Bindewörter, die Elemente innerhalb eines Satzes organisieren. Mit Konjunktionen können Sie Wörter, Satzteile und ganze Sätze miteinander verbinden. Bei den koordinierenden Konjunktionen gibt es verschiedene Untergruppen:

✔ ordnende Konjunktionen (**conjunciones copulativas**)

✔ disjunktive Konjunktionen (**conjunciones disyuntivas**)

✔ adversative Konjunktionen (**conjunciones adversativas**)

✔ konklusive – folgernde – Konjunktionen (**conjunciones conclusivas**)

Feste Verbindungen – ordnende Konjunktionen

Ordnende Konjunktionen (**conjunciones copulativas**) sind koordinierende Konjunktionen: **y** (und), **ni** (weder) und **que** (dass). Sie verbinden Wörter, Wortgruppen oder Hauptsätze miteinander.

Verwendung von ordnenden Konjunktionen

Sie brauchen **y** (und), wenn Sie Ideen und Gedanken über ein Thema oder eine Handlung miteinander verbinden, die gleichwertig sind.

✔ **Compré patatas y tomates.** (Ich habe Kartoffeln und Tomaten gekauft.) Sie haben beide Lebensmittel gekauft.

✔ **Vamos a invitar a Susana y a Paula.** (Wir laden Susana und Paula ein.) Sie haben beide Personen eingeladen.

✔ **Este mes he leído una novela y un libro de historia.** (In diesem Monat habe ich einen Roman und ein Geschichtsbuch gelesen.) Sie haben beide Bücher gelesen.

✔ **El verano próximo quiero viajar a Barcelona y a Zaragoza.** (Nächsten Sommer möchte ich nach Barcelona und nach Zaragoza reisen.) Sie werden nächsten Sommer beide Städte in Spanien besuchen.

Die Konjunktion **que** (dass) ist Teil von verschiedenen Ausdrücken, die Nomen, Adverbien, Präpositionen oder Verben enthalten können, zum Beispiel **visto que** (es ist offensichtlich, dass / angesichts der Tatsache), **dado que** (da / angenommen, dass / vorausgesetzt, dass) oder **puesto que** (da).

Y (und) wird zu **e**, wenn das folgende Wort mit **i** oder **hi** beginnt. Sie können nicht sagen: **Hablo español i inglés** (Ich spreche Spanisch und Englisch.), sondern müssen sagen: **Hablo español e inglés.** (Ich spreche Spanisch und Englisch.) Umgekehrt können Sie den Satz mit **y** (und) bilden: **Hablo inglés y español.** (Ich spreche Spanisch und Englisch.)

In Kapitel 11 über die spanische Verneinung finden Sie mehr über die ordnende Konjunktion **ni** (weder … noch), um die doppelte Verneinung zu bilden. **Ni** verbindet zwei gleichwertige Wörter, Wortgruppen oder Sätze miteinander. Alle Satzteile, die Sie mit **ni** verbinden, werden verneint.

✔ **No compré patatas ni tomates.** (Ich habe weder Kartoffeln noch Tomaten gekauft.) Sie haben keines dieser Lebensmittel gekauft.

✔ **No vamos a invitar a Susana ni a Paula.** (Wir laden weder Susana noch Paula ein.) Sie werden beide Personen nicht einladen.

✔ **Este mes no he leído na novela ni un libro de historia.** (In diesem Monat habe ich weder einen Roman noch ein Geschichtsbuch gelesen.) Sie haben beide Bücher nicht gelesen.

✔ **El verano próximo no quiero viajar a Barcelona ni a Zaragoza.** (Nächsten Sommer möchte ich weder nach Barcelona noch nach Zaragoza reisen.) Sie werden nächsten Sommer andere Reiseziele besuchen.

Que (als/dass/sodass) hat je nach Verwendung verschiedene Bedeutungen. Es leitet Nebensätze ein, wird in vergleichenden Sätzen eingesetzt oder steht vor einer Meinungsäußerung.

✔ **Pedro dice que viene a comer.** (Pedro sagt, er komme zum Essen.)

✔ **Juan es más alto que Mario.** (Juan ist größer als Mario.)

✔ **Pienso que nunca hay que dejar de aprender.** (Ich glaube, dass man nie aufhören sollte zu lernen.)

Que verbindet zwei Sätze miteinander.

Satzbau mit ordnenden Konjunktionen

Wenn Sie gleichwertige Wörter, Wortgruppen oder Sätze mit **y** (und) miteinander verbinden wollen, stellen Sie **y** dazwischen. Wenn Sie mehr als zwei Wörter oder Wortgruppen verbinden, trennen Sie diese mit einem Komma und stellen **y** vor das letzte Element des Satzes.

✔ **Llevo un jersey rojo y unos vaqueros azules.** (Ich trage einen roten Pulli und eine blaue Jeans.)

✔ **Tengo que comprar verdura, fruta y queso.** (Ich muss Gemüse, Obst und Käse kaufen.)

✔ **Primero vamos al cine y después vamos a tomar algo.** (Zuerst gehen wir ins Kino und anschließend etwas trinken.)

Wenn Sie zwei oder mehr Wörter, Wortgruppen oder Sätze verneinen, steht **ni** vor dem Satzteil, der verneint wird.

✔ **No trabajamos el sábado ni el domingo.** (Wir arbeiten weder am Samstag noch am Sonntag.)

✔ **Ella no quiere beber té ni agua mineral.** (Sie möchte weder Tee noch Mineralwasser trinken.)

✔ **Ni van en tren ni van en autobús. Van a pie.** (Sie fahren weder mit dem Zug noch mit dem Auto. Sie gehen zu Fuß.) In diesem Satz kommt **ni** zweimal vor, weil diese Verneinung nicht mit **no** beginnt.

Ni kann allein stehen oder Teil einer doppelten Verneinung mit **no** sein.

✔ **Que** steht vor einem Nebensatz oder vor dem Satzteil, den Sie mit einer anderen Information vergleichen.

✔ **El coche rojo es más caro que el coche verde.** (Das rote Auto ist teurer als das grüne Auto.)

✔ **Mariana dice que ya llegó su paquete.** (Mariana sagt, dass ihr Paket schon angekommen ist.)

✔ **Hizo mejor ayer que hoy.** (Das Wetter war gestern besser als heute.)

Die Qual der Wahl – disjunktive Konjunktionen

Disjunktive Konjunktionen sind Bindewörter der Alternativen. Hinter dem Ausdruck »disjunktiv« steht die Möglichkeit, eine Entscheidung zwischen verschiedenen Möglichkeiten zu treffen. Diese Auswahl kann entweder zwischen verschiedenen Möglichkeiten sein oder eine davon kann ausgeschlossen werden. Für diesen Zweck stehen Ihnen die disjunktiven Konjunktionen (**conjunciones disyuntivas**) zur Verfügung:

✔ **o** (oder / entweder oder)

✔ **o... o bien** (entweder ... oder auch)

✔ **bien... bien** (entweder ... oder)

✔ **ya sea... ya sea** (mal)

✔ **fuera de que** (abgesehen davon, dass)

✔ **que** (dass)

✔ **sea hoy, sea mañana** (wie dem auch sei)

Disjunktive Konjunktionen bieten mehrere gleichwertige Möglichkeiten für eine Handlung oder schließen eine Möglichkeit aus, die an bestimmte Bedingungen geknüpft sein muss.

Verwendung von disjunktiven Konjunktionen

Es gibt verschiedene disjunktive Konjunktionen, die die Wahl zwischen verschiedenen Möglichkeiten erleichtern oder eine davon ausschließen.

✔ **¿Tomamos un café con leche o un café con hielo?** (Trinken wir einen Milchkaffee oder einen Kaffee mit Eiswürfeln?) Sie können eine Entscheidung treffen zwischen den beiden Getränken.

✔ **O tomamos un café con leche o bien tomamos un zumo de naranja.** (Entweder trinken wir einen Milchkaffee oder wir trinken einen Orangensaft.)

✔ **Tenemos que ir a la ciudad, ya sea en tren o en autobús.** (Wir müssen in die Stadt fahren. Entweder mit dem Zug oder mit dem Bus.)

Die Konjunktion **o** (oder) wird zu **u**, wenn das folgende Wort mit **o** oder **ho** beginnt. Sie können nicht sagen: **Hoy hablo con Javier o Oscar** (Ich spreche heute entweder mit Javier oder mit Oscar.), sondern müssen sagen: **Hoy hablo con Javier u Oscar.** (Ich spreche heute entweder mit Javier oder mit Oscar.) Umgekehrt können Sie den Satz mit **o** (oder) bilden: **Hoy hablo con Oscar o Javier.** (Ich spreche heute entweder mit Oscar oder mit Javier.)

Der **café con hielo** ist eine spanische Spezialität. Wenn Sie **café con hielo** bestellen, bekommen Sie eine Tasse Kaffee und ein Glas mit Eiswürfeln. Der Kaffee wird in das Glas mit den Eiswürfeln geschüttet und dann getrunken.

Satzbau mit disjunktiven Konjunktionen

Disjunktive Konjunktionen stehen entweder vor oder zwischen den Elementen, die eine Alternative aufzeigen.

✔ **El sábado vamos a ir al cine o al teatro.** (Am Samstag gehen wir entweder ins Kino oder ins Theater.)

✔ **O voy al supermercado hoy o bien voy mañana.** (Ich gehe entweder heute oder morgen in den Supermarkt.)

✔ **Los jóvenes ven la televisión o bien chatean con sus amigos.** (Die Jugendlichen schauen fern oder sie chatten mit ihren Freunden.)

Disjunktive Konjunktionen können eine Möglichkeit ausschließen, sodass nur eine Handlung geschieht.

Gegensätze ziehen sich an – adversative Konjunktionen

Adversative Konjunktionen (**conjunciones adversativas**) gehören zur Gruppe der koordinierenden Konjunktionen. Mit koordinierenden Konjunktionen bringen Sie Ordnung in Wörter, Wortgruppen oder Sätze. In der Gruppe der adversativen Konjunktionen finden Sie:

✔ **mas** (jedoch)

✔ **pero** (aber)

✔ **aunque** (obwohl / auch wenn / aber)

✔ **sino** (sondern)

✔ **antes** (sondern)

✔ **si bien** (obwohl / wenn auch)

✔ **no obstante** (trotzdem/nichtsdestotrotz)

✔ **sin embargo** (trotzdem/dennoch/nichtsdestotrotz/allerdings)

✔ **siquiera** (wenigstens/zumindest/nicht einmal)

✔ **bien que** (obgleich)

✔ **aún cuando** (sogar/wenn)

✔ **a pesar de que** (obwohl/trotz)

✔ **no solo sino también** (nicht nur, sondern auch)

✔ **más bien** (eher)

Adversativ bedeutet gegensätzlich. Mit adversativen Konjunktionen sprechen Sie über Informationen, die sich innerhalb eines Satzes ausschließen oder widersprechen.

Der Gebrauch adversativer Konjunktionen

Mit adversativen Konjunktionen können Sie einer Information widersprechen oder sie korrigieren. Die neue Information steht hinter der adversativen Konjunktion.

✔ **No compré un libro pero compré dos revistas.** (Ich habe kein Buch gekauft, aber zwei Zeitschriften.)

✔ **Tenemos frío aunque está encendida la calefacción.** (Uns ist kalt, obwohl die Heizung an ist.)

✔ **Ellos no van a la playa sino al museo.** (Sie gehen nicht zum Strand, sondern ins Museum.)

✔ **No sabía si era la respuesta correcta, no obstante le respondí.** (Ich wusste nicht, ob es die richtige Antwort war, aber ich antwortete ihm.)

✔ **Hoy hace mucho frío, sin embargo hace sol y el día está muy bonito.** (Heute ist es sehr kalt, jedoch scheint die Sonne und der Tag ist sehr schön.)

✔ **A pesar de que recién son las tres y media de la tarde, ya es de noche.** (Obwohl es erst 15 Uhr ist, ist es schon dunkel.)

In allen Beispielen wird einer Information widersprochen oder eine Information korrigiert.

Satzbau mit adversativen Konjunktionen

Die adversative Konjunktion **sino** (sondern) steht zwischen zwei Informationen, wobei der ersten Information widersprochen oder sie korrigiert wird. **Sino** muss von **que** begleitet werden, wenn nach **sino** ein Verb folgen soll. **No hago un cocido, sino que preparo una paella.** (Ich machen keinen Eintopf, sondern eine Paella.)

✔ Mit **sino que** korrigieren Sie eine vorher gesagte Information und ersetzen diese durch eine korrekte Angabe.

✔ **No compro manzanas sino plátanos.** (Ich kaufe keine Äpfel, sondern Bananen.)

✔ **No bebo té sino café.** (Ich trinke keinen Tee, sondern Kaffee.)

✔ **No salgo de casa a las 2 sino que salgo a las 3.** (Ich gehe nicht um zwei aus dem Haus, sondern um drei.)

✔ **Voy a hablar con José sino también con Martín.** (Ich spreche nicht nur mit José, sondern auch mit Martín.)

Sino (sondern auch) korrigiert eine Information und steht zwischen den beiden vorhandenen Informationen.

✔ **Aunque** (obwohl) kann am Satzanfang stehen oder einen Hauptsatz mit einem Nebensatz verbinden:

✔ **Vamos al parque aunque haga frío.** (Wir gehen in den Park, obwohl es kalt ist.)

✔ **Aunque haga frío vamos al parque.** (Obwohl es kalt ist, gehen wir in den Park.) Die Information dieser Beispiele wird korrigiert oder ergänzt.

✔ **Voy a dar un paseo aunque no tengo ganas de salir con el frío que hace.** (Ich gehe spazieren, obwohl ich bei dem Wetter keine Lust habe, aus dem Haus zu gehen.)

Über Folgen sprechen – folgernde Konjunktionen

Folgernde Konjunktionen (**conjunciones conclusivas**) gehören zur Gruppe der koordinierenden Konjunktionen. Sie helfen Ihnen, über das weitere Vorgehen nach einer Handlung zu sprechen. Folgernde Konjunktionen sind:

✔ **pues** (denn/da/also)

✔ **pues bien** (also gut)

✔ **ahora bien** (nun gut / jedoch / allerdings)

✔ **ahora pues** (also)

Der Einsatz von folgernden Konjunktionen verschafft dem Sprecher eine Denkpause.

✔ **¿A qué hora vas a estar en casa?** (Um wie viel Uhr bist du zu Hause?) **Pues, no sé.** (Ich weiß es nicht.)

✔ **Ahora bien, si el grifo gotea habrá que llamar al fontanero.** (Nun ja, wenn der Wasserhahn tropft, muss der Klempner angerufen werden.)

✔ **Delante de la Sagrada Familia hay una cola larguísima.** (Vor der Sagrada Familia ist eine sehr lange Schlange.) **Pues tenemos que esperar mucho para entrar.** (Wir werden lange warten müssen, um reinzugehen.)

La Sagrada Familia ist eine viel besuchte Kathedrale im Herzen von Barcelona. Sie wird seit 1882 nach dem Entwurf von Antoni Gaudí erbaut.

Einsatz von folgernden Konjunktionen

Mit folgernden Konjunktionen verbinden Sie Wörter, Wortgruppen oder Sätze. Sie drücken die Information in einer geordneten Folge aus.

 Die viel benutzten Ausdrücke **pues sí** (doch) und **pues no** (nein / doch nicht) betonen eine Information, die schon bekannt ist: **¡Qué calor hace hoy!** (Heute ist es so warm!) Die Reaktion auf diese Aussage könnte sein: **Pues sí.** (Ja, doch.) **¿Ha llamado Roberto?** (Hat Roberto angerufen?) **Pues no.** (Nein.)

Satzbau mit folgernden Konjunktionen

Folgernde Konjunktionen können am Satzanfang oder zwischen Wörtern oder Sätzen stehen.

✔ **El coche está roto. Pues, veremos que hacemos con él.** (Das Auto ist kaputt. Mal sehen, was wir damit machen.) **Pues** steht zwischen zwei Sätzen.

✔ **El mecánico puede reparar el coche con muchos problemas, pues el coche es muy antiguo.** (Der Mechaniker kann das Auto reparieren, allerdings hat er viele Probleme, weil das Auto schon alt ist.) Die folgernde Konjunktion steht am Satzanfang.

✔ **Las tiendas todavía están abiertas. Pues, vamos a hacer las compras.** (Die Geschäfte sind noch offen, also lass uns einkaufen.)

Die Reaktion auf den letzten Satz könnte **pues si** (also gut, doch) oder **pues no** (doch nicht) sein. Mit diesen Aussagen bestätigen Sie die Information oder widersprechen ihr.

Unterordnende Konjunktionen vor Nebensätzen

Unterordnende Konjunktionen (**conjunciones subordinadas**) leiten einen Nebensatz ein und schaffen eine Abhängigkeit zwischen den Satzteilen. Sie verbinden einen Hauptsatz mit einem Nebensatz. Zu dieser Gruppe gehören:

✔ modale Konjunktionen (**conjunciones modales**) für die Definition der Art und Weise, wie eine Handlung geschieht

✔ konditionale Konjunktionen (**conjunciones condicionales**), um über die Bedingungen einer Handlung zu berichten

✔ konzessive Konjunktionen (**conjunciones concesivas**)

✔ kausale Konjunktionen (**conjunciones causales**)

✔ temporale Konjunktionen (**conjunciones temporales**)

✔ finale Konjunktionen (**conjunciones finales**)

✔ vergleichende Konjunktionen (**conjunciones comparativas**)

Modale Konjunktionen

Modale Konjunktionen verbinden einen Hauptsatz und einen Nebensatz miteinander. Sie beziehen sich auf die Art und Weise, wie eine Handlung geschieht. Modale Konjunktionen sind:

✔ **como** (wie)

✔ **conforme** (in Übereinstimmung mit)

✔ **según** (gemäß)

✔ **de modo que** (sodass)

✔ **de manera que** (sodass/also)

✔ **así como** (so wie auch / genauso wie)

✔ **sin que** (ohne dass)

✔ **como si** (als ob)

Die Beispiele zeigen Ihnen die Verwendung von modalen Konjunktionen:

✔ **¡Haz como quieras!** (Mache so, wie du es willst!)

✔ **Conforme con las reglas de seguridad no debemos llevar líquidos en el equipaje de mano.** (Gemäß den Sicherheitsvorschriften darf man keine Flüssigkeiten im Handgepäck mitführen.)

✔ **Tenemos un mes de vacaciones de modo que tenemos tiempo para viajar por Sudamérica.** (Wir haben einen Monat Urlaub, sodass wir Zeit haben, durch Südamerika zu reisen.)

✔ **En una tienda virtual puedes comprar cosas sin que salgas de tu casa.** (Im Internet kannst du einkaufen, ohne aus dem Haus zu gehen.)

Modale Konjunktionen deuten darauf hin, wie eine Handlung passiert.

✔ **Según el manual de uso la radio necesita dos baterías.** (Der Bedienungsanleitung zufolge braucht das Radio zwei Batterien.)

✔ **Hacen como si no hubieran escuchado nada.** (Sie tun, als ob sie nichts gehört hätten.)

✔ **Ayer no hubo trenes de manera que tuve que ir al trabajo en coche.** (Gestern sind keine Züge gefahren, sodass ich mit dem Auto zur Arbeit gefahren bin.)

✔ **El año que viene iremos a la playa así como también haremos senderismo.** (Nächstes Jahr wollen wir zum Strand fahren und wandern.)

Modale Konjunktionen stehen zwischen dem Hauptsatz und dem Nebensatz. Der verbundene Satz wird ohne Komma geschrieben.

Konditionale Konjunktionen

Konditionale Konjunktionen sind unterordnende Konjunktionen. Sie verbinden einen Hauptsatz und einen Nebensatz miteinander. Konditionale Konjunktionen sind:

✔ **si** (wenn)

✔ **cuando** (wenn/als/sobald)

✔ **dado que** (da / vorausgesetzt, dass)

✔ **con tal que** (wenn nur)

✔ **con tal de que** (wenn nur)

✔ **a fin de que** (damit)

✔ **como** (als/wenn/falls)

✔ **siempre que** (wenn)

✔ **en el supuesto caso de que** (für den Fall, dass / vorausgesetzt, dass)

Bei Sätzen mit konditionalen Konjunktionen muss eine Bedingung wahr sein, damit eine andere Handlung geschehen kann.

Konditionale Konjunktionen verbinden Sätze, die etwas darüber aussagen, unter welchen Bedingungen eine Handlung passiert.

✔ **Voy a correr si tengo tiempo.** (Ich jogge, wenn ich Zeit habe.) Die Bedingung »Zeit haben« muss eintreten, damit die Handlung »Joggen« möglich ist.

✔ **Cuando vayamos al centro compraré un libro.** (Wenn wir in die Stadt fahren, werde ich ein Buch kaufen.)

✔ **Si las calles están congeladas, necesitamos ruedas de invierno.** (Wenn die Straßen gefroren sind, brauchen wir Winterreifen.)

✔ **El cliente ha venido a la oficina porque tiene que hablar con el departamento de ventas.** (Der Kunde kommt ins Büro, da er mit der Verkaufsabteilung sprechen muss.)

Es gibt konditionale Konjunktionen, die Teil von festen Ausdrücken sein können. Diese Ausdrücke bestehen aus einem Nomen, einem Adjektiv oder einer Präposition.

 Wenn Sie denken, dass eine Bedingung nicht in Erfüllung gehen wird, bilden Sie den Satz mit **si** und **imperfecto de subjuntivo** (falls). **Si la librería estuviera abierta, compraría un libro.** (Wenn die Buchhandlung offen wäre, würde ich ein Buch kaufen.)

Die Konjunktion **como** muss mit Subjuntivo Präsens verwendet werden, wenn die Konjunktion für die Androhung einer Folge verwendet wird.

✔ **Como no hables con Marta, estará muy enfadada.** (Wenn du nicht mit Marta sprichst, wird sie sauer sein.)

✔ **Como lleguéis tarde, la comida estará fría.** (Wenn ihr zu spät kommt, wird das Essen kalt sein.)

✔ **Como no nos llevemos un paraguas nos mojaremos.** (Wenn wir keinen Regenschirm mitnehmen, werden wir nass werden.)

✔ **Como no nos apuremos, llegaremos tarde al museo.** (Wenn wir uns nicht beeilen, werden wir zu spät ins Museum kommen.)

✔ **Iremos a la playa siempre que haga buen tiempo.** (Wir gehen zum Strand, wenn das Wetter schön ist.)

Konditionale Konjunktionen können einen Satz einleiten oder zwischen zwei Sätzen stehen.

Über die Folgen einer Handlung sprechen – konzessive Konjunktionen

Konzessive Konjunktionen (**conjunciones consecutivas**) sind unterordnende Konjunktionen. Hauptsatz und Nebensatz stehen in Abhängigkeit zueinander. Zur Gruppe der konzessiven Konjunktionen gehören:

✔ **luego** (dann)

✔ **pues** (denn/da)

✔ **que** (dass)

✔ **aunque** (obwohl / trotzdem / selbst wenn)

✔ **si bien** (wenn auch / alles in allem)

✔ **por consiguiente** (folglich/demzufolge/somit)

✔ **por lo tanto** (also/daher)

✔ **conque** (also)

✔ **así que** (sodass)

✔ **entonces** (dann)

Wenn Sie konzessive Konjunktionen einsetzen, ist die Handlung des Nebensatzes die Folge der Handlung vom Hauptsatz.

Konzessive Konjunktionen verbinden Sätze, sodass der Nebensatz auf eine Folge der Handlung im Hauptsatz hindeutet.

✔ **El curso de pintura nos gusta mucho, por consiguiente asistiremos al próximo curso.** (Der Malkurs gefällt uns sehr, sodass wir zum nächsten Kurs gehen werden.) Der Folgekurs hängt mit dem Erfolg des ersten Kurses zusammen.

✔ **La gente no escucha los consejos y luego se enfadan cuando las cosas no funcionan.** (Alle Ratschläge werden ignoriert, dann ärgern sie sich, wenn etwas danebengeht.)

✔ **Aquí no está permitido aparcar por lo tanto si aparca aquí le pondrán una multa.** (Hier darf man nicht parken. Wenn Sie hier parken, werden Sie einen Strafzettel bekommen.) Der Strafzettel ist die Folge des Falschparkens.

✔ **El jueves tenemos examen de geografía así que tenemos que estudiar mucho.** (Am Donnerstag haben wir eine Geografieprüfung, deshalb müssen wir dafür lernen.) Lernen ist die Folge der anstehenden Prüfung.

Konzessive Konjunktionen stehen zwischen dem Hauptsatz und dem Nebensatz oder am Satzanfang.

✔ **El lavarropas se rompió entonces hay que llamar al servicio técnico.** (Die Waschmaschine ist kaputt, deshalb muss der Kundendienst angerufen werden.) Der Anruf beim Kundendienst ist die Folge des Ausfalls der Waschmaschine.

✔ **Si bien este es el camino más largo llegaremos más temprano porque hay menos tráfico.** (Das ist zwar der längere Weg, aber wir werden trotzdem schneller ankommen, weil es weniger Verkehr gibt.)

✔ **La recepción del camping cierra a las cinco de la tarde conque debemos apurarnos para llegar antes de que cierre.** (Die Rezeption des Campingplatzes schließt um 5 Uhr, sodass wir vorher ankommen sollten.)

Der Anlass einer Handlung und kausale Konjunktionen

Mit kausalen Konjunktionen verbinden Sie einen Hauptsatz und einen Nebensatz, wobei die Information im Hauptsatz die Ursache für die Handlung im Nebensatz ist. Kausale Konjunktionen sind:

✔ **porque** (weil)

✔ **es que** (da/weil)

✔ **cuando** (wenn)

✔ **puesto que** (da)

✔ **supuesto que** (angenommen)

✔ **como** (da)

✔ **como quiera que** (wie auch immer / egal, wie)

✔ **una vez que** (sobald)

✔ **por lo tanto** (daher/folglich/somit)

✔ **a causa de que** (weshalb)

✔ **en razón de que** (aufgrund)

Der Grund einer Handlung kommt durch den Einsatz der kausalen Konjunktionen zum Ausdruck.

Kausale Konjunktionen erklären das Motiv einer Handlung.

✔ **Hoy no puedo ir al trabajo porque estoy enferma.** (Heute kann ich nicht zur Arbeit gehen, weil ich krank bin.) Die Information nach **porque** (weil) gibt Ihnen Auskunft darüber, welche Ursache die Handlung im Hauptsatz hat.

✔ **No puedo ir con vosotros al cine. Es que tengo que estudiar.** (Ich kann nicht mit euch ins Kino gehen, da ich lernen muss.)

✔ **Como tengo que ir al centro, voy a ir a la farmacia.** (Da ich in die Stadt fahren muss, gehe ich auch in die Apotheke.)

✔ **No tengo tiempo para ir al banco por lo tanto tendré que ir mañana.** (Ich habe heute keine Zeit, um zur Bank zu fahren, deshalb werde ich morgen dorthin fahren.)

✔ **La plaza del mercado está cerrada puesto que están armando la feria de Navidad.** (Der Markplatz ist gesperrt, da der Weihnachtsmarkt aufgebaut wird.)

✔ **Una vez que termine de preparar la cena pongo la mesa.** (Sobald ich fertig bin, das Abendessen zu kochen, decke ich den Tisch.)

Kausale Konjunktionen können Sie auch verwenden, wenn Sie eine Handlung begründen wollen oder eine Ausrede zum Ausdruck bringen.

Sätze mit kausalen Konjunktionen unterscheiden sich von deutschen Sätzen in der Struktur. Im spanischen Satz steht das Verb nicht am Satzende, sondern hinter der Konjunktion.

✔ **Tengo que hacer compras porque necesito fruta y verduras.** (Ich muss einkaufen, weil ich Obst und Gemüse brauche.) Das Verb des Nebensatzes steht direkt hinter der Konjunktion **porque.**

✔ **Me pongo el abrigo porque hace frío.** (Ich ziehe den Mantel an, weil es kalt ist.)

✔ **Vamos a dar un paseo porque hace buen tiempo.** (Wir gehen spazieren, weil das Wetter schön ist.)

 Verwechseln Sie die kausale Konjunktion **porque** (weil) nicht mit dem Fragewort **¿Por qué?** (warum). Die Konjunktion wird zusammengeschrieben und die Betonung des Wortes liegt auf der zweitletzten Silbe. Das Fragewort **¿Por qué?** (warum) wird getrennt geschrieben. Die Betonung liegt auf **qué.**

Die kausale Konjunktion **como** (da) kann am Satzanfang stehen. Danach folgt eine Erklärung und ein weiterer Satz. **Como están armando la feria de Navidad la plaza del mercado está cerrada.** (Da der Weihnachtsmarkt aufgebaut wird, ist der Markplatz gesperrt.)

Alles zur rechten Zeit – temporale Konjunktionen

Temporale Konjunktionen sind unterordnende Konjunktionen und definieren, zu welchem Zeitpunkt eine Handlung geschieht. Zu den temporalen Konjunktionen gehören:

- ✔ **luego que** (dann)
- ✔ **mientras** (während)
- ✔ **apenas** (kaum)
- ✔ **en cuanto** (sobald)
- ✔ **cuando** (wenn)
- ✔ **no bien** (sobald)
- ✔ **tan luego como** (sobald)
- ✔ **siempre que** (vorausgesetzt, dass)
- ✔ **a medida de que** (im Rahmen des Möglichen)
- ✔ **de manera que** (sodass/also)

Sätze mit temporalen Konjunktionen können sowohl in der Wirklichkeitsform als auch im Subjuntivo-Modus vorkommen.

Temporale Konjunktionen stehen zwischen einem Hauptsatz und einem Nebensatz oder am Satzanfang. Sie deuten auf den zeitlichen Ablauf einer Handlung hin. Temporale Konjunktionen benötigen manchmal den Einsatz des **subjuntivo.**

- ✔ **Vamos a cenar luego que tú llegues.** (Wir essen, sobald du kommst.)
- ✔ **Apenas llegué a casa, sonó el teléfono.** (Ich war kaum zu Hause, schon klingelte das Telefon.)
- ✔ **En cuanto termino de aprender el vocabulario empiezo con los verbos.** (Sobald ich mit dem Vokabellernen fertig bin, fange ich mit den Verben an.)
- ✔ **Cuando trabajo almuerzo en la cantina.** (Wenn ich arbeite, esse ich in der Kantine.)

 Je nach Modus ändert sich die Bedeutung von manchen Konjunktionen. **Escucho la radio mientras cocino.** (Ich höre Radio, während ich koche.) Zwei Handlungen (hören und kochen) geschehen zur gleichen Zeit und sind eine Tatsache. Deshalb wird die Wirklichkeitsform verwendet. **Mientras llegue puntualmente,**

la cena no se enfriará. (Solange er pünktlich kommt, wird das Abendessen nicht kalt werden.) Das warme Abendessen ist die Folge der pünktlichen Ankunft, wobei diese Information nicht bekannt beziehungsweise nicht sicher ist, deshalb muss **subjuntivo** verwendet werden.

Die Entscheidung über den Modus in Verbindung mit temporalen Konjunktionen ändert die Bedeutung einer Information.

Temporale Konjunktionen stehen am Satzanfang oder zwischen einem Haupt- und einem Nebensatz.

✔ **Vamos a ir al centro luego que nos den las llaves de la habitación.** (Wir gehen in die Stadt, sobald wir die Zimmerschlüssel bekommen haben.)

✔ **En cuanto nos den las llaves de la habitación vamos a ir al entro.** (Wir gehen in die Stadt, sobald wir die Zimmerschlüssel bekommen haben.)

✔ **Cuando nos den las llaves de la habitación subiremos la maletas.** (Wenn wir die Zimmerschlüssel bekommen, bringen wir das Gepäck hoch.)

✔ **Tan luego como termine de escribir la carta la imprimiré y la llevaré al correo.** (Sobald ich den Brief geschrieben habe, drucke ich ihn aus und bringe ihn zur Post.)

✔ **Ni bien compre sellos enviaremos las postales.** (Sobald ich Briefmarken gekauft habe, senden wir die Postkarten.)

Zweck einer Handlung und finale Konjunktionen

Finale Konjunktionen kommen zum Einsatz, wenn Sie über den Zweck einer Handlung sprechen wollen. Finale Konjunktionen sind unterordnende Konjunktionen. Zu dieser Gruppe zählen diese Konjunktionen:

✔ **para que** (um … zu)

✔ **a fin de que** (damit)

✔ **porque** (weil/da)

✔ **con objeto/motivo de que** (mit dem Zweck)

✔ **a menos que** (es sei denn)

✔ **en vista de** (angesichts)

Sätze, die mit finalen Konjunktionen verbunden werden, stehen durch den Zweck der Handlung in Abhängigkeit zueinander. Sätze mit finalen Konjunktionen beantworten die Frage **¿Para qué?** (Wozu?/Wofür?) oder **¿Con qué objetivo?** (Mit welchem Zweck?) Sie etwas tun.

Sie brauchen finale Konjunktionen, wenn Sie über das Ziel oder den Zweck einer Handlung berichten wollen.

✔ **Debemos hacer deporte para que tengamos buena salud.** (Wir sollten Sport machen, um gesund zu bleiben.) Die Gesundheit zu erhalten ist der Zweck, weshalb Sie Sport machen sollten.

✔ **Toma un analgésico a fin de que se te cure el dolor de cabeza.** (Nimm eine Schmerztablette, damit die Kopfschmerzen nachlassen.)

✔ **Leo el periódico porque quiero informarme.** (Ich lese die Zeitung, um mich zu informieren.)

✔ **Escucho las noticias con objeto de informarme.** (Ich höre die Nachrichten, um mich zu informieren.)

Finale Konjunktionen machen den Haupt- und den Nebensatz abhängig voneinander, denn es wird über den Zweck oder das Motiv erzählt, warum eine Handlung ausgeführt wird. Dazu verwenden Sie die Zeiten der Wirklichkeitsform.

✔ **Os invitamos con motivo de nuestra boda.** (Wir laden euch zu unserer Hochzeit ein.) Die Hochzeit ist das Motiv der Einladung.

✔ **Los alumnos estudian porque quieren aprobar el examen.** (Die Schüler lernen, um die Prüfung zu bestehen.)

✔ **En el aeropuerto hay muchos controles a fin de proteger la seguridad de los pasajeros.** (Im Flughafen gibt es viele Kontrollen, um für die Sicherheit der Passagiere zu sorgen.) Die Sicherheit der Passagiere ist das Ziel der Sicherheitskontrolle.

In Sätzen mit finalen Konjunktionen können auch Zeiten des Subjuntivo-Modus zum Einsatz kommen, wenn das Subjekt im Hauptsatz ein anderes ist als das Subjekt im Nebensatz.

Vergleichende Konjunktionen

Vergleichende Konjunktionen sind unterordnende Konjunktionen und haben die Aufgabe, zwei oder mehr Handlungen miteinander zu vergleichen. Hauptsatz und Nebensatz stehen in Abhängigkeit zueinander. In dieser Gruppe finden Sie:

✔ **que** (als)

✔ **como** (wie)

✔ **tanto como** (so wie)

✔ **así como** (so auch)

Ein Satz mit vergleichenden Konjunktionen gibt Auskunft über die Gleichheit oder die Verschiedenheit zwischen der Information im Haupt- und im Nebensatz.

Vergleichende Konjunktionen sagen etwas über das Verhältnis zwischen der Information im Hauptsatz und der Information im Nebensatz. Das kann Gleichheit oder Verschiedenheit sein. Mehr über den Gebrauch von Vergleichen erfahren Sie in Kapitel 3.

✔ **Me gusta nadar tanto como jugar al voleibol en playa.** (Ich schwimme genauso gern wie ich Beachvolleyball spiele.)

✔ **Me interesa la ópera así como también la comedia.** (Mich interessiert die Oper und genauso die Komödie.)

Vergleichende Konjunktionen stehen zwischen dem Hauptsatz und dem Nebensatz. Dadurch werden der Haupt- und der Nebensatz abhängig voneinander. Mehr über das Thema Vergleiche erfahren Sie in Kapitel 3.

Übungen zu Kapitel 17

Übung 17.1

Welche ist die korrekte Übersetzung für diese Sätze? Entscheiden Sie, welche Konjunktion korrekt ist. **¿Qué cocinamos hoy, carne y / o pescado?** (Was kochen wir heute, Fleisch oder Fisch?) **Para la fiesta te puedes poner la blusa roja y / o la camiseta amarilla.** (Für das Fest kannst du entweder die rote Bluse oder das gelbe T-Shirt anziehen.) **Ayer compré un libro y / o una revista.** (Gestern habe ich ein Buch und eine Zeitschrift gekauft.) **¿Vamos al bar y / o restaurante?** (Gehen wir in die Bar oder ins Restaurant?) **Mañana quiero visitar a mi tía y / o a mi prima.** (Morgen möchte ich meine Tante und meine Cousine besuchen.) **¿Vais a Madrid en coche y / o en avión?** (Wie kommt ihr nach Madrid, mit dem Auto oder fliegt ihr?)

Übung 17.2

Erklären Sie, warum Sie etwas tun. **Aprendo español. Quiero viajar a España.** (Ich lerne Spanisch, um nach Spanien zu reisen.) _____ **Compro lana / quiero tejer un pullover.** (Ich kaufe Wolle, um einen Pullover zu stricken.) _____ _____ **Necesitamos arroz. Cocinar una paella.** (Wir brauchen Reis, um eine Paella zu kochen.) _____ _____ **Necesito un bolígrafo Tengo que firmar unos papeles.** (Ich brauche einen Kuli, um ein paar Unterlagen zu unterschreiben.) _____ _____ **Lleva monedas. Pagar el aparcamiento.** (Nimm Münzen mit, um den Parkschein zu lösen.) _____ **El abuelo busca las gafas. / El abuelo quiere leer el periódico.** (Opa sucht die Brille, um die Zeitung zu lesen.) _____ _____

Kapitel 18

Gut verbunden – Konnektoren, die die Sprache bereichern

Konnektoren – **marcadores de discurso** – sind Wörter, die die Sprache bereichern und sie lebendig erscheinen lassen. Viele sind typisch für ein Land oder eine bestimmte Region. Wenn Sie einen Witz erzählen, werden diese Konnektoren immer dabei sein. Sie stehen für die Information zwischen den Zeilen genauso wie für den Einsatz von ironischen oder sarkastischen Wendungen. In diesem Kapitel lernen Sie, welche Konnektoren es im Spanischen gibt, in welche Gruppen diese eingeordnet werden und wie Sie sie einsetzen können.

Organisation ist alles

Wie der Name schon vermuten lässt, organisieren organisatorische Konnektoren die Information und lassen die Sprache lebendig erscheinen. Zu dieser Gruppe zählen:

✔ **pues** (dann/also)

✔ **pues bien** (also gut)

✔ **bien bien** (gut)

✔ **oye** (hör mal)

✔ **oiga** (hören Sie)

✔ **mira** (schau)

✔ **mire** (schauen Sie)

Konnektoren lassen die Sprache natürlich wirken und klingen nicht wie aus dem Buch heraus gesagt.

✔ **Pues bien, ¿qué hacemos ahora?** (Was machen wir nun?)

✔ **Mira Carlos, allí está Jorge. Vamos a saludarlo.** (Schau mal Carlos, da ist Jorge. Gehen wir ihm Hallo sagen.)

✔ **Si no puede venir a las cuatro, pues venga a las cuatro y media.** (Wenn Sie also nicht um vier Uhr kommen, kommen Sie dann um halb fünf.)

Wenn Sie während eines Gesprächs das Wort ergreifen wollen, brauchen Sie organisierende Konnektoren. Damit machen Sie auf sich aufmerksam und verschaffen sich die Aufmerksamkeit Ihrer Gesprächspartner. Das sind Partikeln, die Verbformen sind **oye** (hör mal), **oiga** (hören Sie), **mira** (schau mal) und **mire** (schauen Sie).

Die Stellung der organisatorischen Konnektoren im Satz

Organisatorische Konnektoren stehen am Satzanfang, wenn Sie damit auf sich aufmerksam machen wollen, um das Wort zu ergreifen. Genauso können sie als Füllwörter vor einem Adjektiv, einem Adverb oder einem Verb stehen.

✔ **Oye, ¿tienes un libro de cocina española?** (Hör mal, hast du ein Kochbuch über die spanische Küche?) Mit **oye** (hör mal) ergreifen Sie das Wort, um die Frage nach dem Kochbuch zu stellen.

✔ **Mire, su paquete no ha llegado aún.** (Schauen Sie mal, Ihr Paket ist noch nicht angekommen.) Mit **mire** (schauen Sie mal) wird die Person angesprochen, damit die nächste Information folgen kann.

✔ **Pues bien, ¿tientes las llaves?** (Hast du nun die Schlüssel?)

 Pues ist ein Füllwort, das nicht immer eins zu eins übersetzt werden kann. **No las tengo pues.** (Ich habe sie nicht.) Bei diesem Beispiel betonen Sie mit **pues**, dass Sie die Schlüssel nicht haben, und das Wort hat keine eigene Bedeutung.

Oye (hör mal) und **oiga** (hören Sie) sind Imperativformen des Verbs **oir** (hören). **Mira** (schau mal) und **mire** (schauen Sie) sind Imperativformen des Verbs **mirar** (schauen).

Ordnende Konnektoren

Ordnende Partikeln strukturieren die Sprache, sodass die Information der Reihenfolge nach erzählt werden kann. Zu dieser Gruppe zählen die Partikeln:

✔ **antes que nada** (vor allem / insbesondere)

✔ **en primer lugar** (zuerst / als Erstes / erstens)

✔ **por un lado / por una parte** (einerseits / zum einen) … **en segundo lugar / por otra parte / por otro lado** (zweitens / andererseits / zum anderen)

✔ **asimismo** (auch/ebenfalls)

✔ **finalmente** (schließlich)

✔ **por último** (zum Schluss)

Mit ordnenden Konnektoren wägen Sie zwischen verschiedenen Möglichkeiten ab oder zählen verschiedene Möglichkeiten der Reihenfolge nach auf.

✔ **Antes que nada quiero decirte que me alegro mucho que estés aquí.** (Vor allem möchte ich dir sagen, wie sehr ich mich freue, dass du hier bist.)

✔ **Por un lado Alfonso necesita trabajar por otra parte no encuentra un trabajo que le guste.** (Einerseits braucht Alfonso eine Arbeit, andererseits findet er keine Arbeit, die ihm Spaß macht.)

✔ **Tengo que llevar el auto al mecánico, asimismo necesito pasar por el banco antes.** (Ich muss das Auto in die Werkstatt bringen und ebenfalls vorher auf die Bank gehen.)

✔ **Primero María trabaja todo el día y por último María hace las compras.** (Zuerst arbeitet María den ganzen Tag und zum Schluss geht Maria einkaufen.)

 Ordnende Konnektoren sind nicht immer einzelne Wörter, sondern können aus verschiedenen Wortgruppen gebildet werden, zum Beispiel aus Artikeln, Adjektiven, Adverbien oder Präpositionen.

Die Stellung ordnender Konnektoren im Satz

Ordnende Konnektoren stehen immer am Anfang des Satzes, weil sie die Informationen einleiten. Bei Sätzen mit **por un lado** (einerseits) und **por el otro** (andererseits) leitet **por un lado** die Information ein und steht am Satzanfang. Nach **por el otro** wird eine weitere Information hinzugefügt.

✔ **Antes que nada os deseamos unas Felices Fiestas.** (Vor allem wünschen wir euch frohe Feiertage.)

✔ **Primero vamos a la perfumería y por último pasamos por la librería.** (Zuerst gehen wir in die Parfümerie rein und zum Schluss gehen wir in die Buchhandlung.)

✔ **Finalmente llegamos a tiempo a la Plaza de los Toros para ver los fuegos artificiales.** (Schließlich sind wir rechtzeitig an der Plaza de los Toros angekommen, um das Feuerwerk anzusehen.)

Das Thema wechseln – abschweifende Konnektoren

Abschweifende Konnektoren (**partículas digresoras**) werden benötigt, um eine Information einzufügen, die das aktuelle Thema des Gesprächs unterbricht oder wechselt. Abschweifende Partikeln sind:

✔ **a propósito** (übrigens)

✔ **por cierto** (apropos/übrigens)

✔ **a todo esto** (da fällt mir gerade ein)

✔ **dicho sea de paso** (nebenbei bemerkt / beiläufig gesagt)

Wundern Sie sich nicht über die Lautstärke einer Gruppe von Spanischsprechenden. Wenn mehr als zwei zusammenkommen, reden alle gleichzeitig und behandeln zur gleichen Zeit mehrere Themen, sodass es nicht selten ist, dass die abschweifenden Konnektoren zum Einsatz kommen.

✔ **A propósito, ¿llamaste a Valeria?** (Übrigens, hast du Valeria angerufen?) Sie sprechen mit jemandem über ein Thema, als Ihnen plötzlich einfällt, dass Sie die ganze Zeit nach dem Telefonanruf fragen wollten.

✔ **Por cierto, ¿terminasteis de trabajar en el jardín?** (Übrigens, seid ihr mit der Gartenarbeit fertig?)

✔ **A todo esto, me había olvidado de decirle que llegó una carta para usted.** (Da fällt mir gerade ein, es ist ein Brief für Sie angekommen.)

✔ **Dicho sea de paso, María ha dicho que viene más tarde.** (Nebenbei bemerkt, María hat gesagt, sie käme später vorbei.)

Wenn Sie sich über etwas Bestimmtes unterhalten, können Sie mit den abschweifenden Konnektoren das laufende Gespräch unterbrechen und ein neues Thema ansprechen, das mit der aktuellen Unterhaltung nichts zu tun hat.

Die Stellung von abschweifenden Konnektoren im Satz

Abschweifende Konnektoren stehen immer am Satzanfang, denn sie sind die Ursache dafür, dass ein Thema unterbrochen oder gewechselt wird.

✔ **A todo esto, ¿sabías que Inés se muda a Valencia?** (Da fällt mir gerade ein, wusstest du, dass Inés nach Valencia umzieht?) Der Umzug von Inés war nicht das Gesprächsthema.

✔ **Dicho sea de paso, dile a Gabriel que se lave las manos antes de comer.** (Nebenbei bemerkt, sag bitte Gabriel, er soll sich vor dem Essen die Hände waschen.) Die Anweisung für Gabriel war nicht das Gesprächsthema.

✔ **A propósito, escuché en la radio que el fin de semana va a salir en sol.** (Übrigens, ich habe im Radio gehört, dass am Sonntag die Sonne rauskommt.) Das Wetter für das Wochenende war nicht das aktuelle Gesprächsthema.

Erklärende Konnektoren

Erklärende Konnektoren leiten eine Information ein, die eine Handlung näher beschreibt. Dadurch geben Sie eine Information, die sehr detailliert ist. Erklärende Partikeln sind: **es decir** (das heißt / also) und **o sea** (mit anderen Worten).

✔ **Vamos a estar en el cine a partir de las seis de la tarde. Es decir, nos encontramos a las seis para tomar algo y después vemos la película que empieza a las siete.** (Wir sind ab 18 Uhr im Kino, das heißt, wir treffen uns um 18 Uhr und trinken etwas, anschließend gehen wir in den Film, der um 19 Uhr beginnt.)

✔ **El sábado tenemos invitados a cenar, o sea que tenemos que comprar todo lo necesario para preparar la cena.** (Am Samstag haben wir Gäste zum Abendessen, also müssen wir alle Zutaten für das Abendessen besorgen.)

✔ **El jueves tenemos dos exámenes, o sea que tenemos que estudiar muchísimo.** (Am Donnerstag haben wir zwei Prüfungen, also müssen wir noch sehr viel lernen.)

✔ **Todavía no tenemos planes para las próximas vacaciones, es decir que tenemos que ir a la agencia de viajes a pedir información.** (Wir haben noch keine Pläne für die nächsten Ferien, das heißt, dass wir ins Reisebüro gehen sollten, um Informationen einzuholen.)

Die Stellung der erklärenden Konnektoren im Satz

Erklärende Konnektoren stehen nicht im Hauptsatz. Entweder stehen sie vor einem Nebensatz oder am Satzanfang einer weiteren Information. Sätze mit erklärenden Konnektoren setzen eine zuvor angegebene Information voraus.

✔ **Esta mañana han bajado los precios del combustible, o sea que he ido a la gasolinera a llenar el tanque de mi auto.** (Heute Morgen sind die Benzinpreise gesunken, sodass ich zur Tankstelle gefahren bin, um mein Auto aufzutanken.) Die Handlung »tanken« folgte auf die Information über die gesunkenen Preise. Mit **o sea** erklären Sie, warum Sie tanken gefahren sind.

✔ **Un día antes de un día festivo hay mucha gente en el supermercado, es decir que hay que hacer las compras temprano.** (Einen Tag vor einem Feiertag sind viele Leute im Supermarkt. Das heißt, dass man den Einkauf früh machen muss.) Die Entscheidung über den frühen Einkauf beruht auf der Information des überfüllten Supermarkts.

✔ **No entramos todos en un auto, o sea que vamos en tren a la feria de Navidad.** (Wir passen nicht alle in ein Auto, also fahren wir mit dem Zug zum Weihnachtsmarkt.)

Eine Information korrigieren – korrigierende Konnektoren

Korrigierende Konnektoren helfen, eine Information zu korrigieren oder ein Gegenargument anzubringen. Zu dieser Gruppe gehören die folgenden Partikeln:

✔ **sin embargo** (trotzdem/dennoch/nichtsdestotrotz)

✔ **en cambio** (dagegen/stattdessen)

✔ **dicho esto** (wie gesagt)

✔ **en mi opinión** (meiner Meinung nach)

✔ **por el contrario** (im Gegensatz / hingegen)

✔ **no obstante** (trotzdem/nichtsdestotrotz)

✔ **además** (außerdem)

✔ **encima** (obendrauf)

✔ **aparte** (außerdem/beiseite)

✔ **a saber** (und zwar)

✔ **en otras palabras** (mit anderen Worten)

✔ **pues** (also / ironisch / indifferent, Zweifel)

✔ **pues** (also)

✔ **mejor dicho** (besser gesagt)

✔ **mejor** (besser)

✔ **más bien** (eher)

 Pues als korrigierender Konnektor kann einer Information den ironischen Ton geben. Dabei hat es nicht immer die gleiche Übersetzung. **Si el piso es muy caro, pues tienes que buscar otro.** (Wenn die Wohnung zu teuer ist, wirst du eine andere suchen müssen.)

✔ **El aparcamiento 3 es muy caro en cambio el aparcamiento 5 es más barato.** (Das Parkhaus 3 ist sehr teuer, dagegen ist das Parkhaus 5 günstiger.)

✔ **El aparcamiento 3 es muy caro no obstante aparcamos allí porque está más cerca del centro.** (Das Parkhaus 3 ist sehr teuer, trotzdem parken wir dort, weil es näher an der Innenstadt liegt.) Der Konnektor **no obstante** lässt die Information unverändert. Obwohl Sie die Preise des Parkhauses 3 kennen, werden Sie dort parken, weil die Vorteile den hohen Preis überwiegen.

✔ **El aparcamiento 3 es muy caro. Dicho esto decidimos aparcar en el aparcamiento 5.** (Das Parkhaus 3 ist sehr teuer. Aus diesem Grund haben wir beschlossen, im Parkhaus 5 zu parken.)

✔ **Pues si vamos a pie al centro ahorraremos los gastos de aparcamiento.** (Also, wenn wir zu Fuß in die Stadt gehen, können wir uns die Parkgebühren sparen.)

Die Stellung korrigierende Konnektoren im Satz

Korrigierende Konnektoren können innerhalb eines Satzes eingesetzt werden, am Anfang vom Hauptsatz oder am Anfang eines weiteren Satzes stehen.

✔ **El piso me gusta mucho porque es muy luminoso y además tiene un balcón grande.** (Die Wohnung gefällt mir sehr gut und hat außerdem einen großen Balkon.)

✔ **Dicho esto, el piso me encanta y me gustaría alquilarlo.** (Wie gesagt, die Wohnung gefällt mir sehr gut, sodass ich sie mieten möchte.)

✔ **El piso tiene también un garage y aparte está cerca de la estación e Metro. Por otra parte el alquiler es muy alto.** (Die Wohnung hat auch eine Garage und ist außerdem in der Nähe vom Bahnhof. Auf der anderen Seite ist die Miete sehr hoch.)

Modale Konnektoren

Modale Konnektoren legen fest, dass eine Handlung unabhängig von anderen Faktoren in jedem Fall geschehen wird. Sie setzen sich aus Adverbien, Nomen und Präpositionen zusammen. Zu dieser Gruppe gehören:

✔ **de todos modos** (auf alle Fälle / immerhin)

✔ **en todo caso** (in jedem Fall)

✔ **de cualquier forma** (jedenfalls)

✔ **en cualquier caso** (in jedem Fall)

✔ **de todas maneras** (sowieso)

Wenn Sie modale Konnektoren einsetzen, berichten Sie über eine Handlung, die unabhängig von allen anderen Umständen geschehen wird.

✔ **Hoy hace mucho frío, de todos modos, vamos a ir a la feria de Navidad.** (Heute ist es sehr kalt. Wir werden auf alle Fälle zum Weihnachtsmarkt gehen.) Unabhängig von der Temperatur wird die Handlung, zum Weihnachtsmarkt zu gehen, geschehen.

✔ **Mi coche no funciona. En todo caso tengo que ir al trabajo, así que tomaré el autobús.** (Mein Auto ist kaputt. Ich werde in jedem Fall mit dem Bus zur Arbeit fahren.)

✔ **Pasado mañana es día feriado y hoy, tal vez haya mucha gente en el supermercado. Tenemos que hacer compras de todas maneras.** (Übermorgen ist Feiertag, sodass heute viele Leute im Supermarkt sein werden. Wir müssen sowieso einkaufen.)

✔ **Pedro todavía no sabe si va a viajar. De cualquier forma a pidió vacaciones para el verano.** (Pedro weiß noch nicht, ob er verreisen wird. Er hat in jedem Fall schon Urlaub für den Sommer beantragt.)

Die Stellung modaler Konnektoren im Satz

In der Regel stehen modale Konnektoren erst in der zweiten Information, weil die Handlung unabhängig von anderen Faktoren passieren wird.

✔ **Está nevando. De todos modos tengo que ir en bicicleta a la estación.** (Es schneit. Ich muss in jedem Fall mit dem Fahrrad zum Bahnhof fahren.) Unabhängig von den Wetterverhältnissen fahren Sie mit dem Fahrrad zum Bahnhof.

✔ **Tenemos invitados a cenar. Cocinamos algo en todo caso.** (Wir haben Gäste zum Abendessen. Wir kochen in jedem Fall etwas.) Sie kochen unabhängig davon, ob Gäste kommen oder nicht.

✔ **Después de cocinar hay que ordenar la cocina de todas maneras.** (Nach dem Kochen muss die Küche in jedem Fall aufgeräumt werden.) Die Aufräumarbeiten in der Küche beginnen in jedem Fall nach dem Kochen.

Über die Folgen einer Handlung sprechen – folgernde Konnektoren

Folgernde Konnektoren werden eingesetzt, um eine Information zusammenzufassen. Damit berichten Sie auch über das Ergebnis oder die Konsequenzen einer Handlung. Zu dieser Gruppe zählen:

✔ **en definitiva** (letzten Endes)

✔ **así** (so)

✔ **en consecuencia** (folglich/daraufhin)

✔ **entonces** (dann)

✔ **en conclusión** (kurz und gut / schließlich / letztendlich)

✔ **por lo tanto** (also/daher)

✔ **en total** (insgesamt)

✔ **en fin** (kurz und gut)

✔ **al fin y al cabo** (schließlich / letzten Endes)

In allen Beispielen finden Sie in den Sätzen mit folgernden Konnektoren eine Information über die Folgen einer anderen, vorausgegangenen Handlung.

✔ **En definitiva, es mejor tomar un tren antes para llegar más temprano a Jerez.** (Letzten Endes ist es besser, einen früheren Zug zu nehmen, um früher in Jerez anzukommen.)

✔ **Hubo robos en las grandes tiendas, en consecuencia ahora hay más personal de seguridad.** (Aufgrund der Diebstähle in den großen Kaufhäusern gibt es jetzt mehr Sicherheitspersonal.)

✔ **El grupo de viaje es de 25 personas por lo tanto tenemos que reservar dos habitaciones más.** (Die Reisegruppe hat 25 Teilnehmer, daher müssen wir zwei Zimmer mehr reservieren.)

✔ **En fin, Después de la cena vamos todos al cine.** (Kurz und gut, nach dem Abendessen gehen wir zusammen ins Kino.)

Die Stellung folgernder Konnektoren im Satz

Folgernde Konnektoren können am Anfang des Hauptsatzes stehen, zwei Sätze miteinander verbinden oder am Anfang eines Nebensatzes vorkommen.

✔ **El piso es demasiado caro, por lo tanto voy a buscar otro.** (Die Wohnung ist zu teuer, daher suche ich eine andere.) Der folgernde Konnektor **por lo tanto** deutet auf die Folge des hohen Preises hin.

✔ **En consecuencia del alto nivel de alquileres en el centro, es mejor buscar un piso en las afueras.** (Die Mietpreise in der Stadt sind sehr hoch, folglich muss man eine Wohnung außerhalb der Stadt suchen.)

✔ **En fin, tenemos que leer los anuncios de pisos hasta encontrar uno bonito y a buen precio.** (Nun ja, man muss so lange die Wohnungsanzeigen lesen, bis eine schöne und preiswerte Wohnung gefunden wurde.)

Argumente einbringen – argumentative Konnektoren

Argumentative Konnektoren ergänzen eine Information mit einer weiteren, die mit der ursprünglichen nichts zu tun haben muss. Argumentative Konnektoren sind:

✔ **en realidad** (in Wirklichkeit / eigentlich)

✔ **en el fondo** (im Grunde / eigentlich)

✔ **de hecho** (tatsächlich/eigentlich)

Wenn Sie jemanden davon überzeugen wollen, etwas zu tun oder zu unterlassen, verwenden Sie argumentative Konnektoren, die zusätzliche Argumente zu den vorhandenen Informationen liefern.

✔ **En realidad no necesitamos comprar verdura porque todavía tenemos suficiente.**
(Eigentlich müssen wir kein Gemüse kaufen, da wir noch genug dahaben.)

✔ **En el fondo Victor es una buena persona aunque a veces no sabe lo que dice.**
(Im Grunde ist Victor ein guter Mensch, aber manchmal weiß er nicht, was er sagt.)

✔ **De hecho Sergio compró una casa nueva.** (Sergio hat tatsächlich ein neues Haus gekauft.)

✔ **En realidad hoy no tengo ganas de hacer deporte pero voy a correr un rato.**
(Eigentlich habe ich heute keine Lust, Sport zu machen, aber ich werde trotzdem joggen gehen.)

Die Stellung argumentativer Konnektoren im Satz

Argumentative Konnektoren stehen entweder am Anfang des Hauptsatzes oder am Anfang des Nebensatzes. Sie haben eine verstärkende oder eine abschwächende Wirkung auf die bekannte Information.

✔ **De hecho no se justifica comprar este abrigo porque no es de buena calidad.**
(Es lohnt sich tatsächlich nicht, diese Jacke zu kaufen, weil die Qualität schlecht ist.)
De hecho als argumentativer Konnektor kann Ihre Entscheidung beeinflussen, diese Jacke zu kaufen.

✔ **En el fondo, uno puede tener mala suerte con cualquier producto.** (Im Grunde kann man mit jedem Produkt Pech haben.)

✔ **En realidad, es mejor controlar un producto antes de comprarlo.** (Eigentlich ist es besser, ein Produkt vor dem Kauf auf Mängel zu kontrollieren.)

Konkret werden mit konkretisierenden Konnektoren

Konkretisierende Konnektoren haben die Aufgabe, eine Information anhand von Beispielen näher zu beschreiben. Zu dieser Gruppe gehören:

✔ **por ejemplo** (zum Beispiel)

✔ **de acuerdo** (laut/gemäß)

✔ **por supuesto** (natürlich)

✔ **ahora sí** (jetzt/nun)

✔ **en concreto** (konkret)

Beim Einsatz von konkretisierenden Konnektoren knüpfen Sie an vorhandene Erfahrungen an oder beziehen sich auf allgemeine Regeln. Sie sind aufgrund von Erfahrungen geplant oder beruhen auf allgemeingültigem Wissen.

✔ **Le tenemos que comprar un regalo a Pepa, por ejemplo un libro, un bolso o una entrada para el cine.** (Wir müssen noch ein Geschenk für Pepa besorgen, zum Beispiel ein Buch, eine Handtasche oder einen Kinobesuch.) Sie haben mit derartigen Geschenken schon gute Erfahrungen gemacht.

✔ **De acuerdo con el horario que está en la estación de autobús, el próximo a Toledo sale a las cuatro menos cuarto.** (Laut Fahrplan an der Haltestelle fährt der nächste Bus nach Toledo um viertel vor vier ab.) Ein Fahrplan ist eine allgemeingültige Information.

✔ **Ya tenemos los planes para las vacaciones, en concreto queremos pasar tres semanas en España y visitar dos regiones distintas.** (Wir haben schon konkrete Pläne für den nächsten Urlaub: Wir wollen zwei Wochen in Spanien verbringen und zwei Regionen kennenlernen.)

✔ **Faltan tres semanas para Navidad. Ahora sí tenemos que empezar a comprar los regalos.** (Es sind nur noch drei Wochen bis Weihnachten. Wir sollten nun so langsam anfangen, die Geschenke zu besorgen.)

Die hinzugefügten Informationen nach den konkretisierenden Konnektoren bestätigen den Wahrheitsgehalt einer Information.

Die Stellung konkretisierender Konnektoren im Satz

Konkretisierende Konnektoren verbinden Haupt- und Nebensatz miteinander. Sie können auch in einem zweiten Satz die vorhandene Information ergänzen.

✔ **El sábado podríamos hacer algo juntas, por ejemplo ir de tiendas.** (Am Samstag könnten wir etwas zusammen unternehmen, zum Beispiel bummeln.)

✔ **De acuerdo con las reglas de tránsito, el auto que viene por la derecha tiene prioridad de paso.** (Gemäß Straßenverkehrsvorschriften hat der von rechts kommende Wagen Vorfahrt.)

✔ **En concreto no nos pusimos de acuerdo sobre la compra de muebles para la sala.** (Wir konnten keine konkrete Entscheidung über den Möbelkauf für das Wohnzimmer finden.)

Redemittel für alle Fälle

Sie haben bestimmt schon Ausdrücke wie **¡Vale!, ¡Vamos!, ¡Venga!, ¡Venga vamos!, ¡Pues ya!, ¡Qué dices!, ¡No me digas!, ¡Hombre!, ¡Mujer! ¡Pues!** oder **¡Pues qué bien!** gehört. Diese Redemittel werden in der gesprochenen Sprache viel eingesetzt und haben verschiedene Funktionen; zum Beispiel helfen sie, eine ironische Information zum Ausdruck zu bringen, oder verursachen ein Gefühl der Überraschung oder Wut. Mit **¡Vale!** werden viele Informationen bestätigt, die sowohl positiv als auch negativ sein können.

✔ **Nos vemos a las seis de la tarde.** (Wir sehen uns um 18 Uhr.) Die Reaktion darauf kann sein: **¡Vale! Hasta luego.** (Okay, bis später.)

✔ **No tengo tiempo a las seis de la tarde.** (Ich habe um 18 Uhr keine Zeit.) Die Reaktion darauf lautet: **¡Vale, qué lástima!** (Okay, schade!)

✔ **Primero hacemos las compras y después vamos a la heladería, ¿vale?** (Zuerst gehen wir einkaufen und danach in die Eisdiele, okay?)

Seien Sie überrascht, wenn Ihnen jemand etwas erzählt, was Sie noch nicht wussten oder erstaunlich ist. Reagieren Sie mit diesen feststehenden Ausdrücken, die Konnektoren beinhalten.

✔ **Marcos se compró un coche nuevo.** (Marcos hat sich ein neues Auto gekauft.) Die Reaktion darauf könnte sein: **¡No me digas!** oder **¡Qué dices!** (Was du nicht sagst!)

✔ **Paula ganó un viaje en el concurso de la radio.** (Paula hat eine Reise beim Radio gewonnen.) Die Reaktion darauf könnte lauten: **¡Mujer! Es increíble.** (Mensch! Das ist ja unglaublich!)

✔ **Daniel fue ascendido en la empresa.** (Daniel wurde befördert.) Reagieren Sie mit: **¡Pues, qué bien!** (Schön für ihn.) Dabei kann diese Reaktion Ausdruck der ehrlichen Freude sein oder einen ironischen Unterton beinhalten.

Übung zu Kapitel 18

Übung 18.1

Ergänzen Sie die Geschichte mit den verschiedenen Konnektoren:

Una noche de verano (Eine Sommernacht)

Esta historia ocurrió en una noche de verano hace varios años. Eran las tres de la mañana y hacía mucho calor. _____ (Wut) (Diese Geschichte geschah vor einigen Jahren in einer heißen Sommernacht. Es war 3 Uhr nachts, und es war sehr heiß. Was für eine Uhrzeit für eine solche Geschichte!) **De repente me desperté asustada.** _____ (Überraschung) **escuchaba salir agua de un grifo abierto.** (Plötzlich wachte ich auf und hörte, dass aus einem Wasserhahn Wasser lief.) _____ (Überraschung) **En el baño había luz.** (Mensch! Im Bad brannte das Licht.) _____ (Ärger) **Recordemos que eran las tres de la mañana y que** _____ **todavía era hora de dormir.** (Nun ja, erinnern wir uns daran, dass es 3 Uhr nachts war und dass es eigentlich noch Zeit zum Schlafen war.) **Pero qué era normal en esa noche.** (Aber was war schon normal in dieser Nacht.) _____ **me levanté,** _____ **estaba muy cansada.** (Schließlich bin ich doch aufgestanden, obwohl ich noch sehr müde war.) **Seguía escuchando el ruido del agua.** (Das Wasser lief immer weiter.) **¿Cómo terminó esta historia?** _____, **cuando llegué al baño estaba totalmente depierta, y no menos asustada y al mismo tiempo sorprendida.** (Wie ging die Geschichte weiter? Als ich ins Bad reingegangen bin, war ich endlich wach und nicht weniger erschrocken, aber genauso überrascht.) _____, **la bañera estaba medio llena, mi hija, que en ese entonces tenía 18 meses, había decidido que necesitaba un baño, porque tenía mucho calor, o sea que esa era la razón, por la que yo escuchaba salir el agua.** _____ (Und zwar, meine Tochter, die zu dem Zeitpunkt erst achtzehn Monate alt war, beschloss, dass es ihr warm war und dass es Zeit war für ein erfrischendes Bad. Und was für ein Bad! Das war der Grund, warum ich Wassergeräusche hörte.) _____ **ella estaba vestida y ahora completamente mojada pero.** (Sie war angezogen und nun komplett nass.) **Inmediatamente la sequé, le puse ropa seca y la llevé a la cama.** (Ich trocknete sie ab, zog ihr trockene Sachen an und brachte sie wieder ins Bett.) **De todas formas ya eran la cuatro de la mañana y podía seguir durmiendo un rato más.** (In jedem Fall war es schon 4 Uhr morgens vorbei, sodass ich noch eine Weile schlafen konnte.) _____, **escondí el tapón de la bañera y lo escondí tan bien que nunca más lo volví a encontrar.** (Kurz und gut, ich habe den Badewannenstöpsel so gut versteckt, dass ich ihn nie wieder gefunden habe.)

Teil V
Der Top-Ten-Teil

Die Audio-Dateien zu diesem Buch, noch mehr Top-Ten-Kapitel und eine Verbliste finden Sie unter: https://www.wiley-vch.de/ ISBN9783527722990

In diesem Teil finden Sie nützliche Informationen über die spanische Sprache. Da Deutsch und Spanisch oft nicht eins zu eins übersetzt werden kann, entstehen Sprachfallen, die nicht nur das Verständnis erschweren, sondern zu Lachanfällen führen können. Dinge, über die man lacht, bleiben in Erinnerung. So auch diese Sprachfallen. Im Downloadbereich zu diesem Buch finden Sie noch weitere interessante Top-Ten-Kapitel zu spanischen SMS-Nachrichten, zu gängigen Redewendungen, zum Lernen mit authentischem Material und zur Sprache der Tiere. Hier im Buch folgen die Lösungen zu den Übungsaufgaben und hilfreiche Konjugatinonstabellen.

Kapitel 19
Zehn Sprachfallen zwischen Deutsch und Spanisch

In diesem Kapitel finden Sie eine Auswahl von zehn häufig vorkommenden Sprachfallen zwischen Deutsch und Spanisch. Sie führen zu Missverständnissen, weil die direkte Übersetzung zwischen den Sprachen nicht möglich ist. Dabei können die Wörter das gleiche Schriftbild haben oder eine ähnliche Aussprache.

Die Postkarte ist kein Zahlungsmittel: Karte – »carta«

Karte und **carta** haben in ihrer Sprache den gleichen Artikel und werden ähnlich ausgesprochen, der einzige Unterschied ist die Wortendung. Die Bedeutung der Wörter ist unterschiedlich.

Das deutsche Wort Karte hat viele Übersetzungen, aber keine hat mit dem Wort **carta** etwas gemeinsam: **tarjeta**, **tarjeta postal**, **menú**, **mapa**, **billete**, **entrada**, **naipe**.

✔ Kann ich mit Karte zahlen? (**¿Puedo pagar con tarjeta?**)

✔ María hat uns eine Karte aus Madrid geschickt. (**María nos ha envíado una tarjeta postal.**)

✔ Bringen Sie uns bitte die Karte! (**¿Nos trae el menú, por favor?**)

✔ Hast du eine Straßenkarte von Spanien? (**¿Tienes un mapa de España?**)

✔ José hat zwei Konzertkarten für Samstag. (**José tiene dos entradas para el concierto del sábado.**)

Das Wort **carta** hat auch viele Entsprechungen: Brief, Urkunde, Spielkarte, Speisekarte.

✔ **Le voy a escribir una carta a mi primo.** (Ich werde meinem Cousin einen Brief schreiben.)

✔ **¿Jugamos a las cartas?** (Lasst uns Karten spielen!)

✔ **Hoy comemos a la carta.** (Heute essen wir à la carte.)

✔ **¿Me trae la carta, por favor?** (Können Sie mir bitte die Speisekarte bringen?)

 Sie können nicht sagen: **Compré una carta de España** (Ich habe eine Karte von Spanien gekauft.), sondern müssen sagen: **Compré un mapa de España.** (Ich habe eine Karte von Spanien gekauft.) Auch der Satz **Tengo cartas para el concierto del sábado** (Ich habe Konzertkarten für Samstag.) ist falsch. Korrekt muss es heißen: **Tengo entradas para el concierto del sábado.** (Ich habe Konzertkarten für Samstag.) **¿Puedo pagar con carta?** (Kann ich mit Karte zahlen?) ist ebenfalls falsch. Korrekt heißt es: **¿Puedo pagar con tarjeta?** (Kann ich mit Karte zahlen?)

Persönliche Daten: Firma – »firma«

Firma und **firma** haben die gleiche Schreibweise und den gleichen weiblichen Artikel. Sie unterscheiden sich nur dadurch, dass das deutsche Wort Firma großgeschrieben und das spanische Wort **firma** kleingeschrieben wird. Die Bedeutung der Wörter haben nichts miteinander zu tun. Das deutsche Wort Firma steht für ein Unternehmen, das Produkte anbietet und verkauft. Die Firma produziert Autos. (Das Unternehmen produziert Autos.) Die spanische Übersetzung für Firma ist **empresa** und die Übersetzung lautet: **La empresa fabrica autos.**

Die Firma verkauft Lebensmittel. (**La empresa vende alimentos.**)

Juan arbeitet in der Firma seines Vaters. (**Juan trabaja en la empresa de su padre.**)

Die Firma hat Kunden in ganz Europa. (**La empresa tiene clientes en toda Europa.**)

Der Hauptsitz der Firma ist in Hamburg. (**La sede de la empresa está en Hamburgo.**)

Das spanische Wort **firma** ist auch weiblich und bedeutet Unterschrift oder Signatur. Daher finden Sie dieses Wort am Ende von vielen Formularen. Die gewünschte Information ist nicht die Angabe Ihres Arbeitsorts, sondern Sie sollten Ihre Angaben mit Ihrer Unterschrift bestätigen.

✔ **¡Firme aquí, por favor!** (Unterschreiben Sie bitte hier!)

✔ **Firmar un contrato.** (Einen Vertrag unterschreiben.)

✔ **La carta fue firmada por Manuel Fernández.** (Der Brief wurde von Manuel Fernández unterschrieben.)

Sie können nicht sagen: **La firma vende alimentos** (Die Firma verkauft Lebensmittel.) oder **Juan trabaja en la firma de su padre.** (Juan arbeitet in der Firma seines Vaters.) Korrekt heißt es: **La tienda / el negocio vende alimentos** (Das Geschäft verkauft Lebensmittel.) und **Juan trabaja en la empresa de su padre.** (Juan arbeitet in der Firma seines Vaters.)

Der Urlaub und die Messe: Ferien – »feria«

Die Wörter Ferien, weiblich Plural, und **feria,** ebenfalls weiblich, aber Singular, klingen ähnlich, aber deren Bedeutung ist völlig verschieden. Das Wort Ferien definiert die wohlverdiente Freizeit eines arbeitenden Menschen und wird übersetzt mit **tener vacaciones** oder **estar de vacaciones.**

✔ **En julio tengo dos semanas de vacaciones.** (Im Juli habe ich zwei Wochen Urlaub.)

✔ **Los niños todavía tienen tres semanas de vacaciones.** (Die Kinder haben noch drei Wochen Ferien.)

✔ **No tengo vacaciones.** (Ich habe keine Ferien / keinen Urlaub.)

✔ **El domingo me voy de vacaciones a Cádiz.** (Am Sonntag fahre ich in den Urlaub nach Cádiz.)

Das Wort **feria** entspricht nicht dem deutschen Wort Ferien. Mit dem Wort **feria** werden eine Messe, der Wochenmarkt, der Jahrmarkt und in manchen Regionen der Ruhetag bezeichnet.

✔ **La Feria del Libro fue muy interesante.** (Die Buchmesse war sehr interessant.)

✔ **La feria de Navidad abre el último fin de semana de noviembre.** (Der Weihnachtsmarkt öffnet am letzten Wochenende im November.)

✔ **La feria semanal abre los martes y los sábados.** (Der Wochenmarkt öffnet dienstags und samstags.)

 Sie können nicht sagen: **Tengo ferias o estoy de ferias,** um zum Ausdruck zu bringen, dass Sie Urlaub haben oder in die Ferien fahren. Sie können auch nicht über Ferien sprechen, wenn Sie sich auf eine Messe beziehen.

Bildung oder Sport: Gymnasium – »gimnasio«

Die Wörter Gymnasium und **gimnasio** klingen ähnlich, haben aber verschiedene Bedeutungen. Das Wort Gymnasium beschreibt eine Bildungseinrichtung, die Kinder nach der Grundschulzeit besuchen können. Das Gymnasium endet mit dem Abitur. Die spanische

Übersetzung für das Wort Gymnasium kann je nach Region unterschiedlich ausfallen: **instituto de enseñanza media, liceo, escuela secundaria, colegio secundario.**

✔ **Mis hijos van al instituto de enseñanza media.** (Meine Kinder gehen ins Gymnasium.)

✔ **La escuela de enseñanza media tiene más de mil alumnos.** (Das Gymnasium hat mehr als tausend Schüler.)

✔ **Después de terminar la escuela secundaria quiero estudiar biología en la universidad.** (Nach dem Gymnasium möchte ich Biologie an der Universität studieren.)

Das Wort **gimnasio** ist männlich und bezeichnet kein Gymnasium. Es beschreibt einen Ort, an dem Sie viele Sportarten betreiben können. Die Übersetzung für das Wort **gimnasio** lautet Turnhalle oder Fitnessstudio.

✔ **La escuela secundaria tiene un gimnasio nuevo.** (Das Gymnasium hat eine neue Turnhalle.)

✔ **Después del trabajo voy al gimnasio.** (Nach der Arbeit gehe ich ins Fitnessstudio.)

✔ **El mes pasado abrió un gimnasio cerca de mi casa.** (Letzten Monat wurde ein Fitnessstudio bei mir in der Nähe eröffnet.)

✔ **El instituto de enseñanza media es muy bueno.** (Das Gymnasium ist sehr gut.)

 Sie können nicht sagen: **Mi hijo va al gimnasio,** um mitzuteilen, dass Ihr Sohn das Gymnasium besucht. Mit diesem Satz erzählen Sie, dass Ihr Sohn in die Turnhalle oder ins Fitnessstudio geht.

Ambulant: »ambulante« – »ambulancia«

Das deutsche Adjektiv ambulant ähnelt dem spanischen Wort **ambulante,** das allerdings nicht dieselbe Bedeutung hat. Manche medizinische Behandlungen können ambulant erfolgen. Für diese Information benutzen Sie im Spanischen das Wort **ambulatorio.** Das Gegenteil von ambulant ist stationär (**tratamiento clínico**).

✔ **El tratamiento ambulatorio dura solo dos horas.** (Die ambulante Behandlung dauert nur zwei Stunden.)

✔ **Después de la operación ambulatoria se puede ir a su casa.** (Nach der ambulanten Operation können Sie nach Hause gehen.)

✔ **Las heridas son demasiado graves para un tratamiento ambulatorio.** (Die Verletzungen können nicht ambulant behandelt werden.)

Mit dem Adjektiv **ambulante** bezeichnen Sie Menschen, die nicht an einem festen Ort arbeiten. Die Übersetzung von **ambulante** ist herumziehend oder umherziehend und ist das Gegenteil von niedergelassen.

✔ **En América Latina hay muchos vendedores ambulantes.** (In Lateinamerika gibt es viele Straßenverkäufer.)

✔ **En Navidad vamos a ir a la función del circo ambulante.** (Weihnachten gehen wir in die Vorstellung des Wanderzirkus.)

✔ **Las canciones del grupo de música ambulante son muy bonitas.** (Die Lieder der Straßenmusiker sind sehr schön.)

Sie können nicht über **el tratamiento ambulante** sprechen, wenn Sie nicht stationär, sondern ambulant behandelt werden; sprechen Sie in diesem Fall über **el tratamiento ambulatorio.** Und wenn jemand schwer verletzt wird, kommt der Krankenwagen, auf Spanisch **la ambulancia.**

Es ist nicht immer komisch: komisch – »cómico«

Die Wörter komisch und **cómico** haben etwas gemeinsam: Beide Wörter sind Adjektive. Sie klingen ähnlich, deshalb werden sie oft falsch eingesetzt. Das Adjektiv komisch beschreibt eine Person, eine Sache oder einen Zustand, die beziehungsweise der einem seltsam vorkommt. Dafür gibt es mehrere spanische Adjektive: **extraño, raro** oder **curioso.**

✔ **Es muy extraño que Marcos llegue tarde.** (Es ist seltsam/komisch, dass Marcos zu spät kommt.)

✔ **Juana era una persona rara.** (Juana war eine komische Person.)

✔ **Creo que comí demasiado chocolate por eso me siento mal.** (Ich glaube, ich habe zu viel Schokolade gegessen, deshalb fühle ich mich komisch.)

Das Adjektiv **cómico** verwenden Sie, wenn Sie etwas witzig oder lustig finden.

✔ **La película es muy cómica.** (Der Film ist sehr lustig.)

✔ **Los chistes que cuenta Pepe no son cómicos.** (Die Witze, die Pepe erzählt, sind nicht lustig.)

✔ **El libro que recibí de regalo es muy cómico.** (Das Buch, das ich geschenkt bekam, ist sehr lustig.)

Sie können nicht sagen: **Me siento cómico**, um zu sagen, dass Sie sich komisch fühlen. Stattdessen sagen Sie: **Me siento mal.**

Die Geschenke kommen ins Regal: Regal – »regalo«

Die Wörter Regal und **regalo** sind Nomen, die fast gleich geschrieben werden und ähnlich klingen. Die Bedeutung ist völlig unterschiedlich. Das Regal ist ein Möbelstück. Wenn Sie in einem spanischsprachigen Land nach einem Regal suchen, fragen Sie nach einer **estantería.**

✔ **La estantería es de madera.** (Das Regal ist aus Holz.)

✔ **La mueblería tiene una oferta especial de estanterías.** (Das Möbelhaus hat Regale im Angebot.)

✔ **Tenemos que comprar estanterías nuevas para el despacho.** (Wir müssen neue Regale für das Büro kaufen.)

El regalo (das Geschenk) ist alles, was Sie einer anderen Person schenken. Wenn Sie wollen, kann es auch ein Regal sein, aber auch viele andere Dinge können ein schönes Geschenk sein.

✔ **Todavía no compré los regalos de Navidad.** (Ich habe noch keine Weihnachtsgeschenke gekauft.)

✔ **Paco recibió una bicicleta nueva de regalo de cumpleaños.** (Paco bekam ein neues Fahrrad als Geburtstagsgeschenk.)

✔ **En España los Reyes Magos les traen regalos a los niños.** (In Spanien bringen die Drei Könige die Geschenke für die Kinder mit.)

Es ist etwas zu laut: alt – »alto«

Die Wörter alt und **alto** sind Adjektive, die fast gleich geschrieben werden, daher werden sie oft verwechselt. Das deutsche Adjektiv alt bezeichnet die Lebensdauer einer Person oder einer Sache. Die Übersetzung ist **mayor** oder **anciano** für Personen und **viejo** oder **antiguo** für Sachen.

✔ **Mi hija tiene veinte años.** (Meine Tochter ist zwanzig Jahre alt.)

✔ **Es una historia muy antigua.** (Das ist eine sehr alte Geschichte.)

✔ **Mi auto no es viejo.** (Mein Auto ist nicht alt.)

Das Adjektiv **alto** hat verschiedene Funktionen: Es beschreibt die Höhe einer Sache. In dieser Funktion bedeutet **alto** hoch. Außerdem beschreibt **alto** (groß) die Größe einer Person. **Alto** kann auch laut bedeuten, wenn Sie über die Lautstärke von Musik oder eines anderen Geräusches sprechen.

✔ **El rascacielos es muy alto.** (Der Wolkenkratzer ist sehr hoch.) Bei diesem Beispiel bezieht sich das Wort **alto** auf die Höhe des Gebäudes.

✔ **Tu sobrino es muy alto.** (Dein Neffe ist sehr groß.) **Alto** bezieht sich bei diesem Beispiel auf die Körpergröße des Kindes.

✔ **¡El volumen de la televisión está muy alto!** (Der Fernseher ist sehr laut!) Hier geht es um die Lautstärke des Fernsehers und nicht um seine Maße.

 Sie können nicht sagen: **Mi abuelo es muy alto,** um zu erzählen, dass Ihr Großvater schon alt ist. Die richtige Aussage wäre: **Mi abuelo es mayor** oder **muy anciano**. **Mi abuelo es muy alto** bedeutet: Mein Großvater ist sehr groß. Mit dem Adjektiv alt können Sie nicht über Lautstärke, Körpergröße oder Höhe sprechen.

Bitte nicht auf der Sahne laufen: Rahm – »rama«

Mit den Wörtern Rahm und **rama** entsteht eine weitere Sprachfalle zwischen Deutsch und Spanisch. So ähnlich die Wörter klingen, so unterschiedlich ist ihre Bedeutung. Der Rahm ist essbar, während ich Ihnen nicht empfehle, **ramas** zu probieren. Sie finden den Rahm in jedem Supermarkt in Österreich oder der Schweiz. In Deutschland heißt Rahm Sahne. Die Übersetzung ist **nata** oder **crema de leche.**

✔ **El pastel lleva nata.** (Der Kuchen hat viel Rahm.)

✔ **No me gusta el café con nata.** (Ich mag keinen Kaffee mit Rahm.)

✔ **La carne se sirve con salsa con crema.** (Das Fleisch wird mit Rahmsoße serviert.)

La rama (Ast/Zweig/Stock) können Sie nicht essen, es sei denn, Sie kaufen **ramas de canela** (Zimtstangen). In der Wirtschaftssprache steht das Wort **rama** für einen Wirtschaftssektor oder ein Fachgebiet.

✔ **José trabaja en la rama de educación.** (José arbeitet in der Weiterbildungsbranche.)

✔ **Hay que poder el árbol porque tiene muchas ramas secas.** (Der Baum muss geschnitten werden, weil er viele trockene Äste hat.)

✔ **María me quiso contar algo pero se fue por las ramas.** (María wollte mir etwas erzählen, aber sie schweifte vom Thema ab.)

 Wenn jemand sagt: **Juan se fue por las ramas,** ist damit nicht gemeint, dass Juan auf den Ästen eines Baumes gelaufen ist, sondern dass er etwas sagen wollte und vom Thema abgekommen ist.

Die Tischdecke zum Anziehen: Mantel – »mantel«

Die Nomen Mantel und **mantel** unterscheiden sich nicht voneinander, außer beim Groß-buchstaben des deutschen Wortes. Die Betonung von Mantel liegt auf der ersten Silbe Man und die Betonung von **mantel** liegt auf der letzten Silbe. In der Bedeutung unterscheiden sich die Wörter. Der Mantel ist ein Kleidungsstück, das Sie brauchen, wenn es kalt ist. Das spanische Wort für dieses Kleidungsstück heißt **abrigo**. Das Wort werden Sie auch in Re-dewendungen finden, wie »sein Mäntelchen nach dem Wind hängen«. Diese Redewendung gibt es sinngemäß im Spanischen auch: **Arrimarse al sol que más calienta.** (Sich der Son-ne annähern, die am meisten wärmt.)

✔ **Necesito un abrigo de invierno nuevo.** (Ich brauche einen neuen Wintermantel.)

✔ **José María se olvidó el abrigo en el aivión.** (José María hat den Mantel im Flugzeug vergessen.)

✔ **Tenemos que llevar el abrigo de invierno a la tintorería.** (Wir müssen den Winter-mantel in die Reinigung bringen.)

Das spanische Wort **mantel** (Tischdecke) beschreibt kein Kleidungsstück. Es würde sicher sehr lustig aussehen, wenn Sie mit der Tischdecke aus dem Haus gehen.

✔ **El mantel de Navidad de mi abuela era rojo.** (Die Weihnachtstischdecke meiner Oma war rot.) Meine Oma deckte damit den Tisch und zog sie nicht an.

✔ **En el restaurante los manteles estaban muy sucios.** (Im Restaurant waren die Tischdecken schmutzig.)

✔ **Antes de poner la mesa hay que poner un mantel.** (Bevor der Tisch gedeckt wird, muss eine Tischdecke auf den Tisch gelegt werden.)

 Mit einem Mantel können Sie nicht den festlichen Tisch decken, sondern er ist dazu da, sich vor der Kälte zu schützen. Genauso wenig können Sie mit dem spanischen **mantel** auf die Straße gehen.

Anhang A
Lösungen zu den Übungen

Kapitel 1

Lösung der Übung 1.1

la: lin<u>ter</u>na (die Taschenlampe), <u>ca</u>sa (das Haus), <u>fe</u>cha (das Datum), <u>tí</u>a (die Tante)

el: <u>plá</u>tano (die Banane), ca<u>fé</u> (der Kaffee), co<u>rre</u>o (die Post), edi<u>fi</u>cio (das Gebäude), <u>mié</u>r-coles (der Mittwoch), abre<u>la</u>tas (der Dosenöffner), pa<u>ra</u>guas (der Regenschirm), <u>pa</u>dre (der Vater), <u>ga</u>to (der Kater)

Kapitel 2

Lösung der Übung 2.1

Mi jabón está en el neceser. (Meine Seife ist im Kulturbeutel.) **Mi hijo usa champú »La-vaelpelo«. Su champú está en su neceser.** (Mein Sohn benutzt das Shampoo »Lavaelpelo«. Es ist in seinem Kulturbeutel.) **Nuestros cepillos de dientes son nuevos.** (Unsere Zahn-bürsten sind neu.) **Mario, ¿has puesto tus medicamentos en la maleta?** (Mario, hast du deine Medikamente in den Koffer gepackt?) Mario: **Sí, también he puesto tu jarabe de la tos.** (Ja, und ich habe auch deinen Hustensaft eingepackt.) Diego y Juliana, **¿habéis puesto en vuestra mochila vuestra ropa interior, vuestras camisetas, vuestros calcetines, vues-tras sandalias, vuestro abrigo y un paraguas para cada uno?** (Diego und Juliana: Habt ihr eure Unterwäsche, eure T-Shirts, eure Socken, eure Sandalen, eure Jacken und einen Regen-schirm für jeden in den Rucksack gepackt?) Diego und Juliana antworten: **¡Sí, claro! Tam-bién llevamos nuestro juego de cartas y mi libro.** (Ja und wir haben auch unser Karten-spiel und mein Buch eingepackt.)

Kapitel 3

Lösung der Übung 3.1

La tienda de ropa es tan interesante como la zapatería. La zapatería »Buencalzado« es más grande que la zapatería »Mis Zapatos«. Los precios en la zapatería »Buencalza-do« son mejores que los precios en la zapatería »Mis Calzados«. La chaqueta azul es menos bonita que la chaqueta negra. Los vaqueros marrones son más baratos que los vaqueros azules. El libro nuevo de Gonzalez es el libro más interesante que he leído. El bolso de la marca »Entratodo« es el más caro.

Kapitel 4

Lösung der Übung 4.1

¿Dónde están mis llaves? (Wo sind meine Schlüssel?) **Tus llaves están aquí.** (Deine Schlüssel sind hier.) **¿Toledo está lejos de Madrid?** (Ist Toledo weit entfernt von Madrid?) **No. Toledo está cerca de la Ciudad Real.** (Nein. Toledo ist in der Nähe von Madrid.) **Dentro de la nevera está la carne para la cena.** (Im Kühlschrank ist das Fleisch für das Abendessen.) **¿Dónde está la cámara de fotos?** (Wo ist die Fotokamera?) **Está delante del ordenador.** (Sie liegt vor dem PC.) **¿Dónde está la escoba?** (Wo ist der Besen?) **Está detrás de la puerta de la cocina.** (Er ist hinter der Küchentür.)

Lösung der Übung 4.2

No está lejos. Sigue esta calle todo recto hasta el final. (Es ist nicht weit. Folgen Sie dieser Straße geradeaus bis zum Ende der Straße.) **Alli toma la primera a la derecha y en el semáforo gira a la izquierda.** (Dort nehmen Sie die erste Straße nach rechts und an der Ampel biegen Sie links ab.) **Allí está la farmacia.** (Dort ist die Apotheke.) **Cruza el puente y sigue todo recto hasta la plaza de Andalucía.** (Gehen Sie über die Brücke und gehen Sie weiter geradeaus bis zur Plaza de Andalucía.) **La estacíon está enfrente de la plaza.** (Der Bahnhof ist gegenüber von der Plaza de Andalucía.)

Kapitel 5

Lösung der Übung 5.1

¿A qué hora (1) comienza el concierto? (Wann beginnt das Konzert?) **El recepcionista (2) repite mis datos.** (Der Rezeptionist wiederholt meine Angaben.) **El desayuno (3) se sirve a partir de las 7 de la mañana.** (Das Frühstück wird ab 7 Uhr serviert.) **(4) Ofrezco servicios de jardinería.** (Ich biete Gartenarbeiten an.) **¿Cuándo (5) juega Alemania contra Francia?** (Wann spielt Deutschland gegen Frankreich?) **El niño (6) construye una torre y después la destruye.** (Das Kind baut einen Turm und später macht es ihn wieder kaputt.)

Lösung der Übung 5.2

Yo (1) estoy hirviendo agua para el té. (Ich koche gerade Wasser für den Tee.) **Tú (2) estás horneando el pastel.** (Du backst gerade den Kuchen.) **Él (3) está poniendo la mesa.** (Er deckt gerade den Tisch.) **Ella (4) está encendiendo una vela.** (Sie zündet gerade eine Kerze an) **Nosotros (5) estamos saludando a los invitados.** (Wir begrüßen gerade die Gäste.) **Ellos (6) están disfrutando de la tarde.** (Sie genießen gerade den Nachmittag.)

Lösung der Übung 5.3

(1) **me levanto**, (2) **se levantan**, (3) **me ducho**, (4) **me visto**, (5) **se ponen**, (6) **se llama**, (7) **se lavan**, (8) **se apuran**, (9) **nos despedimos**, (10) **nos acostamos**

Lösung der Übung 5.4

El Valle de la Perla (Das Tal La Perla.) **El Valle de la Perla (1) es un lugar muy bonito.** (Das Tal La Perla ist ein sehr schöner Ort.) **(2) Es muy tranquilo.** (Das Tal ist sehr ruhig.) **(3) Está lejos de la ciudad.** (Es liegt weit weg von der Stadt.) **Allí (4) hay un castillo que (5) es muy antiguo.** (Dort gibt es ein Schloss, das sehr alt ist.) **Los jardines del castillo (6) son muy grandes.** (Die Gartenanlage des Schlosses ist sehr groß.) **(7) Hay muchas plantas y muchas flores.** (Es gibt viele Pflanzen und viele Blumen.)

Kapitel 6

Lösung der Übung 6.1

levantarse (aufstehen): **Esta mañana me he levantado temprano.** (Heute Morgen bin ich früh aufgestanden.), **desayunar** (frühstücken): **He desayunado un café con leche y una tostada con mermelada.** (Ich habe einen Kaffee und einen Toast mit Marmelade gefrühstückt.), **trabajar** (arbeiten): **Hoy no he trabajado.** (Ich habe heute nicht gearbeitet.), **comer** (essen): **Esta tarde he comido con amigos en el bar.** (Heute Nachmittag habe ich mit Freunden in der Bar gegessen.), **beber** (trinken): **He bebido un vino tinto.** (Ich habe einen Rotwein getrunken.), **salir** (ausgehen): **No he salido por la noche.** (Heute Abend bin ich nicht ausgegangen.), **hacer deporte** (Sport machen): **Esta tarde he hecho deporte.** (Heute Nachmittag habe ich Sport gemacht.), **leer un libro** (ein Buch lesen): **Después de la cena he leído un libro.** (Nach dem Abendessen habe ich ein Buch gelesen.)

Lösung der Übung 6.2

Nacer (geboren werden): **Nací en** (Stadt) **el** (Datum); **ir a la escuela** (zur Schule gehen): **Fui a la escuela en** (Stadt); **terminar la escuela** (die Schule beenden): **Terminé la escuela en** (Jahr); **hacer el bachillerato** (das Abitur machen): **Hice el bachillerato en** (Jahr); **hacer una formación profesional** (einen Beruf erlernen): **Hice una formación profesional para ser** (Beruf); **estudiar en la universidad** (studieren): **Estudié** (Fach) **en la universidad de** (Stadt); **empezar a trabajar** (beginnen zu arbeiten): **Empecé a trabajar en** (Firma); **aprender un idioma** (eine Sprache lernen): **Aprendí** (Sprache)

Lösung der Übung 6.3

Cuando era pequeño me gustaba mucho comer verdura. (Als ich klein war, aß ich gerne Gemüse.) **En mi casa vivían tres generaciones juntas.** (Zu Hause wohnten drei Generationen zusammen.) **Mi abuela cocinaba para toda la familia.** (Meine Oma kochte für die ganze Familie.) **Por la tarde salía con mis amigos.** (Am Nachmittag ging ich mit meinen Freunden aus.) **Todos los fines de semana íbamos a pescar al lago.** (Wir gingen jedes Wochenende angeln.)

Lösung der Übung 6.4

En mis últimas vacaciones mi coche (1) tuvo (tener) una avería. (In meinem letzten Urlaub hatte mein Auto eine Panne.) **(2) Tuvo (tener) un pinchazo y problemas con la**

batería. (Es hatte eine Reifenpanne und Probleme mit der Batterie.) **Tampoco (3) funcionaban (funcionar) las luces.** (Das Licht ging auch nicht.) **Además una piedra (4) rompió (romper) el parabrisas.** (Außerdem hatte die Windschutzscheibe einen Steinschlag.) **Como el coche también (5) perdía (perder) aceite (6) llamé (llamar) a la grúa.** (Da der Wagen auch Öl verlor, rief ich den Abschleppdienst an.) **¡Qué mala suerte!** (Was für ein Pech!)

Kapitel 7

Lösung der Übung 7.1

Después / comprar / pan / yo: Después voy a comprar pan. (Später kaufe ich Brot.) **el fin de semana que viene / viajar / a / Mallorca / tú: El fin de semana que viene vas a viajar a Mallorca.** (Nächstes Wochenende reist du nach Mallorca.) **el jueves / María y Pedro / beber un café: María y Pedro van a tomar un café el jueves / El jueves María y Pedro van a tomar un café.** (Am Donnerstag gehen María und Pedro Kaffee trinken.) **Nosotros / en dos días / tener / el examen de español: En dos días vamos a tener el examen de español / (Nosotros) vamos a tener el examen de español en dos días.** (In zwei Tagen haben wir die Spanischprüfung.) **El avión a Lima / salir / en tres horas: El avión a Lima va a salir en tres horas.** (Der Flug nach Lima geht in drei Stunden.) **El autobús de Bilbao / llegar / en cinco minutos: El autobús de Bilbao va a llegar en cinco minutos.** (Der Bus aus Bilbao kommt in fünf Minuten an.)

Lösung der Übung 7.2

limpiar la casa: Habré limpiado la casa. (Ich werde das Haus geputzt haben.); **trabajar en el jardín: Habré trabajado en el jardín.** (Ich werde im Garten gearbeitet haben.); **hacer un pastel: Habré hecho un pastel.** (Ich werde einen Kuchen gebacken haben.); **terminar de leer la novela: Habré terminado de leer la novela.** (Ich werde den Roman zu Ende gelesen haben.); **salir con mi amigos: Habré salido con amigos.** (Ich werde mit Freunden ausgegangen sein.); **hacer deporte: Habré hecho deporte.** (Ich werde Sport gemacht haben.); **ir de tiendas con Pepa: Habré ido de tiendas con Pepa.** (Ich werde mit Pepa shoppen gegangen sein.); **lavar el coche: Habré lavado el coche.** (Ich werde das Auto gewaschen haben.)

Lösung der Übung 7.3

El guardia Tobias (1) se habrá quedado (quedarse dormido) por beber el té que le trajo la cocinera. (Der Wächter Tobias wird eingeschlafen sein, nachdem er den Tee, den ihm die Köchin gebracht hat, getrunken hat.) **El jefe de Tobías (2) se habrá llevado al (llevarse al perro) porque necesita dinero para ampliar zu finca.** (Tobias' Chef wird den Hund mitgenommen haben, weil er Geld braucht, um seine Finca zu vergrößern.) **El mayordomo (3) habrá dejado la puerta abierta (dejar la puerta abierta) porque no le gusta salir con el perro. Le tiene miedo.** (Der Diener wird die Tür offen gelassen haben, weil er nicht gern mit dem Hund Gassi geht. Er hat Angst vor ihm.) **¿Alguien (4) habrá pedido (pedir) un rescate?** (Wird jemand Lösegeld gefordert haben?)

Kapitel 8

Lösung der Übung 8.1

María no ha recibido la invitación. (María hat die Einladung nicht bekommen.) **María no habría recibido la invitación.** (Maria wird die Einladung nicht bekommen haben.) **No tenía tiempo.** (Sie hatte keine Zeit.) **No habría tenido tiempo.** (Sie wird keine Zeit gehabt haben.) **Tuvo que trabajar.** (Sie musste arbeiten.) **Habría tenido que trabajar.** (Sie wird gearbeitet haben müssen.) **No se sentía bien.** (Sie fühlte sich nicht gut.) **No se habría sentido bien.** (Sie wird sich nicht gut gefühlt haben.) **Perdió el tren.** (Sie hat den Zug verpasst.) **Habría perdido el tren.** (Sie wird den Zug verpasst haben.)

Lösung der Übung 8.2

Abrir la puerta (die Tür öffnen) / **tú** (du) **¿Abrirías la puerta, por favor?** (Würdest du bitte die Tür öffnen?) **¿Podrías abrir la puerta, por favor?** (Könntest du bitte die Tür öffnen?) **Lerrar la ventana** (das Fenster schließen) / **usted** (Sie) **¿Cerraría la ventana, por favor?** (Würden Sie bitte das Fenster schließen?) **¿Podría cerrar la ventana, por favor?** (Könnten Sie bitte das Fenster schließen?) **Llamar a Pedro** (Pedro anrufen) / **vosotros** (ihr) **¿Llamaríais a Pedro, por favor?** (Würdet ihr bitte Pedro anrufen?) **¿Podríais llamar a Pedro, por favor?** (Könntet ihr bitte Pedro anrufen?) **Hablar más bajo** (leiser sprechen) / **tú** (du) **¿Hablarías más bajo, por favor?** (Würdest du bitte leiser sprechen?) **¿Podrías hablar más bajo, por favor?** (Könntest du bitte leiser sprechen?) **Ir al banco** (zur Bank gehen) / **usted** (Sie) **¿Iría al banco, por favor?** (Würden Sie bitte zur Bank gehen?) **¿Podría ir al banco, por favor?** (Könnten Sie bitte zur Bank gehen?) **Ayudar a pintar el comedor** (das Esszimmer streichen helfen) / **tú** (du) **¿Me ayudarías a pintar el comedor, por favor?** (Würdest du mir bitte das Esszimmer streichen helfen?) **¿Me podrías ayudar a pintar el comedor, por favor?** (Könntest du mir bitte helfen, das Esszimmer zu streichen?) **Llevar el coche al mecánico** (das Auto in die Werkstatt bringen) / **vosotros** (ihr) **¿Llevaríais el coche al mecánico, por favor?** (Würdet ihr bitte das Auto in die Werkstatt bringen?) **¿Podríais llevar el coche al mecánico, por favor?** (Könntet ihr bitte das Auto in die Werkstatt bringen?) **Hacer las compras** (den Einkauf erledigen) / **tú** (du) **¿Harías las compras, por favor?** (Würdest du bitte den Einkauf erledigen?) **¿Podrías hacer las compras, por favor?** (Könntest du bitte den Einkauf erledigen?) **Llevar a Pablo a la estación** (Pablo zum Bahnhof bringen) / **usted** (Sie) **¿Llevaría a Pablo a la estación, por favor?** (Würden Sie bitte Pablo zum Bahnhof bringen?) **¿Podría llevar a Pablo a la estación, por favor?** (Könnten Sie bitte Pablo zum Bahnhof bringen?) **Traer un poco más de pan** (etwas mehr Brot bringen) / **usted** (Sie) **¿Me traería un poco más de pan, por favor?** (Würden Sie mir bitte etwas mehr Brot bringen?) **¿Me podría traer un poco más de pan, por favor?** (Könnten Sie mir bitte etwas mehr Brot bringen?)

Lösung der Übung 8.3

Si en mi habitación no funcionara el aire acondicionado llamaría al técnico. (Wenn die Klimaanlage in meinem Zimmer nicht funktionieren würde, würde ich den Techniker anrufen.) **Si mi habitación estuviera sucia llamaría al servicio de habitaciones.** (Wenn mein

Zimmer schmutzig wäre, würde ich den Zimmerservice anrufen.) **Si el café estuviera frío me quejaría en el restaurante.** (Wenn der Kaffee kalt wäre, würde ich mich im Restaurant beschweren.)

Kapitel 9

Lösung der Übung 9.1

Bereite mit den Zutaten jeweils den hellen und den dunklen Teig vor: **Prepara la masa clara y la masa oscura con los ingredientes.** Rolle den Teig aus, sodass er ½ cm dick ist: **Estira la masa hasta lograr ½ cm de espesor.** Steche runde oder eckige Alfajores aus: **Corta círculos o cuadrados.** Backe sie bei 200° C circa 10 Minuten: **Hornéalos a 200° C unos 10 minutos.** Bestreiche jeweils zwei kalte Alfajores mit der Milchmarmelade und setze sie zusammen: **Arma los alfajores fríos con dulce de leche.** Schmelze die Schokolade und überziehe die Alfajores damit: **Derrite el chocolate y baña los alfajores.**

Lösung der Übung 9.2

Abre la página de Internet. (Öffne die Internetseite.) **Escoge el concierto, la fecha y la cantidad de entradas.** (Wähle das Konzert, das Datum und die Anzahl Karten.) **Cliquea en »comprar«.** (Klicke auf »Kaufen«.) **Abre tu cesta de compras.** (Öffne deinen Warenkorb.) **Cliquea en »pagar« y escoge la forma de pago.** (Klicke auf »Bezahlen« und wähle die Zahlungsart.) **Imprime las entradas.** (Drucke die Eintrittskarten aus.)

Kapitel 10

Lösung der Übung 10.1

Mañana voy a ir al museo de arte. (I) (Morgen gehe ich ins Kunstmuseum.) **No creo que salga antes de las nueve** (S) **porque el museo abre a las diez.** (I) (Ich glaube nicht, dass ich vor 9 Uhr aus dem Haus gehe, weil das Museum erst um 10 Uhr öffnet.) **Espero que no tenga que hacer mucha cola para entrar.** (S) (Ich hoffe, dass die Schlange vor der Kasse nicht zu lang ist.) **El museo es enorme y seguramente necesito mucho tiempo para ver todo.** (I) (Das Museum ist riesig, sodass ich sicher viel Zeit brauchen werde, um alles zu sehen.) **Después de salir del museo quizás llame a mis amigos para quedar con ellos.** (S) (Nach dem Museum rufe ich meine Freunde an, um mich mit ihnen zu verabreden.) **Posiblemente tengan ganas de ir a tomar algo.** (S) (Vielleicht haben sie Lust, etwas trinken zu gehen.) **Espero que mis amigos estén en casa y tengan tiempo para ir al bar.** (S) (Ich hoffe, dass meine Freunde zu Hause sind und Lust haben, in die Bar zu gehen.) **Después del bar voy a volver a casa en autobús** (I) **porque posiblemente no haya más trenes.** (S) (Nach der Bar fahre ich mit dem Bus nach Hause zurück, weil keine Züge mehr fahren werden.)

Lösung der Übung 10.2

Ser importante / hacer las compras / Diego: Es importante que Diego haga las compras. (Es ist wichtig, dass Diego den Einkauf macht.) **Ser necesario / Juana / salir con el perro: Es necesario que Juana salga con el perro.** (Es ist notwendig, dass Juana mit dem

Hund rausgeht.) **No ser necesario / cortar el pasto / estar mojado: No es necesario que cortéis el pasto.** (Es ist nicht notwendig, den Rasen zu mähen.) **Ser importante / llamar a la abuela / vosotros / preguntar cómo está: Es importante que llaméis a la abuela para ver cómo está.** (Es ist wichtig, die Oma anzurufen, um zu fragen, wie es ihr geht.)

Lösung der Übung 10.3

Ver una película (einen Film anschauen): **Si tuviera tiempo libre, vería una película.** (Wenn ich frei hätte, würde ich einen Film anschauen.) **Ir de tiendas** (shoppen gehen): **Si tuviera tiempo libre, iría de tiendas.** (Wenn ich frei hätte, ginge ich shoppen.) **Ir de tapas** (Tapas essen gehen): **Si tuviera tiempo libre, iría de tapas.** (Wenn ich frei hätte, ginge ich Tapas essen.) **Hacer un pastel** (einen Kuchen backen): **Si tuviera tiempo libre, haría un pastel.** (Wenn ich frei hätte, würde ich einen Kuchen backen.) **Hablar por teléfono con una amiga** (mit einer Freundin telefonieren): **Si tuviera tiempo libre, hablaría por teléfono con una amiga.** (Wenn ich frei hätte, würde ich mit einer Freundin telefonieren.) **Ir al cine** (ins Kino gehen): **Si tuviera tiempo libre, iría al cine.** (Wenn ich frei hätte, ginge ich ins Kino.)

Kapitel 11

Lösung der Übung 11.1

(1) **No aparcamos el coche en el aparcamiento P5.** (Wir parken das Auto nicht auf dem Parkplatz P5.) (2) **No busco el periódico del jueves.** (Ich suche nicht die Zeitung von Donnerstag.) (3) **Mi jefe no canceló la reunión de mañana.** (Mein Chef hat die morgige Sitzung nicht abgesagt.) (4) **Mis amigos no vienen en agosto.** (Meine Freunde kommen nicht im August.) (5) **No tengo tiempo a las 11.** (Ich habe um 11 Uhr keine Zeit.) (6) **Ella no instala programas.** (Sie installiert keine Programme.) (7) **Anna no compra muebles nuevos.** (Anna kauft keine neuen Möbel.) (8) **El bebé no va a nacer en octubre.** (Das Baby wird nicht im Oktober geboren.) (9) **El chico no sabe nadar.** (Der Jugendliche kann nicht schwimmen.) (10) **No uso el ascensor para subir al cuarto piso.** (Ich benutze keinen Aufzug, um in den vierten Stock zu kommen.)

Lösung der Übung 11.2

El perro no está en su habitación. (Der Hund ist nicht in seinem Zimmer.) **El perro tampoco está en el jardín.** (Der Hund ist auch nicht im Garten.) **Nadie ha visto al perro.** (Niemand hat den Hund gesehen.) **El perro nunca sale solo afuera.** (Der Hund geht nie allein raus.) **Ni el detective ni los vecinos han encontrado al perro.** (Weder der Detektiv noch die Nachbarn haben den Hund gefunden.)

Kapitel 12

Lösung der Übung 12.1

Las tarjetas y los sobres / comprar / en la papelería: Las tarjetas y los sobres fueron comprados en la papelería. (Die Karten und die Briefumschläge wurden im

Schreibwarengeschäft gekauft.) **Comprar / los sellos / en el correo: Los sellos fueron comprados en el correo.** (Die Briefmarken wurden in der Post gekauft.) **La lista de direcciones / preparar: La lista de direcciones fue preparada.** (Die Liste mit den Adressen wurde vorbereitet.) **Escribir / las tarjetas: Las tarjetas fueron escritas.** (Die Karten wurden geschrieben.) **Escribir / la dirección / en el sobre: La dirección fue escrita en el sobre.** (Die Adresse wurde auf den Briefumschlag geschrieben.) **Pegar / el sello / en el sobre: El sello fue pegado en el sobre.** (Die Briefmarke wurde auf den Briefumschlag geklebt.) **Llevar / las tarjetas / al correo: Las tarjetas fueron llevadas al correo.** (Die Karten wurden zur Post gebracht.) Welche Handlung wird beschrieben? **Escribir tarjetas de Navidad** (Weihnachtskarten schreiben): **Las tarjetas de Navidad fueron escritas.** (Die Weihnachtskarten wurden geschrieben.)

Lösung der Übung 12.2

Las tarjetas y los sobres / comprar: Las tarjetas y los sobres están comprados. (Die Karten und die Briefumschläge sind gekauft.) **Comprar / los sellos: Los sellos están comprados.** (Die Briefmarken sind gekauft.) **La lista de direcciones / preparar: La lista de direcciones está preparada.** (Die Liste mit den Adressen ist vorbereitet.) **Escribir / las tarjetas: Las tarjetas están escritas.** (Die Karten sind geschrieben.) **Escribir / la dirección / en el sobre: La dirección está escrita en el sobre.** (Die Adresse ist auf den Umschlag geschrieben.) **Pegar / el sello / en el sobre: El sello está pegado en el sobre.** (Die Briefmarke ist auf den Umschlag geklebt.) **Enviar / las tarjetas: Las tarjetas están envíadas.** (Die Karten sind verschickt.)

Kapitel 13

Lösung der Übung 13.1

»**Hace mucho calor en la ciudad.**« (In der Stadt ist es sehr heiß.): **Leí en el periódico que hacía mucho calor en la ciudad.** (Ich habe in der Zeitung gelesen, dass es in der Stadt sehr heiß wäre.) »**Mañana lloverá todo el día y bajará un poco la temperatura.**« (Morgen wird es regnen und die Temperatur wird etwas sinken.): **He leído en el periódico que mañana lloverá y bajará un poco la temperatura.** (Ich habe in der Zeitung gelesen, dass es morgen regnen und die Temperatur sinken wird.) »**La presidenta fue reelegida nuevamente.**« (Die Präsidentin hat die Wahl wieder gewonnen.): **El periódico decía que la presidenta habría sido electa nuevamente.** (In der Zeitung steht, dass die Präsidentin erneut die Wahl gewonnen hätte.) »**Encuentran muerta a la joven que estaban buscando desde hace una semana.**« (Man findet die junge Frau tot, die schon seit einer Woche gesucht wurde.): **El periódico informó que había sido encontrada muerta la joven que estaba siendo buscada desde hace una semana.** (Die Zeitung informierte darüber, dass die junge Frau, die schon seit einer Woche gesucht wurde, tot aufgefunden worden wäre.) »**La selección nacional ganó el partido del sábado.**« (Die Nationalmannschaft gewann das Spiel am Samstag.): **Leí en el periódico que la selección nacional ganó el partido del sábado.** (Ich habe in der Zeitung gelesen, dass die Nationalmannschaft das Spiel am Samstag gewonnen hat.) »**El concierto empezará a las 20 horas.**« (Das Konzert beginnt um 20 Uhr.): **En el diario ponen que el concierto empezará a las ocho y media de la noche.** (In der Zeitung steht, dass das Konzert um 20 Uhr anfangen würde.) »**La feria cerró sus puertas el domingo a**

las seis de la tarde.« (Die Messe endete am Sonntag um 18 Uhr.): **El periódico informa que la feria había cerrado sus puertas el domingo a las seis de la tarde.** (Die Zeitung berichtet, dass die Messe am Sonntag um 18 Uhr ihre Tore geschlossen hätte.) »**Los seguros de salud ofrecerán a sus clientes un nuevo plan contra la obesidad.**« (Die Krankenkassen werden ihren Kunden ein neues Programm gegen Übergewicht anbieten.) **José leyó en el periódico que los seguros de salud ofrecerían a sus clientes un nuevo plan contra la obesidad.** (José hat in der Zeitung gelesen, dass die Krankenkassen ein neues Programm gegen Übergewicht anbieten würden.) »**¡Anime a su hijos a ayudar en casa!**« (Motivieren Sie Ihre Kinder, im Haushalt zu helfen.) **En el periódico hay un artículo que dice que animemos a nuestros hijos a ayudar en casa.** (In der Zeitung ist ein Artikel, der die Eltern dazu auffordert, ihre Kinder zum Helfen im Haushalt zu motivieren.)

Kapitel 14

Lösung der Übung 14.1

Manuel da <u>la revista a José</u>. (Manuel gibt José die Zeitschrift.) **Manuel se la da.** (Manuel gibt sie ihm.)

Yo le leo <u>un cuento a Emilia</u>. (Ich lese Emilia eine Geschichte vor.) **Yo se lo leo.** (Ich lese sie ihr vor.)

Cristina presta <u>la bicicleta a Oscar y a mí</u>. (Cristina leiht Oscar und mir das Fahrrad.) **Cristina nos la presta.** (Cristina leiht es uns.)

Paco da <u>el correo a su colega</u>. (Paco gibt seinem Kollegen die Post.) **Paco se lo da.** (Paco gibt sie ihm.)

Mercedes compra <u>un juego de mesa a sus hijos</u>. (Mercedes kauft ihren Kindern ein Brettspiel.) **Mercedes se lo compra.** (Mercedes kauf es ihnen.)

Lösung der Übung 14.2

Las habitaciones del Hotel del Mar son muy modernas. (Die Zimmer im Hotel del Mar sind sehr modern) **Las habitaciones tienen aire acondicionado.** (Die Zimmer haben eine Klimaanlage.) (1) **Las habitaciones del Hotel del mar, que / las cuales tienen aire acondicionado, son muy modernas.** (Die Zimmer im Hotel del Mar, die mit einer Klimaanlage ausgestattet sind, sind sehr modern.) (2) **Trabajo con una colega nueva.** (Ich arbeite mit einer neuen Kollegin.) **Mi colega tiene una oficina en el quinto piso.** (Meine Kollegin hat ein Büro im fünften Stock.) **Mi colega nueva, con quien trabajo, tiene una oficina en el quinto piso.** (Meine neue Kollegin, mit der ich arbeite, hat ein Büro im fünften Stock.) (3) **La señora está sentada en el parque.** (Die Frau sitzt im Park.) **La señora es la vecina de Paula.** (Die Frau ist Paulas Nachbarin.) **La señora, que está sentada en el parque, es la vecina de Paula.** (Die Frau, die im Park sitzt, ist Paulas Nachbarin.) (4) **El accidente de tráfico sucedió en la autopista.** (Der Verkehrsunfall geschah auf der Autobahn) **Los heridos están fuera de peligro y mejorando.** (Die Verletzten sind außer Gefahr und auf dem Weg der Besserung.) **Los heridos del accidente que sucedió en la autopista están fuera de peligro y mejorando.** (Die Verletzten des Verkehrsunfalls, der auf der Autobahn geschah, sind außer Gefahr und auf dem Weg der Besserung.) (5) **El señor Rodriguez vive en el tercer piso.** (Herr Rodriguez wohnt im dritten Stock.) **El señor Rodriguez colecciona sellos antiguos.** (Herr Rodriguez sammelt alte Briefmarken.) **El señor Rodriguez que vive en el tercer piso colecciona sellos antiguos.** (Herr Rodriguez, der im dritten Stock wohnt, sammelt alte Briefmarken.)

Lösung der Übung 14.3

A Tobias, el vigilante que cuida a Larry no le gusta el perro. (Der Wächter Tobías, der auf Larry aufpasst, mag den Hund nicht.) **Grancan, el jefe de Tobias quien está enamorado de la Condesa, necesita dinero para construir una finca.** (Tobias' Chef Grancan, der in die Gräfin verliebt ist, braucht Geld, um eine Finca zu bauen.) **El mayordomo José, a quien no le gusta salir con el perro, quiere jubilarse.** (Der Diener José, der nicht gern mit dem Hund Gassi geht, möchte gern in Rente gehen.) **La cocinera Milagros que tiene que cocinar todos los días para el perro , quiere emigrar a Brasil.** (Die Köchin Milagros, die jeden Tag für den Hund kochen muss, möchte nach Brasilien ziehen.)

Kapitel 15

Lösung der Übung 15.1

Hay dos caminos para llegar a Villadiego. ¿Cuál tomamos? (Es gibt zwei Wege, um nach Villadiego zu kommen, welchen nehmen wir?)

Tenemos solo dos habitaciones libres, una con vista al mar y otra que da al patio. ¿Cuál quiere reservar? (Wir haben nur zwei freie Zimmer, eines mit Meerblick und eines zum Hof. Welches möchten Sie reservieren?)

Faltan tres llaves. (Es fehlen drei Schlüssel.) **¿Cuáles?** (Welche fehlen?)

Tres líneas de metro paran en la estación Plaza España. (Drei Metrolinien halten an der Plaza España) **¿Cuáles?** (Welche halten?)

¿Quién descubrió América? (Wer hat Amerika entdeckt?)

¿Quién lava el coche? (Wer putzt das Auto?)

¿Quiénes detestan la espinaca? (Wer isst nicht gern Spinat?)

¿Cuántas personas entran en el ascensor? (Wie viele Personen passen in den Aufzug?)

¿Cuánto cuestan las sandalias? (Wie viel kosten die Sandalen?)

Lösung der Übung 15.2

Hay dos caminos para llegar a Villadiego. ¿Qué camino tomamos? (Welchen Weg nehmen wir?)

Tenemos solo dos habitaciones libres, una con vista al mar y otra que da al patio. ¿Qué habitación quiere reservar? (Welches Zimmer möchten Sie reservieren?)

Faltan tres llaves. ¿Qué llaves faltan? (Welche Schlüssel fehlen?)

Tres líneas de metro paran en la estación Plaza España. ¿Qué líneas de Metro paran en la plaza España? (Welche Metrolinien halten an der Plaza España?)

Lösung der Übung 15.3

¿Cuándo vio la Condesa al perro por última vez? (Wann hat die Gräfin den Hund zum letzten Mal gesehen?) ¿Quién se llevo el perro? (Wer hat den Hund mitgenommen?) ¿Cuánto es el rescate? (Wie hoch ist das Lösegeld?) ¿Para quién trabaja Tobías el vigilante? (Für wen arbeitet Tobias der Wächter?)

Kapitel 16
Lösung der Übung 16.1

Hace 2 semanas llegamos a España. (Wir sind vor zwei Wochen in Spanien angekommen.) Die Handlung der Ankunft ist schon abgeschlossen. Ya conocimos muchos lugares interesantes. (Wir haben schon viele interessante Orte gesehen.) Hace dos días fuimos en tren de Jerez a Sevilla. Fue un viaje muy bonito. (Vor zwei Tagen sind wir mit dem Zug von Jerez nach Sevilla gefahren.) Die Zugfahrt ist eine Handlung, die abgeschlossen ist. Estamos aquí desde las diez de la mañana. (Wir sind seit heute um 10 Uhr hier.) Der Aufenthalt dauert immer noch an. Desde el hotel vemos las calles del casco antiguo. (Vom Hotelzimmer aus haben wir einen Blick über die Straßen der Altstadt.) Desde ist hier eine Präposition des Ortes. Von dort aus sehen Sie die Altstadt. Con el tiempo tenemos mucha suerte. Hace dos días llovió y desde el sábado hace sol y calor. (Vor zwei Tagen hat es geregnet und seit Samstag ist es warm und sonnig.) Der Regen vor zwei Tagen ist eine abgeschlossene Handlung. Das gute Wetter seit Samstag ist eine nicht abgeschlossene Handlung. Estamos en la cola para entrar a La Giralda desde hace 2 horas. Hay mucha gente. (Seit zwei Stunden stehen wir in der Schlange, um La Giralda zu besichtigen. Es ist viel los.) Der Zeitraum zwei Stunden ist noch nicht abgeschlossen.

Lösung der Übung 16.2

Argentina es un país famoso por el tango y el mate. (Argentinien ist durch den Tango und den Matetee bekannt.) Uso el auto para ir a trabajar. (Ich benutze das Auto, um zur Arbeit zu kommen.) Para hacer un pastel necesitas harina. (Du brauchst Mehl, um einen Kuchen zu backen.) Estoy por empezar a cocinar. No tengo tiempo para salir. (Ich bin gerade dabei zu kochen. Ich habe keine Zeit, um aus dem Haus zu gehen.) El regalo es para vosotros. (Das Geschenk ist für euch.) La empresa reservó una habitación para usted. (Die Firma hat ein Hotelzimmer für Sie reserviert.) La procesadora sirve para cortar verdura. (Mit der Küchenmaschine schneidet man Gemüse.) Juan hace todo por Marcela. Está loco por ella. (Juan macht alles für Marcela. Er ist verrückt nach ihr.)

Kapitel 17

Lösung der Übung 17.1

¿Qué cocinamos hoy, carne y o pescado? (Was kochen wir heute, Fleisch oder Fisch?) **Para la fiesta te puedes poner la blusa roja o la camiseta amarilla.** (Für das Fest kannst du entweder die rote Bluse oder das gelbe T-Shirt anziehen.) **Ayer compré un libro y una revista.** (Gestern habe ich ein Buch und eine Zeitschrift gekauft.) **¿Vamos al bar o al restaurante?** (Gehen wir in die Bar oder ins Restaurant?) **Mañana quiero visitar a mi tía y a mi prima.** (Morgen möchte ich meine Tante und meine Cousine besuchen.) **¿Vais a Madrid en coche o en avión.** (Wie kommt ihr nach Madrid, mit dem Auto oder fliegt ihr?)

Lösung der Übung 17.2

Aprendo español. Quiero viajar a España. (Ich lerne Spanisch, um nach Spanien zu reisen.) **Aprendo español para viajar a España. compro lana. Quiero tejer un pullover.** (Ich kaufe Wolle, um einen Pullover zu stricken.) **Compro lana para tejer un pullover. Necesitamos arroz. Cocinar una paella.** (Wir brauchen Reis, um eine Paella zu kochen.) **Necesitamos arroz para hacer la paella. Necesito un bolígrafo. Tengo que firmar unos papeles.** (Ich brauche einen Kuli, um ein paar Unterlagen zu unterschreiben.) **Lleva monedas. Pagar el aparcamiento. Lleva monedas para pagar el aparcamiento.** (Nimm Münzen mit, um den Parkschein zu lösen.) **El abuelo busca la gafas. El abuelo lee el periódico.** (Opa sucht die Brille, um die Zeitung zu lesen.) **El abuelo busca las gafas para leer el periódico.**

Kapitel 18

Lösung der Übung 18.1

Esta historia ocurrió en una noche de verano hace varios años. Eran las tres de la mañana y hacía mucho calor. ¡Vaya horas! (Wut) (Diese Geschichte geschah vor einigen Jahren in einer heißen Sommernacht. Es war 3 Uhr nachts, und es war sehr heiß. Was für Uhrzeit für eine solche Geschichte!) **De repente me desperté asustada pues** (Überraschung) **escuchaba salir agua de un grifo abierto.** (Plötzlich wachte ich auf und hörte, dass aus einem Wasserhahn Wasser lief.) **¡Hombre!** (Überraschung) **En el baño había luz.** (Mensch! Im Bad brannte das Licht.) **¡Pues ya!** (Ärger) **Recordemos que eran las tres de la mañana y que en realidad todavía era hora de dormir.** (Nun ja, erinnern wir uns daran, dass es 3 Uhr nachts war und dass es eigentlich noch Zeit zum Schlafen war.) **Pero qué era normal en esa noche.** (Aber was war schon normal in dieser Nacht.) **Finalmente me levanté, sin embargo estaba muy cansada.** (Schließlich bin ich doch aufgestanden, obwohl ich noch sehr müde war.) **Seguía escuchando el ruido del agua.** (Das Wasser lief immer weiter.) **¿Cómo terminó esta historia? En fin, cuando llegué al baño estaba totalmente depierta, y no menos asustada y al mismo tiempo sorprendida.** (Wie ging die Geschichte weiter? Als ich ins Bad reingegangen bin, war ich endlich wach und nicht weniger erschrocken, aber genauso überrascht.) **A saber, la bañera estaba medio llena, mi hija, que en ese entonces tenía 18 meses, había decidido que necesitaba un baño, porque tenía mucho**

calor, o sea que esa era la razón, por la que yo escuchaba salir el agua. ¡Vaya baño! (Und zwar, meine Tochter, die zu dem Zeitpunkt erst achtzehn Monate alt war, beschloss, dass es ihr warm war und dass es Zeit war für ein erfrischendes Bad. Und was für ein Bad! Das war der Grund, warum ich Wassergeräusche hörte.) **Encima ella estaba vestida y ahora completamente mojada pero.** (Sie war angezogen und nun komplett nass.) **Inmediatamente la sequé, le puse ropa seca y la llevé a la cama.** (Ich trocknete sie ab, zog ihr trockene Sachen an und brachte sie wieder ins Bett.) **De todas formas ya eran la cuatro de la mañana y podía seguir durmiendo un rato más.** (In jedem Fall war es schon 4 Uhr morgens vorbei, sodass ich noch eine Weile schlafen konnte.) **En conclusión, escondí el tapón de la bañera y lo escondí tan bien que nunca más lo volví a encontrar.** (Kurz und gut, ich habe den Badewannenstöpsel so gut versteckt, dass ich ihn nie wieder gefunden habe.)

Anhang B
Konjugationstabellen

D ie folgenden Konjugationsmuster sind nach den spanischen Modi geordnet, beginnend mit der Wirklichkeitsform (**modo indicativo**), dann der Imperativmodus (**modo imperativo**) und abschließend der Subjuntivo-Modus (**modo subjuntivo**).

Die Wirklichkeitsform

Die Wirklichkeitsform (**modo indicativo**) brauchen Sie, um über Fakten in der Vergangenheit, in der Gegenwart oder in der Zukunft zu berichten (siehe Abbildung B.1).

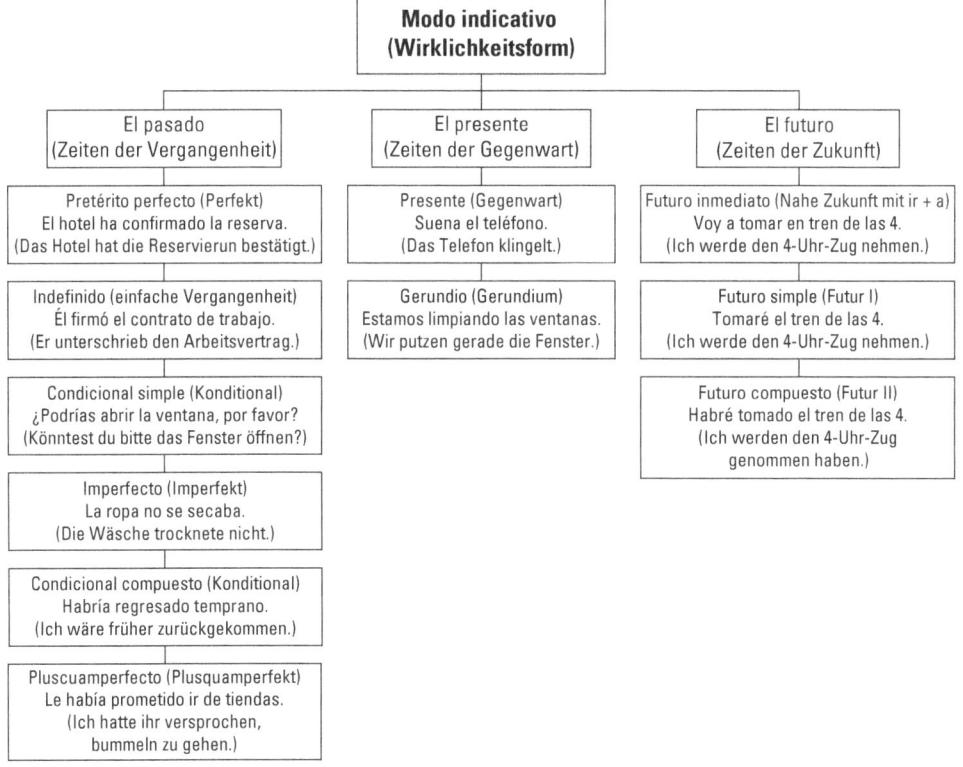

Abbildung B.1: Die Zeiten der Wirklichkeitsform (»modo indicativo«)

Konjugationsmuster für die Zeiten der Vergangenheit in der Wirklichkeitsform

Indefinido

Indefinido ist eine einfache Zeit und wird ohne Hilfsverb gebildet.

Personalpronomen	**ser** (sein)	**estar** (sein)	**haber** (haben/sein)
yo (ich)	**fui** (war)	**estuve** (war)	**hube** (hatte/war)
tú (du)	**fuiste** (warst)	**estuviste** (warst)	**hubiste** (hattest/warst)
él (er)	**fue** (war)	**estuvo** (war)	**hubo** (hatte/war)
ella (sie)	**fue** (war)	**estuvo** (war)	**hubo** (hatte/war)
usted (Sie)	**fue** (waren)	**estuvo** (waren)	**hubo** (hatten/waren)
nosotros (wir, männlich)	**fuimos** (waren)	**estuvimos** (waren)	**hubimos** (hatten/waren)
nosotras (wir, weiblich)	**fuimos** (waren)	**estuvimos** (waren)	**hubimos** (hatten/waren)
vosotros (ihr, männlich)	**fuisteis** (wart)	**estuvisteis** (wart)	**hubisteis** (hattet/wart)
vosotras (ihr, weiblich)	**fuisteis** (wart)	**estuvisteis** (wart)	**hubisteis** (hattet/wart)
ellos (sie, männlich)	**fueron** (waren)	**estuvieron** (waren)	**hubieron** (hatten/waren)
ellas (sie, weiblich)	**fueron** (waren)	**estuvieron** (waren)	**hubieron** (hatten/waren)
ustedes (Sie, Plural von **usted**)	**fueron** (waren)	**estuvieron** (waren)	**hubieron** (hatten/waren)

Tabelle B.1: Indefinido-Formen der Hilfsverben

Personalpronomen **Verb**	Endung -ar **viajar (reisen)**	Endung -er **aprender (lernen)**	Endung -ir **vivir (wohnen/leben)**
yo (ich)	**viajé** (reiste)	**aprendí** (lernte)	**viví** (wohnte/lebte)
tú (du)	**viajaste** (reistest)	**aprendiste** (lerntest)	**viviste** (wohntest/lebtest)
él (er)	**viajó** (reiste)	**aprendió** (lernte)	**vivió** (wohnte/lebte)
ella (sie)	**viajó** (reiste)	**aprendió** (lernte)	**vivió** (wohnte/lebte)
usted (Sie)	**viajó** (reisten)	**aprendió** (lernten)	**vivió** (wohnten/lebten)
nosotros (wir, männlich)	**viajamos** (reisten)	**aprendimos** (lernten)	**vivimos** (wohnten/lebten)
nosotras (wir, weiblich)	**viajamos** (reisten)	**aprendimos** (lernten)	**vivimos** (wohnten/lebten)
vosotros (ihr, männlich)	**viajasteis** (reistet)	**aprendisteis** (lerntet)	**vivisteis** (wohntet/lebtet)
vosotras (ihr, weiblich)	**viajasteis** (reistet)	**aprendisteis** (lerntet)	**vivisteis** (wohntet/lebtet)
ellos (sie, männlich)	**viajaron** (reisten)	**aprendieron** (lernten)	**vivieron** (wohnten/lebten)

Personalpronomen	Endung -ar	Endung -er	Endung -ir
Verb	viajar (reisen)	aprender (lernen)	vivir (wohnen/leben)
ellas (sie, weiblich)	viajaron (reisten)	aprendieron (lernten)	vivieron (wohnten/lebten)
ustedes (Sie, Plural von usted)	viajaron (reisten)	aprendieron (lernten)	vivieron (wohnten/lebten)

Tabelle B.2: Indefinido der regelmäßigen Verben

Personalpro-nomen	Endung -gar	Endung -car	Endung -zar	Endung -ir	Endung -ucir
Verb	pagar (bezahlen)	aparcar (parken)	empezar (beginnen)	servir (servie-ren/bedienen)	traducir (übersetzen)
yo (ich)	pagué (bezahlte)	aparqué (parkte)	empecé (begann)	serví (servierte/bediente)	traduje (übersetzte)
tú (du)	pagaste (bezahltest)	aparccaste (parktest)	empezaste (begannst)	serviste (serviertest/bedientest)	traduciste (übersetztest)
él (er)	pagó (bezahlte)	aparcó (parkte)	empezó (begann)	sirvió (servierte/bediente)	tradujo (übersetzte)
ella (sie)	pagó (bezahlte)	aparcó (parkte)	empezó (begann)	sirvió (servierte/bediente)	tradujo (übersetzte)
usted (Sie)	pagó (bezahlten)	aparcó (parkten)	empezó (begannen)	sirvió (servierten/bedienten)	tradujo (übersetzten)
nosotros (wir, männlich)	pagamos (bezahlten)	aparcamos (parkten)	empezamos (begannen)	servimos (servierten/bedienten)	tradujimos (übersetzten)
nosotras (wir, weiblich)	pagamos (bezahlten)	aparcamos (parkten)	empezamos (begannen)	servimos (servierten/bedienten)	tradujimos (übersetzten)
vosotros (ihr, männlich)	pagasteis (bezahltet)	aparcasteis (parktet)	empezasteis (begannet)	servisteis (serviertet/bedientet)	tradujisteis (übersetztet)
vosotras (ihr, weiblich)	pagasteis (bezahltet)	aparcasteis (parktet)	empezasteis (begannet)	servisteis (serviertet/bedientet)	tradujisteis (übersetztet)
ellos (sie, männlich)	pagaron (bezahlten)	aparcaron (parkten)	empezaron (begannen)	sirvieron (servierten/bedienten)	tradujeron (übersetzten)

Personalpro-nomen	Endung -gar	Endung -car	Endung -zar	Endung -ir	Endung -ucir
Verb	pagar (bezahlen)	aparcar (parken)	empezar (beginnen)	servir (servie-ren/bedienen)	traducir (übersetzen)
ellas (sie, weiblich)	pagaron (bezahlten)	aparcaron (parkten)	empezaron (begannen)	sirvieron (servierten/ bedienten)	tradujeron (übersetzten)
ustedes (Sie, Plural von usted)	pagaron (bezahlten)	aparcaron (parkten)	empezaron (begannen)	sirvieron (servierten/ bedienten)	tradujeron (übersetzten)

Tabelle B.3: Indefinido der unregelmäßigen Verben:

Personalpronomen	deber (sollen)	tener que (müssen)	querer (wollen)	poder (können/ dürfen)
yo (ich)	debí (sollte)	tuve que (musste)	quise (wollte)	pude (konnte)
tú (du)	debiste (solltest)	tuviste que (musstest)	quisiste (wolltest)	pudiste (konntest)
él (er)	debió (sollte)	tuvo que (musste)	quiso (wollte)	pudo (konnte)
ella (sie)	debió (sollte)	tuvo que (musste)	quiso (wollte)	pudo (konnte)
usted (Sie)	debió (sollten)	tuvo que (mussten)	quiso (wollten)	pudo (konnten)
nosotros (wir, männlich)	debimos (sollten)	tuvimos que (mussten)	quisimos (wollten)	pudimos (konnten)
nosotras (wir, weiblich)	debimos (sollten)	tuvimos que (mussten)	quisimos (wollten)	pudimos (konnten)
vosotros (ihr, männlich)	debisteis (solltet)	tuvisteis que (musstet)	quisisteis (wolltet)	pudisteis (konntet)
vosotras (Ihr, weiblich)	debisteis (solltet)	tuvisteis que (musstet)	quisisteis (wolltet)	pudisteis (konntet)
ellos (sie, männlich)	debieron (sollten)	tuvieron que (mussten)	quisieron (wollten)	pudieron (konnten)
ellas (sie, weiblich)	debieron (sollten)	tuvieron que (mussten)	quisieron (wollten)	pudieron (konnten)
ustedes (Sie, Plural von usted)	debieron (sollten)	tuvieron que (mussten)	quisieron (wollten)	pudieron (konnten)

Tabelle B.4: Indefinido der Modalverben

Imperfecto

Imperfecto ist eine einfache Zeit und wird ohne Hilfsverb gebildet.

Personalpronomen	ser (sein)	estar (sein)	haber (haben/sein)
yo (ich)	era (war)	estaba (war)	había (hatte/war)
tú (du)	eras (warst)	estabas (warst)	habías (hattest/warst)
él (er)	era (war)	estaba (war)	había (hatte/war)
ella (sie)	era (war)	estaba (war)	había (hatte/war)
usted (Sie)	cra (waren)	estaba (waren)	había (hatten/waren)
nosotros (wir, männlich)	éramos (waren)	estábamos (waren)	habíamos (hatten/waren)
nosotras (wir, weiblich)	éramos (waren)	estábamos (waren)	habíamos (hatten/waren)
vosotros (ihr, männlich)	erais (wart)	estabais (wart)	habíais (hattet/wart)
vosotras (ihr, weiblich)	erais (wart)	estabais (wart)	habíais (hattet/wart)
ellos (sie, männlich)	eran (waren)	estaban (waren)	habían (hatten/waren)
ellas (sie, weiblich)	eran (waren)	estaban (waren)	habían (hatten/waren)
ustedes (Sie, Plural von usted)	eran (waren)	estaban (waren)	habían (hatten/waren)

Tabelle B.5: Imperfecto der Hilfsverben

Personalpronomen	Imperfecto (Präteritum) für die Verben der Gruppe -ar	Imperfecto (Präteritum) für die Verben der Gruppe -er	Imperfecto (Präteritum) für die Verben der Gruppe -ir
yo (ich)	pagaba (bezahlte)	bebía (trank)	escribía (schrieb)
tú (du)	pagabas (bezahltest)	bebías (trankst)	escribías (schriebst)
él (er)	pagaba (bezahlte)	bebía (trank)	escribía (schrieb)
ella (sie)	pagaba (bezahlte)	bebía (trank)	escribía (schrieb)
usted (Sie)	pagaba (bezahlten)	bebía (tranken)	escribía (schrieben)
nosotros (wir, männlich)	pagábamos (bezahlten)	bebíamos (tranken)	escribíamos (schrieben)
nosotras (wir, weiblich)	pagábamos (bezahlten)	bebíamos (tranken)	escribíamos (schrieben)
vosotros (ihr, männlich)	pagabais (bezahltet)	bebíais (trankt)	escribíais (schriebt)
vosotras (ihr, weiblich)	pagabais (bezahltet)	bebíais (trankt)	escribíais (schriebt)
ellos (sie, männlich)	pagaban (bezahlten)	bebían (tranken)	escribían (schrieben)
ellas (sie, weiblich)	pagaban (bezahlten)	bebían (tranken)	escribían (schrieben)
ustedes (Sie, Plural von usted)	pagaban (bezahlten)	bebían (tranken)	escribían (schrieben)

Tabelle B.6: Imperfecto der regelmäßigen Verben

Personalpronomen	ser (sein)	ir (gehen)	ver (sehen)
yo (ich)	era (war)	iba (ging)	veía (sah)
tú (du)	eras (warst)	ibas (gingst)	veías (sahst)
él (er)	era (war)	iba (ging)	veía (sah)
ella (sie)	era (war)	iba (ging)	veía (sah)
usted (Sie)	era (waren)	iba (gingen)	veía (sahen)
nosotros (wir, männlich)	éramos (waren)	íbamos (gingen)	veíamos (sahen)
nosotras (wir, weiblich)	éramos (waren)	íbamos (gingen)	veíamos (sahen)
vosotros (ihr, männlich)	erais (wart)	ibais (gingt)	veíais (saht)
vosotras (ihr, weiblich)	erais (wart)	ibais (gingt)	veíais (saht)
ellos (sie, männlich)	eran (waren)	iban (gingen)	veían (sahen)
ellas (sie, weiblich)	eran (waren)	iban (gingen)	veían (sahen)
ustedes (Sie, Plural von usted)	eran (waren)	iban (gingen)	veían (sahen)

Tabelle B.7: Imperfecto der Hilfsverben

Personalpronomen	deber (sollen)	tener que (müssen)	querer (wollen)	poder (können/ dürfen)
yo (ich)	debía (sollte)	tenía que (musste)	quería (wollte)	podía (konnte)
tú (du)	debías (solltest)	tenías que (musstest)	querías (wolltest)	podías (konntest)
él (er)	debía (sollte)	tenía que (musste)	quería (wollte)	podías (konnte)
ella (sie)	debía (sollte)	tenía que (musste)	quería (wollte)	podía (konnte)
usted (Sie)	debía (sollten)	tenía que (mussten)	quería (wollten)	podía (konnten)
nosotros (wir, männlich)	debíamos (sollten)	teníamos que (mussten)	queríamos (wollten)	podíamos (konnten)
nosotras (wir, weiblich)	debíamos (sollten)	teníamos que (mussten)	queríamos (wollten)	podíamos (konnten)
vosotros (ihr, männlich)	debíais (solltet)	teníais que (musstet)	queríais (wolltet)	podíais (konntet)
vosotras (ihr, weiblich)	debíais (solltet)	teníais que (musstet)	queríais (wolltet)	podíais (konntet)
ellos (sie, männlich)	debían (sollten)	tenían que (mussten)	querían (wollten)	podían (konnten)
ellas (sie, weiblich)	debían (sollten)	tenían que (mussten)	querían (wollten)	podían (konnten)
ustedes (Sie, Plural von usted)	debían (sollten)	tenían que (mussten)	querían (wollten)	podían (konnten)

Tabelle B.8: Imperfecto der Modalverben

Pretérito perfecto (Perfekt)

Perfekt ist eine zusammengesetzte Zeit, die aus zwei Teilen besteht: dem Hilfsverb **haber** (haben/sein) im Präsens und der Partizipform eines anderen Verbs.

Personalpronomen	haber (sein/haben)	Partizipform
yo (ich)	**he** (habe/bin)	
tú (du)	**has** (hast/bist)	
él (er)	**ha** (hat/ist)	
ella (sie)	**ha** (hat/ist)	
usted (Sie)	**ha** (haben/sind)	
nosotros (wir, männlich)	**hemos** (haben/sind)	Die Verben mit der Endung **-ar** haben die Partizipendung **-ado**.
nosotras (wir, weiblich)	**hemos** (haben/sind)	
vosotros (ihr, männlich)	**habéis** (habt/seid)	Die Verben mit der Endung **-er** und **-ir** haben die Partizipendung **-ido**.
vosotras (ihr, weiblich)	**habéis** (habt/seid)	
ellos (sie, männlich)	**han** (haben/sind)	
ellas (sie, weiblich)	**han** (haben/sind)	
ustedes (Sie, Plural von **usted**)	**han** (haben/sind)	

Tabelle B.9: Perfektformen der regelmäßigen Verben

Personalpronomen	Hilfsverb haber (sein/haben)	Unregelmäßige Partizipien
yo (ich)	**he** (habe/bin)	
tú (du)	**has** (hast/bist)	
él (er)	**ha** (hat/ist)	
ella (sie)	**ha** (hat/ist)	
usted (Sie)	**ha** (haben/sind)	**abierto** (geöffnet), **puesto** (gestellt), **cubierto** (gedeckt), **vuelto** (zurückgekommen), **escrito** (geschrieben), **hecho** (gemacht), **dicho** (gesagt), **muerto** (gestorben), **visto** (gesehen)
nosotros (wir, männlich)	**hemos** (haben/sind)	
nosotras (wir, weiblich)	**hemos** (haben/sind)	
vosotros (ihr, männlich)	**habéis** (habt/seid)	
vosotras (ihr, weiblich)	**habéis** (habt/seid)	
ellos (sie, männlich)	**han** (haben/sind)	
ellas (sie, weiblich)	**han** (haben/sind)	
ustedes (Sie, Plural von **usted**)	**han** (haben/sind)	

Tabelle B.10: Perfektformen der unregelmäßigen Verben

Die unregelmäßigen Partizipien gelten auch für alle Verben, die aus den Verbformen gebildet werden, zum Beispiel **cubrir – cubierto** (decken – gedeckt) und **descubrir – descubierto** (entdecken – entdeckt).

Plusquamperfekt

Das Plusquamperfekt ist eine zusammengesetzte Zeit, die aus zwei Teilen besteht: dem Hilfsverb **haber** (haben/sein) im **imperfecto** und der Partizipform eines anderen Verbs.

Personalpronomen	haber (haben/sein)	Partizipform
yo (ich)	**había** (hatte/war)	
tú (du)	**habías** (hattest/warst)	
él (er)	**había** (hatte/war)	
ella (sie)	**había** (hatte/war)	
usted (Sie)	**había** (hatten/waren)	Die Verben mit der Endung **-ar** haben die Partizipendung **-ado**.
nosotros (wir, männlich)	**habíamos** (hatten/waren)	
nosotras (wir, weiblich)	**habíamos** (hatten/waren)	Die Verben mit der Endung **-er** und **-ir** haben die Partizipendung **-ido**.
vosotros (ihr, männlich)	**habíais** (hattet/wart)	
vosotras (ihr, weiblich)	**habíais** (hattet/wart)	
ellos (sie, männlich)	**habían** (hatten/waren)	
ellas (sie, weiblich)	**habían** (hatten/waren)	
ustedes (Sie, Plural von **usted**)	**habían** (hatten/waren)	

Tabelle B.11: Plusquamperfekt der regelmäßigen Verben

Die unregelmäßigen Partizipien für die Bildung des Perfekts werden auch für die Bildung des Plusquamperfekts gebraucht.

Konditional I

Diese Endungen gelten für alle regelmäßigen Verben gleichermaßen.

Personalpronomen	Endung -ar	Endung -er	Endung -ir
Verb	**viajar (reisen)**	**aprender (lernen)**	**vivir (wohnen/leben)**
yo (ich)	**viajaría** (würde reisen)	**aprendería** (würde lernen)	**viviría** (würde wohnen/leben)
tú (du)	**viajarías** (würdest reisen)	**aprenderías** (würdest lernen)	**vivirías** (würdest wohnen/leben)
él (er)	**viajaría** (würde reisen)	**aprendería** (würde lernen)	**viviría** (würde wohnen/leben)
ella (sie)	**viajaría** (würde reisen)	**aprendería** (würde lernen)	**viviría** (würde wohnen/leben)

Personalpronomen Verb	Endung -ar **viajar (reisen)**	Endung -er **aprender (lernen)**	Endung -ir **vivir (wohnen/leben)**
usted (Sie)	**viajaría** (würden reisen)	**aprendería** (würden lernen)	**viviría** (würden wohnen/leben)
nosotros (wir, männlich)	**viajaríamos** (würden reisen)	**aprenderíamos** (würden lernen)	**viviríamos** (würden wohnen/leben)
nosotras (wir, weiblich)	**viajaríamos** (würden reisen)	**aprenderíamos** (würden lernen)	**viviríamos** (würden wohnen/leben)
vosotros (ihr, männlich)	**viajaríais** (würdet reisen)	**aprenderíais** (würdet lernen)	**viviríais** (würdet wohnen/leben)
vosotras (ihr, weiblich)	**viajaríais** (würdet reisen)	**aprenderíais** (würdet lernen)	**viviríais** (würdet wohnen/leben)
ellos (sie, männlich)	**viajarían** (würden reisen)	**aprenderían** (würden lernen)	**vivirían** (wohnten/lebten)
ellas (sie, weiblich)	**viajarían** (würden reisen)	**aprenderían** (würden lernen)	**vivirían** (würden wohnen/leben)
ustedes (Sie, Plural von **usted**)	**viajarían** (würden reisen)	**aprenderían** (würden lernen)	**vivirían** (würden wohnen/leben)

Tabelle B.12: Konditional I der regelmäßigen Verben

Unregelmäßige Verben	2. Person Singular	3. Person Singular
decir (sagen)	**dirías** (würdest sagen)	**diría** (würde sagen / würden sagen)
haber (sein/haben)	**habrías** (wärest/hättest)	**habría** (wäre/hätte / wären/hätten)
hacer (machen)	**harías** (würdest machen)	**haría** (würde machen / würden machen)
poder (können)	**podrías** (könntest)	**podría** (könnte/könnten)
poner (stellen/legen/setzen)	**pondrías** (würdest stellen)	**pondría** (würde stellen / würden stellen)
querer (wollen/möchten)	**querrías** (wolltest)	**querría** (wollte/wollten)
saber (wissen)	**sabrías** (wüsstest)	**sabría** (wüsste/wüssten)
salir (ausgehen/herausgehen)	**saldrías** (würdest ausgehen)	**saldría** (würde ausgehen / würden ausgehen)
tener (haben)	**tendrías** (hättest)	**tendría** (hätte/hätten)
venir (kommen)	**vendrías** (kämest / würdest kommen)	**vendría** (käme / kämen / würde kommen / würden kommen)

Tabelle B.13: Konditional I der unregelmäßigen Verben

Personalpronomen	deber (sollen)	tener que (müssen)	querer (wollen)	poder (können/ dürfen)
yo (ich)	**debería** (sollte)	**tendría que** (müsste)	**querría** (wollte)	**podría** (könnte)
tú (du)	**deberías** (solltest)	**tendrías que** (müsstest)	**querrías** (wolltest)	**podrías** (könntest)
él (er)	**debería** (sollte)	**tendría que** (müsste)	**querría** (wollte)	**podrías** (könnte)
ella (sie)	**debería** (sollte)	**tendría que** (müsste)	**querría** (wollte)	**podría** (könnte)
usted (Sie)	**debería** (sollten)	**tendría que** (müssten)	**querría** (wollten)	**podría** (könnten)
nosotros (wir, männlich)	**deberíamos** (sollten)	**tendríamos que** (müssten)	**querríamos** (wollten)	**podríamos** (könnten)
nosotras (wir, weiblich)	**deberíamos** (sollten)	**tendríamos que** (müssten)	**querríamos** (wollten)	**podríamos** (könnten)
vosotros (ihr, männlich)	**deberíais** (solltet)	**tendríais que** (müsstet)	**querríais** (wolltet)	**podríais** (könntet)
vosotras (ihr, weiblich)	**deberíais** (solltet)	**tendríais que** (müsstet)	**querríais** (wolltet)	**podríais** (könntet)
ellos (sie, männlich)	**deberían** (sollten)	**tendrían que** (müssten)	**querrían** (wollten)	**podrían** (könnten)
ellas (sie, weiblich)	**deberían** (sollten)	**tendrían que** (müssten)	**querrían** (wollten)	**podrían** (könnten)
ustedes (Sie, Plural von usted)	**deberían** (sollten)	**tendrían que** (müssten)	**querrían** (wollten)	**podrían** (könnten)

Tabelle B.14: Konditional I der Modalverben

Konditional II

Der Konditional II ist eine zusammengesetzte Zeit, die aus zwei Teilen besteht: dem Hilfsverb **haber** (haben/sein) im Konditional I und der Partizipform eines anderen Verbs.

Personalpronomen	Konditional von haber (haben/sein)	Partizipform
yo (ich)	**habría** (hätte/wäre)	
tú (du)	**habrías** (hättest/wärest)	Die Verben mit der Endung **-ar** haben die Partizipendung **-ado**.
él (er)	**habría** (hätte/wäre)	
ella (sie)	**habría** (hätte/wäre)	Die Verben mit der Endung **-er** und
usted (Sie)	**habría** (hätten/wären)	**-ir** haben die Partizipendung **-ido**.
nosotros (wir, männlich)	**habríamos** (hätten/wären)	

Personalpronomen	Konditional von haber (haben/sein)	Partizipform
nosotras (wir, weiblich)	**habríamos** (hätten/wären)	
vosotros (ihr, männlich)	**habríais** (hättet/wäret)	
vosotras (ihr, weiblich)	**habríais** (hättet/wäret)	
ellos (sie, männlich)	**habrían** (hätten/wären)	
ellas (sie, weiblich)	**habrían** (hätten/wären)	
ustedes (Sie, Plural, Höflichkeitsform)	**habrían** (hätten/wären)	

Tabelle B.15: Konditional II der regelmäßigen Verben

Unregelmäßige Verben

Die unregelmäßigen Partizipien für die Bildung des Perfekts kommen auch bei der Bildung des Konditionals II zum Einsatz.

Infinitiv	Partizipform
abrir (öffnen)	**abierto** (geöffnet)
decir (sagen)	**dicho** (gesagt)
descubrir (entdecken/aufdecken)	**descubierto** (entdeckt/aufgedeckt)
escribir (schreiben)	**escrito** (geschrieben)
hacer (machen)	**hecho** (gemacht)
ir (gehen)	**ido** (gegangen)
poner (stellen)	**puesto** (gestellt)
romper (kaputt machen)	**roto** (kaputt)
ser (sein)	**sido** (gewesen)
ver (sehen)	**visto** (gesehen)
volver (zurückkommen)	**vuelto** (zurückgekommen)

Tabelle B.16: Konditional II der unregelmäßigen Verben

Konjugationsmuster für die Zeiten der Gegenwart in der Wirklichkeitsform

Präsens der Wirklichkeitsform (presente de indicativo):

Personalpronomen	ser (sein)
yo (ich)	**soy** (ich bin)
tú (du)	**eres** (du bist)
él/ella/usted (er/sie/Sie)	**es** (er/sie ist / Sie sind)
nosotros/nosotras (wir)	**somos** (wir sind)
vosotros/vosotras (ihr)	**sois** (ihr seid)
ellos/ellas/ustedes (sie/Sie)	**son** (sie/Sie sind)

Tabelle B.17: Präsens des Verbs »ser«

Personalpronomen	estar (sein)
yo (ich)	**estoy** (ich bin)
tú (du)	**estás** (du bist)
él/ella/usted (er/sie/Sie)	**está** (er/sie ist / Sie sind)
nosotros/nosotras (wir)	**estamos** (wir sind)
vosotros/vosotras (ihr)	**estáis** (ihr seid)
ellos/ellas/ustedes (sie/Sie)	**están** (sie/Sie sind)

Tabelle B.18: Präsens des Verbs »estar«

Personalpronomen	haber (haben/sein)
yo (ich)	**he** (ich habe/bin)
tú (du)	**has** (du hast/bist)
él/ella/usted (er/sie/Sie)	**ha** (er/sie hat/ist / Sie haben/sind)
nosotros/nosotras (wir)	**habemos** (wir haben/sind)
vosotros/vosotras (ihr)	**habéis** (ihr habt/seid)
ellos/ellas/ustedes (sie/Sie)	**han** (sie/Sie haben/sind)

Tabelle B.19: Präsens des Verbs »haber«

| Personalpronomen | Endung -ar | Endung -er | Endung -ir |
Verb	**viajar (reisen)**	**aprender (lernen)**	**vivir (wohnen/leben)**
yo (ich)	**viajo** (reise)	**aprendo** (lerne)	**vivo** (wohne/lebe)
tú (du)	**viajas** (reist)	**aprendes** (lernst)	**vives** (wohnst/lebst)
él (er)	**viaja** (reist)	**aprende** (lernt)	**vive** (wohnt/lebt)
ella (sie)	**viaja** (reist)	**aprende** (lernt)	**vive** (wohnt/lebt)
usted (Sie)	**viaja** (reisen)	**aprende** (lernen)	**vive** (wohnen/leben)
nosotros (wir, männlich)	**viajamos** (reisen)	**aprendemos** (lernen)	**vivimos** (wohnen/leben)
nosotras (wir, weiblich)	**viajamos** (reisen)	**aprendemos** (lernen)	**vivimos** (wohnen/leben)
vosotros (ihr, männlich)	**viajáis** (reist)	**aprendéis** (lernt)	**vivís** (wohnt/lebt)
vosotras (ihr, weiblich)	**viajáis** (reist)	**aprendéis** (lernt)	**vivís** (wohnt/lebt)
ellos (sie, männlich)	**viajan** (reisen)	**aprenden** (lernen)	**viven** (wohnen/leben)
ellas (sie, weiblich)	**viajan** (reisen)	**aprenden** (lernen)	**viven** (wohnen/leben)
ustedes (Sie, Plural von usted)	**viajan** (reisen)	**aprenden** (lernen)	**viven** (wohnen/leben)

Tabelle B.20: Präsens der regelmäßigen Verben

Gruppen der unregelmäßigen Verben

Bei unregelmäßigen Verben sind die Verbformen für die 1. und die 2. Person Plural immer regelmäßig.

Das **e** im Verbstamm wird zu **ie**.

Personalpronomen	**pensar (denken)**
yo (ich)	**pienso** (denke)
tú (du)	**piensas** (denkst)
él (er)	**piensa** (denkt)
ella (sie)	**piensa** (denkt)
usted (Sie)	**piensa** (denken)
nosotros (wir, männlich)	**pensamos** (denken)
nosotras (wir, weiblich)	**pensamos** (denken)
vosotros (ihr, männlich)	**pensáis** (denkt)
vosotras (ihr, weiblich)	**pensáis** (denkt)
ellos (sie, männlich)	**piensan** (denken)
ellas (sie, weiblich)	**piensan** (denken)
ustedes (Sie, Plural, Höflichkeitsform)	**piensan** (denken)

Tabelle B.21: Präsens der unregelmäßigen Verben, Verbstammänderung »e« zu »ie«

Das **e** im Verbstamm wird zu **i**.

Personalpronomen	seguir (folgen)
yo (ich)	**sigo** (folge)
tú (du)	**sigues** (folgst)
él (er)	**sigue** (folgt)
ella (sie)	**sigue** (folgt)
usted (Sie)	**sigue** (folgen)
nosotros (wir, männlich)	**seguimos** (folgen)
nosotras (wir, weiblich)	**seguimos** (folgen)
vosotros (ihr, männlich)	**seguís** (folgt)
vosotras (ihr, weiblich)	**seguís** (folgt)
ellos (sie, männlich)	**siguen** (folgen)
ellas (sie, weiblich)	**siguen** (folgen)
ustedes (Sie, Plural, Höflichkeitsform)	**siguen** (folgen)

Tabelle B.22: Präsens der unregelmäßigen Verben, Verbstammänderung »e« zu »i«

Das **o** im Verbstamm wird zu **ue**.

Personalpronomen	contar (zählen/erzählen)
yo (ich)	**cuento** (zähle/erzähle)
tú (du)	**cuentas** (zählst/erzählst)
él (er)	**cuenta** (zählt/erzählt)
ella (sie)	**cuenta** (zählt/erzählt)
usted (Sie)	**cuenta** (zählen/erzählen)
nosotros (wir, männlich)	**contamos** (zählen/erzählen)
nosotras (wir, weiblich)	**contamos** (zählen/erzählen)
vosotros (ihr, männlich)	**contáis** (zählt/erzählt)
vosotras (ihr, weiblich)	**contáis** (zählt/erzählt)
ellos (sie, männlich)	**cuentan** (zählen/erzählen)
ellas (sie, weiblich)	**cuentan** (zählen/erzählen)
ustedes (Sie, Plural, Höflichkeitsform)	**cuentan** (zählen/erzählen)

Tabelle B.23: Präsens der unregelmäßigen Verben, Verbstammänderung »o« zu »ue«

Das **u** im Verbstamm wird zu **ue**. Diese Unregelmäßigkeit weist nur das Verb **jugar** (spielen) auf.

Personalpronomen	jugar (spielen)
yo (ich)	**juego** (spiele)
tú (du)	**juegas** (spielst)
él (er)	**juega** (spielt)
ella (sie)	**juega** (spielt)
usted (Sie)	**juega** (spielen)
nosotros (wir)	**jugamos** (spielen)
nosotras (wir)	**jugamos** (spielen)
vosotros (ihr)	**jugáis** (spielt)
vosotras (ihr)	**jugáis** (spielt)
ellos (sie)	**juegan** (spielen)
ellas (sie)	**juegan** (spielen)
ustedes (Sie)	**juegan** (spielen)

Tabelle B.24: Präsens der unregelmäßigen Verben, Verbstammänderung »u« zu »ue«

Verben mit unregelmäßiger 1. Person:

Personalpronomen	salir (ausgehen/herausgehen)
yo (ich)	**salgo** (gehe aus)
tú (du)	**sales** (gehst aus)
él (er)	**sale** (geht aus)
ella (sie)	**sale** (geht aus)
usted (Sie)	**sale** (gehen aus)
nosotros (wir, männlich)	**salimos** (gehen aus)
nosotras (wir, weiblich)	**salimos** (gehen aus)
vosotros (ihr, männlich)	**salís** (geht aus)
vosotras (ihr, weiblich)	**salís** (geht aus)
ellos (sie, männlich)	**salen** (gehen aus)
ellas (sie, weiblich)	**salen** (gehen aus)
ustedes (Sie, Plural, Höflichkeitsform)	**salen** (gehen aus)

Tabelle B.25: Präsens der unregelmäßigen Verben mit unregelmäßiger 1. Person Singular

Verben mit der Infinitivendung »-ecer«, »-ocer« oder »-ucir«

Die Verben in dieser Gruppe sind in der 1. Person Singular unregelmäßig: Das **c** wird zu **zc**, um den Laut k zu bekommen.

Personalpronomen	conducir (ein Fahrzeug führen)
yo (ich)	conduzco
tú (du)	conduces
él (er)	conduce
ella (sie)	conduce
usted (Sie)	conduce
nosotros (wir, männlich)	conducimos
nosotras (wir, weiblich)	conducimos
vosotros (ihr, männlich)	conducís
vosotras (ihr, weiblich)	conducis
ellos (sie, männlich)	conducen
ellas (sie, weiblich)	conducen
ustedes (Sie, Plural, Höflichkeitsform)	conducen

Tabelle B.26: Präsens der unregelmäßigen Verben, Verbstammänderung in der 1. Person Singular »c« zu »zc«

Verben mit der Endung »-ger« oder »-gir«

Bei diesen Verben ist die 1. Person Singular unregelmäßig. Sie wird mit **j** geschrieben, um denselben Laut der Infinitivform zu erzeugen.

Personalpronomen	recoger (abholen/aufräumen)
yo (ich)	**recojo** (hole ab / räume auf)
tú (du)	**recoges** (holst ab / räumst auf)
él (er)	**recoge** (holt ab / räumt auf)
ella (sie)	**recoge** (holt ab / räumt auf)
usted (Sie)	**recoge** (holen ab / räumen auf)
nosotros (wir, männlich)	**recogemos** (holen ab / räumen auf)
nosotras (wir, weiblich)	**recogemos** (holen ab / räumen auf)
vosotros (ihr, männlich)	**recogéis** (holt ab / räumt auf)
vosotras (ihr, weiblich)	**recogéis** (holt ab / räumt auf)
ellos (sie, männlich)	**recogen** (holen ab / räumen auf)
ellas (sie, weiblich)	**recogen** (holen ab / räumen auf)
ustedes (Sie, Plural, Höflichkeitsform)	**recogen** (holen ab / räumen auf)

Tabelle B.27: Präsens der unregelmäßigen Verben mit der Endung »-ger« oder »-gir«

Verben mit der Endung »-uir«

Verben mit der Endung **-uir** werden mit **y** geschrieben außer in der 1. und 2. Person Plural.

Personalpronomen	contribuir (beitragen)
yo (ich)	**contribuyo** (trage bei)
tú (du)	**contribuyes** (trägst bei)
él (er)	**contribuye** (trägt bei)
ella (sie)	**contribuye** (trägt bei)
usted (Sie)	**contribuye** (tragen bei)
nosotros (wir, männlich)	**contribuimos** (tragen bei)
nosotras (wir, weiblich)	**contribuimos** (tragen bei)
vosotros (ihr, männlich)	**contribuís** (tragt bei)
vosotras (ihr, weiblich)	**contribuís** (tragt bei)
ellos (sie, männlich)	**contribuyen** (tragen bei)
ellas (sie, weiblich)	**contribuyen** (tragen bei)
ustedes (Sie, Plural, Höflichkeitsform)	**contribuyen** (tragen bei)

Tabelle B.28: Präsens der unregelmäßigen Verben mit der Endung »-uir«

Reflexive Verben

Reflexive Verben werden nach dem Muster (regelmäßig oder unregelmäßig) der Infinitivform konjugiert. Die Reflexivpronomen werden vorangestellt.

Personalpronomen	llamarse (heißen, regelmäßig)	desperstarse (aufwachen, unregelmäßig mit e zu ie)
yo (ich)	**me llamo** (heiße)	**me despierto** (wache auf)
tú (du)	**te llamas** (heißt)	**te despiertas** (wachst auf)
él (er)	**se llama** (heißt)	**se despierta** (wacht auf)
ella (sie)	**se llama** (heißt)	**se despierta** (wacht auf)
usted (Sie)	**se llama** (heißen)	**se despierta** (wachen auf)
nosotros (wir, männlich)	**nos llamamos** (heißen)	**nos despertamos** (wachen auf)
nosotras (wir, weiblich)	**nos llamamos** (heißen)	**nos despertamos** (wachen auf)
vosotros (ihr, männlich)	**os llamáis** (heißt)	**os despertáis** (wacht auf)
vosotras (ihr, weiblich)	**os llamáis** (heißt)	**os despertáis** (wacht auf)
ellos (sie, männlich)	**se llaman** (heißen)	**se despiertan** (wachen auf)
ellas (sie, weiblich)	**se llaman** (heißen)	**se despiertan** (wachen auf)
ustedes (Sie, Plural, Höflichkeitsform)	**se llaman** (heißen)	**se despiertan** (wachen auf)

Tabelle B.29: Präsens der reflexiven Verben

Modalverben

Personalpronomen	deber (müssen, sollen)
yo (ich)	**debo** (muss/soll)
tú (du)	**debes** (musst/sollst)
él (er)	**debe** (muss/soll)
ella (sie)	**debe** (muss/soll)
usted (Sie)	**debe** (müssen/sollen)
nosotros (wir)	**debemos** (müssen/sollen)
nosotras (wir)	**debemos** (müssen/sollen)
vosotros (ihr)	**debéis** (müsst/sollt)
vosotras (ihr)	**debéis** (müsst/sollt)
ellos (sie)	**deben** (müssen/sollen)
ellas (sie)	**deben** (müssen/sollen)
ustedes (Sie)	**deben** (müssen/sollen)

Tabelle B.30: Präsens des Modalverbs »deber«

Personalpronomen	tener que (müssen)
yo (ich)	**tengo que** (muss)
tú (du)	**tienes que** (musst)
él (er)	**tiene que** (muss)
ella (sie)	**tiene que** (muss)
usted (Sie)	**tiene que** (müssen)
nosotros (wir)	**tenemos que** (müssen)
nosotras (wir)	**tenemos que** (müssen)
vosotros (ihr)	**tenéis que** (müsst)
vosotras (ihr)	**tenéis que** (müsst)
ellos (sie)	**tienen que** (müssen)
ellas (sie)	**tienen que** (müssen)
ustedes (Sie)	**tienen que** (müssen)

Tabelle B.31: Präsens des Modalverbs »tener que«

Personalpronomen	querer (wollen/möchten)
yo (ich)	**quiero** (will/möchte)
tú (du)	**quieres** (willst/möchtest)
él (er)	**quiere** (will/möchte)
ella (sie)	**quiere** (will/möchte)
usted (Sie)	**quiere** (wollen/möchten)
nosotros (wir)	**queremos** (wollen/möchten)
nosotras (wir)	**queremos** (wollen/möchten)
vosotros (ihr)	**queréis** (wollt/möchtet)
vosotras (ihr)	**queréis** (wollt/möchtet)
ellos (sie)	**quieren** (wollen/möchten)
ellas (sie)	**quieren** (wollen/möchten)
ustedes (Sie)	**quieren** (wollen/möchten)

Tabelle B.32: Präsens des Modalverbs »querer«

Personalpronomen	poder (dürfen/können)
yo (ich)	**puedo** (kann/darf)
tú (du)	**puedes** (kannst/darfst)
él (er)	**puede** (kann/darf)
ella (sie)	**puede** (kann/darf)
usted (Sie)	**puede** (können/dürfen)
nosotros (wir)	**podemos** (können/dürfen)
nosotras (wir)	**podemos** (können/dürfen)
vosotros (ihr)	**podéis** (könnt/dürft)
vosotras (ihr)	**podéis** (könnt/dürft)
ellos (sie)	**pueden** (können/dürfen)
ellas (sie)	**pueden** (können/dürfen)
ustedes (Sie)	**pueden** (können/dürfen)

Tabelle B.33: Präsens des Modalverbs »poder«

Gerundio

Das Gerundio, das zum Ausdruck bringt, was Sie gerade machen, wird mit dem Verb **estar** (sein) plus der Gerundio-Form eines anderen Verbs gebildet. Die Verben mit der Endung **-ar** haben die Gerundio-Endung **-ando**. Die Verben mit der Endung **-er** und **-ir** haben die Gerundio-Endung **-iendo**.

Konjugationsmuster für die Zeiten der Zukunft in der Wirklichkeitsform

Die nahe Zukunft

Die nahe Zukunft wird mit dem Verb **ir** (gehen), der Präposition **a** und einem Verb im Infinitiv gebildet.

Personalpronomen	Präsens von ir (gehen)
yo (ich)	**voy** (gehe)
tú (du)	**vas** (gehst)
él (er)	**va** (geht)
ella (sie)	**va** (geht)
usted (Sie)	**va** (gehen)
nosotros (wir, männlich)	**vamos** (gehen)
nosotras (wir, weiblich)	**vamos** (gehen)
vosotros (ihr, männlich)	**vais** (geht)
vosotras (ihr, weiblich)	**vais** (geht)
ellos (sie, männlich)	**van** (gehen)
ellas (sie, weiblich)	**van** (gehen)
ustedes (Sie, Plural)	**van** (gehen)

a + ein Verb im Infinitiv, zum Beispiel **Voy a abrir la ventana.** (Ich werde das Fenster öffnen.)

Tabelle B.34: Bildung der nahen Zukunft

Futur I

Personalpronomen	Endungen des Futurs 1
yo (ich)	**escucharé** (werde hören)
tú (du)	**escucharás** (wirst hören)
él (er)	**escuchará** (wird hören)
ella (sie)	**escuchará** (wird hören)
usted (Sie)	**escuchará** (werden hören)
nosotros (wir, männlich)	**escucharemos** (werden hören)
nosotras (wir, weiblich)	**escucharemos** (werden hören)
vosotros (ihr, männlich)	**escucharéis** (werdet hören)
vosotras (ihr, weiblich)	**escucharéis** (werdet hören)
ellos (sie, männlich)	**escucharán** (werden hören)
ellas (sie, weiblich)	**escucharán** (werden hören)
ustedes (Sie, Plural)	**escucharán** (werden hören)

Tabelle B.35: Futur I der regelmäßigen Verben

Infinitiv	Unregelmäßiger Stamm im Futur I
decir (sagen)	**dir**- + Futurendungen
haber (haben/sein)	**habr**- + Futurendungen
hacer (machen)	**har**- + Futurendungen
poder (können/dürfen)	**podr**- + Futurendungen
querer (wollen)	**querr**- + Futurendungen
saber (wissen)	**sabr**- + Futurendungen
salir (ausgehen/herausgehen/abfahren)	**saldr**- + Futurendungen
tener (haben)	**tendr**- + Futurendungen
venir (kommen, in Richtung des Sprechers)	**vendr**- + Futurendungen

Tabelle B.36: Futur I der unregelmäßigen Verben

Futur II

Futur II ist eine zusammengesetzte Zeit, die mit der Futurform des Verbs **haber** (haben/sein) und der Partizipform eines anderen Verbs gebildet wird.

Personalpronomen	haber (haben/sein)	
yo (ich)	**habré**	
tú (du)	**habrás**	
él (er)	**habrá**	
ella (sie)	**habrá**	
usted (Sie)	**habrá**	
nosotros (wir, männlich)	**habremos**	+ Partizipform eines Verbs
nosotras (wir, weiblich)	**habremos**	
vosotros (ihr, männlich)	**habréis**	
vosotras (ihr, weiblich)	**habréis**	
ellos (sie, männlich)	**habrán**	
ellas (sie, weiblich)	**habrán**	
ustedes (Sie, Plural)	**habrán**	

Tabelle B.37: Futur II der regelmäßigen Verben

Die unregelmäßigen Partizipien werden auch für die Bildung von Futur II benötigt.

Der Imperativmodus

Der Imperativmodus besteht aus nur zwei Zeiten (siehe Abbildung B.2).

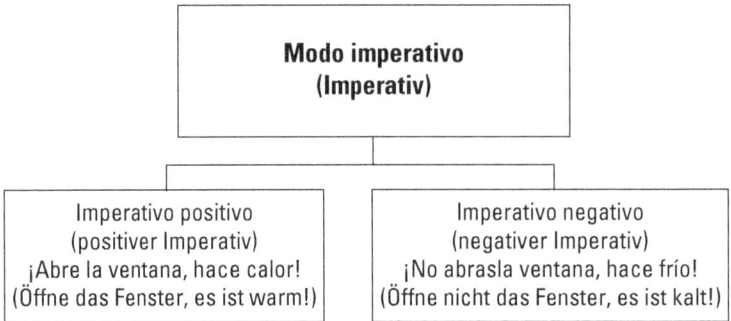

Abbildung B.2: Der Imperativmodus

Konjugationsmuster für den positiven Imperativ

Der positive Imperativ für die Du-Form der regelmäßigen Verben wird aus der 3. Person Singular Präsens gebildet.

Personalpronomen	Präsens Endung -ar	Imperativ Du-Form
él/ella/usted (er/sie/Sie)	**trabaja** (arbeitet/arbeiten)	**¡Trabaja!** (Arbeite!)
él/ella/usted (er/sie/Sie)	**bebe** (trinkt/trinken)	**¡Bebe!** (Trinke!)
él/ella/usted (er/sie/Sie)	**recibe** (bekommt/bekommen)	**¡Recibe!** (Bekomme!)

Tabelle B.38: Positiver Imperativ der Du-Form

Der positive Imperativ für die Sie-Form Singular und Plural der regelmäßigen Verben wird aus der 3. Person Singular oder Plural vom Subjuntivo Präsens gebildet.

Infinitiv	Personalpronomen	Subjuntivo Präsens	Positiver Imperativ
ignorar (ignorieren / nicht wissen / nicht beachten)	**usted** (Sie)	**ignore**	**¡Ignore!** (Ignorieren Sie!)
ignorar (ignorieren / nicht wissen / nicht beachten)	**ustedes** (Sie, Plural)	**ignoren**	**¡Ignoren!** (Ignorieren Sie!)
comer (essen)	**usted** (Sie)	**coma**	**¡Coma!** (Essen Sie!)
comer (essen)	**ustedes** (Sie, Plural)	**coman**	**¡Coman!** (Essen Sie!)
compartir (teilen)	**usted** (Sie)	**comparta**	**¡Comparta!** (Teilen Sie!)
compartir (teilen)	**ustedes** (Sie, Plural)	**compartan**	**¡Compartan!** (Teilen Sie!)

Tabelle B.39: Positiver Imperativ der Sie-Form

Der positive Imperativ für die Wir-Form der regelmäßigen Verben wird aus der 1. Person Plural vom Subjuntivo Präsens gebildet.

Infinitiv	Personalpronomen	Subjuntivo Präsens	Positiver Imperativ
ignorar (ignorieren / nicht wissen / nicht beachten)	**nosotros** (wir)	**ignoremos**	**¡Ignoremos!** (Ignorieren wir!)
comer (essen)	**nosotros** (wir)	**comamos**	**¡Comamos!** (Essen wir!)
compartir (teilen)	**nosotros** (wir)	**compartamos**	**¡Compartamos!** (Teilen wir!)

Tabelle B.40: Positiver Imperativ der Wir-Form

Der positive Imperativ für die Ihr-Form der regelmäßigen Verben wird aus dem Infinitiv gebildet ohne das **r**. Anstelle des **r** fügen Sie ein **d** hinzu.

Infinitivendung	Verb	Positiver Imperativ
-ar	**bailar** (tanzen)	**¡Bailad!** (Tanzt!)
-er	**comer** (essen)	**¡Comed!** (Esst!)
-ir	**vivir** (wohnen/leben)	**¡Vivid!** (Lebt!)

Tabelle B.41: Positiver Imperativ der Ihr-Form

Infinitiv	tú (du)	usted (Sie)	nosotros/nosotras (wir)	ustedes (Sie, Plural)
decir (sagen)	**¡Di!** (Sage!)	**¡Diga!** (Sagen Sie!)	**¡Digamos!** (Sagen wir!)	**¡Digan!** (Sagen Sie!)
hacer (machen)	**¡Haz!** (Mache!)	**¡Haga!** (Machen Sie!)	**¡Hagamos!** (Machen wir!)	**¡Hagan!** (Machen Sie!)
ir (gehen)	**¡Ve!** (Gehe!)	**¡Vaya!** (Gehen Sie!)	**¡Vayamos!** (Gehen wir!)	**¡Vayan!** (Gehen Sie!)
poner (stellen)	**¡Pon!** (Stelle!)	**¡Ponga!** (Stellen Sie!)	**¡Pongamos!** (Stellen wir!)	**¡Pongan!** (Stellen Sie!)
salir (ausgehen)	**¡Sal!** (Gehe raus!)	**¡Salga!** (Gehen Sie raus!)	**¡Salgamos!** (Gehen wir raus!)	**¡Salgan!** (Gehen Sie raus!)
ser (sein)	**¡Sé!** (Sei!)	**¡Sea!** (Seien Sie!)	**¡Seamos!** (Seien wir!)	**¡Sean!** (Seien Sie!)
tener (haben)	**¡Ten!** (Habe!)	**¡Tenga!** (Haben Sie!)	**¡Tengamos!** (Haben wir!)	**¡Tengan!** (Haben Sie!)
venir (kommen)	**¡Ven!** (Komm!)	**¡Venga!** (Kommen Sie!)	**¡Vengamos!** (Kommen wir!)	**¡Vengan!** (Kommen Sie!)

Tabelle B.42: Positiver Imperativ der unregelmäßigen Verben

Konjugationsmuster für den negativen Imperativ

Die Verbformen für den negativen Imperativ der regelmäßigen Verben mit der Endung -**ar** werden aus dem Subjuntivo Präsens gebildet. Der Satz beginnt immer mit **no**.

Personalpronomen	Negativer Imperativ von caminar (gehen)
tú (du)	**¡No camines!** (Lauf nicht!)
usted (Sie)	**¡No camine!** (Laufen Sie nicht!)
nosotros (wir, männlich)	**¡No caminemos!** (Laufen wir nicht!)
nosotras (wir weiblich)	**¡No caminemos!** (Laufen wir nicht!)
vosotros (ihr, männlich)	**¡No caminéis!** (Lauft nicht!)
vosotras (ihr, weiblich)	**¡No caminéis!** (Lauft nicht!)
ustedes (Sie, Plural)	**¡No caminen!** (Laufen Sie nicht!)

Tabelle B.43: Negativer Imperativ der regelmäßigen Verben mit der Endung »-ar«

Die Verbformen für den negativen Imperativ der regelmäßigen Verben mit den Endungen -**er** und -**ir** werden aus dem Subjuntivo Präsens gebildet. Der Satz beginnt immer mit **no**.

Personalpronomen	Negativer Imperativ von comer (essen)	Negativer Imperativ von escribir (schreiben)
tú (du)	**¡No comas!** (Iss nicht!)	**¡No escribas!** (Schreibe nicht!)
usted (Sie)	**¡No coma!** (Essen Sie nicht!)	**¡No escriba!** (Schreiben Sie nicht!)
nosotros (wir, männlich)	**¡No comamos!** (Essen wir nicht!)	**¡No escribamos!** (Schreiben wir nicht!)
nosotras (wir weiblich)	**¡No comamos!** (Essen wir nicht!)	**¡No escribamos!** (Schreiben wir nicht!)
vosotros (ihr, männlich)	**¡No comáis!** (Esst nicht!)	**¡No escribáis!** (Schreibt nicht!)
vosotras (ihr, weiblich)	**¡No comáis!** (Esst nicht!)	**¡No escribáis!** (Schreibt nicht!)
ustedes (Sie, Plural)	**¡No coman!** (Essen Sie nicht!)	**¡No escriban!** (Schreiben Sie nicht!)

Tabelle B.44: Negativer Imperativ der regelmäßigen Verben mit den Endungen »-er« und »-ir«

Der negative Imperativ der unregelmäßigen Verben wird aus den Formen des Subjuntivo Präsens gebildet.

Infinitiv	3. Person Subjuntivo Präsens
pensar (denken)	**piense** (denkt)
tener (haben)	**tenga** (hat)
hacer (machen)	**haga** (macht)
poner (stellen)	**ponga** (stellt)
salir (ausgehen)	**salga** (ausgeht)

Tabelle B.45: Subjuntivo-Formen zur Bildung des negativen Imperativs

Beim negativen Imperativ der unregelmäßigen Verben beginnt der Satz immer mit **no**.

Personalpronomen	Negativer Imperativ von hacer (machen)	Negativer Imperativ von poner (stellen)
tú (du)	**¡No hagas!** (Mache nicht!)	**¡No pongas!** (Stelle nicht!)
usted (Sie)	**¡No haga!** (Machen Sie nicht!)	**¡No ponga!** (Stellen Sie nicht!)
nosotros (wir, männlich)	**¡No hagamos!** (Machen wir nicht!)	**¡No pongamos!** (Stellen wir nicht!)
nosotras (wir weiblich)	**¡No hagamos!** (Machen wir nicht!)	**¡No pongamos!** (Stellen wir nicht!)
vosotros (ihr, männlich)	**¡No hagáis!** (Macht nicht!)	**¡No pongáis!** (Stellt nicht!)
vosotras (ihr, weiblich)	**¡No hagáis!** (Macht nicht!)	**¡No pongáis!** (Stellt nicht!)
ustedes (Sie, Plural)	**¡No hagan!** (Machen Sie nicht!)	**¡No pongan!** (Stellen Sie nicht!)

Tabelle B.46: Negativer Imperativ der unregelmäßigen Verben

Der Subjuntivo-Modus

Der Subjuntivo-Modus besteht aus zwei einfachen und zwei zusammengesetzten Zeiten (siehe Abbildung B.3).

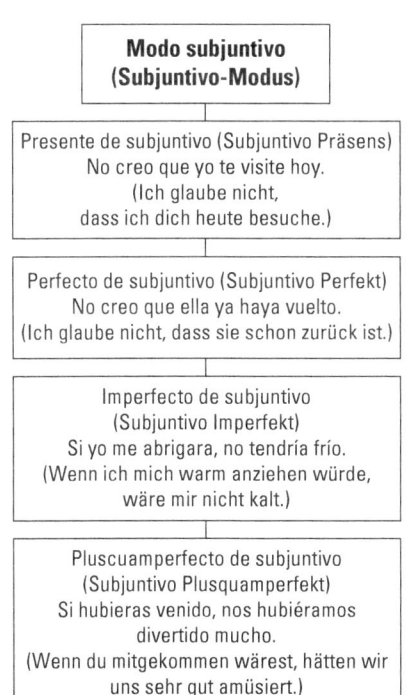

Abbildung B.3: Die Zeiten des Subjuntivo-Modus

Subjuntivo Präsens

Personalpronomen	ser (sein)	estar (sein)	ver (sehen)	ir (gehen)	haber (haben/sein)	saber (wissen)
yo (ich)	sea	esté	vea	vaya	haya	sepa
tú (du)	seas	estés	veas	vayas	hayas	sepas
él (er)	sea	esté	vea	vaya	haya	sepa
ella (sie)	sea	esté	vea	vaya	haya	sepa
usted (Sie)	sea	esté	vea	vaya	haya	sepa
nosotros (wir, männlich)	seamos	estemos	veamos	vayamos	hayamos	sepamos
nosotras (wir, weiblich)	seamos	estemos	veamos	vayamos	hayamos	sepamos
vosotros (ihr, männlich)	seáis	estéis	veáis	vayáis	hayáis	sepáis
vosotras (ihr, weiblich)	seáis	estéis	veáis	vayáis	hayáis	sepáis
ellos (sie, männlich)	sean	estén	vean	vayan	hayan	sepan
ellas (sie, weiblich)	sean	estén	vean	vayan	hayan	sepan
ustedes (Sie, Plural)	sean	estén	vean	vayan	hayan	sepan

Tabelle B.47: Subjuntivo Präsens der Hilfs- und der unregelmäßigen Verben

Personalpronomen	hablar (sprechen)	beber (trinken)	recibir (bekommen)
yo (ich)	hable	beba	reciba
tú (du)	hables	bebas	recibas
él (er)	hable	beba	reciba
ella (sie)	hable	beba	reciba
usted (Sie)	hable	beba	reciba
nosotros (wir, männlich)	hablemos	bebamos	recibamos
nosotras (wir, weiblich)	hablemos	bebamos	recibamos
vosotros (ihr, männlich)	habléis	bebáis	recibáis
vosotras (ihr, weiblich)	habléis	bebáis	recibáis
ellos (sie, männlich)	hablen	beban	reciban
ellas (sie, weiblich)	hablen	beban	reciban
ustedes (Sie, Plural)	hablen	beban	reciban

Tabelle B.48: Subjuntivo Präsens der regelmäßigen Verben

Personalprono- men	encontrar (finden), o zu ue	cerrar (schlie- ßen), e zu ie	servir (bedienen/ servieren), e zu i	repetir (wieder- holen), e zu i
yo (ich)	encuentre	cierre	sirva	repita
tú (du)	encuentres	cierres	sirvas	repitas
él (er)	encuentre	cierre	sirva	repita
ella (sie)	encuentre	cierre	sirva	repita
usted (Sie)	encuentre	cierre	sirva	repita
nosotros (wir, männlich)	encontremos	cerremos	sirvamos	repitamos
nosotras (wir, weiblich)	encontremos	cerremos	sirvamos	repitamos
vosotros (ihr, männlich)	encontréis	cerréis	sirváis	repitáis
vosotras (ihr, weiblich)	encontréis	cerréis	sirváis	repitáis
ellos (sie, männlich)	encuentren	cierren	sirvan	repitan
ellas (sie, weiblich)	encuentren	cierren	sirvan	repitan
ustedes (Sie, Plural)	encuentren	cierren	sirvan	repitan

Tabelle B.49: Subjuntivo Präsens der unregelmäßigen Verben

Personalpronomen	deber (müssen)	poder (können/ dürfen)	querer (wollen)	saber (wissen)	tener que (müssen)
yo (ich)	deba	pueda	quiera	sepa	tenga que
tú (du)	debas	puedas	quieras	sepas	tengas que
él (er)	deba	pueda	quiera	sepa	tenga que
ella (sie)	deba	pueda	quiera	sepa	tenga que
usted (Sie)	deba	pueda	quiera	sepa	tenga que
nosotros (wir, männlich)	debamos	podamos	queramos	sepamos	tengamos que
nosotras (wir, weiblich)	debamos	podamos	queramos	sepamos	tengamos que
vosotros (ihr, männlich)	debáis	podáis	queráis	sepáis	tengáis que
vosotras (ihr, weiblich)	debáis	podáis	queráis	sepáis	tengáis que
ellos (sie, männlich)	deban	puedan	quieran	sepan	tengan que
ellas (sie, weiblich)	deban	puedan	quieran	sepan	tengan que
ustedes (Sie, Plural)	deban	puedan	quieran	sepan	tengan que

Tabelle B.50: Subjuntivo Präsens der Modalverben

Personal-pronomen	-car	-gar	-guar	-ger	-gir	-guir	-ucir	-uir	-zar
yo (ich)	-que	-gue	-güe	-ja	-ja	-ga	-zca	-ya	-ce
tú (du)	-ques	-gues	-gües	-jas	-jas	-gas	-zcas	-yas	-ces
él (er)	-que	-gue	-güe	-ja	-ja	-ga	-zca	-ya	-ce
ella (sie)	-que	-gue	-güe	-ja	-ja	-ga	-zca	-ya	-ce
usted (Sie)	-que	-gue	-güe	-ja	-ja	-ga	-zca	-ya	-ce
nosotros (wir, männlich)	-quemos	-guemos	-güemos	-jamos	-jamos	-gamos	-zcamos	-yamos	-cemos
nosotras (wir, weiblich)	-quemos	-guemos	-güemos	-jamos	-jamos	-gamos	-zcamos	-yamos	-cemos
vosotros (ihr, männlich)	-quéis	-guéis	-güéis	-jáis	-jáis	-gáis	-zcáis	-yáis	-céis
vosotras (ihr, weiblich)	-quéis	-guéis	-güéis	-jáis	-jáis	-gáis	-zcáis	-yáis	-céis
ellos (sie, männlich)	-quen	-guen	-güen	-jan	-jan	-gan	-zcan	-yan	-cen
ellas (sie, weiblich)	-quen	-guen	-güen	-jan	-jan	-gan	-zcan	-yan	-cen
ustedes (Sie, Plural)	-quen	-guen	-güen	-jan	-jan	-gan	-zcan	-yan	-cen

Tabelle B.51: Subjuntivo Präsens der unregelmäßigen Verben mit Veränderung der Verbendung

Subjuntivo Imperfekt

Personalpronomen	viajar (reisen)	beber (trinken)	vivir (leben)
yo (ich)	viajara	bebiera	viviera
tú (du)	viajaras	bebieras	vivieras
él (er)	viajara	bebiera	viviera
ella (sie)	viajara	bebiera	viviera
usted (Sie)	viajara	bebiera	viviera
nosotros (wir, männlich)	viajáramos	bebiéramos	viviéramos
nosotras (wir, weiblich)	viajáramos	bebiéramos	viviéramos
vosotros (ihr, männlich)	viajarais	bebierais	vivierais
vosotras (ihr, weiblich)	viajarais	bebierais	vivierais
ellos (sie, männlich)	viajaran	bebieran	vivieran
ellas (sie, weiblich)	viajaran	bebieran	vivieran
ustedes (Sie, Plural)	viajaran	bebieran	vivieran

Tabelle B.52: Subjuntivo Imperfekt der regelmäßigen Verben

Personalpronomen	ir/ser	estar	haber	hacer	poner	tener
yo (ich)	fuera	estuviera	hubiera	hiciera	pusiera	tuviera
tú (du)	fueras	estuvieras	hubieras	hicieras	pusieras	tuvieras
él (er)	fuera	estuviera	hubiera	hiciera	pusiera	tuviera
ella (sie)	fuera	estuviera	hubiera	hiciera	pusiera	tuviera
usted (Sie)	fuera	estuviera	hubiera	hiciera	pusiera	tuviera
nosotros (wir, männlich)	fuéramos	estuviéramos	hubiéramos	hiciéramos	pusiéramos	tuviéramos
nosotras (wir, weiblich)	fuéramos	estuviéramos	hubiéramos	hiciéramos	pusiéramos	tuviéramos
vosotros (ihr, männlich)	fuerais	estuvierais	hubierais	hicierais	pusierais	tuvierais
vosotras (ihr, weiblich)	fuerais	estuvierais	hubierais	hicierais	pusierais	tuvierais
ellos (sie, männlich)	fueran	estuvieran	hubieran	hicieran	pusieran	tuvieran
ellas (sie, weiblich)	fueran	estuvieran	hubieran	hicieran	pusieran	tuvieran
ustedes (Sie, Plural)	fueran	estuvieran	hubieran	hicieran	pusieran	tuvieran

Tabelle B.53: Subjuntivo Imperfekt der unregelmäßigen Verben

Subjuntivo Perfekt

Der Subjuntivo Perfekt ist eine zusammengesetzte Zeit, die aus dem Hilfsverb **haber** (haben/sein) des Subjuntivo Präsens und der Partizipform eines anderen Verbs gebildet wird.

Personalpronomen	haber (Subjuntivo Präsens)
yo (ich)	haya
tú (du)	hayas
él (er)	haya
ella (sie)	haya
usted (Sie)	haya
nosotros (wir, männlich)	hayamos
nosotras (wir, weiblich)	hayamos
vosotros (ihr, männlich)	hayáis
vosotras (ihr, weiblich)	hayáis
ellos (sie, männlich)	hayan
ellas (sie, weiblich)	hayan
ustedes (Sie, Plural)	hayan

Tabelle B.54: Subjuntivo Perfekt des Hilfsverbs »haber«

Die unregelmäßigen Partizipien des Perfekts der Wirklichkeitsform werden auch im Subjuntivo Perfekt angewendet.

Subjuntivo Plusquamperfekt

Der Subjuntivo Plusquamperfekt ist eine zusammengesetzte Zeit des Subjuntivo-Modus. Die Formen werden aus dem Hilfsverb **haber** (haben/sein) im Subjuntivo Imperfekt und der Partizipform eines anderen Verbs gebildet.

Personalpronomen	Subjuntivo Imperfekt von haber		Partizipform eines Verbs
yo (ich)	**hubiera**	**hubiese**	
tú (du)	**hubieras**	**hubieses**	
él (er)	**hubiera**	**hubiese**	
ella (sie)	**hubiera**	**hubiese**	
usted (Sie)	**hubiera**	**hubiese**	
nosotros (wir, männlich)	**hubiéramos**	**hubiésemos**	
nosotras (wir, weiblich)	**hubiéramos**	**hubiésemos**	
vosotros (ihr, männlich)	**hubierais**	**hubieseis**	Partizipform mit der
vosotras (ihr, weiblich)	**hubierais**	**hubieseis**	Endung **-ado** oder **-ido**
ellos (sie, männlich)	**hubieran**	**hubiesen**	
ellas (sie, weiblich)	**Hubieran**	**hubiesen**	
ustedes (Sie, Plural)	**hubieran**	**hubiesen**	

Tabelle B.55: Bildung des Subjuntivo Plusquamperfekt

Wenn Sie Subjuntivo-Zeiten verwenden, müssen Sie eine bestimmte Reihenfolge der Zeiten einhalten.

Modus und Zeit im Hauptsatz		Modus und Zeit im Nebensatz	Einordnung im Zeitstrahl
presente de indicativo (Präsens der Wirklichkeitsform)	**+ que** (dass)	**presente de subjuntivo** (Präsens des Subjuntivo-Modus)	Die Handlung geschieht in der Gegenwart, wenn die Handlung im Hauptsatz wahr ist.
pretérito perfecto de indicativo (Perfekt der Wirklichkeitsform)		**presente de subjuntivo** (Präsens des Subjuntivo-Modus)	Die Handlung ist gerade abgeschlossen und es besteht noch eine Verbindung zur Gegenwart. Die Handlung im Hauptsatz ist kein Fakt.
futuro de indicativo (Futur der Wirklichkeitsform)		**presente de subjuntivo** (Präsens des Subjuntivo-Modus)	Zwei Handlungen, die noch nicht angefangen haben, werden nacheinander geschehen.
eine Zeit des Imperativmodus		**presente de subjuntivo** (Präsens des Subjuntivo-Modus)	Beide Handlungen haben noch nicht angefangen. Das Subjekt ist unterschiedlich.

Tabelle B.56: Zeitenreihenfolge für die Verwendung des Subjuntivo Plusquamperfekt

Modus und Zeit im Hauptsatz		Modus und Zeit im Nebensatz
imperfecto de indicativo (Imperfekt der Wirklichkeitsform)	**+ que** (dass)	**pluscuamperfecto de subjuntivo** (Imperfekt des Subjuntivo-Modus)
indefinido (Vergangenheit der Wirklichkeitsform)		**pluscuamperfecto de subjuntivo** (Imperfekt des Subjuntivo-Modus)
pluscuamperfecto de indicativo (Plusquamperfekt der Wirklichkeitsform)		**pluscuamperfecto de subjuntivo** (Imperfekt des Subjuntivo-Modus)
Konditional I		**pluscuamperfecto de subjuntivo** (Imperfekt des Subjuntivo-Modus)
Konditional II		**pluscuamperfecto de subjuntivo** (Imperfekt des Subjuntivo-Modus)

Tabelle B.57: Zeitenreihenfolge bei indirekter Rede

Stichwortverzeichnis